第一辑

香港中文大学／中国文化研究所／翻译研究中心◎主办

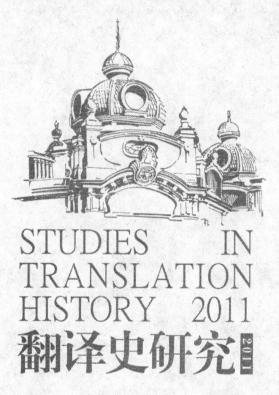

STUDIES IN
TRANSLATION
HISTORY 2011
翻译史研究 2011

王宏志◎主编

复旦大学出版社

翻 译 史 研 究

Studies in Translation History

主办单位　香港中文大学中国文化研究所翻译研究中心

出版及发行　复旦大学出版社有限公司

主　编

王宏志　WONG Wang Chi Lawrence

香港中文大学翻译研究中心

副主编

关诗珮　KWAN Sze Pui Uganda

新加坡南洋理工大学中文系

学术委员会(以姓氏拼音排序)

陈思和　CHEN Sihe

复旦大学中文系

黄克武　HUANG Ko-wu

台湾中研院近代史研究所

胡志德　Theodore D HUTERS

加州大学洛杉矶校区亚洲语文及文化系

王德威　David Der-wei WANG

哈佛大学东亚文化研究系

王宏志　WONG Wang Chi Lawrence(召集人)

香港中文大学翻译研究中心

王晓明　WANG Xiaoming

目　录

译学新芽

外国翻译史论文选译

卷 首 语

　　《翻译史研究》是香港中文大学中国文化研究所翻译研究中心所策划和编辑、复旦大学出版社出版发行的学术性刊物。翻译研究中心成立于 1971 年,自 1973 年开始出版文学翻译刊物《译丛》(*Renditions*),一年两期,译介中国文学。《翻译史研究》为该中心出版之学术研究刊物,以中国翻译史作为专门的探研对象,侧重个案研究,每年出版一辑。第一辑的出版,正值翻译研究中心成立 40 周年,亦可视为其中的一项纪念活动。

　　《翻译史研究》第一辑共收论文 13 篇,部分是特约邀稿,其余为外来投稿。外来稿件全经专家学者匿名审查,并提出严格修改要求。论文次序根据其研究主体的"历史位置"——即顺时序——编排。"译学新芽"栏目主要刊登香港中文大学翻译研究中心每两年主办一次之"书写中国翻译史——中国译学新芽研讨会"中较优秀论文,也收录年轻学者的著作;本期所选文章,其中两篇来自第三届的研讨会(2008 年)。"外国翻译史论文选译"栏目旨在介绍外国翻译史研究成果,每辑刊登三至四篇。

　　《翻译史研究》筹划至出版历时差不多两年,但仍难免错漏,恳请各方大家指正。

　　另外,《翻译史研究》园地公开,企盼慷慨赐稿,详情请参阅本辑末征稿启事。

王宏志

《翻译史研究》主编

香港中文大学

翻译研究中心主任

释道安翻译思想辨析

朱志瑜*

摘　要：释道安是中国佛经翻译史上最重要的学者之一，对中国佛学的传播和佛经翻译的演变影响重大。释僧佑《出三藏记集》中收录了道安十六篇与翻译有关的论述，本文选取集中讨论翻译问题的六篇，结合现代学者的观点，以"文质"和"格义"之辩为两条线索分析道安翻译思想的发展。史料显示，道安对这两个论题的立场似乎存在矛盾反复，后世学者对此持不同观点。本文认为，道安的翻译论述与其说是原则，不如说是对翻译现象的描写；种种不一致反映出他对佛经翻译的思考逐步深入，意识到当时僧人学者混淆翻译中的语言问题和文化问题。

关键词：佛经翻译；释道安；中国翻译理论；文质；格义

Revisiting Shi Dao'an's Theory of Translation

Chu Chi Yu

Abstract：Being one of the most prominent scholars in Buddhist studies, Shi Dao'an had a profound influence on the translation and transmission of Buddhist scriptures in China. This paper discusses six most translation-relevant essays by Dao'an, trying to offer explanations of some of his seemingly inconsistent remarks on issues of translation. It focuses on his attitudes towards：(1) simple translation vs. sophisticated translation (*wen zhi*), and (2) "matching the meaning (*geyi*)". The "inconsistencies" of Dao'an's attitudes reflect his progressive understanding of the nature of sutra translation and the discrepancy between his ideal and actual practice. More than any of his contemporaries, Dao'an realized the importance of cultural issues in translation.

Key words：translation of Buddhist scriptures；Shi Dao'an；Chinese theories of translation；simple translation and sophisticated translation；matching the meaning

---

＊ 朱志瑜,工作单位:香港理工大学中文及双语学系,电邮地址:ctcychu@ polyu. edu. hk。

东晋释道安(312—385)是中国佛学和佛经翻译史上的重要人物。他继承佛教最早的译者安世高传承的学说,通过自己多年的勤奋努力,建立了中国佛教第一个派别"本无宗",并为佛教培养了大批弟子,后来他们散布全国,为佛教广泛传播奠下基础。道安取得的另一个成就是综理众经目录,把前朝遗留下来的众多经译散本编辑成目①,标出译者、年代、译文优劣,使佛经从东汉传入中国以来至东晋孝武帝宁康二年(374)二百年间,第一次有了正式系统的编目。道安在魏晋时期初步奠定的佛教研究基础,对后世发生了深远的影响。在整个佛经翻译史上,道安是讨论翻译最早、最多、最详的学者。可以说,他是中国佛学研究和翻译思想的奠基人。研究道安的佛经翻译思想对了解中国佛学早期发展、后来的传承、佛经翻译思想的发展演变和对后世的影响都具有重要意义。

一、道安生平及其著作

道安12岁出家,后(335至348)从西域高僧佛图澄学佛,由于形貌丑陋,不为师父器重,后来他以非凡的记忆和勤奋,赢得了师父的称许。佛图澄去世后,道安避战乱,一路颠沛流离到河北、山西、河南一带(所谓居河北),边宣教边读经,从者甚众。后来(364)应邀率弟子数百到襄阳弘法15年,并作众经目录。公元379年,前秦符坚攻破襄阳,将道安带到长安,直至385年去世,其间主持译经。按照他个人经历来看,他的活动可以大致分为从师学佛期(约324—348;年12至36)、避乱期(348—364;年36至52)、襄阳期(364—379;年52至65)和长安期(379—385;年65至73去世)②。前三期道安主要研究佛学,宣讲佛事,同时钻研佛经不同的译本,到长安以后才开始主持译场,直接参与译事活动。

中国佛经翻译思想主要集中在"文质"之辩和对翻译名义(包括"格义")的讨论两个方面。从现存史料来看,道安对这两个论题的立场好像前后矛盾,多次反复。后代学者对此也提出不同的看法。研究道安的学者众多,除了古代流传下来的僧传、经录中有关道安的记录之外,近人论述较详者有汤用彤③、吕澂④、方立

---

① 原本已佚,释僧佑《出三藏记集》卷二至卷五保留部分。释僧佑:《出三藏记集》(北京:中华书局,1995),页22-241。
② 各家对道安生平年代记录略有差异,但不大,最多一二年。
③ 汤用彤:《汤用彤集》(北京:中国社会科学出版社,1995)。
④ 吕澂:《中国佛学源流略讲》(北京:中华书局,1979)。

天①、任继愈②、台湾王文颜③、日人伊藤隆寿④等。

道安著述丰富，和翻译有关的都收在经录中，释僧佑《出三藏记集》(1995)共收16篇，顺序基本按照写作时间先后排列，虽然也有一些小的出入：〈安般注序〉、〈阴持入经序〉、〈人本欲生经序〉、〈了本生死经序〉、〈十二门经序〉、〈大十二门经序〉、〈道行经序〉、〈合放光光赞略解序〉、〈摩诃钵罗若波罗蜜经抄序〉、〈增一阿含经序〉、〈道地经序〉、〈十法句义经序〉、〈僧伽罗刹经序〉、〈阿毗昙序〉、〈鞞婆沙序〉、〈比丘大戒序〉。另有〈鼻奈耶经序〉收在大正藏卷二十四（No. 1464）。此外，据汤用彤，还有经录中注为未详作者的几篇文章，也出于道安手笔。

所有这些文章中真正比较详细讨论翻译问题的有以下六篇：

〈道行经序〉（年代不详）

〈合放光光赞略解序〉（襄阳期，376）

〈比丘大戒序〉（长安期，382）

〈摩诃钵罗若波罗蜜经抄序〉（长安期，382）

〈阿毗昙序〉（长安期，383后）

〈鞞婆沙序〉（长安期，383后）

除〈道行径序〉外，其余写作年份基本可以确定。根据文章内容和与道安其他文章比较之后也可断定，〈道行径序〉应略早于〈合放光光赞略解序〉。说这六篇文章是按写作年代先后排列，大致不错。我们下面就按照这个顺序，主要集中于这六篇文章，结合现代学者的观点，讨论道安的翻译思想；过程中也参考道安其他的相关论述。

二、道安论"文质"

"文、质"是一对二元对立的概念，在古代用来说明翻译策略或方法，类似现代的"意译"、"直译"。"文"有时还用"华"、"饰"、"巧"、"曲"。从这几个字也可以推断出它含有华丽、间接、灵活的意思，和今天"意译"的特点相仿。"质"有时用"朴"、"质直"、"径达"；和"文"正相反，朴实、直接，接近所谓"直译"。在佛经翻译的理论中还有一个关于"烦简"的说法，也和"文质"相关。佛经原文繁复冗长，重复很多，一部经可以长达几千卷；汉语重简洁，将原文重复部分完全译成汉语不但增加翻译的负担，同时也为读者带来不便，因此很多译文大量删减原文。完整

① 方立天：《魏晋南北朝佛教论丛》（北京：中华书局，1982）。
② 任继愈：《中国佛教史》（北京，中国社会科学出版社，1985），第2卷。
③ 王文颜：《佛典汉译之研究》（台北：天华出版事业，1984）。
④ 伊藤隆寿（著）、肖平、杨金萍（译）：《佛教中国化的批判性研究》（香港：经世文化出版有限公司，2004）。

保留原文的译法（烦）称为"质"，删裁重复的译法（简）称为"文"。这是"文、质"和今天的术语"意译"、"直译"不尽相同的地方。总的来看，我们可以把这两个术语定义为："质"尽量贴近原文，和汉语保持一定的距离；"文"是译文取向的，迁就汉语的语言习惯。

> 〈道行经序〉
> 佛泥曰后，外国高士抄九十章为《道行品》。桓、灵之世，朔佛齎诣京师，译为汉文。因本顺旨，转音如已，敬顺圣言，了不加饰也。然经既抄撮，合成章指，音殊俗异，译人口传，自非三达，胡能一一得本缘故乎？于是《道行》颇有首尾隐者。古贤论之，往往有滞。仕行耻此，寻求其本，到于阗乃得。送诣仓垣，出为《放光品》。斥重省删，务今（令）婉便，若其悉文，将过三倍。善出无生，论空特（持）巧，传译如是，难为继矣。二家所出，足令大智焕尔阐幽。支谶全本，其亦应然。何者？抄经删削，所害必多，委本从圣，乃佛之至诚也。①

道安这里讨论的是竺朔佛（亦称佛朔）主译（诵原文）、支谶传言（口译）的《道行》和朱仕行从于阗带回，无叉罗和竺叔兰译的《放光》；这两部经同为"般若经"，分别以"放光品"和"道行品"为首篇，即原文版本不同。原本道行经是"般若抄"②。"抄"不是照抄，而是"抄撮"，即简本或节录，本来就不完整，汉文本虽然译得很好，但原文中删除的部分造成中国读者理解的困难（"首尾隐"、"有滞"）。因此朱仕行才从于阗找到完整的原本，由无、竺再译，即《放光》；这次是原文完整，而译文却有删节。道安先批评《道行》经原文不整，即使翻译得很好，前后总有空缺，中国读者也难了解③。《放光》经原本完整，而译文只有原文的三分之一，道安却认为译本删除重复，抓住重点，突出了原意，这样的翻译是难以企及的。

二者同是删节本，道安的看法虽截然不同，但不矛盾，也不奇怪。究其原因，《道行》被删节的是原文，是原文抄经者遵照原文读者需要所作的删节，其结果对原文读者并不造成困难；但译成汉语后，尽管是全本（译者见到的全部），由于背景知识和思维习惯的差异，对汉语读者却造成不便。而《放光》的原文完整，删节乃译者根据汉语读者习惯所为，所以译文读者能更顺利理解译文。如果看道安对译

---

① 本文中引文虽加篇题，但只是节录，并非完整文章。释道安：〈道行经序〉，收释僧佑：《出三藏记集》（北京：中华书局，1995），页263-264。

② 任继愈认为〈道行经〉未必是〈放光经〉的节抄本，"很可能后者是以前者为基础发展来的"。任继愈：《中国佛教史》，第2卷，页166。释僧佑：〈新集安公注经及杂经志录〉，收释僧佑：《出三藏记集》，页227。

③ 汤用彤说："原文往往简略，剧中自由缺省，在西文已成习惯。译为中文，则极难了解"。汤用彤：《汤用彤集》，页148。

者删节本《放光》的态度,按照我们上边对文质的分析,他应该是文派("简"属"文"),但问题并不那么简单。

〈合放光光赞略解序〉

〈放光〉,于阗沙门无叉罗执胡,竺叔兰为译,言少事约,删削重复,事事显炳,焕然易观也。而从约必有所遗,于天竺辞及腾,每大简焉。〈光赞〉,护公执胡本,聂承远笔受,言准天竺,事不加饰,悉则悉矣,而辞质胜文也。考其所出,事事周密耳。互相补益,所悟实多。恨其寝逸凉土九十一年,几至泯灭,乃达此邦也。斯经既残不具,并放光寻出大行华京,息心居士衾然传焉。①

〈放光〉和〈光赞〉就是根据上边说的朱仕行从于阗得到的般若经译出的两个不同版本。〈放光〉上边说过,是原文完整,译文简约的删译本。〈光赞〉是竺法护所译,是个完整全译本(原文全、译文全,但道安看到的是残本;放光九十品,而光赞仅存二十七品),比〈放光〉早出九年,但91年后才被道安看到("恨其寝逸凉土九十一年")。竺法护的译本以其"烦"(不删节)著称。"合放光光赞"的"合"是古代研究佛经的一种方法,称为"合本",就是相互参照两个同本异译的文本,以一本为母(为正文),另一本为子(与正文所异之处以注的形式标出),合成一个版本。道安这里又赞扬〈放光〉删掉重复,原文旨意显焕,明白易懂;这和他上边〈道行经序〉的观点一致。但是他又说:简约之后毕竟有遗漏;就是说,"文饰"也有不足的一面。他认为〈光赞〉按照原文全译,没有删节装饰,但太过粗糙平淡("质胜文";孔子说:"质胜文则野"),反反复复,前后呼应,并没有突出要点。可是前后反复比照考证,用心体会,还是能给人更多的启发。

这两篇序言讲的都是"烦简"问题,就是为读者阅读方便,删削原文。道安的思想似乎有些矛盾。本来他认为如果不删削重复,只会给读者带来不便;后来发现,所谓"重复",也不是毫无意义。我们可参照汤用彤对"重复"的论述:"佛经行文,比如剥蕉,章句层叠,而意义前后殊异,但骤观之,似全重复。但含义随文确有进展,读者乃不能不合前后,以求全旨"②。这就是说,原文所谓"重复",也不是简单重复,而是论述上层层递进。但对初学者来说,未必看出全部道理,所以也可能形成一种障碍。道安这时发现了全译的优点,他看出了"烦"有"烦"的好处(普通僧人未必看得到),这是他对以前单方面主张删削重复的修正。

王文颜认为道安的翻译思想以建元十八年(382)为分水岭。在此之前,他坚持"五失本、三不易"(详下)的原则③,是文派,此后有所改变。问题是上边这两篇

① 释道安:〈合放光光赞略解序〉,收释僧佑:《出三藏记集》,页265-267。
② 汤用彤:《汉魏两晋南北朝佛教史》(北京:北京大学出版社,1997),页148。
③ 王文颜:《佛典汉译之研究》,页212-213。

文章虽写于建元十八年之前,但那时,道安还没有提出"五失本、三不易"的说法(当然这不是否认他当时已有这些思想)。烦简各有优劣,这道理本来很明显。道安开始接触一部经的时候,为了理解其中含义,繁杂重复的译文必然带来很多困难;而当他深入研究之后,也会发现简约的译本虽然易明,但终究不能完全彰显细微的玄奥。这两篇文章反映的就是这种思想变化。烦简不能一概而论。道安的困惑不难理解:他面对三个译本,却没有一个是完整的:《道行》原文不全,《放光》译文不全,《光赞》虽是全译本,但保存不全("既残不具")。他可能意识到了不同(水平)的读者,对译本的烦简有不同的要求:初学者简约本易明,但是他自己却渴望得到全本。

以上是道安自己研习佛经的心得,还谈不上对翻译的论述;到了长安主持译场之后,他才对翻译有了更直接的体会。

〈比丘大戒序〉

昔从武遂法,潜得一部戒,其言烦直,意常恨之。而今侍戒规矩与同,犹如合符,出门应辙也,然后乃知淡乎无味,乃真道味也。而嫌其丁宁,文多反复称,即命慧常,令斥重去复。常乃避席谓:"大不宜尔! 戒犹礼也,礼执而不诵,重先制也,慎举止也。戒乃径广长舌相三达心制,八辈圣士珍之宝之,师师相付,一言乖本,有逐无赦。外国持律,其事实尔。此土《尚书》及与《河》、《洛》,其文朴质,无敢措手,明祇先王之法言尔慎神命也。何至佛戒,圣贤所贵,而可改之以从方言乎? 恐失四依不严之教也。与其巧便,宁守雅正,译胡为秦,东教之事犹或非之,愿不刊削以从饰也。"众咸称善。于是按胡文书,惟有言倒,时从顺耳。……诸出为秦言,便约不烦者,皆葡萄酒之被水者也。[1]

这篇文章写于道安晚年,在长安主持译场时期。他在译此经之前见过一个译本,译得太繁、太直,不喜欢。而在他主持下翻译出来的结果仍然如此,这使他悟出,淡而无味才是真正的味道;但仍觉得太繁琐,于是叫助手慧常删节。慧常引中国经典中语言简朴的《尚书》、《河图》、《洛书》为例,指出圣贤的话不应该随便删节。众在座也都支持慧常,于是道安就没坚持自己的意见。

这里反映的翻译思想和前边两篇明显不同。开始时道安根据以往经验,也是为初学者着想,主张删繁就简,但很快改变了立场。王文颜认为道安"入长安之前,他完全以'五失本、三不易'为衡量译本优劣的准则"[2],而到了长安以后,"接

---

① 释道安:〈比丘大戒序〉,收释僧佑:《出三藏记集》,页 412-414。

② 王文颜:《佛典汉译之研究》,页 213。

触梵本,参与译经",逐渐改变了对译经的看法①。然而光看这一篇,道安是主张全译的。但是我认为,道安这时大概意识到了他们翻译的是戒律,如同法律。如果说道安前面看到了译文读者的需要,这里他看到了不同类型对翻译策略的要求。他开始发现简本的缺陷,所以发出"葡萄酒被水"的感叹。

〈摩诃钵罗若波罗蜜经抄序〉

译胡为秦,有五失本也:一者,胡语尽倒,而使从秦,一失本也。二者,胡经尚质,秦人好文,传可众心,非文不合,斯二失本也。三者,胡经委悉,至于叹咏,叮咛反复,或三或四,不嫌其烦,而今裁斥,三失本也。四者,胡有义说,正似乱辞,寻说向语,文无以异,或千五百,刈而不存,四失本也。五者,事已全成,将更傍及,反腾前辞,已乃后说,而悉除此,五失本也。然《般若经》三达之心,复面所演,圣必因时,时俗有易,而删雅古以适今时,一不易也。愚智天隔,圣人巨阶,乃欲以千岁之上微言,传使合百王之下末俗,二不易也。阿难出经,去佛未久,尊者大迦叶令五百六通迭察迭书。今离千年,而以近意量裁。彼阿罗汉乃兢兢若此,此生死人而平平若此,岂将不知法者勇乎? 斯三不易也。……前人出经,支谶、世高,审得胡本难系者也;又罗、支越,斫凿之巧者也。巧则巧矣,惧窍成而混沌终矣。②

这是道安讨论翻译最详、最重要的一篇。梁启超说"要之翻译文学程式,成为学界一问题,自安公始也。"③钱锺书也说"吾国翻译术开宗明义,首推此篇。"④此篇提到著名的"五失本,三不易",直接涉及翻译方法。"五失本"是翻译时的五种失真情况。第一,"胡语尽倒,而使从秦";梵文和汉语最大的区别是动宾倒装,即宾语置于动词之前(如早期僧名"护法"称"法护","念佛"是"佛念"),译成汉语时,这一特点没有保留。上文〈比丘大戒序〉中说的"惟有言倒时从顺耳"说的就是把"倒"装的语序"顺"过来。第二,"胡经尚质,秦人好文,传可众心,非文不合";佛经语言简朴,汉语,特别是魏晋时期,趋向华丽,根据读者的喜好,华丽的译文容易受到大众的欢迎;这也是和原文不符的地方。我们上边说过,佛经重复很多,这里三、四、五条说的都是如何处理重复(当然不是简单的重复;"委悉":详尽周密)的问题。"义说(复述小结前文的韵语)"很像汉诗的"乱辞(结尾总结性的韵语)",在大意上可以说是重复("文无以异")。"反腾前辞"是一段终了之前,再次总结全文旨要。这些在翻译的时候,一概删除,所以"失本"。"三不易"说的是译

① 王文颜:《佛典汉译之研究》,页216。王文颜对道安翻译思想能转变的观点和吕澂的论述最为接近。见吕澂:《中国佛学源流略讲》,页58-62。
② 释道安:〈摩诃钵罗若波罗蜜经抄序〉,收释僧佑:《出三藏记集》,页290。
③ 梁启超:〈翻译文学与佛典〉,收罗新璋(编):《翻译论集》(北京:商务印书馆,1984),页60。
④ 钱锺书:〈翻译术开宗明义〉,同上,页28。

经的困难。一,佛的时代和今天不同,要令今人完全了解佛的实践活动和思想,几乎不可能;二,圣人的智慧岂是一般俗人可以理解;三,佛去世后,他那具备六大神通的弟子汇集整理佛经时都小心翼翼,唯恐扭曲佛的原意,我们凡夫俗子怎么可能面面俱到呢?

历来学者对"五失本"众说纷纭,有说是原则的,有说是标准的,也有说是方法的。原则和标准区别不大,都是规定性的条款,要求译者遵守。方法可以说是描写的,也可以说是译文结果。问题是道安到底赞成"五失本",还是反对"五失本"。道安的后继者有如下论述:

> [竺佛]念乃学通内外,才辩多奇。常疑西域言繁质,谓此土好华,每存莹饰,文句减其繁长。安公、赵郎[赵正,见下文]之所深疾,穷校考订,务存典骨。既方俗不同,许其五失胡本,出此以外,毫不可差。①

这段引自〈僧伽罗刹集经后记〉,收入《出三藏记集》,可知去道安不远,作者佚名,估计也是道安弟子。竺佛念代表当时的文派,主张按汉俗去重复,增文饰。但是道安和赵正反对,仅"许其五失胡本,出此之外,毫不可差"。但这可是真的矛盾了。这里的焦点在是否"减其繁长"。如果把"五失本"当作原则,那么,"五失本"的后三项都是"去重复"的。道安"许其五失胡本",就是让他"去重复"。这和竺佛念的初衷不是一样吗?为什么这位作者认为竺佛念一开始没有遵照道安的原则呢?

道安弟子释僧叡在道安去世后,协助鸠摩罗什译经。罗什在佛经翻译史上被称为文派,主要因为他的译文简。僧叡在罗什译场担任笔受,以下是他当时译场的纪录:

> 执笔之际,三惟亡师"五失"及"三不易"之诲,则忧惧交怀,惕焉若厉。虽复履薄临深,未足喻也。幸冀宗匠通鉴,文虽左右,而旨不违中。遂谨受案译,敢当此任。②

僧叡牢记道安的教导,小心翼翼,生怕背离原文。他也是把"五失"、"三不易"当作"质论"(直译论)的原则,对罗什"文"的译法初存疑虑。后来看到罗什的译文虽然用词和原文不完全相符,但主旨不差,这才放心。

这两段引文说明,道安的这一提法在当时是当作"质论"来理解的,即认为道安反对"五失本"。僧叡在另一篇文中还说:"烦而不简者,贵其事也。质而不丽

---

① 佚名:〈僧伽罗刹集经后记〉,收释僧佑:《出三藏记集》,页374-375。
② 释僧叡:〈大品经序〉,同上,页292。

者,重其意也。"①至少他认为,道安是重"烦"、重"质"的。

对此,近现代学者观点也不一致。梁启超认为道安是"质派","极力为纯粹直译之主张"②。但钱锺书说:"故知本有非'失'不可者,此'本'不'失',便不成翻译。"③即钱认为,道安是文派,"失本"是道安允许的。罗新璋在道安这篇文章的一个注里说:道安"主力[力主]直译"④。

道安在"五失本、三不易"之后续写道:

> 前人出经,支谶、世高,审得胡本难系者也。叉罗、支越,斫凿之巧者也。巧则巧矣,惧窍成而混沌终矣。若夫以《诗》为烦重,以《尚书》为质朴,而删令合今,则马郑所深恨者也。⑤

王文颜认为,道安以前根据"五失本"原则,赞扬叉罗在《放光》译文中的删节,现在反而批评他"巧则巧矣,惧窍成而混沌终矣。"王认为"前后观念一百八十度大转变"⑥。但是道安评论《放光》早于"五失本"成文六年;而且"五失本"和"窍成而混沌终"出自同一篇文章。道安怎么会在同一文中表现出两种截然不同的态度呢?从文字上看,道安前边五失本主张删节,而后边"若夫以《诗》为烦重,以《尚书》为质朴,而删令合今,则马[融]郑[玄]所深恨者也",确实前后矛盾。那么这段文字怎么理解呢?再看后两篇。

〈阿毗昙序〉

> 以建元十九年,罽宾沙门僧迦禘婆,诵此经甚利,来诣长安,比丘释法和请令出之。佛念译传,慧力、僧茂笔受,和理其指归。自四月二十日出,至十月二十三日乃讫。其人检校译人,颇杂义辞,龙蛇同渊,金鍮共肆者,彬彬然也。和怫然恨之,余亦深谓不可,遂令更出。夙夜匪懈,四十六日而尽定,损可损者四卷焉。⑦

〈鞞婆沙序〉

> 会建元十九年……赵郎[即秘书郎赵正]谓译人曰:"《尔雅》有《释古》《释言》者,明古今不同也。昔来出经者,多嫌胡言方质,而改适今俗,此正所不取也。何者?传胡为秦,以不闲方言,求知辞趣耳,何嫌文质?文质是时,幸勿易之,经之巧质,有自来矣。唯传事不尽,乃译人之咎耳。"众咸称善。斯

① 释僧叡:〈毗摩罗诘提经义疏序〉,收释僧佑:《出三藏记集》,页312。
② 梁启超:〈翻译文学与佛典〉,页58。
③ 钱锺书:〈翻译术开宗明义〉,页29。
④ 同上,页24。
⑤ 释道安:〈摩诃钵罗若波罗蜜经抄序〉,页290。
⑥ 王文颜:《佛典汉译之研究》,页214。
⑦ 释道安:〈阿毗昙序〉,收释僧佑:《出三藏记集》,页377。

真实言也。遂案本而传,不令有损言游字,时改倒句,余尽实录也。①

这两段又是矛盾,且同出于建元十九年前后。〈阿毗昙〉译出之后,法和、道安都觉得重复繁杂,令重新再译,最后定稿比原文少了四卷。而〈鞞婆沙〉却无"损言游字"。从赵正强调的"古今不同",可推出他们要保留"中外有别",是一种"异化"的译法。

我们再看"五失本":一,"胡语尽倒,而使从秦";二,"胡经尚质,秦人好文,传可众心,非文不合";三、四、五都是删除重复。第一,梵汉语序不同。在已知的翻译体系中,还没见到有"忠实"到违反目标语语法标准的提法。这就是说,改倒句是必然的,道安也应该允许译文服从汉语的句法结构。就是今天推崇"异化"的理论也不会一定坚持要保留原文的句法。这是钱锺书说的这个"本"非"失"不可。第二,"非文不合"就有商榷余地了。我认为所谓"文",不过是指译文的汉化程度,包括句法和语义等方面。可以说,汉化程度越高就越文。佛经翻译中,确实有不够"文"的,特别是早期。如道安论安世高就有这样的评语:"然世高出经,贵本不饰。天竺古文,文通尚质。仓卒寻之,时有不达。"②道安本对世高的翻译有高度的评价,但仍认为有时"过质",乍一看还不易明白说的是什么。这样,前两个"本"是必失的,是道安允许的。那么道安是文派这一点应无可怀疑。三、四、五条主张去重复,更是文派观点。

道安的"五失本",表面看是文派理论,是他允许译文与原文不同的见解。但换个角度又可以说,道安连顺从目标语习惯,改变句子顺序都认为是"失"(钱锺书就觉得这根本不成问题),可见他对此"失"始终耿耿于怀。王文颜认为五失本是原则,是翻译的指导思想。其实不是,如果是原则就应该是按要求"必须""失"的,不"失"反而违背原则。然而从道安一系列的论述来看,这不是他的真正想法。应该说,道安的"五失本",与其说是原则,不如说是道安对翻译现象的描写。他看到了翻译中的"失",而又无能为力改变它。如果真把它当作原则,也是道安对翻译要求的最后底线:除此"五失"之外,再不能允许其他的"失"。译者应该无时无刻不把它牢记于心。可见他对"忠实"的要求很高。历来学者,包括他的弟子,都认为他是质派也是有道理的。道安可能认为最好连句子顺序也和原文一样才好。他自己在〈阿毗昙序〉里提到胡本"十五千七十二首卢"就是一例。"十五千"不符合汉语习惯,完全汉化并无可厚非,但是道安却意外地保留了。所以他的弟子僧叡协助罗什的时候会"三惟亡师'五失'及'三不易'之诲,则忧惧交怀,惕焉若厉"。在僧叡心目中,"五失本"如同不可逾越的底线,而绝不是指导翻译的原则。

---

① 释道安:〈鞞婆沙序〉,收释僧佑:《出三藏记集》,页382。

② 释道安:〈大十二门经序〉,同上,页254。

佛经翻译在实践上虽分"文质"两派,但理论上只有"质派",而无"文派"。文派观点在译场上出现过,也记录了下来,但都被质派否定了(上边慧常反对道安删节戒律;另参见支谦)①。这说明佛经译者的本意是不想将佛经彻底汉化的。

道安在文章中表现出来的种种矛盾心理,反映他的困惑,也代表大部分佛经译者和学者的困惑。他发现了译文与原文的不同之处,如句法、繁简等,却无法在理论上得出一个统一的解决办法。比如,有的原文繁杂之处确实没有必要完全保留,但保留也有保留的好处。道安的矛盾也反映翻译现象的复杂,原非几条原则所能概括。道安的矛盾并不说明他的立场摇摆不定,而是反映他逐层深入的过程。

三、道安论"格义"

道安的另一个"矛盾"之处是他对"格义"的看法。对于格义,道安没有专文论述,他的观点都是通过他的弟子转述而保留下来的。

格义是佛教术语翻译的一种方法。术语的翻译在当时称为"翻译名义",也是古代名实,即"名"与"实"的问题,在翻译上的体现。佛经在中国初传的时候,由于大量的佛教术语在中国没有相应的概念、词汇,解释起来相当困难,于是就有学者在讲解佛经时,采用中国固有的道家、玄学思想(所谓"外典"、"外书")来解释这些佛学概念,这种方法称为格义。比如,把"五禁(即五戒)"解释成"外典仁、义、礼、智、信皆与之符。仁者,不杀之禁也。义者,不盗之禁也。礼者,不邪之禁也。智者,不淫之禁也。信者,不妄之禁也。"②此处"外典"用的是儒家经典。有的现代学者把用这种方法解释的佛教称为"格义佛教"③。同样,用这种方法翻译出来的术语,也是格义翻译;如把"真如"译为"本无"、"涅磐"译为"无为"等④。道安有关格义的议论主要还不是指翻译,而是解释佛典的方法。

现代学者讨论格义总要提到《高僧传》〈竺法雅传〉:

> 时依[雅]门徒,并世典有功,未善佛理。雅乃与康法郎等,以经中事数,拟配外书,为生解之例,谓之格义[……]与道安、法汰每披释凑疑,共尽经要。⑤

---

① 〈法句经序〉作者在《出三藏记集》中注明为"作者未详",据吕澂等考证,作者实为支谦。支谦:〈法句经序〉,收释僧佑:《出三藏记集》,页272。
② 陈寅恪:〈支愍度学说考〉,《金明馆丛稿初编》(北京:三联书店,2001),页170。
③ 伊藤隆寿(著)、肖平·杨金萍(译):《佛教中国化的批判性研究》,页128-165。
④ 任继愈:《中国佛教史》第2卷,页201。
⑤ 释慧皎:《高僧传》(北京:中华书局,1992),页152-153。

"以经中事数,拟配外书,为生解之例,谓之格义。"这句话可以看成格义的定义。"雅"指竺法雅,与道安同为竺佛澄弟子。当时依附他的门徒对佛典了解不深,于是竺法雅和康法朗等人就用人们熟悉的佛典以外("外书",具体说是老、庄)的概念比配佛经中难解的"事数"。事数即法数,名相,数字的意思,如"五阴"、"十二入"、"四谛"等①。最典型的是把佛家的"空",解释为老庄的"无"。"生解",陈寅恪释为"子注"②,即注释的意思,就是用老庄概念为佛经的注解。"格义"由来已久。汤用彤指出,早在汉末魏初时已有这种方法讲解佛经③。可能竺法雅把它系统化了,因此得名。竺法雅的想法比较单纯,他要把一些"事数"和中国固有概念一一对应起来,这样学习起来容易掌握。

此时应为道安避难早期,因为〈竺法雅传〉最后还提到法雅弟子昙习为"后赵太子石宣所敬云"④。石宣为太子时期为公元 337 至 348 年。这个时期没有留下道安明确表示支持或反对格义的纪录。

《高僧传》记载道安与释僧先的一段对话:

> 安曰:"先旧格义,于理多违。"先曰:"且当分析逍遥,何容是非先达。"安曰:"弘赞理教,宜令允惬,法鼓竟鸣,何先何后。"⑤

这是道安避难飞龙山时期,大概从东晋永和七年(351)开始。此时道安与少时伙伴释僧先同游,提出对格义的不满。僧先与他力争的时候,他仍坚持自己的意见,可见当时立场比较坚决。但是遇到慧远之后,道安又有所动摇。《高僧传》〈慧远传〉里有这样记载:

> [慧远]年二十四,便就讲说。尝有客听讲,难实相义,往复移时,弥增疑昧。远乃引庄子义为连类,于是惑者晓然,是后安公特听慧远不废俗书。⑥

"讲说"也称"讲肆",讲解、讨论佛经的意思,类似今天的公开讲座。讲到"实相"的时候,听众越听越糊涂。于是慧远就用庄子的话来解释,听众立时明白了。从此之后,道安也就不反对讲经的时候使用"外书"了。这里虽然没有提到格义,但用庄子解释佛学就是格义。

以上这三件事是按照先后顺序列出的,这一点可以肯定。这样我们就看出了道安思想的变化。早期虽然没有道安对格义立场的具体记录,但他参与其中,可

---

① 汤用彤:《汤用彤集》,页 142。
② 陈寅恪:〈支愍度学说考〉,页 169。
③ 汤用彤:《汤用彤集》,页 142-143。
④ 释慧皎:《高僧传》,页 153。
⑤ 同上,页 195。
⑥ 同上,页 212。

以肯定他对格义是认可的。此外,在他的其他论述佛学的著作中,也反映出一些格义的思想,即使用了很多道家术语。后来和僧先的对话中,他明确表示反对格义。再后来,在慧远的启发下,又不反对了。这是一个从参与到反对,再到不反对的过程,前后跨越十几年。

历史上很多学者都注意到道安前后思想的变化。汤用彤将格义的方法追溯到西汉早期学术思想①,并详细讨论了道安反对格义的理由②。但他同时也指出,"安公之学,固亦常融合老庄之说也"③。而方立天根本就认为道安口头上反对格义,而他自己却"没有超出玄学的窠臼,是披上佛学外衣的玄学,玄化的佛学。"④言外之意好像道安心口不一。日人伊藤隆寿的观点也和前二人类似,但他更强调中国佛教是与道家结合的产物,称道安对佛教的理解是"在格义翻译的基础上又作了格义的解释"⑤。这几位学者有一点共识:道安反对格义,但他自己的著作中也有格义的痕迹。我们如何看待道安对格义的态度呢?

伊藤引述了道安的几段话,其中一段出自〈道地经序〉:

> 夫道地者,应真之玄堂,升仙之奥室也。无本之城,杳然难陵矣,无为之墙,邈然难踰矣。[……]含弘静泊,绵绵若存。寂寥无言,辩之者几矣。恍惚无行,求矣漭乎其难测。圣人有以见因华可以成实,睹末可以达本,乃为布不言之教,陈无辙之轨,阐止启观,式成定谛,髦彦六双,率由斯路,归精谷神,于是羡矣。⑥

〈道地经序〉作于道安避难濩泽时期,当时他和支昙、竺僧辅共同探讨〈道地经〉⑦,应在飞龙山与僧先论格义之前,也可以说是道安的"格义时期"。所谓道家词汇,这里指"道地"、"应真"、"玄堂"、"升仙"、"奥室"、"无本"、"无为"、"含弘静泊"、"绵绵若存"、"寂寥无言"、"恍惚无行"、"圣人"(此为道家圣人)、"末"、"本"、"不言之教"、"陈无辙之轨"、"谷神"等语。短短几行字就有这么多道家术语。

我们先分析一下这几个词。"道地"的"地(Bhūmi)"指"大地"。"道"是yoga,修为的一种形式。"如果此道在最初就被设想为老庄之道的话,那么这就是正确的格义翻译"⑧。问题是,道安是否这样设想。"静泊"与"无为"可以看成同

---

① 汤用彤:《汤用彤集》,页144。
② 同上,页149-151。
③ 汤用彤:《汉魏两晋南北朝佛教史》,页168。
④ 方立天:《魏晋南北朝佛教论丛》,页21-22。
⑤ 伊藤隆寿(著)、肖平、杨金萍(译):《佛教中国化的批判性研究》,页140。
⑥ 同上,页138;释道安:〈道地经序〉,收释僧佑:《出三藏记集》,页366。
⑦ 释道安:〈道地经序〉,收释僧佑:《出三藏记集》,页368。
⑧ 伊藤隆寿(著)、肖平、杨金萍(译):《佛教中国化的批判性研究》,页139。

义。其余几个词可比较老子的"谷神不死,是谓玄牝。玄牝之门,是谓天地根。绵绵若存,用之不勤"(道德经第六章)。我要指出的是,"绵绵若存"、"寂寥无言"、"本"、"末"等词虽然是道家常用词汇,但在当时也是普通用语,不一定要当作道家专门术语来理解。道安行文,四字句居多,杂以对仗。如这里"应真之玄堂,升仙之奥室"、"布不言之教,陈无辙之轨"等语就是对仗工整的句子。道安这里表述的是此经的重要性,或个人感想,而不是解释经的内容。为了行文流畅,或为了形式工整,"因词害意",引用一些流行词句,以致"外书"概念(如"应真"、"升仙"虽为道家语,在当时也是极平常的词汇),也是风气使然,不必深究。这里问题最大的是"无为",是道家意味最强的术语。简单用一个词而不加解释,读者无法不将它混为道家的"无为"。但是,如果说道安理解的"道"就是道家的"道",我觉得还缺乏真正的证据。早在〈道行经序〉里,道安就指出:

> 然凡谕之者,考文以征其理者,昏其趣者也;察句以验其义者,迷其旨者也。何则?考文则异同每为辞,寻句则触类每为旨。为词则丧其卒成之致,为旨则忽其始拟之义矣。若率初以要其终,或忘文以全其质者,则大智玄通,居可知也。①

由于他不通外文,只能看佛经汉译本;他发现在理解佛经的时候,不能只看(汉语的)文字意思。如果只看文字,理解的只是字面含义。要想解通佛义,从一开始就应直接了解它的最终意旨(佛教原意),忘记(汉)文字表面意思。这虽然有道家"得意忘言"之流风,但它说明道安读佛经译文,并非只看(汉)文字。他有自己的见解,能够透过汉字表面,理解佛的原意。这段可以看成道安对把名相与中国固有概念对应起来这一做法的批判。这也说明,即使在"格义时期",道安本人也未必真的把佛道混为一谈;就是说,他本人并非按道家思想来理解佛经。也正由于道安自己并未按照道家思想来理解佛经,所以他最初没看到格义会混淆内典外书;而后来他发现了格义的"误导"功能,才主张取消格义的。

佛经翻译,乃至中国一切翻译,一定要使用汉字,但是,与拼音文字不同,汉语每个词都有它原来的意思,翻译难以避免的是:读者可能按照汉字的原义来理解译文。这在中国翻译里一直是个大问题。译者使用汉字,但是并不完全按照汉字的意思来理解译文,这在佛经翻译里是常有的事。比如,早期支娄迦谶在译文中使用了很多道家术语,致使佛教在汉人当中的流传依附了道家,但是"在已归籍的月氏民族中有它传统的讲习,仍旧保持其纯粹性"②。这说明这些外族人虽然也读汉语译本,但是却不按照汉语本来的意义来理解佛书。

---

① 释道安:〈道行经序〉,收释僧佑:《出三藏记集》,页263。
② 吕澂:《中国佛学源流略讲》,页290。

　　由于道安等高僧对佛学有深刻的理解,所以,对他们来说,格义并不造成研习上的障碍。而中国般若学偏离原文的真正原因,正是道安所批判的"考文以征其理者,昏其趣者也;察句以验其义者,迷其旨者也"。

　　然而,佛学到底是艰深难明的,格义在宣讲佛经的场合有时能够发挥不可替代的作用。用所谓俗书讲解佛典不过是比喻,并不意味着佛书所讲就是道家所言。荷兰汉学家许里和(Erich Zürcher)也说,格义"不能被说成是些'等式',诸如菩提＝道、阿罗汉＝真人、涅磐＝无为,这只是一种翻译策略,是早期汉译佛典的特色,即便像竺法雅这类不太精通原典的译者那里也没被认为是'等式'"①。用外书解释佛典最有名的是释僧肇的著作,所谓"肇论"(即《波[般]若无知论》、《不真空论》等),多用老庄思想解读佛学。鸠摩罗什对《波若无知论》大加赞扬,认为僧肇对般若的理解超过了自己②。中国般若学早期经过格义,逐渐脱离原来的意思,罗什来华以后才回复正轨。罗什是外来僧人,一般来说,他不会受老庄思想影响。即是说,虽然僧肇用外书解释佛经,但并没有偏离原意,否则,他不会得到纠正格义弊病的罗什的称许。唐朝玄奘谈僧肇时说:"佛教初开,深文尚拥,老谈玄理微附佛言。肇论所传,引为联类,岂以喻词而成通极?"③意思是说,佛教初传时,用道家概念比附佛言,僧肇只是打个比方,哪能就说佛言和道教学说完全一样呢?其实道安见慧远"引庄子义为连类"("连类"就是打个比方),无伤大雅,才"不废俗书"。

　　现代学者认为道安虽然反对格义,但在实践上并未彻底改变,并有实例证明(如方立天④;伊藤隆寿⑤)。实际上这里除了主观愿望与客观效果的差异问题之外,还有专业术语和普通词汇的区别。比如说,"道"是专门术语还是普通词汇?当作术语,"道"有深刻的道家文化内涵,用它翻译佛学概念,可能引起误会;但是除此之外,"道"还是更广义的普通名词,可以是"终极真理"、"自然规律"等,不一定为一家一派所专用。比如,儒、释、道三家要表达"真理"的概念,都可能用"道"这个词。甚至基督教圣经都有"太初有道"(In the beginning was the Word)、"道成肉身"等概念。如果把道安的"道"当作普通词汇理解,不以道家思想来定义,就不是格义。这是语言中文化内涵的问题。就是说,道家的道,具备文化内涵,而普通名词的道就属于纯语言,不必考虑其文化内容,因为它不会和道家思想相混。

　　道安对格义问题的摇摆不定,说明当时僧人学者对语言中的文化问题缺乏认

---

① 许里和(Erich Zürcher)(著)、李四龙等(译):《佛教征服中国》(南京:江苏人民出版社,1998),页310。许里和可能是笔误,经录中没有竺法雅翻译佛经的记录。
② 释慧皎:《高僧传》,页249。
③ 释道宣:《续高僧传》,《高僧传和集》,(上海:上海古籍出版社,1991),页9/a。
④ 方立天:《魏晋南北朝佛教论丛》,页16-22。
⑤ 伊藤隆寿(著)、肖平、杨金萍(译):《佛教中国化的批判性研究》,页137-142。

识,或者说他们分不清翻译中的语言问题和文化问题,因而对自然语言中的文化内涵(道家、玄学思想)缺乏警惕,在行文当中,无意中将中国固有文化带入了佛经。鸠摩罗什以外来人身份,对此可能比国人敏感,所以自他以后,格义逐渐减少了。罗什来华之前,道安是少有的几位发现这一问题的学者。而佛经翻译语言中的文化问题要到宋朝释赞宁才真正在理论上论述清楚①。

---

① 赞宁《宋高僧传》谈到译文的雅俗,他批评僧肇,赞扬罗什。见释赞宁:《宋高僧传》(北京:中华书局,1987),页55-56。

黄金传说:高一志译述《天主圣教圣人行实》再探[*]

李奭学[**]

摘 要:本文处理欧洲文学经明末耶稣会士传播入华的历史,所论的例子是高一志节译的《天主圣教圣人行实》。此书原题《黄金传说》,乃13世纪佛拉津的亚可伯所作,为欧洲中古晚期最重要的天主教传记集子,其中含括了近200位圣人的传记。本文所论主题有圣人何以为"圣",魔鬼为何称"魔",以及"忏悔"的方法等等,俱与天主教"成圣"的概念有关。本文权引为例而详予论述的天主教圣人主要有圣安当、圣奥古斯丁与圣玛利亚玛大勒那等人,并由他们的传记窥斑见豹,辩称明代《天主圣教圣人行实》的完成,乃历代欧洲圣传传奇的中译史上的划时代大事。

关键词:高一志;天主教圣人;圣传;明译本《天主圣教圣人行实》;中西文学关系史

The Golden Legend:
Alfonso Vagnoni's Chinese Translation of the
Legenda Aurea in Late Ming China

Sher-shiueh Li

Abstract:This article addresses the Jesuits' introduction of medieval European literature into Ming China. One example discussed is Alfonso Vagnone's *Tienzhu shengjiao shengren xingshi*, which is a translation and abridgement of the well-known *Legenda Aurea*, a 13-century collection of hagiographies written by Jacobi A. Voragine on the lives of almost two hundred prominent saints. By exploring such topoi as sainthood, monstrosity, and penance, I focus on the idea of sanctity as expressed in Vagnoni's Chinese rendition of the work, dealing with in the main the

---

* 本文全文约40 000字,简稿约15 000字已先行发表。见李奭学:〈圣徒·魔鬼·忏悔:高一志译述《天主圣教圣人行实》初探〉,《道风:基督教文化评论》第32期(2010年春),页199-223。
** 李奭学,工作单位:台湾中研院中国文哲研究所,电邮地址:shiueh@gate.sinica.edu.tw。

biographies of St. Anthony, St. Augustine, and St. Mary Magdalene. I argue that the translation of the *Legenda Aurea* in the Ming is an epoch-making event in the history of Chinese translation of European hagiographical romance.

Key words: Alfonso Vagnoni; Saint; Hagiography; Chinese Translation of *Legenda Aurea*; Sino-Western Literary Relations

传说的缘起

> 古西有名圣多敏我时入主殿,拜谢主恩,忽见天主耶稣发光高座,手持三鎗,似欲刑儆天下三种大恶。时见圣母玛利亚伏叩恳祈,恤悯下民,因荐二士颁训于众,劝之改图:一谓多敏我,一谓范济谷。耶稣顺允圣母慈意,即嘱二士宣教,率人改迁,⋯⋯

上面这一段话,引自高一志(Alfonso Vagnoni, 1568?—1640)《圣母行实》第二卷①。该卷重点是天主教神学上所称的"圣母学"(Mariology),所以叙述中强调玛利亚"恤悯下民",要求圣子耶稣顺应其意,遣多明我会与方济会的会祖圣多敏(明)我(St. Dominic of Osma, 1170—1221)与圣范济谷(方济各)(St. Francis of Assisi, 1181?—1226)入世救民,使之改过迁善等等(2:40 甲)。《圣母行实》刊刻于 1631年;在这之前两年的崇祯二年,高一志曾"述"《天主圣教圣人行实》(以下简称《圣人行实》)②,引介教中高士,圣多明我与圣方济各的生平也含括其中。高氏叙及圣多明我的专章之中,亦见上引故事,与《圣母行实》所述者,几无只字之差。

圣多明我的"忽见天主耶稣",乃天主教常谭(*topos*)中的"神视"(vision)。不过《圣人行实》叙述的重点不在圣母学,而在圣多明我与圣方济各认识的经过,因此故事的叙述者又有下文道:多明我"出堂,行未数步,适逢方济各。圣人未识其面,未知其名,[但]一晤即识之,呼之,以所见所闻于天主者告之"(4:4 乙)。自此以后,多明我与方济各结成莫逆,各创之会也合作无间,屡屡"提醒万民"有严主在

---

① [明]高一志:《圣母行实》,收吴相湘(编):《天主教东传文献三编》(台北:台湾学生书局,1984),第3册,页1406-1407。吴编以下简称《三编》。

② 我所用者为法国国家图书馆藏高一志:《圣人行实》(武林:天主超性堂,1629)。括号里的年代,我据卷6卷尾所示"崇祯二年"考订。其余六卷都未及刊刻年代。徐宗泽:《明清间耶稣会士译著提要》(台北:中华书局,1958),页43,此书作《圣人行实》,所据可能是高一志的自序及书中鱼尾栏所写。《圣人行实》由阳玛诺(Emmanuel Dias, Jr., 1574—1659)、郭居静(Lfizaro Catfino, 1560—1640)与费德勒(Rodericius de Figneredo, 1594—1642)共"订",但缺耶稣会著译通常会有的"校订者"(笔润者)之名,殊奇。此外,1629年高一志人在山西绛州,而《圣人行实》居然是由江南的"武林"(杭州)刊刻,亦奇。

上,希望毋违天意,为自己释疫消灾。高一志籍隶耶稣会,该会会祖罗耀拉的圣依纳爵(Saint Ignatius of Loyola, 1491—1556)平生最思效法的两位教中先贤,即多明我与方济各,所著《自传》(*Autobiography*)第一章中就凿凿言之而又切切诉之,孺慕之情溢于言表①。身为会中后学,面对会祖遗训,高一志于圣多明我与圣方济各岂能无动于衷? 他念兹在兹,难怪在华两年内所书就两述其事。

明清之际耶稣会士的著译颇多,《圣人行实》是其中我们可以推知原本的难得之"译",其中传文多本于 13 世纪佛拉津的亚可伯(Jacobi á Voragine, 1230—1298)所著的《圣传金库》(*Legenda Aurea*)。亚可伯乃多明我会士,他的书原题《圣人传奇》(*Legenda Sanctorum*),在高一志中译入华之前早已迻为日文。当代日人多从其字面而称之为《黄金伝说》(*The Golden Legend*),和卡克斯东(William Caxton, *c*. 1415—*c*. 1492)以来的英译本同名②。

上文我两度用引号限定高一志的"译"本,此因高本除了在序言中提到该书取自某"圣人行实"外(自序页五甲),全书几未言"译",屡屡所用者反为"述"字,而且打一开书就如此定位。另一原因就像鸠摩罗什(334—413)之前的梵典汉译,《圣人行实》虽然长达七卷,全书却仍为节译。亚可伯原收圣传多达 182 篇,高译仅著录 74人。篇数的删节,《圣人行实》的高序曾明白提及(自序页五甲),而我可以据《圣传金库》的比对再加说明的是:高译除了"节译"或删削之外,"增添"的圣人也颇有几位。以"删削"部分论,《圣人行实》有一大异:亚可伯的原作多据博维的文笙(Vincent de Beauvais, *c*. 1190—1264?)的《历史之镜》(*Speculum Historiale*)等素材写成③,从 1260 年成书以来,各篇传文都以传主名姓的字源开篇立论,借以观澜索源或因象立意,有如依希朵(Isidore of Seville, *c*. 560—636)之编写《字源学》(*Etymologies*),意欲穷尽"姓名象征论"的意义与一般中世纪托喻学的知识。然而高一志或许考虑到《圣传金库》中这些欧洲名字的相关知识对中国读者意义不大,而且多数其实"游谈无根",15 世纪以来为人诟病已久,所以大笔删削,使之几乎荡然无存。《圣人行实》因此不止传文的篇数缩水,连内文也迭经节略。

文章的紧凑性或许是节略的另一考虑,翻译的行动常见类此目的论(*skopos*)式的做法。至于"增添"的部分,《圣人行实》反而以完整的新传为主。《圣传金库》成书后 170 年间,在欧洲变成几乎仅次于《圣经》的教中畅销书,俗语译本之

① Joseph N. Tylenda, trans., *A Pilgrim's Journey: The Autobiography of Ignatius of Loyola* (Collegeville: The Liturgical Press, 1985), p. 14; cf. "General Introduction" to George E. Ganss, S. J., et. al., eds., *Ignatius of Loyola: The Spiritual Exercises and Selected Works* (New York and Mahwah: Paulist Press, 1991), pp. 15-18.

② 松原秀一:《中世ヨーロッパの説話—東と西の出会い》(东京:中央公論社,1992),頁 134。日文本称为《圣人的工作》,乃用罗马字译,现代影印本见 H·チースリク、福島邦道及三橋健解說:《サントスの御作業》(东京:勉誠社,1976)。另见福島邦道:《サントスの御作業. 翻字・研究篇》(东京:勉誠社,1976)。

③ 不过下文中我引用的例子多出自天主教上古,所以比较关心的会是其他源头圣传的影响之

多,不下于我曾予讨论的《圣若撒法始末》(*Barlaarm et Iosaphat*)或《圣梦歌》(*Visio Sancti Bernardi*)①。1450 年代,欧洲发明印刷术,《圣传金库》有如添翼之虎,印刷版数直线攀升,销路几乎与肯皮士(Thomas à Kempis, *c*. 1380—1471)的畅销灵修小品集《轻世全书》(*Contemptus Mundi*)在伯仲之间,对中世纪晚期的神秘剧(mystery play)与奇迹剧(miracle play)影响亦大。在维持完整性与教会节庆(feast day)所需等各种因素的考虑之下,又随着新圣人的"发现"与封谥,欧洲中世纪结束之前,亚可伯的原著已在后代编者笔下增收了超过 12 篇——也就是超过 12 位以上的圣人——的传记。如果下修到高一志所处的中国明末,增加的圣人更多。以高本《圣人行实》观之,最明显的例子当然就是前文略及而下文我还会提到的耶稣会祖圣依纳爵。他去世百年后才封圣,祝谥的时间已逼近高一志刊刻《圣人行实》的 1636 年,称之为《圣传金库》或《圣人行实》中最"资浅"的圣人之一,应不为过。

《圣人行实》另也添加了传统《圣传金库》所无的圣传,而高一志向来拿手的译事策略"重编",本书更可饱览无遗。1636 年刻行的《达道纪言》中,"重编"是以中国传统的伦序观为基础而"重新安排章节次第",《圣人行实》里,如此改动并不易,但圣人的属性、性别与婚姻却仍然可恃,所以高一志依上述标准"分门别类",把书中 74 位圣人分成"宗徒"、"司教"与"圣妇"等七类,也把他们辞世的时间一一查出,于传尾易以中国历朝各帝的纪年②。我查阅过数种 14 迄 19 世纪的《圣传金库》,俱不见以"身份"与"地位"为主的编法,中式纪年更不待说。高一志果然重编了《圣传金库》,则加上内文改动与传文的增添,《圣人行实》确实不符合我们今人对"翻译"所下——尤其是狭义——的定义。用我论耶稣会的翻译活动常常标举的"译述"一词称之,应该较近实况。尽管如此,每当高一志不增不减,也不加改动之际,他的"翻译"多数就名副其实,仍为一般概念中的"译作"。

关于上面这一点,我可以用圣多明我的一章为例,以见其实。多明我生于欧洲中古鼎盛之际,据《圣人行实》,他尚在"母胎时",乃母"梦怀一犬,口衔薪火,辉照四方。生后领圣水时,或见明星堕其额,普照大地"(4:1 乙)。《圣传金库》系亚可伯以拉丁文写下,圣多明我的"生前生后",亚氏所叙如次:

> Cujus māter ante ipsius ortum vidit in somniis se catulum gestantem in utero, ardentem in ore faculam bajulantem, qui egressus ex utero totam mundi machinam incendebat. Cuidam etiam matronae, quae ipsum ex sacro foute

---

① 见李奭学:〈翻译的政治:龙华民译《圣诺撒法始末析论》〉,收东华大学中文系(编):《文学研究的新进路——传播与接受》(台北:洪叶文化公司,2004),页 411-464。另见李奭学:〈中译第一首"英"诗——艾儒略《圣梦歌》初探〉,《中国文哲研究集刊》第 30 期(2007 年 3 月),页 87-142。

② 其他是"致命"、"显修"、"隐修"与"童身"等类别的圣人。

levaverat, videbatur, quod puer Dominicus stellam perfulgidam haberet in fronte, quae totum orbem illustrabat①.

这段话和上引高一志的中译只有一处差别，乃多明我领圣水之际，系其"代母"（mātrōna）将他"从洗礼盆抱起"，而高译用文言说这是"某人"——文言文所谓的"或"——所为：高氏略过身份，模糊说之了。这个更动明显，但就明末耶稣会的一般译事情况而言，已可称"紧扣原文"或"信译"，难能可贵，可见《圣人行实》与原文确实浃洽——虽非全然"无间"。

除了上述之外，上引也触及了圣人出世前后载籍常见或传说常闻的异象。《圣人行实》所收圣传中，这类预兆或异象不胜枚举，前及圣方济各一篇如此（4：10甲），同时的另一重要圣人伯耳纳笃（St. Bernard of Clairvaux, 1090—1153）一篇亦复如此（5：39甲），此所以天主教圣传文学常有异于一般史传，此亦所以文艺复兴以来，严肃的论者每以"传说"（legend）或"传奇"（romance）界定之。不过这里我觉得最该注意的是：高一志和罗明坚（Michele Rugieri, 1543—1607）、利玛窦（Matteo Ricci, 1552—1610）等耶稣会士一样，每以"圣人"称呼多明我或方济各等教中高士②，而且用得颇为一致。"圣人"不仅明白见于《圣人行实》的书名之中，终明清之际近两百年间，这个名词也是天主教对上述"高士"的通译。今天该教教外通行的"圣徒"（saint）一词，反而得俟诸清代末叶以后因基督新教故才广见使用③。

---

① Jacobi á Voragine, *Legenda Aurea*, Johann Georg Theodor Grässe, ed. （Leipzig：Impensis Librariae Arnoldianae, 1842）, p.466. 这个版本另刊行于1890年，有学者认为前182篇圣传才是亚尔伯的原著，但为行文方便起见，1842年版各篇的著作权，我暂时都归诸亚氏。参见 Sherry L. Reames, *The Legenda Aurea：A Reexamination of Its Paradoxical History* （Madison：University of Wisconsin Press, 1985）, p.69。1842年版，我承台湾中研院历史语言研究所张谷铭及台湾师范大学国际汉学研究所潘凤娟两教授之助觅得，谨此致谢。Reames 的 *The Legenda Aurea：A Reexamination of Its Paradoxical History* 以下简称 *LARIPH*。

② ［明］罗明坚：《天主圣教实录》及［明］利玛窦：《天主实义》二书俱用"圣人"称圣奥古斯丁，见吴相湘（编）：《天主教东传文献续编》（台北：学生书局，1966），第2册，页770；以及［明］李之藻（辑）：《天学初函》（1629；台北：学生书局，1965），第1册，页89。《天学初函》以下简称"李编"。

③ 详细时间待考。目前我可以确定的是，在马礼逊（Robert Morrison）编《华英字典》之际，基督新教仍把"圣徒"（saint）译为"圣人"，天主教更是如此，迄今犹沿用旧译。我手边一本当代最近的中国天主教徒编译的圣传即如此题名，见康之鸣（编译）：《圣人传记》（石家庄：河北信德室，1993）。话说回来，马礼逊也知道中文的"圣人"本指"圣贤"（sages）而言，见 Robert Morrison, *A Dictionary of the Chinese Language*, Three Parts （Macau：East India Company's Press, 1822）, vol. 3, p.374。此外，《圣人行实》中，在圣妇玛利亚玛大勒纳的传文内确曾出现"圣徒"一词：玛大勒纳"屡具耶稣及圣徒所需资用，供给之"。从上下文看来，这里的"圣徒"不是今日一般用法，而是以耶稣为圣，再转为形容词以尊称耶稣当时的"门徒"（disciples）或〈宗徒大事录〉中所谓的"宗徒"（apostles）。《圣母行实》亦见类似用法，见《三编》，第1册，页367。不过后例中，所有耶稣的信徒都可如是称之，已近今天天主教界的用法。上举康之鸣书乃据公教真理学会编译：《圣人传记》（台北与香港：思高圣经学会出版社，1960）4册，重新编译。

一、"圣"的内涵

高一志与其他耶稣会士笔下的"圣人",当然不是中国古人笔下同一名词的对等语。古书中提及"圣人"者,《周易》、《尚书》、《老子》与《论语》都不少,但最常见的似乎仍为《庄子》。庄子从《老子》"弃圣绝智"之说而得的下引,我们朗朗上口:"圣人不死,大盗不止。"①这种"圣人"究为何人? 杨儒宾研究帛书的各种文本,以为"圣"字从耳,从口,所以就造字的哲学而言,圣人应指"耳聪"与"知言"者而言。这个说法不无道理,然而既言"耳聪",应该也会"目明",故此儒家"内圣外王"的重点,乃在"圣"字上面,而"圣人"——不论儒、道——必然"耳聪目明"与"知言"②。这类通人如带宗教意味,高一志的天主教背景其实以具有"神智"者称之(自序页一甲)。

西方"圣人"或"圣徒"的中译问题,天主教刚才入华就已孳生,利玛窦和罗明坚最早碰到。1580 年代,他们合编《葡华辞典》。两人在解释葡萄牙文"圣托"(santo)一音时,几乎无从下笔,最后所得居然是中文"仙"字③。如此中译当然牵强。且不谈道教兴起后赋予的意义,"仙"字的古文乃"僊",是"人在山上"或"山上之人"的意思,而"圣人"未必如刘晨阮肇得登上天台方可化至。不过仔细寻绎,"仙"字译得也不无道理:第一,可作音译看,近"圣",罗明坚的《天主实录》(1584)就称"圣玛利亚"为"仙妈利呀"④。其次,利玛窦等人所处的晚明道教兴起已久,而"神仙本是凡人做","圣托"也是由"人"晋身而成,合拍之至。"圣人"这种高士虽非天主,甚至也不属于"天神"或"天使"一类,却也可在天堂共天主与天神而处,还可享受那真福化境的种种美妙。利玛窦和罗明坚心思确富。

严格论之,"圣人"当然不是"神仙",亦非儒家的"圣贤"或明末阳明、泰州学者所称的"圣人"。后两者并无宗教内涵。如此则天主教以"圣人"译"圣徒",我们只能就其文化语境而听之。在"道德"这个基本原则之外,天主教中人要"成圣",仍有不少内外条件得配合。儒家所谓"耳聪目明"的要件,恐怕也是他们优入

---

① 《庄子·外篇·胠箧第十》,见庄万寿(注译):《新译庄子读本》(台北:三民书局,1987),页 136。老子的说法在《老子》第 19 章,见余培林(注译):《新译老子读本》(台北:三民书局,1987),页 44。

② 杨儒宾:《儒家身体观》(台北:台湾中研院中国文哲研究所筹备处,1996),页 173-219。唯其因圣人知言,《论语·季氏篇》方谓君子"畏圣人之言",而小人则侮之。见[宋]朱熹集(注):《四书集注》(台北:世界书局,1997),页 176。

③ Michele Ruggieri & Matteo Ricci, *Dicionário Português-Chinês*, John W. Witek, S. J., eds. (Lisbon and San Francisco: Biblioteca Nacional Portugal, Instituto Português do Oriente, Ricci Institute for Chinese-Western Cultural History, University of San Francisco, 2001), p. 143 (mss. Part).

④ [明]罗明坚:《天主实录》,收钟鸣旦(Nicholas Standaert)、杜鼎克(Adrian Dudink)(编):《耶稣会罗马档案馆明清天主教文献》(台北:利氏学社,2002),第 1 册,页 84。本书以下简称《耶档馆》。

圣域,登上高明的条件之一。方济各和多明我一样,出身优越,抑且更胜;《圣人行实》谓其父"以货殖富"。他的母亲不仅贤慧,即使有孕在身,行动不便,遇到贫穷或乞者还是会慷慨施舍。背景如此,方济各当可称"缙绅子弟",不过他深知自己已蒙天主开牖,得对自己有所要求了。于是打"小学"起,他便以"谦抑"修心,而"耳聪目明"的程度更高,几可谓与生俱来即可上达"天"听,目视天上"奇丽宫室"和各种奇物(4:11甲)。高一志称方济各与多明我为"显修圣人",其他范畴的圣人如"隐修圣人"的能力,亦复如是。后一范畴中最有名的修士,伯耳纳笃应居其一。其母怀有身孕时,也曾像多明我之母一样梦产"白犬",而解梦者所解之一便是"明学之豫兆"(5:39甲),亦即耳聪目明,将来必然力可通天,进而在天主指导下隐修成圣。

中国圣人"耳聪目明",《圣人行实》所收74位圣人几乎亦然。不过就天主教初兴那数世纪的传统而言,这种资质并非凡人成圣的绝对必要。《崇一堂日记随笔》中译了老实葆禄(Pavlo Simplice)及毕约尔(Pîôr)两位后世所称的"沙漠圣父"(desert fathers)的传记:我们从中衡量,这两位史上亦以"圣"称的隐修僧似乎就非禀赋优秀。常人看来,他们甚至因生性过于憨直而有愚昧之嫌;时而又"罔顾左右",不知"审时度势",还会出口"胡言",连自己的师尊都斥为癫狂,愚不可及①。尽管如此,傅柯(Michel Foucault, 1926—1984)却也告诉我们,就在《圣传金库》一纸风行的中古晚期,"疯子"或某种形式的"傻子"(Fool, Idiot or Simpleton)在文学中每每被人视为奇人,是以上天特加宠顾,和神意世界具有某种神秘的联系,也是真理的"信使"(harbinger)。他们的世俗知识不高,心灵却纯洁如赤子,而且会以这种独特的真挚"见人之所不能见"或"言人之所不能言",进而以"常人所无的智慧"中介天人之际②,故而可称圣域中人。对这类"神圣的笨蛋"(holy fool)的颂扬,天主教世界从〈格林多前书〉以来,其实就屡见不鲜(如1:27及3:18-20),连圣依纳爵都有法式之心③,《圣传金库》就不用多说了。亚可伯所指的圣人,自然也可包括老实葆禄这类人物。

《圣人行实》中也有圣人或圣女并不以天资优异著称,和合本《圣经》称之为"抹大拉的马利亚"的"玛利亚玛大勒纳"(Mary Magdalen)就是一例。然而我们若以"戒淫"衡量,则全体圣人都得办到,而这点除了柳下惠之外,似乎并非中国古圣认真思考的问题。"戒淫"乃天主所颁十诫之一,凡信仰基督者都得奉行。圣人

---

① Michel Foucault, *History of Madness*, Jean Khalfa, ed., and Jonathan Murphy and Khalfa, trans. (London and New York: Routledge, 2006), pp. 12-13.

② 王德威:〈浅论傅柯〉,收米歇·傅柯(著)、王德威(译):《知识的考掘》(台北:麦田出版,1993),页17。

③ Jill Haak Adels, ed., *The Wisdom of the Saints: An Anthology* (New York and Oxford: Oxford University Press, 1987), pp. 181-182.

身为信徒中的表率,益当以淫为戒。有趣的是:"淫"字若属血气性欲,则《圣人行实》中几无圣人——尤其是男性圣人——可以身免,而这种和凡俗无异的"神圣的不完美"(holy imperfectness),恐怕也才是《圣传金库》各篇传文读来最引人同情之处①。年少之时,传中的圣人大多生过淫念,其中以奥古斯丁(St. Augustine of Hippo, 354—430)为最②。他放荡成习,和情妇"自然生子"也罢,最令他后来"忏悔"不已者还要包括既已生子,又订有婚约之后,仍然追逐声色,根本就是个"惯性罪人"(habitual sinner)③,乃陷身肉欲的登徒子之流。奥古斯丁的《忏悔录》(Confessions)名震寰宇,《圣传金库》中的奥传据之衍述,高一志因此也在《圣人行实》里为中国保存了第一篇建立在《忏悔录》的基础上的奥氏传记,列入"司教圣人"一类。27 岁左右,奥古斯丁在米兰得识该城大主教圣盎博罗削(St. Ambrosius, c. 339—397),"屡造门听其论理谈道"而"神目日渐光明"(2:14 甲),因而辞邪归正,以 33 岁的"高龄"欣领圣水,弃异教而皈依了天主。《忏悔录》强调:奥氏至此遂终身淫行不犯。33 岁和耶稣死而复活的年纪相当。

在《忏悔录》中,奥古斯丁握管至诚,将生命罪愆以远淡近浓的方式如实道来,宛如一幅中国山水画④。《圣传金库》里,亚可伯秉笔亦称客观,如实照搬。不过到了高一志,他却会为贤者讳,会看情形或教外现势而中译。奥古斯丁少时尝犯偷窃之罪,和一群恶少偷摘邻家果园中的梨子。此事《忏悔录》忆来愧然,奥古斯丁以自己性恶视之⑤,而这点在西方忏悔文学中更是著称不已,每视为个人悔过的示范而传为佳话,《圣传金库》更是实笔实录,分毫不爽(LARIPH, p. 123)。然而回首《圣人行实》中的奥古斯丁传,我们或明代的中国人可就无缘见此"佳话",因为该故事已然经高一志的翻译筛滤而不传了。尽管如此,淫行色欲系天主教明载的死敌,必须恳切戒之,而奥古斯丁在这方面的罪过高一志就"直言不讳"了。奥古斯丁是凡人,凡俗会犯之过,他也难免。奥古斯丁也是圣人,圣人改过自省与责善劝过的本领他同样不缺。

《圣人行实》中的圣人,尝犯"淫行"而重如奥古斯丁所述者其实几无,不过若

---

① David Brown, *Through the Eyes of the Saints: A Pilgrimage through History* (London and New York: Continuum, 2005), p. 3.

② 高一志据拉丁音译奥氏之名,故称之"奥吾思定"(Augustinus)。高一志之前,奥氏名即常用拉丁音中译,故而亦有称之为"峃梧斯惕诺"或"亚吾斯丁"者,例见利玛窦:《天主实义》及庞迪我:《七克》,见李编,第 1 册,页 895 及第 2 册,页 1027。

③ St. Augustine, *Confessions*, VI. xiii. (23)-VI. xv. (25), translated with an introduction and notes by Henry Chadwick (Oxford: Oxford University Press, 1911), pp. 107-109。"惯性罪人"一语,引自 LARIPH, p. 137。

④ 这里我推演彼得·布朗(Peter Brown)的比喻,他原先的用词是"中国地景"(Chinese landscape),见 Peter Brown, *Augustine of Hippo* (Berkeley: University of California Press, 1967), p. 168。

⑤ St. Augustine, *Confessions*, II. iv. 9-x. 18, Henry Chadwick, trans., pp. 29-34. "窃梨"这个事件的意义,见 Peter Brown, *Augustine of Hippo*, pp. 167-168。

以"淫念"衡之,则在成圣之前,几乎没有圣人不曾犯过,隐修圣人的群体中尤有多起。圣伯耳纳笃之外,这类圣人之享有盛名者首推圣安当(Anthony the Great, *c.* 251—356)与圣本笃(Benedict of Nursia, 480—547)。圣安当系沙漠圣父之一,名声之大,同代或后人难及。圣亚大纳削(St. Athnasius, *c.* 295—373)慕其名,特地延而见之,其后并且为他立传,通常就冠于一般《沙漠圣父传》(*Vitae Patrum*)的书首①。圣安当出身富室,进教后操志离家,埋名隐姓幽居于埃及深山之中。具有讽刺意义的是,其后神修精进,反而声名鹊起,高一志的译笔谓"士民[俱]来观光矣"(5:13 甲)。其实在圣安当尚未隐于幽穴之前,就在高一志犹以教中"神童"称之之际,"狡魔"——这里高译的用字遣词并无异于亚大纳削的《圣父安当传》(*Vita Sancti Antonii Abbatis*)——隐含的淫念亦曾"内动其欲心,煽炽骨血",而且"外设美女之容,使起居之顷莫得脱于目,绝于念"(5:10 甲;参较阳玛诺:《圣经直解》,在《三编》,6:1883)②。本笃本籍意大利,生于圣安当之后百年左右,却是伯耳纳笃之前最出名的隐修僧,所创之本笃会在隐修会中堪称首见,对后世影响甚大。本笃虽然像圣安当一样立志"割财绝色",继之又遁世而为高僧,然而一遇到有情本性,他也同样难逃色欲的牵绊。《圣人行实》里,高一志亦以译笔设魔障倾之,传文故谓他修成正果前有鸟形"翱翔顽颉于左右",令他"烦扰不宁"。无奈之下,本笃只好画十字驱魔。讽刺的是,高译对此反曰:"鸟去,独遗淫念。"(5:31 甲)"淫"之难除,于此可窥一斑。本笃必需"赤身投入棘中,反复刺痛",方能"尽灭淫焰"(5:31 甲)。

如此窘状或试炼,《圣人行实》里的其他圣人亦曾经历,而他们除了靠天主臂助之外,其破除之法若不是像圣方济各在寒冬脱衣进入雪堆(4:14 甲-乙),就是像圣伯耳纳笃赤身浸于冰冻之池(5:40 甲)③。淫念果真难抑!高一志显然借翻译如此苦叹。有淫念,就意味圣人生来并不完美,"不过'完美'并非'圣'(sanctity)"的对等字,"追求完美的奋斗过程"才是④。《圣人行实》里,"淫念"和《崇一堂日记随笔》或《沙漠圣父传》一样,多半化身为"魔":圣人在超凡入圣前得先与魔军对阵,与心魔对垒。天主教"魔"的概念复杂,有修辞,也有修辞本身的外化,下节我会再详,这里应该先予强调的是,中国——尤其是儒家——圣人若遇同

---

① 例见 Heribert Rosweyde, *Vitae Partum* (Antwerp: Ex Officina Plantianiana apud Viduam et Filios Io. Moreti, 1615), pp.24-75。这部传记,亚特那修本用希腊文写就。

② Robert C. Gregg, trans., *Athanasius: The Life of Antony and the Letter to Marcellinus* (Mahwah: Paulist Press, 1980), pp.33-35.

③ 从圣本笃到圣伯耳纳笃等人以苦克淫的故事,明代耶稣会中,亦可见诸[明]艾儒略:《涤罪正规》,见《耶档馆》,第 4 册,页 472-473。有关本笃的苦修,另见艾儒略:《口铎日抄》,见《耶档馆》,第 7 册,页 40。

④ David Brown, *Through the Eyes of the Saints: A Pilgrimage through History*, p.49.

类问题,只要合乎"礼",则可"节欲导情",并无所谓"禁"或非得"戒"之不可的问题①。天主教的圣人当然反是,他们得禁欲,如果不能积极以"理"御"欲",那就得消极地"以'苦'服之"(5:31 甲)。高一志译的《达道纪言》(1636)讲过一条世说:"或问于加多大贤孰善王,答曰:'善克其情欲者是。'"②这个"克"字在《达道纪言》的上下文中③,应指庞迪我(Diego de Pantoja, 1571—1618)《七克》(1614)书题所涵的"攻克",不是儒家的"克制"。

"禁欲"的观念,特别适用于男性圣人。"圣托"一音在文法上本为阳性,拉丁文的"圣克徒斯"(sanctus)亦然,不过两者后来都兼包女性圣人或圣女,不再以男性为限。所谓"圣女"若因贞洁(virginity)而列圣,高一志译之为"童身圣女",《圣人行实》中有 12 位,她们的传记多半也译自亚可伯的《圣传金库》。倘为已婚,高氏的译本若非以"圣妇"称之,就是再加两字而区分为"守节圣妇",所译专传亦达 12 篇之多。但是其中也有"未婚"的例外,玛利亚玛大勒纳属之。她不曾婚适他人,但是曾犯淫行,故而不可以"童身"形容。"童身圣女"乃"高志之女":她们"自幼及老,不嫁不污",又"勤修形神"(6:1 甲),终入圣域。这类圣人的共同特色是"洁修",不染情色或可自焚身欲火中抽拔而出。即使有淫妇诱之,有妄人迫之,有恶官刑之,童身圣女也都坚持洁身,不改其志,甚至自称已经"嫁给天主"了(6:23 甲)。

多数所谓"圣妇"或"守节圣妇"则稍异;她们大多婚后再修神工,用高一志的"话"来讲,亦即因"守节"故而为"精修之妇"。就情欲一面而言,她们较近中国儒家所称"节欲导情"的典型,虽然双方方法确实有异。天主教的守节圣妇,简言之,多因各种非自愿的缘故而有其婚配。然而在生过子嗣,完成传宗接代的"任务"之后,她们随即会要求丈夫同心绝欲,而其配偶几乎也会举双手赞成,彼此甚至以"兄妹"相称。默拉尼亚(Melania the Younger, 383?—439)乃罗马圣妇,可以为例④。《圣人行实》谓其出身官宦之家,本拟终生保洁,然而父母不允,只好在初婚之日将本心告诉丈夫,而后者的回答正可代证上述:"天主既以正道配合吾夫妇,则当俟有后嗣,以继家业,然后同志守节,专精修道,未晚也。"(7:16 甲-16 乙)默拉尼亚之夫这几句话,指涉到了隐修圣人亚勒叔(St. Alexis of Rome, fl. 312—

① Cf. Anthony C. Yu, *Rereading the Stone: Desire and the Making of Fiction in Dream of the Red Chamber* (Princeton: Princeton University Press, 1997), pp. 74-82.

② 高一志:《达道纪言》,见《三编》,第 2 册,页 683。加多(Cato)的世说,见 Plutarch, *Sayings of Romans*, in his *Moralia* (Cambridge: Harvard University Press, 1989), vol. 3, p. 179 (198.8): "He said that the worst ruler is one who cannot rule himself."

③ 《三编》,第 2 册,页 683:"大国败亡有四级。先恣于味而饮,次流于欲而淫,次相加辱而慢,终相残虐而亡。"这条世说出典待考,但"比大羲"应指希腊古哲"毕达哥拉斯"(Pythagoras of Samos, 580 and 572 BC—500 and 490 BC)。

④ 现代版《圣传金库》不收默拉尼亚的传记,但中文本在高译之外,另可见于公教真理学会编译:《圣人传记》,第 4 册,页 615-619。

435)的一生。新婚之夜,亚氏面赠妻子指环宝带,然后敛容正色谓其志在"遁世永贞"(5:50甲)。在《圣传全库》的原文中,亚氏也"教其妻子敬畏天威,永保童贞"(LA,403),一时间他倒转成了默拉尼亚。亚勒叔之妻虽觉不舍,面对丈夫发下的誓愿,也没有二话或反对。直到丈夫因自我牺牲而辞世之际,夫妻才又戏剧性地重逢①。默拉尼亚夫妇的苦工,其实在亚勒叔一家之上。道教丹术所称"夫妻同修"的字面意义,她们可以当之。在守节圣妇及其配偶中,更是常见。中西所"修",当然内涵大异:一者修之以"性",一者反而坚拒这种关系。

何以"拒"之?其中所涉乃修饰圣妇常用的"守节"二字。中文"节"字本指竹干的"环节",其后因气象与星象学上的挪用而有"节气"之论,也因男性世界向来有"节操"一词而衍生出女人的"贞节"之说。父系社会里,女人"守节"自然以男性为对象,尤其是自己的婚配。天主教的传统中,圣女冰清志洁,理所当然。如其为繁衍后代而不得不婚适他人,行房后仍得"守节",而此时这"节"是为谁而守就耐人寻味。圣女婚媾而结果之后,一般情形是反得婉言或悍拒丈夫再度求欢,这可说明天主教圣妇不像中国古代的贞妇烈女会为婚配"守节"。结婚之前,她们早就矢志侍奉天主,婚姻乃抗议无效后的不得不尔,所以自己的"贞节"(chastity)当然是以最初的考虑为奉献的对象。这也就是说,"圣妇"正像"童身圣女",亦"嫁给天主"了。她们在人间的婚谊,因此就像是个无效的"重婚行为",有如王征(1571—1644)纳妾,天主与铎德不喜,也不许,罔然也②。高一志以"守节"界定《圣人行实》中那12位圣妇,熟悉中国妇女文化的明朝读者,恐怕会为这个华化的词汇所惑。连类乃翻译的常态,即使高明如高一志者也免不得。

不论男性或女性圣人,他们的生命特色还包括许多"奇遇",天主常施人间异常的恩宠以坚其信仰。根据《沙漠圣父传》,天主教世界的第一位隐修僧名唤保禄(Paul,229—342)。再据圣热落尼末(St. Hieronymus or St. Jerome, *c.* 347—420),保禄的名字与全衔(epithet)乃"保禄隐圣人之首"(Sancti Pavli Primi Eremitæ):这个名号及保禄的传记,都是热氏所取并撰③。圣安当苦修多年,尝以为自己是教史上拔得头筹的隐修僧,哪知某夜他"倏闻天降之声曰:'深野中有大

---

① 亚勒叔一生的意义见 Brigitte Cazelles, "Sanctity and Self-Sacrifice: The Life of Saint Alexis", in Cazelles, *The Lady as Saint: A Collection of French Hagiographic Romances of the Thirteenth Century* (Philadelphia: University of Pennsylvania Press, 1991), pp.21-30. 亚勒(肋)叔的故事,艾儒略也曾对信徒谈到,见《耶档馆》,第7册,页547-548。

② 参见李奭学:〈太上忘情——汤若望译王征笔记《崇一堂日记随笔》初探〉,收锺彩钧(编):《明清文学与思想中之情、理、欲——学术思想篇》(台北:台湾中研院中国文哲研究所,2009),页329-388。此外,亦请参考黄一农:《两头蛇:明末清初的第一代天主教徒》(新竹:国立清华大学出版社,2005),页131-174。

③ 公教真理学会编译:《圣人传记》,第1册,页93-96,译之为"圣保禄首先独修"。圣热落尼末的拉丁文本〈圣保禄首先独修〉("*Sancti Pavli Primi Eremitæ*"),则见 Heribert Rosweyde, *Vitae Partum*, pp.8-18。

圣,是乃首功将表仪万世,汝未足比也.'"(5:2 乙-3 甲)圣安当闻知,深感惭愧,对保禄遂有仰慕之心。其时安当行年已 90 有余,但他仍不辞劳苦,第二天一早便整装往谒。孺慕之情切,由是可见。为了寻觅保禄,圣安当急赴旷野,一时迷失了方向。幸而他在"午后逢妖兽,人面而马胯"。圣安当"初视之惊,稍间对画十字迎问"保禄何在。"人马弗言,以蹄指其方",而后径去。圣安当依指示再往前行,彷徨间又"复遇妖物短如人形,羊足鹰鼻,额中有锐角"。他运神功凝想,知此物又系天主遣来,目的在告诉他保禄确切的栖止。第三日,他"远望虎狼行[于某]山[之]下",遂知保禄已不远矣①。待觅得圣人所居地穴,他即匍匐进入,终而得遇。其时保禄遁世已久,但仍欣然迎之。言谈之间,保禄方才知道一甲子已过(5:3 甲-3 乙),自己是不知有汉,无论魏晋了。圣安当往谒的过程,人马妖物齐备,"奇遇"二字确可形容。

"奇遇"和"奇迹"一样,都是圣人所以为"圣"的外在条件之一,和内心修为一样重要。圣安当的故史,在《圣传金库》中殆循《沙漠圣父传》的说法,但后者却不是据圣亚大纳削的《圣父安当传》传之,反而依圣热落尼末的〈保禄隐圣人之首〉改写而成,情况稍显复杂②。就明代两人传记的中译而言,复杂依旧。《圣人行实》刊刻后两年,王征延汤若望(Johann Adam Schall von Bell, 1591—1666)入西安,振铎于崇一堂。圣安当的故事旋经他们由《沙漠圣父传》中摘出,合译完成,收入《崇一堂日记随笔》之中③。高一志在汤若望之前入山西传教,《圣人行实》的初版也刻于省中绛州④,但汤氏及王征人在陕西,合译保禄的传记时并未读到邻省所出的高译。泾阳王家与绛县韩霖(1621—c. 1647)、段衮(生卒年不详)二家似乎也没有往来,彼此间谈不上影响。上述"奇遇",《圣人行实》收于保禄传中,《崇一堂日记随笔》却改为圣安当的传记。这当中的差异,我认为系《圣传金库》以《沙漠圣父传》为据时,有其编采上的重点使然。《崇一堂日记随笔》凸显圣安当,《圣人行实》里,圣安当之所以为"圣",也与他寻觅保禄时的奇遇有关。

比起高一志所译的保禄传,《崇一堂日记随笔》里的圣安当奇遇可谓毫不逊色,而且详细了许多。高译本里的"人马",《崇一堂日记随笔》称之为"半人半马

---

① 从《沙漠圣父传》的角度看,安当这"第三日"所见唯有一"母狼",《崇一堂日记随笔》的译法因此比《圣人行实》准确多了:"安当寻至[保禄所居之]洞口,远远看见椰树下一泉,一狼奔饮[于泉]。"见《三编》,第 2 册,页 779。

② See John Frank Cherf, O. S. B., "The Latin Manuscript Tradition of the *Vita Sancti Pauli*" and Katharine Tubbs Corey, "The Greek Versions of Jerome's *Vita Sancti Pauli*", in William Abbott Oldfather, ed., *Studies in the Text Tradition of St. Jerome's Vitae Patrum* (Urbana: University of Illinois Press, 1943), pp. 65-250.

③ [明]汤若望(译)、王征(笔记):《崇一堂日记随笔》,见《三编》,第 2 册,页 754-838。此书现代排印本见宋伯胤(编著):《明泾阳王征先生年谱》增订本(西安:陕西师范大学出版社,2004),页 162-199。

④ 方豪:《中国天主教史人物传》第 1 册(香港:香港公教真理学会;台中:光启,1967),页 151。

之大兽",实乃希腊罗马神话中的"仙驼"(centaur/hippocentaur),而圣安当再度遇见之羊足鹰鼻有角的"妖物",王征笔受时则以对比的修辞手法唤之为"半羊半人之小兽"(《三编》,2:778),实亦希腊罗马神话中赫赫有名的"沙驼"(satyr/fauns/incubi)。在天主教基本的认知中,希罗神话是异教所出,其中凡与一神论牴牾的神仙精灵——不论他们再怎么良善或可爱迷人——一律都得贬斥,变成天主教的神话世界里的妖魔鬼怪①。如其贬抑不了,就圣热落尼末而言,当然要效圣奥古斯丁挪用上古修辞学一样而予以收编了。要做到这一点,仙驼与沙驼的神话身份就必须予以解除,令其双双变成天主的创造物。

姑以仙驼为例。此一"动物"可能源出埃及,后为希腊人收编而变成上古神话世界的一角。仙驼有恶名,但为首的凯戎(Cheiron)在荷马的史诗中却以智慧闻名,是英雄阿基力士(Achilles)的老师。耶稣纪元后近千年,天主教并不常挪用仙驼,但到中世纪鼎盛之时,凯戎尤常出现在宗教艺术中。希腊人认为凯戎可以在赛奇之山(mount of Psyche)接引亡魂,在地狱摆渡他们,或引之进入仙境福地,连带使得一般仙驼也可胜任"心灵导师"之责。因此之故,中古欧人——尤其沙漠中的隐修僧——每以"救世者"的象征视之。凯戎这类仙驼,遂变成耶稣的化身②。在保禄的故事里,仙驼扮演的显然就是福山胜地指引者的角色,可以把圣安当由物质界这"低处"引向精神界那"高处"去。

《崇一堂日记随笔》中,沙驼也经过同样手法收编了;他遇到圣安当那一刻,就以如下一语为自己"解神话"道:"我乃世人,妄认山灵。[向我]祈求福利者耳,殆魔鬼之属。"(《三编》,2:779)这几句话译得比圣热落尼末的原文稍简,不过出典确为〈保禄隐圣人之首〉("Sancti Pavli Primi Eremitæ"),而热氏如此介绍沙驼——当然包括仙驼——说来正可见希罗神话与天主教交锋时的烙痕。在前者的文化中,沙驼常与潘恩(Pain)在森林游荡,酒色俱来,而仙驼因为性好渔色,也是"淫欲"(lust/lechery)的表征。天主教神话诠释学(mythography)收编了希罗神话之后,仙驼的属性转以弓箭手为主,隐喻"出污泥而不染"的凡世"美德",而沙驼虽然更常经人比附为邪魔,其实又是"大谬不然",因为他就像在〈安当传〉中的自述,乃山林中游荡的"世人"罢了,"魔鬼"一类凡物才会误认他为"山灵"③。

《圣人行实》改编的保禄传里,沙驼与仙驼都跨越了神话上的藩篱:他们非但不以形异骇人,而且还为基督信仰服务了。两者在文化翻译上的象征意涵丰富而

---

① Andrew McCall, *The Medieval Underworld* (Phoenix Mill: Sutton, 1979), pp. 238-239.

② Cf. Louis Charbonneau-Lassay, *The Bestiary of Christ*, translated and abridged by D. M. Dooling (New York: Arkana Books, 1992), pp. 381-390.

③ JCJ Metford, *Dictionary of Christian Lore and Legend* (London: Thames and Hudson, 1983), pp. 64 and 221. 有关天主教的神话诠释学,参见李奭学:《中国晚明与欧洲文学——明末耶稣会证道故事考诠》(台北:台湾中研院与联经出版公司,2005),页 189-244。

有趣,确实令人有耳目一新之感。高一志虽称圣安当所遇为"妖物",其实"神物"方足以形容。保禄有绝世之绝德,王征以为天主为免其埋没深山而不名,方命沙驼与仙驼"指引"安当,显其令誉,期使万世共仰。高一志从亚可伯而得的重点既在保禄,也在安当,故〈保禄隐圣人之首〉中安当见沙驼后,特地以反语道:"一野兽耳,犹知上主而敬畏之,以奉其命,灵生者独否?"人怎能连禽兽都不如?安当为此问题伤神不已。在高译的传文中充分躬自反省,连带也使保禄的传记变成了自己的刻画(5:3甲-3乙)。《圣传金库》中,亚可伯用来称沙驼与仙驼者,非"妖"非"怪",而是基督宗教常见的"受造物"(animal;LA,95)一词。易言之,他们同于天主所出,无异于人。即使是"兽",沙驼与仙驼恐怕也变成了基督信仰中的"奇兽",唯"奇人"才会有"奇遇"而得见之!王征尝谱《山居咏》,并列"奇人"与"奇遇"二词,我曾另文以为指《崇一堂日记随笔》的内容①,从安当的故事看来,其实应该也可以论证《圣人行实》中那"圣人"的"圣"字的内涵。

我们回想前述多明我降世的预兆,那梦犬而生,生来又是明星堕额的异兆与异相或许会引人遐想,以为天主教的圣人个个都该衔命出世,注定列圣,而奥古斯丁的《忏悔录》中,他和天主的关系亲密无比,成圣乃迟早中事。然而打开《圣传金库》中的圣奥古斯丁传,我们却见天人关系有异:首先,此中天主远不可即,所以在成圣这一点上,奇迹或奇遇的重要性大为降低,圣宠的作用远不如奥氏个人力图向上的自主性或个人意志。其他圣传也相去不远(GARIPH,p.139)。这个特色,高一志的《圣人行实》大致延续,我们所见的圣安当、圣保禄、圣默拉尼亚,甚至是圣本笃与圣方济各等人都得凭自己的努力绝俗,再凭意志力绝世富,弃世乐,断俗世之荣耀,甚至得想方设法战胜淫念以戒色。他们的努力,天主顶多如上所述导之以奇遇。可以不涉入,他就不涉入。所得结果故为圣人依意愿力搏所致,故乃个人的成就而非"命中注定"。此中道理何在,值得深思,但据耶稣会所信仰的神学,成魔成圣本为个人选择,出诸自由意志。在天主教的整体救恩史上,这一点虽称不上另出机杼,不过也因意志与选择乃人类本身的问题,所以绝魔趋圣的努力读来才特别感人。魔的力量愈大,我们感动愈深。由是观之,"魔为何物"就是个大哉问。我曾在他文略及,这里仍应专节续论,烛照问题。

二、魔为何物

前面说过,守节圣妇与童贞圣女都得"思无邪",男性圣人则得"禁欲"。我又引多明我人觐耶稣的异象前导此一概念,而当时耶稣高举三枪,拟一举而尽戮人

---

① 王征:〈山居自咏〉,见《山居咏》,收李之勤(辑):《王征遗著》(西安:陕西人民出版社,1987年),页197。

间"三恶",指涉者其实又是淫欲的问题。所谓"恶",《圣传金库》称之"恶德"(vitiis/vitium；LA，470)，故《圣母行实》所译并无异于亚可伯的传统。但《圣人行实》虽以《圣传金库》为底本，高一志反而将"三恶"(tribus vitiis；LA，470)译或易成"三仇"。一字之差，至少外相差之千里，因为三恶指"骄傲"(pride)、"淫行"(concupiscence)与"贪婪"(avarice)三者，而"三仇"(Three Enemies)则早有众议咸同的定义，乃——再用高一志在《圣人行实》中的译法——"世俗"(the world)、"邪魔"(devil)与"身欲"(flesh)三者。我们若问内涵及其引申义，"三恶"与"三仇"当无二致，都是基督徒应该大力对抗的邪念或邪物，盖俗世功名引人趋"傲"，身体有"傲"则易犯"过淫之行"(orexis)，而"傲"也罢，"淫"也罢，在基督宗教中都可以"魔鬼"或"邪魔"代喻，天主教的强调犹然。圣、魔因此犹如天才与白痴，经常只有一线之隔。因此之故，圣人所至，邪魔随之。在《圣传金库》中，后者甚至就是人类超凡入圣的淬炼工具。由是观之，《圣人行实》笔下再现的邪魔或魔鬼，就值得我们先予一顾。

有关圣安当的传文里，天主曾劝这位隐修圣人一语，出自《新约·福音书》(如玛19:21；谷10:21；路18:22)："汝欲成器而入圣域，即以产业施散于穷人，然后从我，庶得天上无朽之财也。"(5:8甲-8乙)安当听罢，随即将家产二分，施与家人及贫者。这部分的传文紧扣《圣传金库》中的叙述(LA，p.104)，亚可伯实则又取自亚大纳削的《圣父安当传》。《圣人行实》这里的译文似乎让"世富"与"俗世"重叠了，然而仅仅在刹那间，高一志其实已转换了亚可伯的语意。他首先强调"三仇"的可怕，以为精修者必加警惕，继之则倒转三仇的次序，认为"身欲尤切，尤狠，尤难克服"。隐修者若能伏之，则"其二易矣"(5:8乙)。所谓"身欲"的种种，"淫念"又居其首。因此，克服了"身欲"就是"克淫"完成，也会臻至孔子所称"戒色"的理想。不过《论语》中孔子进言的对象，年岁稍长，"少年"是也[1]，而天主教期之于灵修者，却无年龄上的限制，虽然青年修士血气方刚，应该特别的谨慎，少年安当即可再证。他的传文中，亚可伯明白就让"淫念"和"邪魔"结合为一(LA，p.104)，高一志则再进一步，译之为"狡魔"，上节中我已指出。

"狡"者可喻顽强难敌，也可指掌握不易，滑不溜丢。高一志的用法有其欧洲"魔鬼学"(demonology)上的基础。众魔的首领当然是撒殚(Satan)，他背叛天主，管领一班天神作乱，而这些天神堕落后，理论上就是世间和地狱群魔。他们龇牙咧嘴，相貌骇人；但是若论本质，天主教可能沿袭希腊上古的传统而以庞迪我所谓"空中浮气"形容魔鬼，所以变形系其寻常能力之一[2]。魔鬼作乱"事讫"，他们就

---

① 《论语·季氏篇》，见[宋]朱熹：《四书集注》，页176。
② William Harmless, S. J., *Desert Christians: An Introduction to the Literature of Early Monasticism* (Oxford: Oxford University Press, 2004), pp.86-87.

得"还散归于本气"。因此之故，天使或天神"不得谓之有形"，堕落的天神——亦即魔鬼——亦然①。我们犹记得淫魔攻击本笃时，乃以鸟形现身，盘旋在他头顶之上，扰乱其心神。鸟飞空中，犹如空气可以忽焉在上，忽焉在下，左右环伺，令人烦扰却又挥之不去。在亚大纳削的《圣父安当传》中，安当也碰到类似的魔军扰人，也恼人，史上方有"圣安当的诱惑"（Temptation of St. Anthony）一说。亚氏虽称是时有善良的天神前来解围，但在天地交界之处，众魔乃像拢集的气体，严阵把守，不使凡人趋向天界。众魔本由天上堕落，所以最忌世人向天仰望，从而在凡尘到处挡人天路，尤好攻击那最可能上升圣域的有道圣僧②。沙漠或旷野一望无垠，人烟不吹，人迹罕至，系邪魔最爱的群聚之所。《福音书》会让耶稣在旷野会魔鬼，原因在此。魔鬼不但在旷野诱惑耶稣，耶稣之后，他们也在同类地方诱惑安当。高一志所译〈安当圣人行实〉中那"狡魔"，确实诡计多端，屡从各面窥探"神童"安当，随时准备进击。邪魔为"空中浮气"所造，圣亚大纳削在《圣父安当传》中指出在空中高举十字架即可退之③。〈本笃圣人行实〉里，本笃身边或无十字架，他驱走那化身鸟形的邪魔的方式是以手画十代之，而邪魔果去。

　　高一志的〈安当圣人行实〉译来和亚可伯的原作稍异：《圣传金库》写魔军攻击安当，并无"狡"字出现，"魔"（daemon；LA，104）就是"魔"。不过高一志的"狡"字在内涵本身之外，也寓有如《诗经》中的〈狡童〉的"狡"或"淫惑"之意④，受挫后每会以其他的形貌再现，甚至出其不意二度攻袭圣人。因此之故，安当的传记里的魔鬼每于"深夜诈作猛兽多像，使各发本情，施威哮吼，四围来攻，若欲吞之"（5：10甲）。据我比对的结果，《圣人行实》中的这一段话并不见于《圣传金库》，高一志或另有所本，或别出心裁了。但他在这里所写的邪魔显然是无形的心魔，差别仅在修辞，因为此魔以形体可见的撒殚之徒现身。总之，安当是时"淫念"确炽，而"淫"（fornicatio）与"魔"在他身上也已合而为一。较之于形体俱全的魔鬼，对安当而言，如此现身的"淫魔"根本不可称是外在于自己的"他者"（the other）；他毋宁为安当"另外一个自我"（alter ego），是一个有血有肉而尚难称"圣"的自己。

　　高一志与亚可伯另有感受：淫魔时而亦有实体也。安当奋战之，对其狡策知之甚稔。他像本笃一样，拟画十败之，孰料——

---

① 庞迪我：《诠天神魔鬼》，《庞子遗诠》，见《耶档馆》，第2册，页198-200。

② 见 Robert C. Gregg, trans., Athanasius: The Life of Anthony and the Letters to Marcellinus, p. 47。另见庞迪我：《天神魔鬼》曰："人欲峻非修德，以蹈天路，邪魔甚雠甚妒而冀阻之，俾复于恶。"，见庞迪我：《庞子遗诠》，见《耶档馆》，第2册，页217。

③ Robert C. Gregg, trans., Athanasius: The Life of Anthony and the Letters to Marcellinus, p. 48.

④ 《诗经·狡童》的寓意，下书有分教：余国潘（著）、李奭学（译）：《重读石头记：红楼梦里的情欲与虚构》（台北：麦田，2004），页135-138。

邪魔犹不退服,乃作黑短丑形,投伏安当足前告曰:"世之修士……[投]我网者无算,惟尔败覆我谋,降抑我强,我甘服尔宣也。"安当闻言,以为诡计尤甚,盖邪魔用秽念、秽像败其洁不得,乃美言誉之,以败其谦。……[安当]不动,第诘其原为何人何业?魔曰:"吾乃邪淫之鬼。凡秽身污名、辱亲废伦者,咸我谟绩。无论男女老稚、贤愚尊卑,鲜能逃我。即连年修洁立圣名者,亦屡感诱之,无不降矣。"(5:10 甲-10 乙)

这段叙写,有部分属《圣传金库》的原文,部分则为高一志的添加之语。不论如何,语增本身确实有趣,盖其意涵深广。首先是邪魔有形,乃"黑短丑形"。案亚可伯的原作,此魔现身之际和《沙漠圣父传》中一般的描述无异,系作"黑色小孩状"(*in specie pueri nigrī*;*LA*, p. 104)。其之形丑,乃安当判断所得:"我已见汝丑态。"(*vilissima mihi apparuisti speci…*; *LA*, 104)在天主教的神话中,多数鬼魔都以"黑"为肤色[1],至于是"小孩"或是"大人",则因情况而异。汤若望与王征在《崇一堂日记随笔》所译,即为"小黑人"。他们所用的"小"字应指体形,不是年龄[2]。这类叙写如有中世纪的特殊指涉,非洲伊索匹亚的"矮黑人"通常会是对象,变成撒殚的代罪羔羊,因为人多以其为"魔鬼"的化身也。如此联结充满了种族偏见,原有历史渊源[3],多数魔鬼当然以超自然的形貌现身,肤色黝黑之外,身上通常还带有硫磺味。1637 年,艾儒略(Giulio Aleni, 1582—1649)偕张赓(*c.* 1570—*c.* 1647)译《圣梦歌》,诗中便有耶稣会在华后出的典型描述:"忽有两魔踰炭黑,口吐硫黄炽火炎。"[4]有关这些魔鬼的画像,说其根本,仍然出自基督宗教的中心文本《圣经》,和《新约·若望默示录》称撒殚堕落之地为一"烈火与硫磺的坑中"有关,或许也因他所遣即将蹂躏世人的两万万恶马口喷硫黄烈焰所致(默 9:17-18;20:10)。447 年的托雷多会议(Council of Toledo),故此将魔鬼定调,使其散发着硫磺的味道[5],教皇额我略一世(Gregory the Great, *c.* 540—604)的《对话录》(*Dialogues*)中也有尤属形体上的近似暗示(2.4)[6]。

① Jeffrey Burton Russell, *Lucifer: The Devil in the Middle Ages* (Ithaca and London: Cornell University Press, 1984), pp. 68-69.

② 汤若望(译)、王征(笔记):《崇一堂日记随笔》,见《三编》,第 2 册,页 814;宋伯胤(编著):《明泾阳王征先生年谱》,页 180。

③ Gregrio Penco, "Sopravvivenze della demonologia antica nel monaschesimo medievale", *Studia monastica* 13 (1971), pp. 34-35.

④ [明]艾儒略(译):《圣梦歌》(崇祯十二年绛州版,现藏梵蒂冈图书馆,编号 Borg. Cin. 3364),页 6 乙。有关《圣梦歌》的问题,亦见李奭学:〈中译第一首"英"诗——艾儒略《圣梦歌》初探〉,页 87-142。

⑤ Basilius Steidle, "Der 'schwarze kleine Knabe' in der alter Mönchserzählung", *Erbe und Auftrag* 34 (1958), pp. 329-348.

⑥ Gregory the Great, *Dialogues*, 2.4 (New York: Fathers of the Church, 1959), p. 67.

那"邪淫之鬼"对安当所说的话,最后涉及人伦问题。人间一切背德败德,都是因这"邪淫之鬼"而起,结果常令人身败名裂,家庭及社会龃龉连连。为此,《沙漠圣父传》中的《沙漠圣父嘉言录》(*Apophthegmata Partum*)特设〈自制〉(*De Continentid*)与〈淫欲〉("*De fornicatione*")二目①,详载教中高士的相关言行,而《圣传金库》也把"邪淫之鬼"的影响一一表出。"绝色"既为耶稣会誓愿之一,高一志译《圣人行实》当然得特别当心那"邪淫之鬼"。在这淫魔之外,广义的魔鬼更是高氏关怀所在。举世的宗教修辞中,魔鬼大概都属利科(Paul Ricœur, 1913—2005)所谓"邪恶的象征"(symbolism of evil),因为他或他们引起的人间灾疆,尤有过甚于他那以"邪淫之鬼"自居的一面。有人疯狂,那是魔鬼附身;天灾如水潦干旱,也是魔鬼作祟;病痛疫疾,中国人虽别造了"瘟神"一词,天主教仍然归因于魔鬼兴疠。人间不幸,总之都是魔鬼肆虐。所以在《福音书》中,举凡失心、癫痫、哑巴、失明、麻风等疾病,都因凡人体内"附魔"引起(例如窦4:24),而耶稣众多的能力或法力之一,就是把这些魔鬼都赶出去,让疾病痊愈,疼痛不再。基督新教的和合本《圣经》把"魔鬼"(daemonia/daemonium/diabolus/diaboli)都译成"鬼",以中文推敲恐致误会,盖中国传统里,人死为鬼,而鬼不一定会祸世。"魔鬼"不然;这个词由梵音转来合成,但是在天主教思高本《圣经》中却只会作恶,就不易令人误解了。《圣人行实》偶尔以"鬼"称之,更常见的却是"魔"字,也不乏"魔鬼"二字并举者,而他或他们共同的特色不仅是淫念等"邪恶的象征",也如实在人世制造各种祸端,使人误入歧途或走向毁灭。

上面我屡屡称"魔鬼"为"他"或"他们",单复数并用,因为"魔鬼"在天主教的传统中特指撒殚,不仅仅指其徒众。撒殚又名露祭拂尔(Lucifer),乃"上品巨神",天主将他造得眉清目秀,诚美男子也。他尝"自视精灵睿智,神物无与为俦,辄忘所从出之原而生傲意,谓:'我性若是灵秀,则所享尊荣当比上帝',遂使诸神叛帝从己"。天主岂能容其"傲德"不敛(《耶档馆》,2:202),乃发动战争,将之逐出天界。〈若望默示录〉第12章第7到第9节即回顾这场"天上的战争"(*proeliumin caelo*),刻画天神弥额尔(Michael)率天兵和撒殚为首的叛军作战的经过②。经文中明载:"魔鬼"就是"撒殚"。他及徒众一经"逐出天庭之下",罗明坚在《天主实录》(1583?)中便使之变成"魔鬼"(《耶档馆》,1:33)。非特如此:〈创世纪〉还称撒殚可以化身为"蛇",而时间再走到了若望的时代,这条"蛇"或"蛇盘丝"(*serpens*)不但会变成"古蛇"(*serpens antiquus*),也和希腊人写的《阿果号航行记》(*Argonautica*)中的"艾欧尼亚之龙"(Αουιοιο δρακουοτοσ)结为一体,变成了思高

① Heribert Rosweydee, *Vitae Partum*, pp. 567-581.
② 这一段过程,17世纪米尔顿(John Milton, 1608—1674)又改写之,并大肆敷衍,终于变成了米氏《失乐园》(*Paradise Lost*)中从第一卷起就已经展开的"天上"的战争。

本《圣经》多称之为"大龙"或"火红的大龙"的魔鬼(12:3 及 12:9)。《圣经》开篇和终篇的这个撒殚的故事,在西方宗教与民俗史上影响甚巨,多数西方文献中的"龙"从而也变成了"魔鬼"的化身。《圣人行实》既然出自《圣传金库》,其中涉"龙"之处,必然也指魔鬼或撒殚手下那青面獠牙的群魔而言。

通俗本《圣经》中译后的"龙"字,出自拉丁音"爪寇"(draco),而后者所源乃希腊音"爪恐"(drákön),由是而形成万世一系的西方之"龙"(dragon);龙会施魔法,也常经魔法或法术召来。当然,在绝大多数的意义上,《圣经》里所称的西方"龙"和中国传统中的祥瑞之"龙"不同。这一点高一志——甚至先他入华的利玛窦和罗明坚——知之甚详。〈玛窦宗徒行实〉写的是《新约》中税吏玛窦(St. Matthew the Apostle)进教的故事:耶稣命他从之传道,玛窦闻言,即起而从之。耶稣升天后第八年,玛窦传道来到"厄弟阿彼亚"(依索匹亚)某郡,"闻城中有二巫,袭托魔术,逆道害民",而这二巫的看家本领就是"用咒召魔,使其造引蝮蛇,以惊愚民"(1:46 甲)。《圣人行实》里的这条"蝮蛇",在《圣传金库》的原文中实乃"爪寇",现代人可能会用"龙"字中译。"蝮蛇"(agkistrodon)分布于美洲,因其口中有毒牙(odon)如勾(agkistro)而得名。蝮蛇头部又有大块鳞片如中国龙身所附者,高一志可能因此而在没有"爪寇"的中文对等语下强译之为"蝮蛇"①。二巫作法,召来撒殚化身的"恶龙"或"蝮蛇",目的当然在对付圣玛窦。但玛窦既可"剖别黑白,辩其为邪",而且又以"圣"称,当然不会在乎这区区魔物。高一志的译笔因而续道:"圣人第笑叱之,独向空画十字",便将蝮蛇或龙或魔鬼驱逐而去,令其回到"旷野"老家,再也不许外出伤人(1:46 甲)。

"蛇盘丝"和魔鬼的关系万分复杂,拉丁文中除了巨蟒一类的大蛇外,也可指"爪寇"或希腊人所称的"爪恐",亦即西方之"龙"也。《圣人行实》诸传中,把上述四者的关系译得有如寓言者,我以为是隐修僧中的圣喜辣恋(St. Hilarion, c. 291—c. 371)的传奇。喜氏生于异教之家,他之成圣,高一志的"译笔"谓"如玫瑰生棘中焉"(5:20 甲),取其如莲花般出污泥而不染之意。我之所以用引号强调高氏的句子,原因在《圣传金库》的〈圣喜辣恋传〉("De Sancti Hilarione")中,这一句话的拉丁原文讲得一模一样,分毫不差(ipse … rosa de spinis floruit; LA, 864),故而也难脱《圣传金库》的影响。比较不同的是:《圣人行实》里的〈喜辣恋隐修圣人行实〉的传文本身,比目前我所见的《圣传金库》各本都长,而亚可伯在 13 世纪计划的传目中,喜传原来并未含括在内。高一志的本子若非另有所本,就是据后出的《圣传金库》中的〈圣喜辣恋传〉改写而成。不过不管这"所本"或"所据"为

---

① 有关中文"龙"字欧译的过程,见李奭学:〈西秦饮渭水,东洛荐河图——我所知道的"龙"字欧译始末〉,《汉学研究通讯》第 26 卷第 4 期(2007 年 11 月),页 1-11。

何,倘比对圣热落尼末所撰《圣喜辣恋的一生》(*Vita Sancti Hilarionis*, 390)①,我们其实会发现各本都与这部喜氏最早的传记有关。高一志的〈喜辣恋隐修圣人行实〉如果不是从《圣传金库》的前后系统中译出,那么我可以暂下结论:《圣人行实》里的这篇圣传,绝对可称圣热落尼末《圣喜辣恋的一生》的节本中译。事实看来确是如此,〈喜辣恋隐修圣人行实〉传文的叙述次序——除去节略者外——完全遵从圣热落尼末本的叙述者的安排,尤奉拉丁稿本中的主流而行②。

圣奥古斯丁之前,圣热落尼末可谓天主教名声最著的学问僧,所撰《圣喜辣恋的一生》第 39 章写圣喜辣恋游方天下,到了大儿马济亚国(Dalmatia)某镇,时有巨蟒(*serpens*)如"爪寇"四处作乱,特好——我用《圣人行实》里的译文——"衡(横)行中野,残虐人物"(5:26 乙)。这条巨蟒,当地人称之为"波阿斯"(Boas),圣热落尼末时而也以——我还是用高一志的译词——"异形毒龙"(*draco mirae agnitudinis*;同上页)中译之③。括号中的拉丁原文并无"毒"字,"毒龙"一词想系高一志有鉴于中国龙为祥物,似乎不宜单字独称,所以像早年龙华民译《圣若撒法始末》一样,特地选有负面之指的文字来形容这条"龙"。〈若望默示录〉中,魔鬼或撒弹乃红龙也。他胆敢和天兵天将作战,但一遭逢基督或天主,大概也只能吞下傲气赶紧遁走,要不就乖乖听其降服④。《圣喜辣恋的一生》里,圣喜辣恋以基督之名,几乎不费吹灰之力就降服了圣热落尼末形容为"龙"的巨蟒波阿斯。有意思的是:〈喜辣恋圣人行实〉的译文中,圣喜辣恋同时也可用自己的名号收服这一条"异形毒龙":圣人入大儿马济亚国境,闻有毒龙肆虐,"令积聚干薪,命龙自入薪,躬引火焚之"(同上页)。波阿斯既服,可想当地众民惊讶,对喜辣恋自是景仰如神。不论是"波阿斯",是"巨蟒",是"异形毒龙",或者就只是那条"龙",在〈喜辣恋圣人行实〉的上下文中,统统都是圣人入世为民所除的邪物或魔物,毋庸置疑。

十二宗徒中另有名为把耳多禄茂(St. Bartholomew the Apostle)者,生平事迹几乎散佚无存。然而亚可伯深耕野史,仍然觅得不少。圣把耳多禄茂的专传中,高一志随亚可伯抱怨材料有限,但由此亦接下继续译道:把耳多禄茂在耶稣升天后像多玛士(St. Thomas the Apostle)一样赴亚洲传教,常得对抗该洲各地原有之土神或邪神。在天主教的魔鬼学中,所谓土神或邪神其实有如希罗宗教里的诸

---

① Hieronymus, *Vita Sancti Hilarionis*, in Jacques-Paul Migne, *Patrologia Latina* (Paris: J.-P. Migne, 1844—1864), Vol. 23, Col. 0029-0054A.

② 圣热落尼末撰《圣喜辣恋的一生》的拉丁文稿本传世者不少,在版本学家眼中是一桩公案。详见 Mary Donald McNeil, B. V. M., "The Latin Manuscript Tradition of the *Vita Sancti Hilarionis*", in Oldfather (ed.), *Studies in the Text Tradition of St. Jerome's Vitae Patrum*, pp. 251-305.

③ Hieronymus, *Vita Sancti Hilarionis*, Vol. 23, Col. 0049B.

④ 用庞迪我在《天神魔鬼》中的话来讲,亦即"鬼魔……,惟天主能镇其力,破其谋,故不畏人,独畏天主。"见《耶档馆》,第 2 册,页 216。

神,一概都视为魔鬼①。他或他们如《天神魔鬼》中所谓"僭拟之傲,荣华之想,终未消歇。故时伏与佛神诸像之内,假作种种灵迹,宣说秘密,令人谛听,现何宝光,欲人瞻仰,虚诳愚众,阴肆毒害,使人奉我敬我祭我,以我为真主,信我为正道"(《耶档馆》,2:204)②。圣把耳多禄茂某次行经印度北方某国,见"魔凭"者众,乃面见该国国王,志愿代为驱魔。这过程中他所遇就是上引《天神魔鬼》所述的情况,而整段事迹〈宗徒大事录〉虽阙,《圣传全库》却言之凿凿。

此刻把耳多禄茂面对的邪神或魔鬼,其实已跳脱欧洲尤以希腊罗马为主的传统。圣人直面所及,因此乃佛教或其后北印度宗教中的"雕像"或"偶像"(ydolo;LA, 542)。对天主教而言,祭拜偶像乃律法不允,十诫言之尤切,视为最重要的诫命之一:"不可为你制造任何仿佛天上、或地上、或地下水中之物的雕像。不可叩拜这些像,也不可敬奉,因为我,上主,你的天主是忌邪的天主……"(谷 20:4-5)。天主难以接受偶像的另一原因,则攸关犹太及基督宗教的超越论:天主或神超乎人类的认识,不能绳之以人类的想象力,也不可能具有俗世智慧所能想象的形象,更不可能就等于人的形象本身③。凡是人所能料及的天威,因此都不是神或天主。如其仍得以此相称,那么就是邪神,尤应冠以"伪神"之名。伪神当然是邪魔,天主不容,〈出谷记〉言之已明:"你的天主是忌邪的天主"。

高一志刊刻《圣人行实》4 年后的崇祯十三年,徐光启(1562—1633)尝在宫中劝崇祯皇帝皈依天主。他据汤若望与南怀仁(Ferdinanad Verbiest, 1623—1688)之说晋谒,曰:凡归依天主教者,"先问汝家有魔鬼否? 有则取以来。魔鬼,即佛也"④。徐光启的说法,亚可伯其实近 400 年前已启,时而更以"邪魔"(dyabolus/daemon; LA, p.542)代之,而《圣传全库》所称"雕像"或"偶像",其实也就是上文我所说的"佛像"。高一志笔巧,他的书中几乎都将之改译为"魔像",可见《圣人行实》所谓的"魔",不仅止于露祭拂尔或撒殚这位背主的天神及其党羽,也不止于我们前面分析所得的淫念等等心魔;相反的,其内涵早已跳出了欧洲及西亚的传统,把异教——这里特指佛教——的神佛化为"魔"了。有趣的是,把耳多禄茂的专章中,高一志不但请回天主教那堕落天神的神话,还拿他来解释之前宗徒所面

---

① Cf. Andrew McCall, *The Medieval Underground*, pp. 238-239.

② 《天神魔鬼》另有文曰:中国人见佛像每不知此皆"死人之像而已。邪魔乘隙伏藏像内,或俾讲言,或使发光,或伪显灵迹,人心乃渐惑溺,畏其害,冀其佑,故忘上帝之真主,废弃正道。"见《耶档馆》,第 2 册,页 235。

③ 但有点矛盾的是:如果用在《圣经·创世纪》中,这点似乎略显凿枘,盖天主"依其形象"造人,所以人是可以"看到"天主,甚至"想象"天主的长相。

④ [明]文秉:《烈皇小识》(台北:广文书局,1967),页 160;[清]释道忞:《北游集》,收明复法师(主编):《禅门逸书》续编(台北:汉声出版社,1987),第 10 册,页 50。另参[清]萧静山:《天主教传行中国考》,收辅仁大学天主教史料研究中心(编):《中国天主教史籍汇编》(台北:辅仁大学出版社,2003),页 115-117。

对的"佛"或是"邪魔"。徐光启时任明室礼部尚书要职,崇祯信其言,于是将宫内玉皇殿中的佛道诸像都以巨绳拽之下座,毁斥倾圮,一时殿里飞尘四扬,供桌四颓①,像极了下文圣把耳多禄茂在印度北部所行。

〈把耳多禄茂圣人行实中〉中,把氏一见邪魔,旋即像圣安当一样命其自述由来,使众人共知,而这魔果然如《天神魔鬼》刻画一般发声回道:"……我非民真主,亦非真主忠臣,乃向来真主所弃罚,为戮于地狱者之鬼魔也。"由是观之,此魔不正是露祭拂尔或撒殚一类者吗——盖"堕落"的神话已寓于他的回复中?不过如就"魔像"而再以把耳多禄茂所处的北印度观之,这魔当更是历史年龄长于耶稣的佛陀的塑像。北印度国中的众人,一听往常自己所奉者居然是魔,转觉差谬,于是也像传说中徐光启或崇祯帝销毁宫中群佛众仙的塑像一样,"相与倾魔座,废魔像,践魔身"(1:42乙),并拟一火焚烧之,以快其心②。就在拆毁之际,亚可伯如同《圣梦歌》的作者,称呼此魔乃"比煤灰还要黑的伊索匹亚人"(*Aethiopem nigriorem fuligine*;*LA*,543),高一志故此沿续前述"小黑人"的传统译道:"忽见一人短且黑,从魔像腹中出。"《圣人行实》接下来的描述又警劲如闻了,基本上仍然扣着《圣传金库》的原文走,说这魔鬼"面巨长,目黄色火熛并发,颐生杂髭,鼻起黑焰,腰带火镰锁,耳目所未尝[听闻],绝可畏"(cf. *LA*, p. 112)。把耳多禄茂传中继之道:有一天神旋命魔鬼"奔遁旷野"(1:42乙),不许再行人间,而国中所有魔寺也随之都改建为天主堂了。后面一景,令人想起龙华民译的《圣若撒法始末》中"应第亚"(印度)由佛改宗天主后的教史荣景③。

圣人驱魔在天主教中乃常态,没有驱魔的能力者反而难以成圣。这是中国圣人绝难想象的。从高一志所译看来,所谓"魔"有二指:一为实体之魔,包括"蛇盘丝"或"爪寇";一为无形之魔如"淫念"等心魔。这些魔要之都出乎空气,无形实则才是他们的本体。然而心魔如"淫念"等,经常也可以实体之魔现身,而实体之魔更常引人入歹,至少会作梗作祟,所以实体与无体之魔在《圣人行实》中又不可截然二分,系一体之两面了。《西游记》常加发挥的禅宗所谓"魔由心生"一语,或可况之。圣人果如佛门高僧:他们可以修心祛魔,也会禳灾释殟,为自己或为他人降妖除魔。

---

① [明]王誉昌:《崇祯宫词》,《丛书集成续编》第 279 册(台北:新文丰出版公司,1989),页 549。徐光启劝崇祯毁"魔像"事之前后,详见牟润孙:〈崇祯皇帝之撤像及其信仰〉,《注史斋丛稿》(台北:台湾商务印书馆重印,1990),页 117-126。

② 庞迪我的《论人类原始》之中,对这段"史实"有较为宏观的着墨:耶稣之后三百年间,"欧逻巴、利末亚、亚细亚千国之民,皆悔前非,识上帝为真主,尽除佛像,毁佛寺,不惑邪说,以循正道。"见《耶档馆》,第 2 册,页 237。

③ 参见龙华民(龙精华)(译):《圣若撒法始末》,页 21 乙。此书我用的是南明隆武元年闽中天主堂梓行的本子,现藏巴黎法国国家图书馆(Bibliothèque nationale de France),编号:Chinois 6857。

三、忏悔的方法

中国佛教中,"忏"与"悔"的意涵非一,各有解释。《六祖坛经》谓:"云何名'忏'？云何名'悔'？'忏'者,忏其前愆；从前所有恶业、愚迷、骄诳、嫉妒等罪,悉皆尽忏,永不起复,是名为'忏'。'悔'者,悔其后过,从今以后,所有恶业、愚迷、憍诳、嫉妒等罪,今已觉悟,悉皆永断,更不复作,是名为'悔'。故称'忏悔'。"①至于《汉藏》的传统中,"忏"字多指对佛菩萨所行的"忏悔",所以也有"礼忏"一说,包含赞美在内,近似拉丁文的"共费桑"(confessum)之意,而"悔"字系针对至亲所示之"悔改"。尽管如此,佛典中的用法有时也难以一概而论,因为从本缘部的《佛说兴起行经》到阿含部的《大般涅槃经》,甚至到华严部的《大方广佛华严经》等沙门坟典,《大藏经》中通常"忏悔"连用②,意义大致和今天无殊,都指有对象可以倾诉的"后悔"或"悔恨"而言。虽然如此,"忏悔"二字连词,明代耶稣会却甚为罕用:终《圣人行实》一书,只有在第3卷〈斯大尼老圣人行实〉中出现过一次③,由上下文看来也和今日中文的用法一样,可为拉丁文"共费桑"、"白尼登济亚"(paenitentia)、"雷洗披肯提亚"(resipicentia)或"空盆构"(conpungo)等字词的概略性中译。

薄伽丘(Giovanni Boccaccio,1313—1375)的《十日谭》(The Decameron)中,淫念常诱使尤其是沙漠中的修道者犯下淫行,每亦勾勒得滑稽突梯,把人性丑态表露无遗④。但是像薄伽丘这种讽刺笔法,不论在《圣传金库》或在《圣人行实》中,都不可能见到。即使生了淫念或造有淫行的人,仍可在天主的济助下重获新生,"超凡入圣"。天主臂助当然有条件,而其首要即痛悔或忏悔,要求罪人吐露真相。天主教和自其分裂出来的其他基督宗教一样,都认为人生而有"恶业"(sin),

---

① 宗宝(编):《六祖大师法华宝坛经》,见高楠顺次郎、渡邉海旭(编):《大正新修大藏经》(东京:一切经刊行会,1934),第48册,页354。

② 见高楠顺次郎、渡邉海旭(编):《大正新修大藏经》,第4册,页165;第1册,页202;第10册,页256-257。《汉藏》中"忏悔"的用法,我要感谢廖桂兰教授的指正。

③ "斯大尼老"是St. Stanislaus Kostka(1550—1568)或St. Stanislaus of Cracow(1030—1079)或另有其人,尚待查考。《圣人行实》中,"斯大尼老"一篇为新增,《圣传金库》无。高一志称"斯大尼老"是法国人,但上面所举二人却都是波兰人,令人困惑。尽管如此,耶稣会对St. Stanislaus Kostka仍然较为熟悉,吴历〈圣达尼老·格斯加〉一诗所咏,便是这位波兰圣人,所以高一志有张冠李戴的误译可能。吴历诗见吴历(撰)、章文钦(笺注):《吴渔山集校注》(北京:中华书局,2007),页217。现代人写的圣达尼老的简传见David Hugh Farmer, The Oxford Dictionary of Saints, 4th ed. (Oxford: Oxford University Press, 1997), pp. 290-291及pp. 452-453。

④ 例如第三日第十篇,见Giovanni Boccaccio, The Decameron, trans. G. H. McWilliam (Harmondsworth: Penguin, 1975), pp. 314-319。

但是此"业"不像佛教所持之为前世所犯,而是元祖亚当违背天命造成,再从血缘传下。职是之故,天主教徒只要呱呱坠地,就得受洗,以圣水洗去与生俱来的罪业,然后继之以悔罪——姑且不论此生是否犯了大罪。唯有悔罪,才能蒙主宠爱,得晋圣域。凡人如此,圣人身前更是如此,而且几乎也是成圣的必要条件。

圣人的对立面当然是魔鬼。圣人是人,但在"心魔"这种喻词以外,魔鬼在天主教的语境中却是另一品类,乃庞迪我译为"天神"(angel)或我们从基督新教所称的"天使"。因此,魔鬼的位阶乃在天主之下而在人类之上。佛教有"一禅提"可否成佛的辩论,那么天主教是否也有"魔鬼"可以忏悔的说法?终《圣人行实》全书,以"悔罪"为名而蒙救渡赎罪者不计其数,然而他们都是人,都是"圣人"。高一志或他所承袭的亚可伯,从未让笔下的魔鬼忏悔过。除了使圣人受苦受难,而且处处与之为敌外,魔鬼在《圣人行实》中偶尔也会显露出合作之态,听从圣人的号令,从而为圣人之所以为"圣"再添力量。心魔常是圣人内心之所出,但会外化成形,那么圣人忏悔,是否表示——至少是——"心魔"也会忏悔?此一问题易问难答,天主教似乎仅仅处理了"忏悔"的问题。

忏悔包括"痛悔",乃天主教的七圣事之一,所以耶稣会士打进入中国开始,几乎就不曾间断解释。我所知最早的说明,出自 1605 年利玛窦的《天主教要》。其中"白尼登济亚"或"告解"的定义如下:

> 译言悔痛也。大主教规,男女时时省察,凡有违犯诫中事情者,真心痛悔,定志迁善,乃自跪于神父撒责耳铎德座侧,吐实悉述所作罪过,求解,听示,撒责耳铎德祝诵经已,即代大主教解之。(《耶档馆》,1:342)①

这段说明所示的忏悔观有二,一为内在的"省察",一为外在痛悔的仪式,对象是天主或其在俗世的代理人,内容则为十诫七罪。1616 年南京教案发生,而在这前一年,高一志尝以原名王丰肃著《教要解略》一书。其中不但指出"白尼登济亚"乃"耶稣未升天前"为人所订,上述忏悔的两种形式他也阐述有加,认为是内外夹击以解人罪的方法,必得言行合一始能成事。连何时忏悔,高一志都一一说明:一在领耶稣圣体之前,二在凡人临终或临危之际。不过也有例外:勤于行道者"不待此二时。时时有罪,时时解之"(《耶档馆》,1:233)。

在 1630 年左右艾儒略刊刻《涤罪正规》之前,明末有关忏悔的详论仍以利玛窦的《天主教要》称最。利氏这本教理问答里非特中译了《解罪经》,其后并附以有关七圣事的长篇教义问答。问及圣宠或圣额辣济亚(Gracia)如何获得,《天主教要》说唯有圣格勒西亚(Ecclesia)与撒格辣孟多(Sacramento)同心加持,方可得之。所以圣格勒西亚与撒格辣孟多乃忏悔也得参与的功课,完成后灵魂或亚尼玛

---

① 这个定义也出现在利玛窦约 1610 年的《圣经约录》之中,译为"解罪",见《耶档馆》,第 1 册,页 113。

(anima)才能洁净,才能为圣额辣济亚所喜而入住其中。若乏圣额辣济亚或教会之助,凡人断难得晋天域,享有永生。忏悔在基督徒的生活中因此重要无比,大家都得以谦、真、全这三种工夫行之。我们由是回省,还会发现撒格辣孟多的重要性根本就建立在白尼登济亚或告解之上。纵使是敬领圣水或"保弟斯摩"(Baptismo)的仪式,目的也在为人涤净前业,和行白尼登济亚的目的一样。利玛窦分白尼登济亚为三:第一是诚心痛悔罪过,叫做"恭弟利藏"(contritio/contrição)。第二是开口明告罪过,就是"共费桑"。第三是补赎凡人认下的罪罚,名曰"撒弟斯法藏"(satisfactio)。艾儒略所著《涤罪正规》一书,正是这类忏悔的技术性言谈。《天主教要》中内在的"省察"与外在"痛悔"的仪式,艾氏都分卷并论,然后以子目再予深化。艾儒略好解字,又从字源学的角度谓"悔罪"的拉丁文对等词"恭弟利藏"一词"犹言破碎也"。所以如此称之,"盖人心执着,如有一物体巨而坚,不可动移,必击碎始能移"(《耶档馆》,4:421)。所以"悔罪"就像佛教强调"不可我执"一样,是要击碎凡人过去的偏执或"过爱世物",从而"在心中发一爱天主至切之情"或"柔伏以服主命"。真正的悔罪者,故而会"拊心搥胸"(《耶档馆》,4:421),会"痛极泪下,自恨自责"(《耶档馆》,4:422),而这便是所谓"真全痛悔"(《耶档馆》,4:423)①。

天主教式这套忏悔论述,傅柯有进一步的诠释:他借希腊教父的说法将之区分为二,我姑译之为"以身忏悔"(exomologesis)和"以言忏悔"(exagoreusis)。前者极富"剧场性"(theatricality),通常出现在悔罪行为的最后关卡。忏悔者经此"身体力行"后,精神上会获得新生,道德人格也得以重整(reintegrated)。至于"以言忏悔",则常见于灵修运动兴起后的修会告解。此时忏悔者会在内省的基础上,把前愆后过一五一十详细道出,态度谦恭至极。"柔伏"与"柔服"(obedience)主命为忏悔的最高原则,而且常做得颇有先后次序,颇有"布局"(organized)。这两种忏悔的形式,是傅柯在构设其"真相的政治"(politics of truth)的论述时极其看重的一环,希腊教父之外,拉丁教父中,他也举例谈了不少,所以就天主教而言有其普遍性②。我们观察《圣人行实》中圣人的忏悔,最具代表性的当推玛利亚玛大勒纳与圣奥古斯丁:前者"以身忏悔",后者尤为"以言忏悔"的典型,史上著称不已。

圣奥古斯丁无疑是个我们今天所谓的"高级知识分子",《忏悔录》之外,著作等身。《圣人行实》说他"闲居时"若非默思天国以务神工,就是"著书立言,以释天主经

---

① 有关《涤罪正规》的研究,见 Eugenio Menegon, "Deliver Us from Evil: Confession and Salvation in Seventeenth- and Eighteenth-Century Chinese Catholicism", in Nicholas Standaert and AD Dudink eds., *Forgive Us Our Sins: Confession in Late Ming and Early Qing China* (Sankt Augustin: Institute of Monumenta Serica, 2006), pp. 9-102。

② Michel Foucault, *The Politics of Truth*, Ylvère Lotringer and Lysa Hochroth, eds. (New York: Semiotext, 1997), pp. 199-235. 傅柯此书,以下简称 PT,随文夹注。

典", 而且"昕夕不退"。奥古斯丁如此用功, 高一志因谓"西国古代圣贤皆用其书, 以为导引证据也"(2:16 乙)。在中国, 耶稣会的情况无殊, 从利玛窦及庞迪我的时代开始, 圣奥古斯丁的名字就常闪烁在会士的著译里。利、庞二公也引过《忏悔录》的内容, 印证教理, 例如奥氏在海滨尝遇某童子开示, 因而得悉圣三辽阔, 凡智谀陋而难以想见等等①。尽管如此, 我所见的耶稣会在华著译仍乏直接提及《忏悔录》的书名者, 令人好奇所以。我目前唯一能做的解释是《忏悔录》所记奥古斯丁的早年确不光彩, 视之为圣人表率的会士可能难以将书名公诸天下。《圣人行实》乃传记, 该写的事件不可略过, 然而既乏光彩, 《忏悔录》之名, 高一志翻译时也只好间接暗示。就历史而言, 《忏悔录》动笔于奥古斯丁领洗后 12 年的公元 399 年。他以纸笔代语言, 在 45 岁之年开始向天主"言忏"。不过高一志更强调他 72 岁时, 在教务与著述一生后开始觉得体衰力竭而卧病在床这一刻。这一刻哥德人的铁骑已撼动了罗马帝国, 奥氏驻铎的希波(Hippo)古城随之为入境的海寇围困。就在历史由上古走入中古之际或——按高一志的"说法"——在"圣人"自感不久于人世之时, 他"复记少年所犯之罪, 不胜伤痛, 哭泣不已, 且训其左右曰:'吾辈凡获罪天主者, 虽幸蒙宥, 然至终身不可或忘, 且痛不可止也。'"(2:17 乙)奥古斯丁忏悔了, 他以"共费桑"的方式在行《教要解略》所谓临终前的告解礼或白尼登济亚。

《忏悔录》系统俨然, 奥古斯丁从少年到改宗前一刻的罪愆, 无不倾吐, 可称典型的"自剖"之作, 以生命为"真相"作证。前面我提过青年时代的奥古斯丁色欲熏心, 而事实上他也"贪名好利"(2:13 乙)。25 岁那年, 奥氏果然"鄙陋其乡", 赴迦太基省城"择居设帐", 专门教人"才辩", 追求"文学名师"的令名。《圣人行实》继而记录他又心慕罗马, "择居设帐"不过两年旋即再迁, 而在罗马新居, 他确实也"声名日达"。此时罗马帝国的皇帝因故迁都米兰, 特"宣召高士"以"职都城文学", 奥古斯丁这时不避人荐, 居然亲往就职。所谓"缄口简身"的天主教美德, 奥古斯丁似乎连想都不想了(2:13 乙-14 甲)。他当时仍为"惯性罪犯", 而除了奉外教异端与陷溺女色之外, 所犯之罪中这"名关"恐怕最大, 日后令他懊悔不已, 变成了《忏悔录》的主要内容之一, 当然也是亚可伯与高一志所立奥传的重要内容。

所幸如前所述, 奥古斯丁在米兰得遇圣盎博罗削, 气质大变, 天主教的性格大显。他改宗, 他皈依天主了。皈依当下, 奥古斯丁依礼得领圣水涤罪, 继之便是忏悔少年以来的各种不良行为。《忏悔录》于此之追记结构严整, 而前述罪愆, 奥古斯丁一一悔来, 又可谓秩序井然。高一志从亚可伯转述的罪愆中, 有一条倒是令人既感诧异, 又觉讽刺。归主之前, 奥古斯丁在迦太基、罗马或米兰所教的"才辩", 其实就是我们今天所称的"修辞学"(rhetoric)。这个教育工作, 亚可伯并不

---

① 利玛窦:《天主实义》即引过此一故事, 见李编, 第 1 册, 页 395。罗明坚:《天主圣教实录》亦引过, 见郑安德 (编):《明末清初耶稣会思想文献汇编》(北京:北京大学宗教研究所, 2003), 第 1 册, 页 35-36。

以恶举视之,但对高一志而言却似乎是罪过,奥古斯丁也得忏悔之。在欧洲上古,修辞学的内涵是"公共演讲"或"演辩术"(oration)。诡辩学派逞口舌能事,倒黑为白,曾让柏拉图痛恨不已,在《高吉士》(*Gorgias*)及《费卓篇》(*Phaedrus*)里大加攻击。亚里士多德(Aristotle, 384—322 BCE)及其同脉的西塞罗(Marcus Tullius Cicero, 106—43 BCE)等希腊罗马大家,则认为修辞学倘施之于正,绝对可为真理加分。这点圣奥古斯丁后来也从天主教证道学的角度力挺,《论天主教义》(*On Christian Doctrines*)辟有专卷论述。来华之前,高一志在欧洲曾经获颁文科或文学博士学位,在上庠教过修辞学,时间长达 5 年。1636 年在绛州与韩云共译《达道纪言》时,他将修辞学译为"美论"(《三编》,2:737),有赞许之意,不料前此 7 年的《圣人行实》中,他却擅添传文,强将修辞学或"文学"——我指的是"文科之学"——和奥古斯丁其他"恶行"如声色等并列而观,贬义显然。从艾儒略的《涤罪正规》来看,西方修辞学确实得打为罪行。艾氏劝人只可读"修德诸书"——亦即善书凡人都可"细玩",但"不可徒悦其文"——天主或可因此而牖人明心(《耶档馆》,4:453-454)[①]。高一志在《圣人行实·自序》中也告诫世人不得"立奇言,多用文饰",果然义正词严。不过艾、高二氏没有想到的是:奥古斯丁果真弃修辞学于不顾,傅柯所谓"以言忏悔"的史上第一家之名,他恐难当之。

修辞学是《忏悔录》成功的保证,得力于奥古斯丁从小优游其中的文学不少。他好读史诗一类的虚构,徜徉在荷马的神话与魏吉尔的国家传奇之中。他对希腊哲学也佩服不已,甚至高悬柏拉图为知识导师。如今胸怀天主,奥古斯丁方才了解荷马、魏吉尔和柏拉图都亵渎神圣,热衷其人其书不啻背叛天主。《忏悔录》里,奥古斯丁为此追悔莫及,不断以诚挚的口吻细数自己过爱世乐的罪孽。高一志的《圣人行实》里,奥氏忏悔之不足,甚至在亚可伯指为庞迪提努(Pontitianus)的某"厚友"指引下借圣安当苦修的事迹自勉,也因其人而深自痛悔学问或教育的虚假,从而号啕叹曰:"嗟乎!"安当"无文无学,庸夫耳,[尚]且高立而致天国;唯吾何人习文学,乃纵欲流荡,莫能自振乎?"(2:14 乙;*LA*, 551-552)

自此,奥古斯丁谦心自持,《圣人行实》中尤以卑微至极的态度掏心掏肺而"问天"道:"吾慈主弃厌罪人至于何日,使我心志不决,前非不改,至于何时? 日复一日,待来日而愆已不及改矣! 既决改于来日,奚不取今日之近,即决耶?"(2:14 乙-2:15 甲)就《圣传金库》的原文较之(*LA*, p.552),这一段话高一志译得相当自由,不过也传神而得意。话中奥古斯丁为自己把脉,自认天主才是救渡愆过的方舟。他泪流满面,细数罪过,对着宇宙至尊自我剖析,痛哭失声。这是傅柯称之为"自我诠释学"(hermeneutics of the self)的"告解",本属"为自身"而行的"亚弟利藏"

---

① 入华耶稣会对"美文"的排斥,见李奭学:《中国晚明与欧洲文学——明末耶稣会证道故事考诠》,页315-344。

(*attritio/atrição*; *PT*, p. 200)。不过奥古斯丁在抹除自己之时,倒把句句忏悔建立在爱主之上,从而反转了上述言忏,使之变成了"恭弟利藏"。悔罪者暴露真相,而他忘己之所得乃天主的回报,可以蒙天主重新接纳。奥古斯丁问天那句话,《圣人行实》就其实是省文缩译,把《圣传金库》约 10 行的拉丁文改易或改译成了行数不到一半的中文。虽然如此,原文精神中的高妙之处,译文里几无丁点之漏。高一志接下又同亚可伯之情,把《忏悔录》中最著称的"奥古斯丁的天启"逐转到了中国明代。因为就在奥氏自怨自责之际,他突然听到有声音破空而来:"取书读! 取书读!"此时出现在奥古斯丁眼前的,赫然是本《圣经》,而他随手一翻,眼际闪过的居然是《新约》中保禄训勉罗马人的话(罗 13:13-14)。高一志的中译如下:"勿迷于酒味,勿恣于色欲,勿肆于争妒之恶;惟法耶稣圣德,依其训,母(毋)爱自己形身,而从其欲也。"(2:15 甲)这几句话,"恭弟利藏"的精神尽集其中。《圣传金库》的原引虽然不过一行(*LA*, p. 552),高一志却添写得——让我用个"矛盾修饰法"形容——几无只字之增。他抓住了亚可伯的原意,由此他也让圣典勘破了奥古斯丁先前尤其沉迷的色欲与名利之心。

奥古斯丁若非谦卑忏悔,上述天界灵光闪现不了。他故而发愤苦修,而在《涤罪正规》中,苦修自抑其实就如佛教的实践一般,正是忏悔的形式之一(《耶档馆》,4:570-571)[1]。用傅科的话再说,苦修是要"牺牲自己以发现自身的真相"(*PT*, pp. 226-227)。艾儒略写下"刻苦补罪"之后,随即也提醒世人道:即使苦修,凡人依然得赖"天主宠宥",方可赎罪成功。类此忏悔之论,倒是不类沙门,《圣传金库》中的〈圣奥古斯丁传〉其实也不甚强调。但高一志的〈奥吾思定圣人行实〉不然,不但着墨颇重,也频频暗示若乏天主扶持,单凭人类一己之力,断难赎罪得救。而要天主扶持,任何人都得养谦俟之。依照《涤罪正规》的解释,此因"傲"乃人类首罪使然,而欲洗除之,唯有以谦忏悔,从"内心自愧自恨"向天主告解方可(《耶档馆》,4:500)。奥古斯丁的要求更高,希望凡心洁如冰清,谦如风行草偃。

奥古斯丁这位"高级知识分子"的为学态度与生命看法同样无二,也以"谦"为尚,高一志或亚可伯的总评如下:"虽然圣人之学博大真实,玄妙无可拟议,乃其心更谦,未尝自信。凡有制作,就正他贤;或自覆查其所未安,辄用自罪,即为改正。"(2:16 乙-17 甲)非但如此,奥古斯丁还会追述"自己之过失以提之,甚至详录生平是非,以自警自责"(同上页)。所谓"言忏",《圣人行实》所述诸传中,"谦"是最高境界,艾儒略也取《孟子》之典解释道:"真痛之心"的表现首要,在"将平生种种罪过与最丑之状尽反诸已",谦求天主宽赦(《耶档馆》,4:437-438)。

---

[1] 这方面的比较,参见 Erik Zurcher, "Buddhist *Chanhui* and Christian Confession in Seventeenth-Century China", in Nicholas Standaert and AD Dudink, eds., *Forgive Us Our Sins: Confession in Late Ming and Early Qing China*, pp. 103-127。

至于傅柯所谓的"以身忏悔",倘从欧洲中古告解仪式的传统看,多数是以"麻衣"(sackcloth)裹身,"灰烬"(ashes)涂脸,伏在主内长者足下或对着天主的代表长跪告罪,细数过往之愆①。中古时期此一传统,严格说来系上古遗绪。以 2 世纪末为例,当时的拉丁教父特图良(Tertullian, c. 160—c. 220 AD)在所著〈论忏悔〉("On Repentance")中就曾写道:"悔罪者得穿头发所编的上衣,身沾灰烬,让自己看来状至狼狈。他得让人牵着手走进教堂。他得五体投地,跪在寡妇与司教者之前。他也得拉着他的衣服或她们的裙摆,亲吻他们的膝盖。"②同类叙写,傅柯指出还可见诸圣热落尼末等人的著作,早已蔚为天主教忏悔论述中的一大传统(PT, pp. 207-208)。这类忏悔的代表人物甚多,但就《圣人行实》观之,人称"玛利亚玛大勒纳"的圣妇最称典型。《圣经》所述其行,可能还是仪式的促成要因。

在《四福音书》里,玛大勒纳曾长跪忏悔,悔罪对象的可即性甚至比天主教上古或中世纪所述者高,因为《若望福音》明白写道:那是耶稣基督,是天主的肉身。《四福音书》涉及玛大勒纳的叙述不多,只有 12 次。我们仅知耶稣曾经为她驱魔(如路 8:2),使她变成自己最忠实的信徒之一。耶稣受难后,据说玛大勒纳是少数为耶稣收尸膏油者之一③,也最早从天神口中得悉耶稣复活,然后把消息通知宗徒。亚可伯的玛大勒纳传乃据传说敷演,传说则多半因诺斯底派(Gnosticism)的经籍如《玛利亚福音》(Gospel of Mary)或《菲力普福音》(Gospel of Philip)形成。《圣传金库》演义这些外经,扩大改写了玛大勒纳的背景,谓之出身世家,乃世所罕见的绝色。不过她因为双亲早逝,所以家教贫乏,奉主前——用高一志的翻译说——"渐染不洁,大玷名闻"。高一志所译,涉及"守贞防淫"这个教中要求,而玛大勒纳既未持贞保节,当然懿行有亏,应该忏悔④。职是之故,高一志在《圣人行实》里遂有评语再批:"大恶之积,非繇一日,正以渐积不觉而益深。"这句话痛惜之感溢于言表,高氏因此跳出译文三度叹道:"惜乎! 玛大勒纳孤女无怙无恃,不慎于初,渐流无底之辱。"(7:41 甲)

高一志的痛惜,除了内含解经学家之见外,另又暗示欧洲中古以来天主教中的一个普遍看法,亦即玛大勒纳曾经沦为街头神女,早年乃有关女人的各种恶

---

① John T. McNeill and Helena M. Gamer, "Penance in the Ancient Church", in their trans. and eds., *Medieval Handbooks of Penance: A Translation of the Principal Libri Poenitentiales* (New York: Columbia University Press, 1990), p. 6.

② Tertullian, "On Repentance", in A. Roberts and J. Donaldson, eds., *The Ante-Nicene Fathers* (Rpt. Peabody: Hendericson, 1995), pp. 657-658.

③ 据《新约》,为耶稣安葬及膏抹身体的其实是若瑟与尼苛德摩,见若 19:38-42,玛 27:57-60,谷 15:42-47。

④ 参见艾儒略:《涤罪正规》,见《耶档馆》,第 4 册,页 457-458。

德——尤其是"淫欲"(*luxuria*)——的表征①。"淫欲"所涉者若为女流,名节当最紧要。华纳(Mariana Warner)的研究指出,玛大勒纳和圣母玛利亚同名,而玛利亚乃耶稣至亲,神话上早已指为女性贞德的化身,懿行无玷,也不得玷之。所以在某个意义上,悔罪之前的玛大勒纳得代圣母承担她的位阶所不能加之的恶德,甚至得代表身为女人都应该有的情欲,象征的正是圣母贞德的反面。这种神话心理学反映的,其实是天主教承袭自希腊人的"憎恨女人论"(misogyny),我在他文曾经论及②。《圣人行实》遵从《圣传金库》的安排,也令玛大勒纳加入圣域,纳入"圣妇"一类,但她忏悔前的生命历程,天主教世界多以"妓女"(whore)视之,无可否认。玛大勒纳必需成圣,如此一则符合"妓女从良"或"浪子回头"式的社会期待,二则"憎恨女人论者"也不容她贞德再损,否则恐怕会威胁到男人也得讲究的贞德。所谓"威胁",其实是"勾引",危险大,不能不防③。玛利亚玛大勒纳"从良"前所犯之罪,故此乃"憎恨女人论者"的大忌。此所以高一志前引之语有痛惜之意。

虽然如此,历代曾为玛大勒纳"辩诬"者实则不乏其人,重点都在她所犯者当真是十诫所戒的"淫罪"?《福音书》对玛大勒纳的叙写最精的是〈路可福音〉。这卷经文的第7章有"悔改的罪妇"一节(35-50),后世解人——包括亚可伯与高一志在内——都曾对号入座,以为那妇人指的就是玛大勒纳。在经文中,以"罪妇"(*preccatrix*)称呼她的是约长西满,不过玛大勒纳忏悔后,耶稣对西满说的话,似乎是在解释她何以无罪:"她的那许多罪得了赦免,因为她爱得多;但那少得赦免的,是爱得少。"(7:47)耶稣话中的关键词当然是"爱",《新约》希腊文中,耶稣用的都是"爱佳泊"(*agapao*)。即使是武加大本《圣经》,圣热落尼末所用也是"亲爱"(*diligere*)这个动词。不论是哪一个字,其实无一与"性爱"有关。按经中的上下文来看,相关的反而是对基督之爱,个人荣辱已经置之度外④。"淫欲"云云,难怪有人认为是向壁虚构,得代玛大勒纳"辩诬"。话说回来,历史性的是非这里得悬而不论;我还得从亚可伯与高一志一脉相承的玛大勒纳传,认为经中这个"罪妇"就是玛利亚玛大勒纳。如此读之,我们才能开显傅柯所称"身忏"的意义。

解经学家与传家解〈路可福音〉,或许牵强附会,但是玛大勒纳也因此才由经中所称的"罪妇"或高一志所译的"淫妇"转为"圣妇"。这个转变的过程,坦白讲,

---

① Katherine Ludwig Jansen, *The Making of the Magdalen: Preaching and Popular Devotion in the Later Middle Ages* (Princeton: Princeton University Press, 1999), p. 146.

② 李奭学:〈太上忘情——汤若望译王征笔记《崇一堂日记随笔》初探〉,页378-379。

③ Marina Warner, *Alone of All Her Sex: The Myth and the Cult of the Virgin Mary* (New York: Vintage, 1976), p. 225.

④ "爱佳伯"的意义争论不多,圣奥古斯丁则以"喜爱"或"爱护"(*delectio*)对译希腊文里的"喜爱"(*storge*)。参见 Hannah Arendt, *Love and Saint Augustine*, eds. Jonaan Vecchiarelli, Scott and Judith, and Chelius Stark (Chicago: University of Chicago Press, 1996), pp. 38-39。

充满傅柯论"身忏"时所称的"剧场性",因为写经人的叙写斧凿可见,仪式味道浓重,有如一出忏悔大戏。〈路可福音〉第 7 章第 37 节开头指出,耶稣在上述法利赛人西满的家中作客,而那"罪妇"闻得耶稣坐席,"就带着一玉瓶香液"前往。她内心踟蹰,不敢趋前,乃站在耶稣背后,伏下身去用香液为他膏油净脚。在此之前,她泪珠潸然流下,濡湿了耶稣双脚,而整个人不由得也号啕"哭开了"(38)。这一幕,亚可伯感动非常,乃运其彩笔在《圣传金库》里加油添醋,不但将女角定调为玛利亚玛大勒纳,最后还转为《圣人行实》里如下的译文,当然强调了"身忏"的仪式性,而且还是"无言"的身忏:

> 是时,天主耶稣降世救人,传道弘化,造无数灵迹,使改悟旧过,免于陷溺。玛大勒纳久闻圣风,惭其罪恶,欲归从之;第自念女流,且有辱名,无由见主,[乃]乘耶稣赴约长西满之席,径登庭上,从背后投身于耶稣台下,攀援圣足,哀痛涕泪不止,又以泪多,沾湿圣足,[乃]用发净拭之,[又用]香液涂之,⋯⋯(7:41 甲-41 乙)

这是一出忏悔的"戏码",〈路可福音〉平铺直叙,几乎不着一字于玛大勒纳的心理状态。《圣人行实》逐字所译,几乎也就是亚可伯《圣传金库》里的原文(LA, p.408),但着墨所在仍为玛大勒纳"自念女流,且有辱名",因为这两句话回应了前及高一志的惋惜痛悼。玛大勒纳趑趄不前,原来是内省频频,如傅柯引述上古忏悔仪式般在"自己否定自己"(Ego non sum ego)。打开《涤罪正规》,内省是忏悔的前奏曲。不能反恭自省,凡人哪能发现错误,自我修正? 玛大勒纳罪重求赦,〈路可福音〉中,耶稣因此还用了"两个债户"的比喻(41-43),借西满之口迂回指出她旋即会因自己开恩而得救。令人惊诧的是:耶稣话才说完,回过头来反而斥责西满,说他"没有给我水洗脚",也没"用眼泪滴湿了我的脚,并用头发擦干"(44)。席间众人正在狐疑不止时,耶稣却又平心静气地解释何以玛大勒纳的罪已得赦免:"你的信德救了你。"(50)赦罪的先决条件是信主爱主,忏悔也得如此。玛大勒纳传中这身忏的一幕,复制了奥古斯丁传中的悔罪要义。

我们如果悬置剧场性,由天主教的忏悔论述予以再案,则玛大勒纳的"身忏"也可谓"诚于中而形于外",难怪高一志的译文谓之足以"表其悔罪之深,且爱慕其主之甚也"(7:41 乙)。方诸奥古斯丁带有一点"亚弟利藏"的"恭弟利藏",玛大勒纳的忏悔益可称"恭弟利藏"的典型,无私到几乎以凌虐自我在祈求圣意。所以在欧洲人——尤其是在中古时人——的眼中,玛大勒纳的"身忏"便变成了天主教有史以来"最完美的忏悔行为"(perfect penance),每有人悬之为基督徒的"表率"(exemplum),亚可伯即居其一①。

---

① Katherine Ludwig Jansen, *The Making of the Magdalen*, pp. 15, 58.

《圣传金库》中的玛大勒纳传虽杂凑外经而成,不过重点显然。亚可伯开写传文,有"姓名学"(*praesagium nominis*)先导,完全以忏悔为其重点。玛大勒纳本名玛利亚,这点我们都知道,但她出身"如德亚"世家,行三,《圣经》可就略过不提。玛利亚还有兄长一人,另有姐姐玛儿大(Martha of Bethany),亦圣女也,传文也译在《圣人行实》中(6:45甲-47乙)。父母双亡后,玛利亚"分得玛大勒纳之地",高一志说她"因号焉"(7:41甲)。这个译法得体,不过亚可伯的原文与此无涉,反而就"玛利亚"与"玛大勒纳"二名大肆解说。"玛利亚"乃希伯来名,天主教的传统中原有定论,亚可伯则综合了"苦海"、"明星"与"得照"这三个意义别创新解,谓之乃指基督信仰中地位崇高无比的"忏悔"。凡人肯历人世这个"苦海",目的当在"成圣",而仰望"明星"在上,亦即愿意"默思天界",行天主教那最高尚的行为。"明星"又永远普照天下,所以"得其所照"殆"永恒"事也。"玛利亚"之所以以"苦"名,是"因为在忏悔的过程中,凡人都得经历万苦"。这一点,亚可伯说只要看她"泪水多到沾湿"了耶稣的双足,我们即可体得。"默思天界"是"内省"的行为,因此可以敛聚天上灵光,使自己变成"受照者",在心中仰承"完美的知识之光",包括"天界的荣光",甚至还可反过身来,变成是照亮他人的"光照者",使自己也变成了"天界的荣光"。至于"玛大勒纳"这个地名,希伯来文意为"仍然有罪",但是也有"加持"、"未经征服"或"辉光普照"之意。"玛大勒纳"之名所含的这三层意义,分指忏悔之前玛利亚有罪,忏悔之时她已得耶稣"加持"而令"邪魔难以征服"了。改宗后,玛利亚圣宠加身,自然"辉光普照"(*LA*,p.407)。

亚可伯对玛利亚玛大勒纳的解释,系中世纪时典型名字象征论(name symbolism)的托喻式延伸[1],《圣人行实》虽然没有译出,但高一志想来不会否认其实,因为他译述的《圣母行实》几乎也以同样的手法谈过圣母"玛利亚"一名的象征意涵。就本文的关怀来讲,亚可伯上述属灵的诠释更可让我们了解"忏悔"不但可以是个人的表白,也可以从言教而变成身教,变成是傅柯式的"身忏",诲己也诲人。高一志的中译乃是改编之作,大胆一点说,其中显示玛大勒纳对耶稣似乎也有特殊的感情。此所以说她除了用香液为耶稣沐足,以头发净之之外,也以此表明"其悔罪之深,且爱慕其主之甚也"。日后她又"自定终身事(侍)奉天主",每趁耶稣"出途行道"而"舍延之,躬行婢役之事款"(7:47甲),简直待之以人间的男女情谊。身忏当时,耶稣如上述训诫了所赴之宴里的一干人众(路7:44-47),而玛大勒纳悔罪忘己,当然令耶稣感动非常,当场即赦免了她半生的罪愆,满足了"忏悔"最后希冀的结果。而这一幕,用高一志的文言译文讲来便如下引:"尔罪皆尔赦,

---

[1] Cf. Isidore of Seville, *The Etymologies of Isidore of Seville*, translated with introduction and notes by Stephen A. Barney, et. al. (Cambridge: Cambridge University Press, 2007), p.170. 不过此书解"玛大勒纳"之意,倒以"高塔"(tower)说之。

今安意归家可矣。"(7:46 乙)

玛大勒纳的忏悔乃《圣传金库》的重点之一,亚可伯感动之余,曾在他文里分析这一幕何以变成天主教"忏悔的表率"的道理:首先,玛大勒纳泪流满面,表示她已"痛自悔罪"或已行"恭弟利藏"了。其次,她是"告解"或"共费桑"的典型,因为她当众解罪(虽用行动而非言语),但在某个意义上已把所犯之罪清楚交代了。在约长家中,玛大勒纳又在诸客面前流泪痛哭,而且人己皆忘,以泪水为耶稣涤足,可见确实有意"以苦行赎罪"或行那"撒弟斯法藏"的要求。这样一来,玛大勒纳就把往昔所积的"罪愆"(sins)转成了"各种圣德"(virtues)①。上述分析,亚可伯并非写在《圣传金库》中,但是没有《圣传金库》加油添醋预为操演,《圣人行实》大概也难以更胜一筹,将之戏剧化得令人过目难忘。高一志当然明白亚可伯写〈玛利亚玛大勒纳行实〉的深意,中文传文最后才"翻译"或"解释"道:"从来教中,凡蔽于私欲获罪天主,或习恶久远[而]难更者,多归玛大勒纳圣妇而希望求赐,随感辄应焉。"(7:43 乙)这句话不啻说:玛大勒纳乃忏悔者的"守护圣人"(patron saint);凡人只要心诚,她随时可以感应回报。

四、前世来生

前文所谈,多为《圣人行实》中译后的书旨问题。在析论的过程中,我一再指出高一志对《圣传金库》有信译之处,也有增删者,而这种翻译是否当得上后世所谓"翻译",我想仁智互见。不过拿前举"译述"一词形容,应无疑义。《圣传金库》写成之后,流衍复杂,随着欧洲圣传文学的高度发展,在中世纪晚期跃居典型代表,变成了时代文学的泉源之一②。中世纪又是个高度宗教化的时代,平民百姓需要英雄领导,而在精神这方面,圣人就是时代的英雄,是绝佳的心灵导师,圣人的传记也变成了《圣经》以外的文本权威,在黑暗中引人向上。圣传当然罕见风花雪月,绝少插科打诨,唯有一幕幕人类虔诚与挑战体能意志的戏剧,希望指引信徒在人生的道路上勇往直前,不致误入歧途。《圣传金库》又是圣传文学的登峰造极之作,所以这本集子的意义不仅限于中国人所谓的《神仙传》或《高僧传》。就宗教文学而言,其地位恐怕要拉拔再上,可谓当时载道文学的表率,也是一部在世路险恶时,人人都可捧读的益智与励志文学。所以《圣传金库》可以变化人心,在修身养性上使人层楼更上,在心灵上与古往今来的圣哲共处一室,甚至达到天人合一的

---

① Jacob de Voragine, *Sermones Aurei de praecipuis sanctorum festis quae in ecclesia celebrantur, a vetustate et in numeris prope mendis repurgati* (Mainz: Petrus Cholinus, 1616), pp. 255-256.

② 有关《圣传金库》在文学上的影响力,见 *LARIPH*, p. 4。欧洲传说中的"屠龙者圣乔治"(Saint George, the Dragon-Slayer)的故事,也是由《圣传金库》开启的。见 *LA*, pp. 188-202("De sancto Gregorio")。

最高境界。

不过《圣传金库》并非永远处身时代的尖端,永远广受景仰。犹在欧洲中世纪,就在亚可伯完稿后不过一甲子左右的 1324 年,欧洲另一位圣传作家圭伊(Bernard Gui, 1261 or 1262—1331)就曾批评亚氏所传难称经典,毫不客气在自己的《伟人宝鉴》(Speculum Sanctorale)里直指《圣传金库》所写诸圣的黄金传奇不过袭自过往的教父所记,乃从故纸堆中抄袭而成,应予以芟芜汰冗(LARIPH, pp. 42-43)。圭伊当然没有扳倒《圣传金库》的地位,但物极必反,也是理之必然。文艺复兴一旦变成欧洲历史的大势所趋,《圣传金库》的颓势就日益明显,开始盛极而衰。此刻理性抬头,宗教改革的声浪一波波传来,卡尔文(John Calvin, 1509—1564)教派对《圣传金库》凸显个别信徒,奉少数为神圣的做法尤其反感,排斥之风继之蔚起。其次是天主教自家的内讧,奉行人文主义的伊拉斯玛士(Desiderius Erasmus Roterodamus, 1466/1469—1536)、摩尔(Thomas More, 1478—1535)、柯雷(John Colet, 1467—1519)与维威士(Juan Luis Vives, 1492—1540)等北方、英国或西班牙文艺复兴的重要人物都认为《圣传金库》问题重重,所据阙实正居其一,何况其中圣人的生活似乎也太过狭隘,不合时代强调的人本思想。16 世纪到 17 世纪,教会学者对往圣先贤的研究竿头再进,劳诺(Jean de Launoy, 1603—1678)与巴雷(Adrien Baillet, 1649—1706)等教区神父开始怀疑亚可伯书中的内容。他们斥之为悠谬不实,作伪或虚构的成分太多。亚可伯的玛大勒纳传中,这位"如得亚"(犹太)圣妇最后居然出走法国,还曾帮助当地百姓与国王建功无数,劳诺就指为荒唐无稽。等到启蒙时代来临,以往读者目为如假包换的奇迹、异相、奇遇与驱魔等超自然的现象,反而在"迷信"的罪名下从天堂一路打落。原来的优点与特色,这一下变成了书中的缺点与庸腐。对某些欧洲知识分子与部分民众而言,《圣传金库》此时已经穷途末路,中古晚期一枝独秀的盛况是一去不复返了(LARIPH, pp. 27-43)。

《圣传金库》会变成大众读物,亚可伯恐怕始料未及。他原来意之所在的读者,应该以神职人员居首,全书故有"教牧手册"(preacher's handbook)的性质,乃写来让登台讲道的神父有其谈资,知所取材①。我之所以把"黄金传奇"这个卡克斯东以来即流行不已的字面意改为《圣传金库》,原因便在所谓"传奇"(legenda)的拉丁原字乃动词,指"阅读"或"朗读"(legere),而其名词形在拉丁文法上又系中性复数,引申之下应指"读物"(readings)而言,不是"奇异的传说"。亚可伯全书,因此是为教牧而写,尤可称为多明我会的神父的日常"读本",原题因此得作

---

① Lawrence S. Cunningham, *A Brief History of Saints* (Malden: Blackwell, 2005), p. 33.

《圣传读本》(*Legenda Sanctorum*)解才是①。

《圣传金库》的"前世"与"来生"既如上述,那么我们可能好奇耶稣会怎么会看中此一著作,何以在历史已进入文艺复兴时期后——甚至在欧西都已进入启蒙时代了——又特别钟情于《圣传金库》,甚至在进入中国布道一甲子后,还让高一志把这部"陈年"圣传搬出,并且大费周章,以一种不亚于利玛窦中译《几何原本》(1607)的热忱将之迻为中文? 非特此也,《圣人行实》成帙后数量多达七卷,实则又不亚于《几何原本》的篇幅? 这些问题复杂,下面我或可分内外因素简略再答,结束本文。

《圣传金库》既因基督新教鼓动"宗教改革"而由盛转衰,换个角度看,此书在欧洲必然也会因基督旧教"反宗教改革"(Counter-Reformation)而重为保守势力请回。从过去到今天,天主教始终强调"感应",上古与中世纪犹然②,对教中由罗马宗座承认或册封的圣人的奥迹与奇迹着墨尤深。亚可伯选来为之立传的圣人,不少正是"官方认可的圣人"。圣安当或圣本笃也好,圣奥古斯丁或圣玛大勒纳也罢,教中人士对之都钦崇不已,而为他们的奇迹异行详传的《圣传金库》当然跟着水涨船高,日益重要。凡俗所持奇迹的荒诞不经,就天主教人士而言,反而是神圣之至。"奇迹"显现的"灵验"或"应验"等现象,乃信徒读圣传时的自然期待,就像道教徒对《神仙传》或佛门信徒之于《高僧传》也会有所期待一般。天主教解释"奇迹",一向认为是天主藉人类显示自身的结果。在这方面,宗教改革或其后抬头的理性精神丝毫降低不了信徒的狂热。《圣传金库》在评价上的退潮,故而难挡"反宗教改革"重新带动的圣人崇拜。天主教反宗教改革的势力众多,但哪一支力量会强过以保卫教皇自居而又有"基督的卫队"(Soldiers of Christ)之称的耶稣会士③?

天主教圣人的传记众多,高一志何以单挑《圣传金库》易名中译,我想耶稣会和"博兰德学派"(Bollandists)的关系或可解释其一,而圣依纳爵的生平奇遇则可说明其二。博兰德学派乃以耶稣会的圣传学家博兰德(Jean Bolland, 1596—1665)之名命名,但公认的创始人却是另一会士罗斯维德(Heribert Rosweyde, 1569—1629)。罗氏首倡撰写历代教中圣人的合传,建议就题为后世沿用的《圣人列传》(*Acta Sanctorum*)。博兰德及会中后人踵继其志,1643 年在安特瓦(Antwerp)出版了迄今已达 68 册中的首二册④。就时间的先后来看,博兰德学派

① William Granger Ryan, "Introduction" to his trans., *The Golden Legend*: *Readings on the Saints* (Princeton: Princeton University Press, 1993), Vol. 1, p. xiii and, esp., p. 1n2.

② Lawrence S. Cunningham, *A Brief History of Saints*, pp. 23-24. Also see Ronald C. Finucane, *Miracles and Pilgrims*: *Popular Beliefs in Medieval England* (New York: St. Martin's Press, 1995), pp. 9-218.

③ 耶稣会崛起于"反宗教改革"的声浪中,捍卫教皇不遗余力,甚至提出"教皇无谬"论。见蒂利希(Paul Tillich)(著)、尹大贻(译):《基督教思想史》(香港:汉语基督教文化研究所,2000),页 300-304。

④ 现代版拉丁文本的《圣人列传》,可见下面网站:*Acta Sanctorum*: The Full Text Detabase: http://acta.chadwyck.com(2009 年 7 月 5 日)。

的《圣人列传》不可能是高一志的《圣人行实》的根据，然而此派中人几乎都由耶稣会士组成，所以他们的"墓志铭吁请"（epitaph-urge）必曾影响当时的会中同志，高一志当也难以置身事外。此外，博兰德学派的《圣人列传》的重要参考对象之一亦《圣传金库》也，高一志可能因此而对亚可伯情有独钟。

从 1260 年问世迄日薄崦嵫的文艺复兴时代，《圣传金库》的版本众多，今日犹存的抄本也高达千种①。我多方查考，却仍然不知高一志所据为何年何版，但可以确定的是《圣人行实》乃"重述"而出，高一志还曾为之分类，再依生卒年的先后编列次第。亚可伯撰写之初，每在配合教中"礼仪历"（liturgical calendar）的要求下为笔下圣人编排出场先后，而这点博兰德学派的《圣人列传》从之，即使今天中文世界最大的一套《圣人传记》，也是如此炮制②。尽管如此，现代版中最易看到的 19 世纪编印的《圣传金库》则未"遵古法制"，即使《圣人行实》也放弃这种排序方式。高一志有其分类的方法：这点他或许受到中国史乘中"本纪"、"列传"与"贤媛"等篇目启发而得，是以《圣人行实》七分教中圣人，其间还有高低位阶之别。耶稣会重阶级，人尽皆知，高一志或许也因此而重排各类圣人的次第。他的"译述"通常就是"重述"，对象包括文字与人物排序。在史上，亚可伯的原本迭见增加，会随着新封的圣人而改变，高一志亦从之。13 世纪的传本中有"圣意纳爵"（St. Ignatius of Antioch, d. *c.* 304）的传记一篇，《圣人行实》中也有，但后书的"意纳爵"却指 16 世纪的耶稣会祖"罗耀拉的意（依）纳爵"（St. Ignatius of Loyola），列在"显修圣人"部分。紧接其后，高一志还另添了和依纳爵一起创办耶稣会的沙勿略（Francisco Xavier, 1506—1552）的行实③。凡此种种，当可说明《圣传金库》的内容会随时间"升级"（updated），而在 16、17 世纪，耶稣会更可能也如《沙漠圣父传》而编有会中使用的独特版本。沙勿略和《圣传金库》的关系如何，我们不得而知，但圣依纳爵则不然。他本为一介武夫，军旅负伤之际才在医院读到《圣传金库》，而且对书中圣多明我和圣方济各的生平体会尤深。几经思考后，依纳爵立志追随这两位圣人，出家精修，而且引之为榜样，有如中古骑士般投身捍卫基督及其

---

① Lawrence S. Cunningham, *A Brief History of Saints*, p. 33.

② 我指的是四册本的公教真理学会编译：《圣人传记》。

③ 除了本文所用的明版《圣人行实》外，其中的〈意讷爵圣人行实〉与〈方济各沙勿略圣人行实〉也曾景印而出现在钟鸣旦（Nicholas Standaert）、杜鼎克（Adrian Dudink）（编）：《耶稣会罗马档案馆明清天主教文献》（台北：利氏学社，2002），第 12 册，页 147-186 之中。钟鸣旦乃耶稣会士，他和杜鼎克重理会中文献，不将《圣人行实》足本重刊，仅选和东方传教关系最密切的圣意纳爵及沙勿略的行实刊印，可见即使是今天的耶稣会也有其有关圣传的策略性选择。有关沙勿略传的历史沿革，参见魏明德（著）、余淑慧（译）：〈方济各·沙勿略传：从传教历史到诠释策略〉，收李丰楙、廖肇亨（编）：《圣传与诗禅：中国文学与宗教论集》（台北：台湾中研院中国文哲研究所，2007），页 137-168。

所传之教的行列①。这个耶稣会史上人尽皆知的故事,在《圣人行实》中也如实反映。有趣的是,高译本的〈意纳爵圣人行实〉里居然有如下一语,指出传主读过《圣传金库》:依纳爵在医院中"欲观书,[然]室中仅得《圣人行实》之册,[乃]读之……"(4:38甲)

　　传文中这句话典出本文开头即已提及的圣依纳爵的《自传》,高一志其实没有完全译出,因为圣依纳爵所"得"不"仅"是《圣人行实》或《圣传金库》,还有《福音书》以外西方史上首见的基督传:罗德发(Ludolphus of Saxony, d. 1378)所著之《天主降生言行纪略》(De Vita christi)②。除此之外,《圣人行实》中依纳爵读到《圣人行实》一句,看来也矛盾,因为这句话形成了某种"以己论己"的"本书谈本书"的现象,颇类今人以"反思"(self-reflexivity)笔法写出的后设小说。高一志的改编,明显可见。会祖既因《圣传金库》而投身教门,甚至因此而创立耶稣会,《圣传金库》对不到百年后的耶稣会士自然别具意义。他们来华若不译教中圣传便罢,否则他们或——缩而言之——"高一志"怎可能略过此书不传?

　　高一志选译《圣传金库》的最后一个原因则和内容有关。谈到这一点,我们反而得逆向讨论,重返《圣人行实》书首高氏的《圣人行实·自序》。由这篇序文看来,上文我把重点放在"圣人"、"魔鬼"与"忏悔"这个三位一体上,原因益显:这三者乃认识《圣人行实》的概念基础,彼此环勾扣结。不过说其根本,高一志翻译《圣人行实》,是因他"早志奋修,并期裨益同志",所以"敢取《圣人行实》,择其尤著者,议叙成帙"(自序5甲)。这句话中的"择"字可以强化上述高一志"重编"《圣传金库》的事实,而亚力伯以"教牧手册"看待《圣传金库》,高氏似乎也大有此意。他始料未及的是:在无意间,他为中国留下了一部欧洲中古最重要的圣传。

　　入华耶稣会士多以"同志"互称彼此③,但高一志所谓"同志"应该也包括心向基督的华籍望教徒或平信徒,因为对同属西来的会士而言,翻译不是绝对的必要。高一志的序文还有一大特色,通篇读来,有如论说阅读圣传的好处:"古者载记圣人生平勋绩,垂之后世,其益有三。"首先是"丕扬天主之全能神智",其二是"阐明圣人之隐德奇功",而最后一个则在"证验当遵之正道矩范"(自序1甲)。高序中

---

①　Joseph N. Tylenda, trans., *A Pilgrim's Journey: The Autobiography of Loyola*, p. 12 and p. 12n8. 圣依纳爵所读的《圣传金库》不是拉丁文原作,而是熙笃会士瓦加德(Gauberto Maria Vagad)的西班牙文译本,不过标题却用拉丁文题为《圣人之花》(*Flos Sanctorum*; 1493; rpt. Toledo, 1511)。详情亦见 "General Introduction" to Ganss, et. al., eds., *Ignatius of Loyola: The Spiritual Exercises and Selected Works*, pp. 15-18。《天主降生言行纪略》为艾儒略的译名,见《耶档案》,第4册,页1-336。《天主降生言行纪略》的最新研究,见潘凤娟:〈述而不译? 艾儒略《天主降生言行纪略》的跨语言叙事初探〉,《中国文哲研究集刊》第34期(2009年3月),页111-167。

②　Tylenda, trans., *A Pilgrim's Journey: The Autobiography of Loyola*, p. 12 and p. 12n8.

③　例如高一志:《童幼教育》,见钟鸣旦等(编):《徐家汇藏书楼明清天主教文献》(台北:方济出版社,1996),第1册,页370。

这三者看似分立,不过我们如果倒退过来看,则可用一个问题概括之:"何谓圣人或圣徒?"首先,"丕扬天主之全能神智"唯圣人可为;其次,"隐德奇功"也唯圣人可以有之;第三,"正道矩范"除了天主外,人间可以"证验"或"制定"者,舍圣人其谁?职是之故,不论是译或写,为圣人立传最重要的目的就是要教人如何成圣,而这显然就是《圣人行实》全书七卷的总主题。

笼统观之,这七卷 74 位圣人的生平有几乎一致的叙述模式,亦即除了奥古斯丁与马大勒纳等少数例外,《圣人行实》所收多数圣人几乎从小就立志成圣,而且个个果敢坚毅,若非操志出家,就是夫妻同修。马大勒纳与奥古斯丁一旦认清生命的价值,马上就弃绝俗念,心向圣域。然而圣域岂是一蹴可即?过程当中阻力可期。这些阻力的主力正是天主教常言的"魔鬼",其中有有形之魔,而更多的是那些圣本笃或圣伯耳纳笃所遇的心魔,连有形之魔时而都是心魔外化而成。圣人不能为魔鬼所惑,所以必需洁身克之。圣人代人驱魔,某一意义上也是在打扫自己的心地,驱除内心之魔。圣人甚至还可扩而大之,追讨教中或教外异端之魔,从而进入神话的层次,讨伐起那"聪明绝伦,地位过人"的魔鬼撒殚①。圣人所驱之魔若为心魔之属,是奥古斯丁或玛大勒纳等人纠缠的过往,那么驱魔的动作就会变成"忏悔"。职是之故,"忏悔"在消极上其实是"驱魔"的同义词,差别仅在对象是自己,要涤净的也是自己的心镜。在积极上,"忏悔"系重返天主怀抱的不二法门,所以圣人得"谦退自处群众之下"(自序 4 甲),视己"如敌如仇",以悔其罪(自序 2乙),冀盼再得天主垂佑,登临圣城,在诸天得享永生。

本文第二节我引过《庄子》的话:"圣人不死,大盗不止。"道家这种反讽式的反智论,自西舶来的天主教大概难以欣赏,明末耶稣会士之中,我尚未见得任何评论。话说回来,庄子如果改个说法,天主教的圣人恐怕也难以否认其实:设使鸿蒙本无"天主",人世还会有"魔鬼"吗,而人世果无"魔鬼",那么世间还会有"圣人"或"圣徒"的问题吗?我知道从基督信仰的神学看,上述命题在逻辑上绝难成立,因为天主永恒,无始无终,没有留下任何可使我们替他"假设"的可能。正是因为天主永恒,和他对立的撒殚从受造后也一样永恒。撒殚既属永恒,人类万代就永远"获罪于天",致令人类对自己成圣的期盼又一样永恒了。职是之故,《圣人行实》才劝人注意如何修身成圣,回避魔鬼。成圣之道无他,再从《天主圣教圣人行实》观之,几唯祛魔而已。凡人既染原罪,所以凡人想要成圣祛魔之法也无他,唯有忏悔而已。不论是元祖带来或个人另添之业,凡人因此都得像高一志或亚可伯笔下的圣安当、圣奥古斯丁或圣玛利亚玛大勒纳一样绝财、绝色、绝意,并以虔心自处、以泪水自忏。优入圣域,如此或许可期。

---

① Elaine Pagels, *The Origin of Satan* (New York: Random House, 1995), p.39.

《火攻挈要》:晚明至晚清火器技术知识的转移

邹振环*

摘　要:《火攻挈要》是由德国传教士汤若望和明代焦勖合作编译完成的一部明代火器制造和使用的总结性著述。该书之重要性不仅仅在于其中所介绍的西洋火器制造和使用的新知识,还在于其中所蕴涵的编译者丰富的军事思想和军事理论,堪称是一部包含有编译者朴素辩证法思想的军事著述。本文研究了该书的版本和内容,指出该书在晚清引发了学者的浓厚兴趣,借助《火攻挈要》一书,在晚清形成了火器制造和使用技术的历时性转移。从晚明至晚清所形成的火器知识转移,反映在《火攻挈要》的知识传承上,不仅仅局限在技术层面的增补和递进,还有更深内涵的思想和方法的新解读。

关键词:《火攻挈要》;汤若望;焦勖;晚明;晚清;知识转移

Essentials of Gunnery: The Transfer of Gunnery Knowledge in the period of Late-Ming to Late-Qing Dynasty

Zou Zhenhuan

Abstract: *Essentials of Gunnery*, translated by German missionary Johann Adam Schall von Bell and Jiao Xu of the Ming Dynasty, summarised the manufacture and the use of gunnery during the Ming. Its importance lies not only in its introduction of the new knowledge about how Western gunnery was made and used, but also a demonstration of the profound military ideas that the translators possessed. By investigating its editions and content, this paper concludes that the book aroused great interest among scholars in late Qing that it had been used to bridge the diachronistic transfer of knowledge in gunnery manufacturing and usage technology. The way *Essentials of Gunnery* aided the inheritance of knowledge, which was not restricted within technological supplement and addition but opened to profound ideas and new

---

* 邹振环,工作单位:复旦大学历史系,电邮地址:zouzhenhuancn@ yahoo. com. cn。

interpretation of solutions, reflected the transfer of gunnery knowledge formed from late Ming to late Qing.

Key words: *Essentials of Gunnery*; Johann Adam Schall von Bell; Jiao Xu; Late Ming Dynasty; Late Qing Dynasty; Transfer of Knowledge

使用抛石器抛射爆炸物的火炮,以及各种地雷等火器最早是由中国发明,并用之于战场。这种利用火药的燃烧和爆炸性能的武器西传后,经阿拉伯工艺师的改造,又回传中国。16 至 17 世纪欧洲的火炮与火铳①等管形火器制造技术有了长足的发展,主要表现为火器理论的创新、制造技术的改进和大型兵工厂的建立。同一时代,在中国军事史上一度出现过"火器热"。明成祖征交趾,得神机枪炮法,专门设立神机营来掌握枪炮技术,并加以仿制,标志着传统的军事制度开始发生变化。明末中国与西方文明的初步接触,最先受到中国人注意的就是经欧洲人改造过的火器。嘉靖二年(1523),葡萄牙将领别都卢率其部属驾驶 5 艘船侵犯广东新会西草湾,被明军一举消灭,所携大炮也被缴获进呈嘉靖皇帝。

为了对付北方的鞑靼势力,徐光启曾多次力请铸造火炮,以资城守。1622 年,外患日亟,明政府始令罗如望(Rocha, Jean de, 1566—1623)、阳玛诺(Diaz, Emmanuel, 1574—1659)、龙华民(Longobardi, Nicolas, 1559—1654)等传教士制造火器,并招寓居澳门、精通火炮的葡萄牙人来内地协助使用。崇祯初年,由传教士指导铸造的火炮在宁远、涿州等战役中大显身手,屡次打退清兵的进攻。"西洋大炮"被徐光启称为"此歼夷威虏第一神器"②。李之藻称其为"不饷之兵,不秣之马"的无敌神器③。张萱《西园闻见录》卷 73《器械·前言》引沈昌世语云:"古来兵法,至近世而一变为火器也,今有西洋炮,又一大变也"。明末确是中国火器发展史上一个具有里程碑意义的时代。孙元化所著《西法神机》和焦勖译著的《火攻挈要》是明末最全面介绍欧洲火炮制造知识的两部著作,其中尤以《火攻挈要》最为丰富和全面④。有人认为该书是"中国冷热兵器过渡交替时代具有里程碑意义的兵家著述,不仅传播和介绍了西方先进的军事技术,而且切实地提出了一整套

① "铳"今指"枪"。明末"铳"与"火铳"是对小口径和大口径、轻型和重型管状射击火器的通称,"炮"则是指重型管状火器。在炮和枪等火器早期发展阶段,"炮"和"铳"可以互换使用,本文中火炮与火铳通用。

② 徐光启:《与吴生白方伯》,录自王重民(辑校):《徐光启集》(上海:上海古籍出版社,1984),卷 10,页 473。

③ 李之藻:《制胜务须西铳敬述购募始末疏》,《李我存集一》,录自陈子龙等(选辑):《明经世文编》(北京:中华书局,1962),卷 483,页 5324。

④ 庞乃明:《明代中国人的欧洲观》(天津:天津人民出版社,2006),页 313,319。

适合当时火器水准的制器用器之法，和制订了适宜的火器战术，在军事史和军事科技史上都具有重要价值"①；也有人认为该书堪称"明代火器科学技术的集大成者"②。然而关于《火攻挈要》，除了刘旭、尹晓冬、徐新照等已有相关研究加以述及外，至今缺乏系统和专门的研究，关于该书的影响研究尤其缺乏。本文拟接续前人成果，就晚明到晚清火炮技术知识转移的角度，对《火攻挈要》的编译者、版本、内容和流传相关问题展开进一步的讨论。

一、《火攻挈要》的编译者、资料来源与版本

《火攻挈要》的口译传授者汤若望（Johann Adam Schall von Bell，1592—1666）诞生于德国莱茵河畔科隆城的一个信仰天主教的贵族之家，"若望"是Johann 的汉语译音，而"亚当"则与"汤"谐音。他少年时受教于科隆的"三王冕中学"，17 岁破格进入意大利罗马的德意志学院，他在罗马学院注册苦读了 3 年哲学。该校是耶稣会的教育、组织与学术人才的中心，罗马学院中数学、物理学和天文学的师资队伍由最杰出的学者所组成，利玛窦的老师克拉维斯当时虽然因为年迈不再任课，但仍在该校任职。1611 年他完成哲学课程并加入耶稣会，后又研读神学、天文学和数学 4 年。汤若望由此打下了坚实可靠的知识基础。期间他读到了来自中国耶稣会士的书信并为之鼓舞，1616 年他向院长递交了正式申请要求去中国传教③。1618 年他随金尼阁东渡来华，1619 年抵达澳门，认真学习汉语。当时正逢南京教案发生，1622 年他与龙华民一起跋涉，辗转广东、江西、浙江等地，于1623 年与龙华民一道来北京。在北京他结交了徐光启、李之藻等，参与了《崇祯历书》的译述工作。黄伯禄《正教奉褒》记载："崇祯十三年（1640），兵部传旨，着汤若望指样监造战炮，若望先铸钢炮二十位，帝派大臣验收，验得精坚利用"，即试放时命中精确，验收效果甚佳。于是"奏闻"，又受命加铸 500 门④。或以为其铸炮时间在 1642 年，汤若望系受明朝兵部尚书陈新甲之约，在北京创办了一座铜炮铸造厂，先后铸造了 20 门火炮；1643 年铸造了 500 门小炮⑤。在铸炮过程中，汤若望不断为铸造火器的太监讲授制造火器之法，教授火器使用法。在铸造火器的过程中，他与焦勖合作编译了《火攻挈要》一书，又称为《则克录》、《武备火攻则克录》、

---

① 张鸣等：《中国兵家》（北京：宗教文化出版社，1996），页 231。
② 刘旭：《中国古代火药火器史》（郑州：大象出版社，2004），页 260。
③ 孙志文：〈汤若望的教育基础及当时之学术思潮〉，收任继愈（编）：《国际汉学》（郑州：大象出版社，1988），第 2 辑，页 270-288。
④ 韩琦、吴旻（校注）：《熙朝崇正集·熙朝定案（外三种）》（北京：中华书局，2006），页 275。
⑤ 李约瑟：《中国科学技术史》第五卷"化学及相关技术"第七分册"军事技术：火药的史诗"（北京：科学出版社；上海：上海古籍出版社，2005），页 335。

《火攻心法》。经河北涿鹿人赵仲修订后于 1643 年刊行,分上下两卷,另附《火攻秘要》一卷。

　　1644 年 4 月汤若望亲眼目睹了李自成起义军攻下了北京。当时北京城内一片混乱,崇祯皇帝吊死煤山,外逃的传教士不计其数,他的耶稣会士同伴龙华民和傅泛济,都早在明朝崩溃前就离开了北京,或随明太子南下。为了保护教堂和存放在那里的历书刻板,汤若望则留在了北京,并适时地迎合了入关后建立的清朝政府的要求,重新制造了望远镜、日晷,并绘制了地图,送呈御览。之后他又准确地推算了顺治元年(1644)农历八月初一的日食,而用大统历推算相差两刻,用回回历推算相差四刻。清廷于是下令使用新历,并在历书上批下了"依西洋新法"五字,多尔衮将新历定名为《时宪历》,汤若望也因此被任命为钦天监监正,即皇家天文台台长。1650 年 9 月 27 日,潘国光在给耶稣会总会长的信中称:"所有我们这些在中国传教的人,都享受到来自汤若望神父的非凡的关爱"。同年阳玛诺也说:"我们但愿能有一百位汤神父。不管我们离他有多远。他都能如此真诚地给我们以帮助。只要我们说,我们是汤若望的同伴和兄弟,就没有任何人胆敢多我们说一句反对的话。"[1]为了让汤若望的地位合法化,1651 年 8 月顺治"诰封汤若望为通议大夫,又谥封若望父、祖为通奉大夫,母与祖母为二品夫人",1653 年赐汤若望号为"通玄教师"。1658 年授通政使衔,晋一品。1666 年 8 月 15 日病逝于北京[2]。

　　《火攻挈要》译述的中文合作者为焦勖,宁国(今安徽贵池)人,生卒年月和事迹不详。李约瑟推测他可能是 14 世纪完成的《火龙经》的作者焦玉的后人,曾服务于皇家军械库[3]。从该书前的崇祯癸未(1643 年)孟夏焦勖的《则克录(火攻挈要)自序》,可知他主要活动于明末动乱之时,目睹朝政腐败,武备松弛,于是"日究心于将略,博访于奇人,就教于西师,更潜度彼己之情形,事机之利弊,时势之变更,朝夕讲究,再四研求",反复研求西方先进的火炮制造技术,以为救时之用。他被人誉为"深谙兹技"的精通西方火器的专家。他在该书自序中称,中国典籍中也有不少火攻专书,似乎"颇称详备,然或有南北异宜,水陆殊用;或利昔而不利于今者;或更有撦拾太滥无济实用者;似非今日救急之善本也。"如《神威秘旨》、《大德新书》、《安攘秘着》等,"其中法制虽备,然多纷杂滥溢;无论是非可否,一概刊录;种类虽多而实效则少也"。另外,如《火龙经》、《制胜录》、《无敌真诠》诸书,"索奇觅异,巧立名色,徒炫耳目,罕资实用"。编译该书的目的就是为了改变这种火攻

---

①　邓恩(著)、余三乐(译):《从利玛窦到汤若望——晚明的耶稣会传教士》(上海:上海古籍出版社,2003),页309。

②　关于汤若望传记主要有:魏特(Alfons Vath S. J.)(著)、杨丙辰(译):《汤若望传》(台北:台湾商务印书馆,1960);恩斯特·斯托莫(著)、达素彬等(译):《"通玄教师"汤若望》(北京:中国人民大学出版社,1989);李兰琴:《汤若望传》(北京:东方出版社,1995)。

③　李约瑟:《中国科学技术史》第五卷"化学及相关技术"第七分册"军事技术:火药的史诗",页25。

著述上的混乱状况。序中称自己就教于"西师"，显然就是汤若望，所以本书题汤若望授，即口译传授，有学者通过该书中有与《兵录》类似的传统火药成分的说明，指出焦勖应该是协作者，而不仅仅是笔录口授者①。因此，或有论著称汤若望在明朝覆亡前"奉命编译的介绍西洋火炮的《火攻挈要》"一说②，显然与事实不符。实际上，《火攻挈要》应该是焦勖在追随汤若望学习西方造炮术的基础上，广泛参考各种参考书，并结合明代造炮的实践完成这一编译工作的。即所谓"姑就名书之要旨，师友之秘传，及苦心之偶得，去繁就简，删浮采实，释奥注明，聊述成帙"③。

崇祯五年（1632）起，后金军就对明朝构成极大威胁，1642 年崇祯皇帝命汤若望督造火炮，当时汤若望只有一些书本知识，没有真正的造炮经验。但军务紧急无可推卸，于是很快备齐造炮所需的铁、铅、铜等原料，并配备了一些技术工匠，建立了炮厂，在皇宫内辟有一大块空地。不久铸成大炮 20 门，在京外试验获得成功。接着汤若望又受命铸造重量不超过 60 磅的较小的炮铳 500 尊，以便在征战时携带。而此时恰好是《火攻挈要》成书的时间。因此，有学者认为焦勖可能是当时参与铸造火炮工作的成员，在工作中向汤若望学习西方火器知识。可见在译述过程中，他们综合以往关于火器专书之要旨、师友之稿本秘传以及著者本身在造炮实践中获取的心得，而且着重在实用方面多下苦功。汤若望与焦勖二人为深得火器精髓的火器研制家，其著述是他们探究西方火器著述，并结合实践经验的结晶④。

如果因为本书结合了撰写者的实践经验，或参考了传统中国兵书，包括有传统技术经验，就据此否定它不是一部介绍西方有关火炮制造与使用方法的重要文献，显然是不确切的。因为晚明至晚清有大量的所谓翻译，其实是编译，即或多或少地掺入了编译者的观念或经验。如果《火攻挈要》因为参考了传统古籍就无法作为西洋作品，那么晚明吸收了中国数学家程大位等著述内容的《同文算指》等，也应遭到类似的质疑；如果因为掺入编译者的观点，其作为西方译著的地位要受到动摇，那么包含了大量严复按语的《天演论》也应排斥在译著之外了。何况已有学者考证出《火攻挈要》参考的西方著述的原本：潘吉星认为，该书系汤若望口授制炮技术的基础上，取材于各种中西著作，如李盘的《金汤借箸十二筹》及意大利化学家比林古乔《炉火术》（*De la piyrotechnia*，或作 *Pirotechnia*，威尼斯，1540 年）

---

① 李约瑟：《中国科学技术史》第五卷"化学及相关技术"第七分册"军事技术：火药的史诗"，页 307。
② 陈卫平：《第一页与胚胎——明清之际的中西文化比较》（上海：上海人民出版社，1992），页 256。
③ 汤若望（授）、焦勖（纂）：《火攻挈要·序》商务印书馆"丛书集成初编"本（上海：商务印书馆，1936）。（下凡该版均省略版本事项，仅注页码）
④ 徐新照：〈明末两部'西洋火器'文献考辨〉，《学术界》2000 年第 2 期（2000 年 3 月），页 196-207。

的第二版等书①。意大利的数学家、矿业家万努奇·比林古乔（Vanucci Biringuccio，或 Vannoccio Birringuccio，1480—1538/39，又译比林格塞奥），是为解决军事技术问题作出过努力的卓越科学家。他在意大利的 Parma 公爵与 Ferrars 公爵的战争中服务于威尼斯共和国，曾投身于研究导火管技术的改革、加农炮的铸造和黑色火药质量的改进；他还探讨过钻炮筒，是意大利第一个将自己这方面的实践经验写入著述的人。他的这本题为《炉火术》（Dela Piyrotechnia）的著作，意大利文全名为 Pirotecnica o sia dell'- arte della fusione o getti de metalli，又译《火术》，或译《火法技艺》，或译《论高热技术》，共十卷，是冶金、铸造方面的专著，也是最早的关于冶金术的综合性手册。前四卷论述如何熔炼含有金、银、铜、铅、锡、铁的矿石，并且第一次相当完整地叙述了银汞齐作用、反射炉、熔析工艺等。该书第六卷描述浇铸青铜的方法，给出了制造火炮的完整说明，其中专门讨论火炮和炸弹的制作，提出将三份黄铜和一份锡混合可作为制造炸弹壳所需的易碎材料。为了铸造枪械，他强调一个大的补缩冒口以防止由于收缩而使铸件上出现缩孔的重要性，指出在最后加入锡可以使其顺利流入模具。他还在书中描述了米兰的铸铜工场，这些铸铜工厂把土模具进行拼装组合，使其得以大批量生产，每一个模具可生产多达 1 200 件铸件。有一卷专门讲述烟火制造，包括火药、火炮、火箭和各种烟火，描述了能送出六七个"火蛇"或其他火箭的武器，有类似中国的"七筒箭"。该书 1540 年初版于威尼斯，后曾 4 次重版和翻译，被认为是第一部真正系统的——严格地说是实用的——关于矿业和冶金的书②。

据尹晓冬研究，《火攻挈要》与成书于万历年间何汝宾的《兵录》及之前刊行的孙元化的《西法神机》两部火器著述存在着某种渊源关系，《火攻挈要》较之前两书在介绍西洋火器方面要更系统和全面，虽然与前两书没有整段相似之处，但也可以看出在前两者基础上的连续性③。而黄一农根据霍尔（A. Rupert Hall, 1920—）

---

① 潘吉星：〈明清时期(1640—1910)化学译作书目考〉，《中国科技史料》第 5 卷第 1 期(1984)，页 23-38；又见潘吉星：〈明清时期译成汉文的百种化学著作〉，《中外科学之交流》(香港：香港中文大学，1993)，页 540。

② 资料来自查尔斯·辛格等(编)、高亮华等(译)：《技术史》第三卷"文艺复兴至工业革命"，(上海：上海科技教育出版社，2004)，页 19、26-27、251；亚·沃尔夫(著)、周昌忠等(译)：《十六、十七世纪科学技术和哲学史》(北京：商务印书馆，1985)，页 556；罗伯特·金·默顿(著)、范岱年等(译)：《十七世纪英格兰的科学、技术与社会》(北京：商务印书馆，2000)，页 238、342。武斌：《中华文化海外传播史》(西安：陕西人民出版社，1998)，第二卷，页 1453。李盘的《金汤借箸十二筹》十二卷，又题周鉴等著，李盘增订，或以为取材于韩霖的《守圉全书》而"删其繁，增其缺"。韩霖曾从徐光启学习兵法。初刻于崇祯年间。该书约 13 万字，附图 170 余幅，十二筹每筹之下又分若干子目，分类辑录古代战例、用兵故事及武器装备的制造方法等。十二筹分别为筹修备、筹训练、筹积贮、筹制器、筹清野、筹方略、筹申令、筹设防、筹拒御、筹扼险、筹水战、筹制胜。

③ 尹晓冬：〈明末清初几本火器著作的初步比较〉，《哈尔滨工业大学学报(社会科学版)》第 7 卷第 2 期(2005 年 3 月)，页 13。

所著《十七世纪弹道学》中的数据间接推断《西法神机》中的一组射程数值来源于西班牙炮学家科拉多(Luys Collado or Luigi Colliado)于1586年著成的《实用炮学手册》(*Practica Manuale dell'Arteglieria*)一书中的实测结果①。而尹晓冬则通过对科拉多《实用炮学手册》的详细比较,考证出《兵录》卷13"西洋火攻神器说"中有9幅炮图来自《实用炮学手册》,其他辅助内容也可以在后者找到对应的图式。《兵录》中的射程数据也与《实用炮学手册》两个意大利版本的数据完全相同,因此推断《兵录》中的西方火器技术知识很可能直接或间接来自科拉多的《实用炮学手册》的1586年版或1606年版②。《火攻挈要》不仅是在《兵录》和《西法神机》两书基础上的发展,而且很有可能汤若望与焦勖合作编译《火攻挈要》时,曾利用过最新出版的《实用炮学手册》。北堂图书馆藏书目录中有1641年版的《实用炮学手册》(编号3249)③,该书很有可能也是汤若望当年造炮时参考用书之一。《火攻挈要》属于"西人所传",题由汤若望所授,这并不影响两人在合作完成该书编译工作的过程中,将他们研制火炮的经验,即"苦心之偶得"写入该书中。这恰恰显示了该书的一个特点,把大量工匠传统技术写入该书中,打破了中国古代理论与实践分离的传统。

《火攻挈要》现存主要版本如下:

1. 明崇祯16年(1643)刻本三卷图一卷,前有1643年孟夏焦勖为该书所撰之《序》。该版各卷均有目录,卷上为概论火攻总原、详参利弊诸原以为改图、审量敌情斟酌制器、筑砌铸铳台窑图说、铸造战攻守各铳尺量比例诸法、造作铳模诸法、下模安心起重运重引重机器图说、论料配料炼料说略、造炉化铜熔铸图说、起心看塘齐口碹塘钻火门诸法、制造铳车尺量比例诸法、装放火铳应用诸器图说、收盖火铳锁箍图说、制造各种奇弹图说、制造狼机鸟机鸟枪说略、制造火箭喷筒火礶地雷说略等内容;其《火攻挈要·图》,凡24页,每页均有"火攻挈要图"字样。该版本

---

① 黄一农:〈红夷大炮与明清战争:以火炮测准技术之演变为例〉,《清华学报》新26卷第1期(1996年3月),页44。

② 1586年初刊的科拉多《实用炮学手册》是第一本真正叙述详尽且绘图精密的炮学专著,书中兼顾理论与实际,影响深远。也被认为是一部介绍历史、政治和军事的著作,可说是对武器的优越性、军事技艺起源以及古代所用的器械进行了广泛而重要的研究,作者是意大利国王军队的工程师。该书至少有三个版本。一是1586年在威尼斯出版(Venetia:Dusinelli,1586)的意大利文本;二是1592年在意大利米兰出版(*Platica Manual de Artiglleria*. Milan:Poncio,1592)的西班牙文本;三是据1592年西班牙文本译成的意大利文本,在1606年刊印(Luys Collado *Prattica Manuale dell Artiglieria*. Milan:Bordoni,1606)。详见尹晓冬:〈火器论著《兵录》的西方知识来源初探〉,《自然科学史研究》第24卷第2期(2005),页145。

③ 1641年版的《实用炮学手册》在米兰由印刷商索非(Filippo Ghisolfi)和出版商比德利(Battista Bidelli)出版,此书有8张书名页,328页,有插图,23张折叠插图,4张折叠图表,原稿的封底内页及护页上有注解。在原稿扉页上有北京耶稣会会徽:Collegij S. J. Pekini。尹晓冬:〈火器论著《兵录》的西方知识来源初探〉,页145。

中有目录标题与正文标题不一之处,如卷上《目录》中的"装放火铳应用诸器图说"在正文中为"装放大铳应用诸器图说"、"制造狼机鸟机鸟枪说略"在正文中为"制造狼机鸟枪说略"。

2. 清刻本四卷,题名《武备火攻要略》,四卷。卷一为图编,此版不仅与"1643年残本"中图的顺序不一样,而且还较"1643年残本"多出"分弹"和"阔弹"的图式;卷二内容即1643年本之卷上内容;卷三包括提硝提磺用碳诸法、配合火药分两比例及制造晒晾等法、收贮火药库藏图说、火攻诸药性情利用须知、火攻佐助诸色方药、火攻佐助方药附馀、本营自卫方药、试放新铳说略、装放各铳竖平仰倒法式、试放各铳高低远近注记准则法等内容;卷四包括攻铳说略、鳌翻说略、模窑避湿、木模易出、泥模须干、模心易出、兑铜分两、炉底避湿、化铜防滞、设棚避风、炉池比例、铳身比例、修补铳底、修整湾铳、弹药比例、弹铳相宜、弹制说略、制弹说略、装弹机宜、装药比例、药性说略、远近之节、众寡之用、宽窄之宜、救卫之备、斩将说略、击零说略、扫众说略、惊远说略、惊近说略、攻敌城说略、守城说略、水战说略、火攻纪余、火攻问难、火攻索要、火攻慎传、火攻需备、火攻需资、火攻推本、归源总说等内容,卷末附临川李绂的《穆堂兵记别稿》。该版各卷均无目录,但是在后三卷每页的版心处标有各款标题,而且校勘不精,错讹现象较为严重,如卷一"图编"第17页中的"碹套"误作"铁套"、第25页中的"仰放"误作"仲放",卷二第一页"自蚩尤始,变造五兵"中的"自"字误为"目"字、"又以胜短兵矣"中的"又"字误为"文"字等;脱漏现象也很普遍,如卷二第二页"不能命中致远"中的"致"字脱,卷三第六页"夹道之外,各筑围房"中的"筑"字脱。

3.《火攻挈要》两册本,上海图书馆藏。封面有"山中子奂亭氏"字样,上册卷上"火攻挈要",下册卷下为图编部分。卷首均有"署淮南仪所监挈同知〇新城陈延恩、扬州府知府〇滦州汪于泗、泰州分司运判〇钱塘许惇诗同校刊"字样。无"火攻秘要"内容。

4. 道光辛丑(1841)冬月所刻之《则克录》①上下卷本。一册本。依次顺序为焦勖自序、卷上"火攻挈要"、图编、卷下"火攻秘要"。全书有目录。

5. 道光辛丑(1841)冬月所刻之《则克录》上下卷本。四册本。依次为焦勖自序、图编一册、"火攻挈要"卷上一册、"火攻挈要"卷中一册、"火攻秘要"卷下一册。每卷卷首均有"署淮南仪所监挈同知〇新城陈延恩、扬州府知府〇滦州汪于泗、泰州分司运判〇钱塘许惇诗同校刊"字样,而且其正文部分较"清刻本"的正文缺少"循环之法"一节的内容。目录标题与正文标题有不一之处,如卷上《目录》中的"装放火铳应用诸器图说"在正文中为"装放大铳应用诸器图说"、"制造狼机鸟

① 李兰琴认为,此书取"则克"两字是"有攻则必克之意,极言火攻之威力",参见李兰琴:《汤若望传》,页28。

机鸟枪说略"在正文中为"制造狼机鸟枪说略"。

6. 1847 年番禺潘仕成所刻《火攻挈要》三卷图一卷,收入《海山仙馆丛书》第 35 册中。该版本较之其他版本而言,确实有很多修正之处。如将其他各版《序》里面的"甚为执衷者之所欷也"中的"执衷"改作"折冲",将卷上目录标题与正文标题进行了统一,而且在卷上"审量敌情斟酌制器"第三页的"更有虎唬狮吼,直透坚城,如摧朽物。以守则有台垣异制"之后删去了其他各版本中均有的如下内容:"用铁镕铸,每铸或一枚或数枚不拘,俟弹铸成,钳置圆窝铁砧之上,即趁热将弹上铸口缝痕,立即打圆。若弹冷必再烧再打,定以极圆为止。若铸小铅弹,即以紫石为模。每一铸可得数十,铸成,用刀削圆,铸口缝痕,再用铁滚槽滚过,末用布袋盛稻皮,同铅弹着实擦揉,庶得光溜。……蜂窝弹大弹一枚,带小弹碎铁碎石及药弹诸物,多寡不等。装时先以诸物装入,末用大弹压口,是名蜂窝。"加入了其他各版本中均无的如下内容:"铳器异宜,更以窥远神镜,量其远近而后发。如是器美法备,制巧技精,力省功倍,兵少威强,以是御敌,庶几有可胜之道矣。"不过,该版本仍遗留有其他版本存在的问题,如卷下目录中所列的"循环之法",在正文中仍无踪影。

7. 1936 年收入商务印书馆《丛书集成初编》;该版本系据《海山仙馆丛书》排印。

8. 另有清抄《经武秘要》丛书本《火攻挈要》三卷,题为汤若望授、焦勖纂、赵仲订。包括《火攻挈要》上、下两卷和《火攻秘要》一卷。其《火攻挈要》卷首为1643 年孟夏焦勖《序》,《序》之"甚为执衷者之所欷也"中的"执衷"还未改作"折冲";卷下内容即"《海山仙馆丛书》本"卷中的内容,而且附有"小库"、"药车"、"竖放"、"平度平放"、"五度仰放"、"倒放"、"五度到把"、"三度到把"、"平度到把"等图式。其《火攻秘要》的内容即"《海山仙馆丛书》本"卷下的内容。该版本已经朱笔点校过,不过,抄写者和点校者都不详,抄写的年代也不详。但从书籍的纸张和其保存的状况来看,应该不早于清代[1]。据《中南、西南地区省、市图书馆馆藏古籍稿本提要》载,丛书《经武秘要》未见有刻本。每种子目均钤"沔阳欧阳蟾园珍藏印"。该书在 20 世纪 50 年代归诸湖北省图书馆收藏[2]。

9. 据《中国历代兵书集成》中所收《火攻挈要》前的"按语"知,该书还另有清康熙内府抄本[3]。

10.《增补则克录》咸丰元年(1851)晋江丁氏重刊。桂林王辅坪杨鸿文堂刊

① 许洁、石云里:〈庞迪我、孙元化《日晷图法》初探——兼论牛津本《天问略》中的三种晷仪〉,《自然科学史研究》第 25 卷第 2 期(2006),页 150。

② 兰秀英:〈经武秘要九种三十六卷提要〉,收阳海清(编):《中南、西南地区省、市图书馆馆藏古籍稿本提要》(武昌:华中理工大学出版社,1998),页 203-204。

③ 许保林:《中国兵书通览》(北京:解放军出版社,1990),页 295。

本此书三卷，即《火攻挈要》上、下两卷和《火攻秘要》一卷。后附录丁拱辰的"增补读则克录记略"有《演炮摘要》、《演炮四言古诗》、《用炮总论》和《击敌图》。全书附图88幅。

二、《火攻挈要》的内容与特色

《火攻挈要》全书正文前有《火攻挈要诸器图》40幅。以图文互补，使读者可以一目了然，为该书一大特色。

卷上分"概论火攻总原"、"详察利弊诸原以为改图"、"审量敌情斟酌制器"、"筑砌铸铳台窑图说"、"铸造战攻各铳尺量比例诸法"、"造作铳模诸法"、"下模安心起重运重引重机器图说"、"论料配料炼料说略"、"造炉化铜熔铸图说"、"起心看塘齐口磳塘钻火门诸法"、"制造铳车尺量比例诸法"、"装放大铳应用诸器图说"、"收盖火铳锁箍图说"、"制造各种奇弹图说"、"制造狼机鸟枪说略"、"制造火箭喷筒火罐地雷说略"16节，介绍各种火器的种类和具体的制造方法，列述了造铳、造弹、造铳车、狼机、鸟枪、火箭、喷筒、火罐、地雷等，并述及制造尺量、比例、起重、运重、引重的机器、配料、造料、化铜的方法。卷上篇幅最多，几占全书的三分之二。在开篇"概论火攻总原"中，作者回顾了运用火攻的历史，指出火器使用可以追溯到春秋战国时代的兵家："孙子更变，而用火攻，焚人马、焚粮草、焚辎重、焚府库、焚营寨，谓之五火，更胜于兵器之利多矣。"并且强调了明朝利用火器所形成的优势："我国朝更制有神威发烦，灭虏狼机，三眼快枪等器。置之军中，更觉随时可用，随地可施，以此荡平寇虏，廓清宇内，战阵攻取，所至必克。"[1]这种优势的形成就是因为利用了西洋火炮，文中简述西洋火炮的优点，主张革故鼎新："西洋大铳，其精工坚利，命中致远。猛烈无敌。更胜于诸器百千万倍。若可恃为天下后世镇国之奇技矣。孰意我之奇技，悉为彼有，然则谈火攻者，岂宜拘执往见。概恃为胜者哉。深心兹道者，必更翻然易虑，详察利弊，灼知近来所以不胜之故，默记将来所以致胜之方。"[2]在技术性方面也提供了不少新的兵学知识，如铸造火炮技术方面的"铸造战攻各铳尺量比例诸法"，介绍了大型火炮"混江龙"；铁铸的"战铳"、"飞龙铳"、"象铳"、"喷铳"、"攻铳"、"虎吼铳"、"狮吼铳"、"飞彪铳"和"守铳"等。明代前期的火铳和火炮都无瞄准装置，发射时命中率较低，"装放大铳应用诸器图说"强调要使用铳规，"无论各样大铳，一经此器量称，虽忙迫之际，不唯不致误事，且百发百中，实由此器之妙也"[3]。

① 汤若望(授)、焦勖(纂)：《火攻挈要·序》，页1。
② 同上，页1。
③ 同上，页4-6。

关于炮体铸造,该书《铸造战攻守各铳尺量比例诸法》从三个方面加以阐述,一炮体的长短厚薄一定要按照设计的要求和实际需要进行,各炮之大小尺寸,一般以炮管的口径尺寸为基数,按照一定的比例倍数推算其余部分的尺寸。"西洋铸造大铳,长短大小,厚薄尺量之制,着实慎重,未敢徒恃聪明,创臆妄造,以致误事。必依一定真传,比照度数,推例其法。不以尺存为则,只以铳口空径为则,盖谓各铳异制,尺寸不同之故也。惟铳口空径则是就各铳论,各铳以之比例推算,则无论何铳,亦自无差误矣。"①长短不同的西铳是应对着不同的战况,"若敌人屯营远窥,必藉长战铳远击,以乱其营,使彼不甘久停,若蚁聚蜂拥,逼临城下,又必藉大象铳以为击宽毙众之计,若高筑台,负固对击,则更必藉火铳攻铳,以为摧坚之用总之,远近宽窄,随宜酌用,变化在人,又岂可拘泥名色,而自误实用之功效哉!"②铸造炮体要注意的还有选料,在《论料配料炼料说略》一节中写道:"凡铸大铳,必先慎用铳之质体,犹人之肌体也,肌体不固则人必患病,质体不坚,则铳必受伤。铁质粗疏,兼杂土性,若以生铸,必难保全,必着实烧煮,化去土性,追尽铁屎,炼成熟铁。打造庶得坚固,铜质精坚,具有银气,但出矿之际,人必取去其银,而反参益以铅,则铜质亦转粗疏,恐铳铸成多有炸裂之病,今铸成铜铳,必先将铜炼过,预先看验质体纯杂坚脆若何,如法参兑上好碗锡少许,用寻常炉座,找常法将铜熔成清汁,以锡参入化匀,倾成薄片,或三斤五斤一块,听候烧入大炉铸造"③。炮体铸成后,还要经过起心、看塘、齐口、碻塘、钻火门等诸道工序,"起心"是将模心起去,检验炮膛是否平滑光润;"看塘"是检验炮的质量;"齐口"是将炮阔打磨光滑;"碻塘"是将碻刀安装在转杆之上插入炮膛以使炮膛光滑平实;"钻火门"即钻通火门,《起心看塘齐口碻塘钻火门诸法》记述了上述诸道铸造火炮的工序,如果经过检核,炮体内外皆好"完全光润",则为"宝器",即算合格产品,如果塘[膛]内有深窝漏眼,只能毁去重铸:"西洋本处铸,十得二三者,便称国手,从未有铸百而得百也"④。

卷上"审量敌情斟酌制器"一段阐明了有的放矢地制造和使用火器的道理:"人知攻敌,全恃火器,未知制器,先欲量敌,故制器得法,可以胜敌,则一器可以收数器之功。若制器无法,不能胜敌,则百器不获一器之用。"根据对手的实际情况来制造和选用适当强度的火器,才能"以大胜小,以长胜短,以多胜寡,以精胜粗,以善用胜不善用,则胜斯可必矣"。该书提倡努力仿造西洋火器,"其大者依法广铸各等大铳;小者狼机、鸟机、鸟枪,只此数种,其制亦长短中矩,厚薄适宜。其用能命中致远,坚利猛烈,更以造铸有传,药弹兼精,装放如法,配以精卒利兵,翼以

① 汤若望(授)、焦勖(纂):《火攻挈要》卷上(上海:商务印书馆,1936),页4。
② 汤若望(授)、焦勖(纂):《火攻挈要·序》,页6。
③ 同上,页9-10。
④ 同上,页11。

刚车坚阵,统以智勇良将,以战则克。近有鸟枪短器,百发百中,远有长大诸铳,直击数千里之远,横击千数丈之阔,更有大塘象铳。击宽毙众,惨烈无比,以攻则飞彪自上击下,人民房舍,无不齑碎鳌翻,自下击上,巨郭重墙,莫不掀裂,更有虎唬狮吼,直透坚城,如摧朽物,以守则有台垣异制,铳器异宜,更以窥远神镜,量其远近而后发,如是器美法备,制巧技精,力省功倍,兵少威强,以是御敌,庶几有可胜之道矣"①。

卷中分"提硝提磺用炭诸法"、"配合火药分两比例制造晒晾等法"、"收贮火药库藏图说"、"火攻诸药性情利用须知"、"火攻佐助诸色方药"、"火攻佐助方药附余"、"本营自卫方药"、"试放新铳说略"、"装放各铳竖平仰倒法式"、"试放各铳高低远近注记准则法"、"各铳发弹高低远近步数约略"、"教习装放次第及凉铳诸法"、"运铳上台上山下山诸法"、"火攻要略附余"、"火攻根本总说"等 15 节,卷中主要是关于西铳的辅助配套装置的制造工艺、性能和使用方法;如弹药制造、铳规、铳垫、药楸、铳扫、药撞、起刮铳杖、转弹铁杖、钳火绳杖、火绳等。《火攻挈要》中相当简明的记载有关铳规的规格和用法:"铳规,以铜为之,其状如覆矩,阔四分,厚一分,股长一尺,勾长一寸五分。以勾股所交为心,用四分规之一规,分十二度,中垂权线以取准则。临放之时,以柄插入铳口,看权现值某度上,则知弹所到之地步矣!"黄一农指出这即说明使用铳规时,乃将其长柄插入炮口,如此即可经由所垂的权线,在弧上读出炮管的仰角。至于铳规的弧长,实际上要较四分之一圆弧稍大,此因大铳在居高临下发射时,炮身往往会低于水平线所致,这在《火攻挈要》书首的插图中,均可明显看到。在《试放各铳高低远近注记准则法》一节中详细说明各炮在铸成后应如何使用铳规校准。由于当时铸造的品质尚不十分稳定,即使是在欧洲,铸十铳能得二、三铳可用者,便称高手。故当新铳铸成后,必须先经过一道道繁复的测试过程,以确定炮身不易炸裂。随后,即取空册一本,将各铳分定等级,并挨次编立字号。次依平常的弹药用量填装试射,注记炮身仰角从水平至 45 度,每次调高 7.5 度弹着之靶的步数。待全部测试完成后,即照册上的记载,将不同仰角的射程以暗号刻记于各铳之上,以便司铳者随时参照。此条中并建议将注记各铳射程测定表的册子,分造 3 本,一存铸铳官留底,一存帅府备查,一存将领处以为教练之用。由于各铳的性能不一,故各铳在不同仰角的射程均需抄写成小帖,交司铳的军士熟记。对城池上所配置用于防守的大铳,更得将城外各重要路口或桥梁相应的度数,以暗号详注在小帖之上②。

炮弹的质量是火炮是否具有杀伤威力的最重要的配件,而炮弹优劣又决定于弹药。"配合火药分两比例制造晒晾等法"一节指出:"药既捣久,离自猛烈,不必

---

① 汤若望(授)、焦勖(纂):《火攻挈要·序》,页2—3。

② 黄一农:〈红夷大炮与明清战争:以火炮测准技术之演变为例〉,页43。

成珠亦可，殊未知诸凡物理，精微莫测。昔西国一兵，偶尔放铳，发弹不及数步，且声亦不响，再过数时放之，铳又炸矣。究其药原系美药，火门装法，仍皆照旧，诸人莫解，铳师亦莫测其故，及再四推度，索彼原药，仔细详看，乃知此弊。原因军人带药，奔走摇晃，以致炭质本轻，渐浮于上，磺质本重，渐沉于下，所以先放无力而不响者，以炭多故也。后放而铳炸者，以磺多故也"。"收贮火药库藏图说"则讨论火药的贮藏问题，特别强调要避火防潮，必须选择空闲高爽之地，并要求派人员严加看管。"且日间禁绝闲人出入，违者即以奸细论罪，官府入库，跟伴不得私窥库门。其守库军卒，务择土著熟人，仍互相保结，连坐赏罚，以示鼓励，断不可妄用生人，以防奸细"①。

　　火炮的使用也是卷中的重要内容，"试放新铳说略"一节写道："西洋铸铳之法，虽是详备，但以各处铜铁，质体之精粗不等，低界水土之燥湿不同，以致铸时，难保必成，即虽彼处，亦必万分加慎，于铸成之铳，外貌倘似完固，而内体或有疏瑕，以致试放而或炸裂者多矣。是以试放新铳，无论大小，一概宜加谨慎，防备炸裂，其极大者，用巨木三根，入土丈余，夹铳而固扎之；中者用小车照常架于车上，先用半药烘一两次，再用常药常弹试放二三次，然后加倍弹倍药，点放数旬，完固无变，则永无炸弊，斯为实用之利器也。"②对于试验完毕后的新炮，还需要确定其俯仰角以保证大炮命中致远，该书卷中"各铳发弹高低远近步数约略"一节则讨论相关问题。"装放各铳竖平仰倒法式"则介绍了西洋射击火器弹道学的研究成果，装放铳炮的平、仰、倒等不同法式；"试放各铳高低远近注记准则法"明确指出了"炮表"的作用："凡各等大铳，既经试放无失，必先分定各等次第，挨次编立字号，预造空册一本，将各字号，挨次登记，如某等某字某号铳一位，依法照常弹药，用平度试放，看准本弹所到之靶多少步数，照数注记本铳之下；又照常弹药，用高一度试放，看准本弹所到之靶，多少步数，又照数注记。如此依法照前，自平度试起，以渐试至六度，而照数注准，及各铳试准注完，即照册上原号原数，挨次刻记暗号于各铳之上，以便司铳者临用之际，量敌远近，以为击放之高下也"③。欧洲火炮都配有炮车，"运铳上台上山下山诸法"一节指出："俗谓西洋或铳虽精，但恐沉重，不便行动，殊不知西法每铳必配有铳车，其制作坚利活便，可以任意奔驰，即升高渡险，亦另有起引之法，可以运重为轻，而不致阻滞也"④。由于炮弹的材质（以铅、铁、石为主）常受制于环境而无法划一，司铳者为求能以最经济的火药量将炮弹击出，并尽可能减少发射时的后座力，故对较轻的炮弹，往往装填以较少的火药，以使炮弹

① 汤若望（授）、焦勖（纂）：《火攻挈要·序》，页24-27。
② 同上，页34-35。
③ 同上，页36。
④ 同上，页40。

离开炮管的初速维持定值,如此,各炮在新铸之初所做的射程测定表,即无需因所用炮弹的不同而作任何调整。为帮助司铳者判断不同材质的圆弹所应填装的火药量,16世纪欧洲的火炮制造者即在铳规上刻有相应的比例尺,让炮手无需复杂的计算,就可简便地估计装药量。《火攻挈要》一书中曾叙及此种铳尺曰:"其权弹用药之法,则以铳规柄画铅、铁、石三样不等分度数,以量口铳若干大,则知弹有若干重,应用火药若干分两。但铁轻于铅,石又轻于铁,三者虽殊,柄上俱有定法。无论各样大铳,一经此器量算,虽忙迫之际,不惟不致误事,且百发百中,实由此器之妙也"。由此可知在每门大铳所附的铳规长柄上,大多刻画有铳尺。中国军队使用过的铳规和铳尺,现似已无实物留存,而欧洲现存的此类火炮用附件亦不多。黄一农在意大利佛罗伦萨科学史博物馆的藏品目录中,见到一个数学工具箱,其内即有一具1688年意大利制的铳规,长柄约合31.5cm,此与《火攻挈要》中所称铳规"股长一尺(约31cm)"的记载相近,柄上可见一条标明为Ferro(铁)的非线性间距尺,从0至120间,每隔5个单位有一刻划,其中在0—25之间,更每隔一个单位即有一细刻画。至于在长柄的另一面,也有注明为Pietra(石)和Piombo(铅)的两条非线性尺,刻画分别在0—36及0—100间[①]。

装置和运铳技术如"提硝提磺用炭诸法"主要讲述制造火药的种类、配方,介绍了两种提纯硝、磺的具体方法,一是牛油、麻油并用法;二是水、油并用法;"配合火药分两比例及制造晒晾等法"详细介绍配料和碾细的工艺流程。卷中的最后部分"火攻根本总说",既强调战争中火炮的重要作用,同时也指出战争中人的决定性因素,提出了关于人与武器关系的辩证思考。

卷下分"攻铳说略"、"鳌翻说略"、"模窑避湿"、"木模易出"、"泥模须干"、"模心易出"、"兑铜分两"、"炉底避湿"、"化铜防滞"、"设棚避风"、"炉池比例"、"铳身比例"、"修补铳底"、"修整湾铳"、"弹药比例"、"弹铳相宜"、"弹制说略"、"制弹说略"、"装弹机宜"、"装药比例"、"药性说略"、"远近之节"、"众寡之用"、"宽窄之宜"、"循环之法"、"救卫之备"、"斩将说略"、"击零说略"、"扫众说略"、"惊远说略"、"惊近说略"、"攻城说略"、"守城说略"、"水战说略"、"火攻纪余"、"火攻问难"、"火攻索要"、"火攻慎传"、"火攻需备"、"火攻需资"、"火攻推本"、"归源总说"共42小节,讨论火攻秘要、铸炮应防止的诸种弊端,守城、海战、炮战等种种注意事项。卷下专门阐述西铳火攻在攻城摧坚、守城防卫和战船水战方面的"机秘"。"攻城说略"一节称:"凡攻坚城,先必远驻五六十里之外,俟夜半之际,多方虚击,令其仓惶,徐察稍瑕之处,暗用筐土活城之法。架设大小攻铳,先以中弹推倒城垛,使守卒不能存站,此凿弹破其城砖,末以虎狮唬吼大圆弹,攻其墙

---

① 黄一农:〈红夷大炮与明清战争:以火炮测准技术之演变为例〉,页48。

心,如扇轴派拱攒集而击,城虽坚固,未有不立破也,又有以飞彪巨铳,满装大小弹物,从外飞击,城中房舍,无不摧裂,更有鳌翻挖洞,穿入城底,实药千万余斤,掀揭巨城,如纸飞空,此皆西洋攻城最猛之技,全恃火器之功力也。"在"守城说略"一节中指出:"西洋城守所用火攻,无甚奇异。但凡城之突处,必造铳台,其制捏腰三角尖形,比城高六尺,安大铳三门或五门,以便循环迭击,外设象铳,以备近发,设炼弹已御云梯,合上另筑眺台二层,高三丈,上设视远镜,以备了望。且各台远近左右,彼此相救,不惟可顾城脚,抑可顾台脚,是以台可保铳,铳可保城,兵少守固,力省而功巨也。"①"水战说略"称:"西洋水战,所用火攻,虽以大铳为本,亦更以坚厚大船为基,海上战船,大者长六十丈,阔二十丈;中者长四十丈,阔十二丈;小者长二十丈,阔六丈。底用坚大整木合造,底内四围,用铅浇厚尺余,船体分隔上下三层,前后左右,安设大铳数十余门,其弹重五斤起,以至数十斤,其战法专以击船为主,不必击人,先以一人坐于桅斗之上,用远镜窥望,俟敌船将近数里之内,用铳对准击放,不必数弹,敌船里成齑粉,敌兵尽为鱼虾,且更有炼弹横击船桅,如利刀斩草,有喷铳药弹,烧毁船篷,如烧纸片,自古水战之法,技击之强,猛烈无敌,亦称西洋为綦极矣。"②该书卷下"救卫之备"还强调火攻虽烈,但也不能专恃。主张各种兵器要互相配合,"长技与短技间迭而出,兵器与火器互相为助,击法与卫法兼资以用,且更以坚车密阵,刚柔牌盾,连环部伍,长短兵器,远近相救,彼此相卫"③。这样才能确保胜利。该书明确地提出了冷兵器与火器并用条件下的战术特点,并落实到了部队的编制和战术上。而《鳌翻说略》一节是明末中国运用坑道爆破法攻城的经验总结。

该书把火炮区分战铳(野战炮)、攻铳(攻城炮)、守铳(守城炮)三类,这三类火炮,由于用途不同,口径、长度、重量、壁厚之间的比例也不相同。书中涉及西方不少关于冶铸、机械、化学、力学等自然科学方面的知识,如确定了弹重与装填火药量的比例和射角与射程的关系,比如采用铳规测定火炮的射角。这种铳规形同直角三角尺,两直角边称为勾、股,各长一尺左右,勾股相交的直角顶点为规心,两边由四分之一圆环相连,尔后分为12等份,每等份为7.5度,直角顶点悬一垂线,作为测量射角之用。测量时,将一个直角边插入炮筒内,如果炮身与地平行,则垂线与炮筒的中轴线成90度,在这种角度下进行发射称为平射。如果将炮尾下降,则炮口仰起,便改变了火炮的射角。从平射位置算起,射程随着仰角的渐增而渐远。在《中国古代军事三百题》一书中,王兆春文认为,该书虽还没有直接阐述炮弹在空中飞行时,以45度射角的射程为最远的理论,但是其试射数据已敲叩了这

---

① 汤若望(授)、焦勖(纂):《火攻挈要》卷下(上海:商务印书馆,1936),页55。
② 同上,页55-56。
③ 同上,页53。

一理论的大门,其年代仅稍晚于伽利略提出的物体在空中飞行的抛物线定律。该书还在火炮加工(包括检验工艺、补缺、修缮、美化)、维修、保养、附件的研制、炮车的制造、火药的配制,以及火炮的使用等方面,介绍了许多先进的方法①。该书第一次记述了以口径为基数确定火炮各部位的比例数据,使火炮制造有了科学依据,直至清末仍是制造火炮的主要依据。

《火攻挈要》虽然以介绍火药、西洋火炮及各种火器的制造与使用方法为主,但也涉及金属冶炼、机械制造与数理化知识,反映了西方先进火器技术传入中国后,中国火器技术的一个发展概况,是中国古代火器进入一个新的发展阶段的标志。最为可贵的是,该书不仅讨论火器火攻的一般知识,其中还不乏对明朝军队使用火器作战经验教训的总结,特别是该书还包含有焦勖本人的一些独创性的富有辩证法色彩的军事思想。

首先,《火攻挈要》详细比较了同期中西火器的技术特点,强调应引进西洋的先进火器技术。如卷上"概论火攻总原"一节指出,"近来购来西洋大铳,精工坚利,命中致远,猛烈无敌,更胜诸器百千万倍"。"审量敌情斟酌制器"一节指出,中国火器"其大器不过神威发熕,灭虏虎蹲;小器不过三眼快枪。此皆身短,受药不多,放弹不远,且无照准而难中的。铳塘外宽内窄,不圆不净,兼以弹不合口,发弹不迅不直,且无猛力。头重无耳,则转动不活,尾薄体轻,装药太紧,即颠倒炸裂"。今西洋"火器"则"其大者依法广铸各等大铳,小者狼机、鸟机、鸟枪。只此数种,其制亦长短中矩,厚薄适宜,其用能命中致远,坚利猛烈,更以造铸有传,药弹兼精,装放如法,配以精卒利兵,翼以刚车坚阵,统以智勇良将,以战则克。近有鸟枪短器,百发可以百中,远有长大诸铳,直击数千里之远,横击数千丈之阔"②。火药配制方面,中国造药缺乏技术标准,"不谙分两轻重之术,配合研捣之功,不能摧坚破锐,及损枪坏铳及收凉失事,而延祸极惨"。而西洋火药"迅速猛烈,燃之手心不热,纸上不焦及不致损枪法"。在发射技术上,中国"不谙远近之宜,多寡之用,循环之术。或失期妄发,贼至而反致缺误;或发而不继,乘间而冲突而人;或仓皇失火,未战而本营自乱。西洋分仰、平、倒三法,而知弹所到之远近,更辅之以窥远神镜,百发可以命中"。引进西方先进的火器技术,可以大大改进中国古代一些火器的形制,从而提高了火器的某些性能。如《火攻挈要》卷上"铸造战攻各铳尺量比例诸法"强调铸造火炮时应该吸取西方制炮的优点,制造时以口径大小按比例推算出炮身各部位的大小。指出火炮的各部位的"长短大小,厚薄尺量之制,着实慎重",皆"必依一定真传,比照度数,推例其法,不以尺寸为则,只以铳口空径为则,

---

① 空军政治学院《中国古代军事三百题》编委会(编):《中国古代军事三百题》(上海:上海古籍出版社,1989),页416-418。

② 汤若望(授)、焦勖(纂):《火攻挈要·序》,页3。

盖谓各铳异制,尺寸不同之故也。惟铳口空径,则是就各铳论,各铳以之比例推算,则无论何铳,亦自无差误矣"①。以使铸造出来的火炮的长短、大小和炮膛壁厚等各部位的比例,都十分科学精密,从而使火炮的抗膛压强度等诸多方面的技术性能大为提高。清代铸造的金龙炮、神威将军炮、严威炮、制胜将军炮等等,都是采用这种铸造技术制造的②。火炮在晚明是西方先进文化的最直观的代表,其在军事上的威力是有目共睹的。徐光启曾指出:"臣窃见东事以来,可以克敌制胜者,独有神威大炮一器而已。一见于宁远之歼夷,再见于京都之固守,三见于涿州之阻截,所以然者,为其及远命中也。"因此极力主张在火炮制造上"尽用西术,乃能胜之"③。明末中国在火器制造方面已经开始落后于西方,但当时中国人未必认识到这一点,而《火攻挈要》通过中西火器技术特点的比较,指出了中国引进西方火器制造技术的必要性。该书对于国人认识西方技术优势,从而在接受西学的过程中从接受火器制造这一技术层面开始,一步一步走向更深层次的对西学的认识,具有积极的意义。

其次,《火攻挈要》不仅是一部明代火器制造和使用的总结性著述,也是编译者军事思想和军事理论的一次比较系统的表述。编译者总结了明军在火器使用上徒有其名,不能以火攻破敌的四条原因:一是将疲兵骄,不计实用;二是铸铳无法;三是造药无法;四是装运无法。针对这四种原因提出了去弊存利的六条原则:一、铸铳,必想方设法使之远而猛,疾而准;使铳身不动,无横颠倒坐,及炸裂等弊;分战攻守,三等铳身上下长短厚薄,无不合宜;使子铳和母铳,大小长短无不合法。二、造药,一定要使之迅速而猛烈;使燃之手心不热,纸上不焦,及不致损伤枪炮。三、收药,一定要使之可以过夏不潮;使久贮而永无疏失之病。四、装放,必懂得分仰、平、倒三法,而知弹所到之远近;如何用铅铁石弹,与何铳相宜;如何使击放宽大,而杀贼多;如何使循环迭出,而炮不绝;如何令击放终日,而无失火之虞;如何使热炮即冷,可以复装。五、用铳,一定要懂得如何运重为轻,可以疾趋;转动机活,可以迎凑;如何可以升高渡隘,不致阻滞。六、临阵。一定要掌握如何击虏之零贼,如何击虏之全军,如何备虏之迭进,如何取虏之主将,如何使火器不放,而虏骑亦不敢冲突我营。

第三,该书不仅是一部讲述火器制造知识和技术使用的书,而且也是一部包含有编译者朴素辩证法思想的军事著述。该书一改同时代军事著述中"阴阳五行

---

① 汤若望(授)、焦勖(纂):《火攻挈要·序》,页4。
② 刘旭:《中国古代火药火器史》,页261。
③ 徐光启:〈西洋神器既见其益宜尽其用疏〉,录自王重民(辑校):《徐光启集》(上海:上海古籍出版社,1984),卷6,页288-289。

化生"和"君臣佐使"的学说①,非常强调人在战争胜负中所占的决定性因素。所谓"宝剑必付烈士,奇方必须良医。则庶几运用有法,斯可以得器之济,得方之效矣"。该书卷中"火攻根本总说"列举了当时一些战例,指出在学习西洋的火攻者中,有的效果显著,有的却不能自守,反以资敌。如登州西炮甚多,但徒付之人,反以攻我:"崇祯四年,某中丞令西洋十三人,救援皮岛,殄敌万余,是其猛烈无敌,着奇捷之效者此也。及辽阳、广陵、济南等处,俱有西铳,不能自守,反以资敌。登州西铳甚多,徒付之人,而反以之攻我。昨救松锦之师,西铳不下数十门,亦尽为敌有矣。"②所谓"崇祯四年某中丞令西洋十三人"之事是指崇祯四年(1631)五月时,任登莱巡抚的孙元化(1581—1632)部属张焘和支持明朝政府的葡萄牙统领公沙的西劳(Concalves Teixeira,?—1632)等 13 名炮手,在皮岛战役中"用辽船架西洋神炮,冲击正面,令各官尽以三眼鸟枪、骑架三板唬船,四面攻打",使后金"虏阵披靡,死伤甚众"③。"及辽阳、广陵、济南等处,俱有西铳,不能自守,反以资敌。登州西铳甚多,徒付之人,而反以之攻我"一段说的是崇祯四年(1631)八月,孙元化遣部属孔有德、耿仲明率装备有澳门引进的西洋火炮和几十名葡萄牙炮手的炮队前往救援大凌河,兵至吴桥因粮饷匮乏,结果发生哗变,结果孔有德率领配备红夷大炮的叛军"对城攻打,准如设的",造成山东"残破几百里,杀人盈十余万"。1632年攻陷登州,孙元化、张焘和王徵等逃亡北京,受朝野指责,孙、张被处死,王徵被遣戍。孔有德缴获西洋大炮20余门、中型火炮300多门。结果这些火炮成了孔有德投降皇太极邀功进身的筹码。"昨救松锦之师,西铳不下数十门,亦尽为敌有矣",说的是崇德五年(1640)四月,皇太极率军进围锦州,孔有德的炮兵击毁了锦州周围的台堡,明军困守孤城,双方都使用了红夷大炮。1641 年 4 月皇太极亲率骑兵围困松山、锦州,在攻战中充分发挥了火炮的威力,连续轰击锦州、松山、塔山和杏山等明军在松锦防线上的要塞城堡,取得了松锦战役的全面胜利。明军在这场松锦战役中丢失了 3 683 门火炮,包括 16 门红夷大炮,1 519 支火枪。在火器数量上,后金此时已经超过了明朝④。《火攻挈要》通过对上述战例的分析,指出:"深可叹者,同一铳法,彼何历建奇勋,此何屡见败绩。是岂铳法之不善乎,抑以用

① 这些理论散见于 1556 年戚继光的《纪效新书》、1579 年赵士桢的《神器谱》、1621 年茅元仪的《武备志》等书中。参见刘鸿亮:〈明清时期红夷大炮的兴衰与两朝西洋火器发展比较〉,《社会科学》2005 年第 12 期(2005),页 87。

② 汤若望(授)、焦勖(纂):《火攻挈要·序》,页 42-43。

③ 国立中央研究院历史语言研究所(编):〈兵部题行稿簿〉,《明清史料》乙编(上海:商务印书馆,1936)。

④ 《火攻挈要》卷上"审量敌情斟酌制器"称:"今之大敌,莫患于彼之人壮马泼,箭利弓强,既已胜我多矣。且近来火器又足与我相当,此时此际,自非更得迅利猛烈,万全精技。……目前火器,所贵西洋大铳,则敌不但有,而今且广有矣。"(汤若望(授)、焦勖(纂):《火攻挈要·序》,页 2—3)参见刘鸿亮:〈明清时期红夷大炮的兴衰与两朝西洋火器发展比较〉,页 90。

法之不善耳。总之,根本至要,盖在智谋良将,平日博选秒年将士,久练精艺,胆壮心齐,审机应变,如法施用,则自能战胜守固而攻克矣。不则,徒空有其器,空存其法,而付托不得其人,是犹以太阿利器而付婴孩之手,未有不反资敌而自取死耳"①。对比恩格斯所言"赢得战斗胜利的是人而不是枪"②的至理名言,真有异曲同工之妙。可见该书编译者不仅重视战争中的物质因素,同时也重视其中的精神因素,且将人的因素放到火炮之上,对"战争中人是决定性的要素"这一条有着非常明确的认识。侯外庐主编的《中国思想通史》认为该书中重视人的因素的军事思想在当时未得到重视③。

三、晚清火炮技术的发展与《火攻挈要》的新解读

火器技术的发展不是孤立的,其改进、生产和使用都离不开科学理论的支持,明清两代没有建立起火器制造和使用上的理论与实验技术两者之间的密切结合。明朝长期视西铳火炮为秘器,不肯轻泄。按照明制规定,火器只能由内府制造。《明史·职官志一》"工部条"载:"牌符、火器,铸于内府,禁其以法式泄于外"④。《明史·兵志四》"火器条"载:"宣德五年敕宣府总兵官谭广:'神铳,国家所重。在边墩堡,量给以壮军威,勿轻给'。正统六年,边将黄真、杨洪立神铳局于宣府独石。帝以火器外造,恐传习漏泄,敕止之。"⑤曹飞亦说:"(神机)库曰神机,言不轻泄也。"⑥因此明廷一直坚持永乐以来禁止民间进行火器研制的政策⑦,就连跟西洋人学习火器制造的徐光启在崇祯三年正月初二日的疏中也认为:"西洋铳造法,关系甚大,恐为奸细所窥,若造于京师,尤宜慎密。若欲价廉工省,则可造于山西南直等处,亦须付托得人,加意防范耳。"他还认为"大铳一发数里,又能命中,然利害甚大,不宜浪发。一切装放皆有秘传,如视远则用远镜,量度则用度板,未可易

① 汤若望(授)、焦勖(纂):《火攻挈要·序》,页42-43;参见刘旭:《中国古代火药火器史》,页260-261。
② 马克思、恩格斯(著)、中共中央马克思恩格斯列宁斯大林著作编译局(译):《马克思恩格斯全集》(北京:人民出版社,1963),第15卷,页232。
③ 侯外庐(编):《中国思想通史》(北京:人民出版社,1960),第四卷(下),页1260。
④ 《明史》卷72《职官志一》,《二十五史》第10册(上海:上海古籍出版社、上海书店,1986),页1761。
⑤ 《明史》卷92《兵志四》,同上,页2264。
⑥ 魏士前(选)、王元桂(校)、黄奇士(订)、曹飞(辑):《火攻纪要·火攻总叙》,收曹飞(辑):《火攻阵法》1623年刻本,页2。
⑦ 宋海龙:〈论哲学思想对技术创新的影响——以明代中期以后中西方火药、火器理论及技术的发展为例〉,《哈尔滨工业大学学报(社会科学版)》2005年第6期(2005年11月),页9。

学,亦不宜使人人能之。所谓国之利器,不可示人也"①。不仅严禁火器的民间研究,甚至在采用西方铳炮时朝廷也有所保留,以至于发生了像明末杰出的火器研制家薄玉,经人推荐给朝廷后却受到冷遇,最终贫困而死的事情。清朝虽然也提倡武功,但一方面满清政府长期崇尚"骑射为满洲之根本"的祖训,规定营中兵丁"不可专习鸟枪而废弓矢";一方面仍然坚守明朝政府不允许民间进行火器制造术的研制,将火器生产禁锢在深宫之中。因此,直至鸦片战争前,火器制造技术没有得到充分的发展②。政府还对前代兵书多方禁毁。据不完全统计,明代共有兵书1 023部,10 716卷,而《四库全书》仅收录5种55卷,仅占明代兵书的千分之五③。清初虽因借重南怀仁等西方耶稣会士之力,而在制炮方面颇有进展,但随着三藩之乱的平息和台湾郑氏政权的败亡,清廷对火炮的重视也开始减弱。曾经著录或现仍留存的兵书中,在康熙末年至嘉庆朝的150多年间,竟未见任何讨论火炮的专门书籍出版④。这一状况是在鸦片战争时期才得以改观。

鸦片战争在军事上的失败给国人以刺激,并引发了对于西方兵械火器知识的兴趣。1840至1860年间研讨西洋火器及自创新法者,包括造枪炮者7种,其作者有丁拱辰、龚振麟(2种)、汪仲洋、梁章钜(2种)、西拉本等。造地雷、水雷、炸弹者6种,其作者有黄冕(2种)、丁守存、潘仕成、林则徐、高邦哲等。造炮台者2种,其作者为黄冕、叶世槐等。造火药者2种,其作者为丁守存、陈阶平等。讨论一般火器攻防者5种,其作者有金应麟、张焕元、俞昌会、许乃济、祁元辅等,共计达22种⑤。《火攻挈要》也是在鸦片战争前后外患日益严重的情况下,再度受到中国知

---

① 徐光启:〈丑虏暂东绸缪宜亟谨述初言以备战守疏〉(1630 年 2 月 13 日),录自王重民(辑校):《徐光启集》,卷 6,页 284-286。黄一农认为:火炮瞄准技术之所以在中国未能普及,其原因十分复杂,与其被当成重要军事机密有关。明清鼎革之际,受到外在环境的影响,军事学著述的出版颇为蓬勃,当时较重要的火炮学专著,几乎全出自极少数拥有外语能力以传递西方火器知识的天主教人士之手,而中国籍的奉教士大夫也积极著书立说,突显洋炮的威力,以吸引统治者的注意,并进而提升西学和西教的地位。由于天主教人士视前述可提高火炮发射精度的配件为秘学,故为维持影响力且避免被敌人窃得相关知识,往往在其著述中的一些关键之处(如铳尺的刻划和用法等),有意地绘图粗略或含混不详。亦即火炮的瞄准技术或主要靠师徒间的口耳相传,在缺乏详细文字解说的情形下,无怪乎许多技术稍后即渐次失传。参见黄一农:〈红夷大炮与明清战争:以火炮测准技术之演变为例〉,页 62。
② 《中国军事史》编写组:《中国军事史》第一卷"兵器"(北京:解放军出版社,1994),页 334;王兆春:《中国火器史》(北京:军事科学出版社,1991),页 281。
③ 许保林:《中国兵书通览》,页 74。
④ 黄一农:〈红夷大炮与明清战争:以火炮测准技术之演变为例〉,页 66。
⑤ 王尔敏:《中国近代思想史论》(北京:社会科学文献出版社,2003),页 5-6。

识分子的重视。光绪七年(1881 年)孟春洪士伟在为黄胜[1]和王韬译著的《火器略说》所作叙中指出："中国兵书向来鲜详"火炮制造和运用的方法,直至"泰西博士汤若望著《火攻挈要》、《秘要》两卷,焦勖葺而梓之,名为《则克录》,而铸炮法式乃粲然详备"[2]。《火攻挈要》不仅从根本上改变了清代民间无法了解火器或炮铳制造技术的状况,而且使这些明末传入的先进西方火炮制造技术,能够通过民间的翻刻与流传,在鸦片战后得到火器专家的重视和利用,有效地促进了西方火器制造技术从晚明到晚清的知识转移。

1841 年林则徐从广东来浙江积极备战,曾携带《火攻挈要》赴沿海一带察形势、观演炮、铸炮、设防。林则徐还未到镇海时,两江总督裕谦就采取"以守为战"、"以御为剿"的战略方针,全面安排,积极布防。当时镇海炮局创建不久,资料缺乏,技术水平不高,仅能铸制一些中小型火炮。虽然已试制成功 4 个大型火炮铁模,但膛口过小,不能多放火药和子弹,威力不大。而福建方面请来的炮匠所制铁炮与浙江炮匠所制铁炮又有不同,加之浙、闽炮匠铸炮方法不同、器具不一,不能同炉共铸,制造精良大炮还有一定的困难。林则徐极为关心铸炮之事,到镇海后的第一天就主动与刘韵珂、余步云等赴炮局,共商铸炮之事。他把从广州带来的炮书《焦氏炮书》交给炮局,以资参考。这部炮书即论铸炮之法皆是西法的《火攻挈要》。这对苦于缺乏技术资料的镇海炮局,无疑是一次极大的帮助。林则徐除把《焦氏炮书》献给当地炮局以外,还积极留心搜集各种制炮资料,并在镇海和一些通达时务、明了军事兵器的人士往返讨论,如冯登原、汪仲洋、龚振麟等,互相启发。林则徐在流放新疆途中和复职以后,一直没有中断火炮制造技术的研究,在扬州停留期间,还把铸法炼法与外国相同的《炮书》刊刻传播,以供制炮工场使用。据说该《炮书》就是《火攻挈要》[3]。浙江余姚县知县汪仲洋在《铸炮说》中也写道:自己读了林则徐来浙江带给他"前明焦最[勖]所葺泰西汤若望造炮之法,分《火攻挈要》、《秘要》二卷,总名之曰《则克录》。其论筑台、砌窑、造模诸法,似不若中国较为简便,但以炮模干透为主。而其确不可易者,如铸铳分战、攻、守三等,铳身之上下长短厚薄,各有所宜"[4],并大段引用《火攻挈要》内容。汪氏还称自己"得此书后,与龚县丞互相起[启]发,颇得神器三昧,用夷炮推放斤两尺寸,按原炮加一

---

① 黄胜,又名达权(Wong Shing, 1825—1902),是 19 世纪 40 年代中国最早的留学生之一,系中国近代报业的先驱者,也是近代中国较早从事西方火器著述翻译的学者。译有《西洋火器略说》(抄本),后经王韬润饰增补的《火器略说》,李约瑟等误作"王达权"。参见李约瑟:《中国科学技术史》第五卷"化学及相关技术"第七分册"军事技术:火药的史诗",页 26 注释 3。参见邹振环:〈黄胜及其《火器略说》〉,《珠海、澳门与近代中西文化交流》(北京:社会科学文献出版社,2010),页 54-73。

② 洪士伟:〈《火器略说》叙〉,王韬(著)、黄达权(译):《火器略说》光绪七年(1881 年)"弢园丛书"本。

③ 施渡桥:《中国近代军事思想史》(北京:国防大学出版社,2000),页 64。

④ 汪仲洋:《铸炮说》,录自魏源(撰)、陈华等(校注):《海国图志》(长沙:岳麓书社,1998),卷 87,页 2053。

倍,自二、三、四倍,以至九倍,均可照算"①。

　　龚振麟(1796—1820),江苏长洲(今江苏吴县)人。长洲县监生,有革新思想,好研习西学,对西方的算学、火器有相当研究。道光十九年(1839)任浙江省嘉兴县县丞。鸦片战争爆发后,"素有巧思"的浙江嘉兴县县丞龚振麟被两江总督裕谦派调"甬东从事",在宁波他看见"逆帆林立,中有船以筒贮火,以轮击水,测沙线,探形势,为各船向导出没波涛"。火炮是对付敌舰的利器,为前线急需,在"遂鸠工制成小式而试于湖"的同时,龚振麟还受命赶制火炮。同时"少穆林公来浙,与中丞筹划以炮架旧式重滞仅能直击,询及刍荛",几经试验,终于发明了铁模铸炮法②。铁模铸炮法是以铁为模,铸炮时,先将铁模的每瓣内侧刷上两层浆液。第一层浆液是用细稻壳灰和细沙泥制成的;第二层浆液是用上等极细窑煤调水制成的。然后,两瓣相合,用铁箍箍紧、烘热,节节相续,最后浇铸金属熔液。待浇足熔液,冷却成型以后,即刻按模瓣次序剥去铁模,如剥掉笋壳一样,逐渐露出炮身,再剔除炮心内的泥胚胎,膛内自然光滑。同传统泥模铸炮相比,铁模铸炮的优越性在于:工艺简便易行,节省模具原料,不受气候条件限制,缩短制造周期,降低生产成本,尤其是解决了不出蜂窝的难题,提高了火炮铸造质量。同仁们称赞说:"其法至简,其用最便,一工收数百工之利,一炮省数十倍之资。且旋铸旋出,不延时日,无瑕无疵,自然光滑,事半功倍,利用无穷,辟众论之导轨,开千古之法门,其有神于国家武备者,岂浅鲜哉!"龚振麟总结铸炮经验,撰写出《铸炮铁模图说》,分送中国沿海各军营,加以推广。他在《铸炮铁模图说》中称:"泰西汤若望《火攻挈要》、《秘要》两卷,专讲炮法,颇为详备。"③他对《火攻挈要》之重视还表现在他所著专门讨论火炮测准技术的《演炮图说》一书中。该书主要讨论演炮方法等,书中序言称"我朝火攻之锐远愈前代,京师设火器专营,出奇制胜运用如神"。龚振麟称自己"师承"黄中丞旨意,"以五人共司一炮",分别负责"火龙鞭"、"门药"、"�帚"、"药袋"和"大弹子"。全书附录"炮队陈列图"、"止齐步伍图"、"先�膛步伍图"、"送药步伍图"、"进弹步伍图"、"塞麻球步伍图"、"发火步伍图"、"迟换炮位进退图"、"随炮什物分图"等。后附"装演大炮并立靶取准诀"、"炮规说"、"求中线差高度(附弹起加高补坠说)"。在"炮规说"一节中,龚氏认为《则克录》在关于炮规方面有论述,且"试之信然",自己"因详其略"④。

　　而道光辛丑(1841)"英夷不恭",军火科学家丁拱辰也著有一部同名的《演炮

① 汪仲洋:《铸炮说》,卷87,页2055。
② 龚振麟:《铁模图说·记》,《铁模图说 火箭摇车图说》,该书无牌记,序言写于道光二十二年(1942)。
③ 龚振麟:《铸炮铁模图说》,录自魏源(撰)、陈华等(校注):《海国图志》,卷86,页2033。
④ 龚振麟:《演炮图说》,页17。该版藏国家图书馆,无牌记。

图说》①。丁拱辰(1800—1875)，又名君轸，字淑原，号星南，出生于福建晋江县陈
埭乡的一个回族家庭。11 岁因家贫辍学，从事耕牧，仍坚持自学。少年时对天文、
历算之学很感兴趣，"少如私塾，即通三角八线之法"，勇于实践创造，曾自制"日晷
验星之仪"以观时辰。家道稍有好转，父亲便为他捐买一个"监生"虚衔。17 岁
"弃儒就贾"，先随父到浙东经商，20 岁时父亲病逝，随堂叔丁杜贤到广东经商。
道光十一年(1831)，丁拱辰随海船出国经商谋生，"涉海外诸邦"，先后到吕宋(菲
律宾)、波斯和阿拉伯等地，大开眼界。远航沿途，他把自造的象限全周仪进行航
程远近、地势高低、北斗方位的测量，令西洋舟师惊讶赞叹。西方司航人员对之非
常重视和佩服，他们将各自珍藏的有关图书、仪器借给丁拱辰阅读、揣摩。他如饥
似渴地学习西方科技知识，特别"留心炮法，其于各岛炮式船制习闻习见随在殚心
讲求，既复以己意精思推测，用勾股之法参酌度数，不余余力"②。1840 年鸦片战
争爆发，丁拱辰放弃"持筹握算，辄操奇赢"善于经商致富之道而毅然回国。他目
睹了鸦片战争英国侵略者炮火军舰的滋扰猖獗，国家备受侵凌，人民惨遭涂炭之
苦，义愤填膺。他看到由于中国所铸大炮"似未合度"，而且炮法未精，发射炮弹
"多无准"，想通过"师夷之长技以制夷"，发展科技，改善武器，加强海防，重振国
威③。他决心运用历年所学的火炮技术报效祖国，殚精竭虑绘制成铸炮、制弹、演
炮差高和用滑车拉炮、举重等图说，连同测量炮位高低的象限仪一具，呈交前任两
广总督邓廷桢，经邓廷桢转呈驻广东的靖逆将军奕山等人，得到肯定和褒奖。后
经广东军政当局许可，拱辰在广州附近监造火炮、配制弹药。当时广东绅士潘仕
成捐资制造火炮 40 门，又从国外买回一些西洋火炮和弹药，丁拱辰通过观摩比
较，提高制造技术水平，所制重 1 000 至 8 000 斤的大炮，可以利用滑车上下调动和
改变方位，调节射击角度，灵巧坚固，便于操纵。又奉命在燕塘炮局向团练火炮手
传授火炮发射方法。其间丁拱辰对中国古代兵书进行钻研。正是在研究传统兵
书的基础上，他完成了专门讨论火炮测准技术的《演炮图说》，由御史陈庆镛出面，
请精通数学、机械学的山东丁守存、安徽郑复光等人"互相厘订"之后，于道光廿二
年(1842)初自费刊印问世。该书主要讨论演炮方法，并述及火炮铸造、炮台修筑、
火药配方等。由于"原书前因防夷吃紧，亲历训练随时记载，积页而成，因撰述绘
图独力任之，且日夕奔驰殚竭精神，未能一气呵成，觉有重复"。于是根据自己的
实践经验，将"原书各图说加意考核，增减其间，纤巨悉当更正"④。三易其稿，完成

---

① 丁拱辰:〈增补读则克录记略〉,《增补则克录》,晋江丁氏咸丰元年(1851)重刊,桂林王辅坪杨鸿文堂刊
本(下同)。

② 丁拱辰:《演炮图说辑要》陈庆镛序。

③ 郭金彬:〈丁拱辰及其《演炮图说辑要》〉,载《自然辩证法通讯》第 25 卷 2003 年第 3 期,页 79-84。

④ 丁拱辰:〈演炮图说辑要·凡例〉,《演炮图说辑要》,国家图书馆藏抄本。

对《演炮图说》的修订,于道光二十三年(1843)重订成《演炮图说辑要》,再经陈庆镛、郑复光、丁守存等人的校订,由福建泉州府城会文堂洪文品刻板。《演炮图说辑要》共4卷50篇,附有插图百余幅多幅,图说并茂。卷一:演炮差高图说、举重登第各图说、滑车绞架诸器举炮图说;卷二:旋转活动炮架图说、演炮加表考、咪唎喳国炮式图注、佛兰西国炮式图注、佛兰西炮安前后表图说、嗅啫唎国炮式图注、中西炮位较演合众、立靶远近规模、量炮推算中线差高图说、勾股相求算法图说、用象限仪测量演炮高低法、半周仪合参矩尺较坠数图说、矩尺测量高深远近图说、校验炮弹坠数图说、审视相距远近丈尺法、接仗相距丈尺、用炮摘要、测不准之因、攻上击下稍有不同、论(角力)两丈尺。卷三:弹行迟速分秒、助胆良方、照顾炮位炮弹、炮法疑问、战舰炮台互相为用、精制火药法、铸炮弹法、算炮弹重数、铸造炮位图说、配合生铁、炮位尺寸、安炮之法、佛兰西炮台图说、依式变通筑炮台图、筑炮台须有照应图说、安置炮台相距丈尺图说、筑土墩照应炮台、陆战炮车图说、西洋养兵习武、西洋制炮用法、西洋用各式火弹图说。卷四:西洋炮架图注、西洋量天尺图解、西洋战船、西洋火轮车火轮船图说、变通筹备久远之策。

　　《演炮图说辑要》是中国近代史上第一部详细介绍西方军械技术、普及火炮火药常识的专著,对火炮铸造技术的理论作出了新的贡献,认为以铜铸炮,价格昂贵,如能够代之以优质钢材,不但能降低成本,而且质量也有所保障。他指出西洋火炮之所以威力大,发射安全,主要在于火炮各部的尺寸比例合理,药膛的管壁能承受较大的膛压,故无炸裂之虞;炮耳安放的位置得当,故能保证火炮发射时的平稳。他还研制成滑车绞架与举重绞架,大大方便了火炮的移动与装卸。丁拱辰还北还上江苏、上海,为编撰西洋武器著作和研制西洋武器而奔走。他在后来完成的《西洋火炮图说》中,介绍了修正火炮的瞄准误差,用象限仪测定火炮的射角,用勾股弦及三角学测算火炮射程等方法。他参照西洋火药的配制理论所研制的火药,硝、硫、炭的组配比率比较得当,已经接近于欧洲国家通用火药的性能。咸丰、同治年间,丁拱辰经同乡龚显曾推荐,被江苏巡抚李鸿章调到上海襄办军器,研制西洋武器。同治二年(1863),他编著《西洋军火图编》6卷、12万字,附图150幅,被授予广东候补县丞,旋擢为知县,留广东补用,并赏五品花翎。丁拱辰45岁后携眷归里,在陈埭建造居宅,称"还圃"。光绪元年(1875年),拱辰病逝于家乡"还圃"①。

　　丁拱辰在编纂《演炮图说辑要》的过程中,咸丰元年(1851年)他应钦差大臣

① 施渡桥:《中国近代军事思想史》,页65;参见路甬祥主编《中国古代科学技术史纲——技术卷》(沈阳,辽宁教育出版社,1996),页89-90。相关资料还有部分来自网站:http://www.qzt.gov.cn/qzgk/lsrw/200711/t20071119_789.htm。

赛尚阿①之聘,携其侄丁金安到广西桂林,与丁守存等人共同督造各种类型火炮106门,以及火药、火箭、火喷筒、抬枪、鸟枪等火器。又撰写《演炮图说后编》一册二卷,对火炮和各种小型火器的制造操作技术、测量和演练,西洋选将和练兵方法,火药库的制式等,作更详细的说明。他"以粤西多山,路不能用大炮,故自一勐至四五百勐,止求使用也。业经试放有准,续成后编付梓,分发军营,使弁兵易与联系其铸造之法,悉谱前编,号曰新式炮位上加表准,兹前后编合参撮录'演炮摘要'刊附卷末,以便军营古今互用,或有裨补一二耳"②。正是在桂林火器局从事火器制造实践中,他从家心斋处得知有《则克录》一书,而"向来藏书家一二有之,俱是钞本,得者每什袭之。辛丑海氛之时,扬州知府汪公刊刻,始有印本耳。辰于丁未托人往苏州购求,细详雠校,其中专言火器炮法最为详备。其言用制铸以及制造药弹、举重、引重、攻战、守城诸法,无不详述,与辰《演炮图说辑要》所载上下二百余年,语多暗合"③。他通过对《火攻挈要》一书的精心检校,重新增编为《增补则克录》,并于咸丰元年(1851)出版,题为晋江丁氏重刊。在该版封面上特别注明"细详校对已无一字差错"。

《增补则克录》共三卷,丁拱辰在高度评价该书的基础上,对《火攻挈要》有诸多"逐题注明"的逐条批评增补,指出"比较《则克录》一书,已二百余年,虽多奥妙,古今不同,间有得失,不以瑕掩瑜,遂弃全抱,是以逐题批注大略,俾人古今合参,就中择用,不致误事。苟不为注明,执此用之必有误者。因西洋炮法、战法三五年一增修,十年一更订,况于二百余年之久,安能尽合,实难泥古也"④。他对《火攻挈要》的增补修正主要依据自己"亲历演试"的实践经验,指出《则克录》中有不少系"汤氏之错或焦氏误采他书之说",也有"焦氏见闻不确"所导致的结果。如《则克录》"未言中线差高加表准则",而所论弹发远近问题也与丁的发现"殊为迥异"。他对《则克录》卷上增补了16条;对卷中增补了8条,卷下增补了13条,逐一加以批注和正误,所增补的37条主要依据《演炮图说辑要》及其后编二部书中,摘录"要法""附在此中,以便军用。凡量炮、量远俱用此工部尺"⑤。为制造火炮、弹药,如何瞄准发炮等,都提供了新的理论分析⑥。黄一农指出,丁拱辰在其新订刊行的《增补则克录》中论及了铳尺:"欲量铳口配铁弹、铅弹、石弹径若干,计算各弹重几何,绘铁、铅、石三等分寸于铳规之柄,似不便于用。拙作算弹重数内,用营造尺量弹径,如四寸者,作长、阔、高各四寸,自乘得十六寸,再乘得六十四寸,圆折

---

① 赛尚阿(?—875),字鹤汀,蒙古正蓝旗人,姓阿鲁特氏。
② 丁拱辰:《增补则克录》"自跋"。
③ 丁拱辰:《增补则克录》卷下"增"。
④ 同上。
⑤ 丁拱辰:《增补则克录》卷下"附"。
⑥ 丁拱辰:《增补则克录》卷下"增"。

方以五二三六折，得实积三十三寸五分，以每寸方生铁重五两八钱一分，计之得重十二觔（引者按：一觔为十六两）。余可类推，比较便捷耳。"丁氏在前引文中严重误解了铳尺的主要功能，他以为其上的刻划乃用来推算不同材质和不同直径之炮弹的重量，而不知此一设计主要是为了估计应装填的火药量，显见当时有关铳尺的正确用法或已失传①。前述在康熙朝禁教以后相当长的一段期间里，清朝对火炮知识的了解，明显不如晚明，反而有所退步。丁拱辰书中所提及的火炮操作原理和技术，其实均不曾超出明清之际的水平，由其获赏给六品军功顶戴一事，也是例证之一。李鸿章曾仔细阅读过《火攻挈要》和丁氏的论著，认为"中国制炮之书，以汤若望《则克录》及近人丁拱辰《演炮图说》为最详，皆不无浮光掠影，附会臆度之谈，而世皆奉为秘书"②。可见《则克录》一书尽管在火炮制造方面深入不足，但在当时被世人奉为"秘籍"，尤受重视，可见其在晚清火炮技术转移过程中的地位。

正是意识到《火攻挈要》所传送的火炮技术知识需要进一步更新的问题，同治年间王韬在与黄胜合译《火器略说》一书中多处提及该书，但在该书"炮说"一节中王韬强调："明时汤若望著有《火攻挈要》，号曰'则克录'，讲论铸炮之法綦详，当时称为秘传，惜未一用。今其国之所铸皆异欲昔，盖泰西人心思巧捷而善变。岂有二百余年之成法而墨守不一新者哉！故余与平甫所译皆以西国新法为式。"在"置炉"一节中，指出："按置炉之法，我国军营所未讲，而《火攻挈要》言之綦详。是二百年前泰西于格致之学已极讲求，其所筑铸台皆用砖砌土填，务求坚实，里面特开并窑以为安模之用，殊称便捷，炉口亦以铁塞铜汁流出之处，承以溜槽鬎渐放入模内，与此盖大同小异。惟昔时用铜，今则用铁；昔用干柴，今则专用煤（角力）耳，其法有池炉底四围略高，中心微低……"他在重刊所撰的跋中再次强调《火器略说》一书"为火器发轫之始，其说虽略，要皆浅近易知，可取为法。窃谓较诸有明焦勖所著《则克录》，似为过之。倘留心军政者，由此而求之，安见火器之精，不可与西国抗衡耶！此则余所日夕以望之者也"③，希望能在《火攻挈要》的基础上为国人传送西方火器制造技术的新知识。

四、小结

技术知识的转移包括共时性转移和历时性转移两个方面，共时性转移是指技术知识在同一个时空下，从一个地方到另外一个地方的转移，如《火攻挈要》编译过程中对比林古乔《炉火术》的知识借用；或是一个阶层向另一个阶层的转移，如

---

① 黄一农：〈红夷大炮与明清战争：以火炮测准技术之演变为例〉，页65。
② 孙毓棠：《中国近代工业史资料》第一辑（上册）（北京，科学出版社，1957），页261。
③ 王韬：《〈火器略说〉跋》，王韬（著）、黄达权（译）：《火器略说》，光绪七年（1881）"弢园丛书"本。

从官方转移到民间。这种技术知识在地理和地域意义上的转移既可是有意识的行为，也可以是某种其他活动促发的结果，这种转移常常是因为技术人员的流动或技术物品的流传所引发的。而历时性的知识转移是指同一空间下一个技术知识向下一代或下几代的转移，事实上就是知识的传承。这种传承多是有意识的行为，是在新的社会条件和技术条件下对旧有知识的回应和再诠释，这种技术知识的转移所依靠的主要媒介就是图书。明清之际西学知识共时性转移的过程中，火器的制造和使用技术是一个极为重要的事项。梁启超在《中国近三百年学术史》一书中认为："'西学'名目，实自耶稣教会入来所创始。其时所谓'西学'者，除测算天文，测绘地图外，最重要者便是制造火炮。阳玛诺、毕方济等之见重于明末，南怀仁、徐日升等之见重于清初，大半为此。西学中绝，虽有种种原因，但太平时代用不着大炮，最少亦为原因之一。"①

《火攻挈要》则是明代继《西法神机》之后的又一部重要火器专著，且堪称明代火器科学技术的集大成者，对中国古代火器的发展产生过重大的积极影响②。由于明末清初以来，火器知识的转移一直处在受控的状态下，民间火器知识的传承非常有限。因此，直至晚清，《火攻挈要》仍是西方火器知识的重要来源。1841年林则徐从广东来浙江积极备战，曾携带《火攻挈要》赴沿海一带察形势、观演炮、铸炮、设防，并和一些通达时务、明了军事兵器的人士往返讨论、互相启发；丁拱辰在高度评价《则克录》的基础上，对该书有诸多"逐题注明"的批评和逐条增补；1847年潘仕成将《火攻挈要》和《火攻秘要》两书合并为《火攻挈要》，通过《海山仙馆丛书》加以流传；王韬在编译《火器略说》的过程中不断将之与《火攻挈要》相提并论，强调它们的继承关系，并进一步以编译的新材料加以增补。这些事实一方面固然让人慨叹清朝先前在火器知识传承上所出现的断层，同时亦可见晚清学者对于该书所传递的火器知识的重视。

《火攻挈要》不仅仅是一部明代火器制造和使用的总结性著述，该书之重要性还在于编译者通过该书比较系统地表述了自己的军事思想和军事理论，堪称是一部包含有编译者朴素辩证法思想的军事著述。晚清学者对该书的兴趣，固然与其中所介绍的西洋火器制造和使用知识有关，但更重要的，还在于书中所蕴涵的前人丰富的军事辩证法思想。这些超越了技术层面知识的思想和理论，在晚清有着较之一般火器制造和使用的技术知识更有生命力的东西。从晚明至晚清所形成的火器知识转移，反映在《火攻挈要》的知识传承上，不仅仅局限在技术层面增补和递进，还有更深内涵的思想和方法的新解读。

---

① 朱维铮（校注）：《梁启超论清学史二种》（上海：复旦大学出版社，1985），页121。

② 刘旭：《中国古代火药火器史》，页259-260。

第一次鸦片战争中的译者

上篇：中方的译者

王宏志[*]

摘 要：本文旨在探究第一次鸦片战争研究里长期被忽略的一个课题：中英双方所聘用的翻译人员。除分析这些译员的背景、能力和局限外，更尝试展示他们在这场战争中所扮演的不同角色，原因在于他们并不仅是简单地或客观地担任文字转换的工作，尤其是在英国方面的译者，他们所担负的任务远远超过一般的翻译和沟通工作，而是积极地介入实际的战事，且直接参加和负责双方的和平谈判，在整个战争过程中举足轻重。此外，本文又会探究译者在自己的阵营中所受到的不同对待，从而反映出中西政治及文化语境下对译者的不同认知，期望能对鸦片战争有更全面理解之余，更可构成译者研究的重要个案。但由于篇幅关系，先以上篇形式讨论中方的译者。

关键词：译者；鸦片战争；通事；鲍鹏

The Translators/Interpreters
In the First Opium War
Part One: Translators/Interpreters of the Chinese Camp

Lawrence Wang-Chi Wong

Abstract: During their first major hostilities, the Opium War in 1839-1942, the Chinese and British, with such huge cultural and language differences, had to rely heavily on the translators/interpreters for communication. Unfortunately, in the 1830s and 1840s, very few people, Chinese or British, were barely competent in the two languages to serve as translators/interpreters. The British had to recruit the missionaries, who learned the local language when they came to China to preach, while the Chinese reluctantly counted on the compradors and merchants, who had

* 王宏志，工作单位：香港中文大学中国文化研究所翻译研究中心，电邮地址：lwcwong@cuhk.edu.hk。

acquired some broken English through trading with the British in Guangzhou (Canton). During the war, these translators/interpreters played a highly significant role not only for their services in assisting communication between the two countries, but also because many of them, especially those in the British camp, took active part in shaping the course of events. The present paper is an attempt to portray a picture of the multiple roles played by the translators/interpreters of both parties during the war, a highly important topic that has long been neglected. The backgrounds of individual translators/interpreters and the position they enjoyed in their respective camp will also be analyzed to determine the different attitudes towards translators/interpreters in the two cultures. It aims at helping to understand the Opium War better as much as the social and cultural positions of translators/interpreters. There are two parts of the paper, and only the first part, on the translators/interpreters of the Chinese side, is presented in this issue.

Key words: Translation studies; Opium War; the linguists; Bao Peng

一

在中国历史里,1839 至 1842 年的第一次鸦片战争可以说是一桩重大的政治事件,这是古老的中华帝国第一次正面与西方现代国家爆发的战争①。尽管这场战事历时不算很长,但影响是非常深远的。中国在战败后被迫签订不平等条约,割地赔款,更要开放五口通商,在不情不愿的情况下加入国际的大家庭("entrance into the family of nations")②。事实上,在过去的历史论述里,中国就是在经历了第一次鸦片战争后而进入"近代"的阶段,即是说,鸦片战争成为了中国历史分期的标记。

由于这次战争具备了极其重大的历史意义,可想而知,相关的研究成果十分

---

① 在鸦片战争以前,明朝军队曾在 1521 年(明武宗正德十六年)与侵占广东屯门的葡萄牙人开战,即中国历史上中葡屯门海战及中葡西草湾海战。关于西草湾战役,可参金国平:〈1521—1522 年间中葡军事冲突——"西草湾"试考〉,《西力东渐——中葡早期接触追昔》(澳门:澳门基金会,2000),页 1-18;另外,1637 年,一支由约翰·威德尔(John Weddell, 1583—1642)率领的英国武装商船队强行驶进广州,并攻打虎门炮台。但这些只能算是零星的冲突,不是大规模和正式的战争。有关约翰·威德尔这次来华,可参 Hosea B. Morse, *The Chronicles of the East India Company Trading to China, 1635-1834* (Oxford: Clarendon Press, 1929), Vol. I, pp. 14-25.

② Immanuel Hsu C. Y., *China's Entrance into the Family of Nations, The Diplomatic Phase, 1858-1880* (Cambridge, Mass.: Harvard University Press, 1960).

丰硕。事实上,中西方的历史学家曾经从不同的角度去探研鸦片战争,包括政治、军事、经济、以至社会、文学等方面。不过,长久以来还有一个非常重要的课题并没有得到应有的注意:译者在这场战争中所扮演的角色。

很明显,当中、英两国在外交以及军事上有所接触时,双方的沟通必得通过译者来进行。不过,在有关鸦片战争的研究和论述里,翻译问题好像从不存在似的,一直没有人愿意作深入讨论①。这其实是一个很大的缺失,无法让我们更全面地理解这样一桩重大的历史事件。此外,在鸦片战争中,译者并不仅仅是简单地或客观地担任了文字转换的翻译工作,尤其是在英国方面的译者,他们所担负的任务远远超过一般的翻译和沟通工作,而是积极地介入实际的战事,且直接参加和负责双方的和平谈判,在整个战争过程中举足轻重,扮演了决定性的角色。但另一方面,为清廷工作的译者却处于非常艰难的境地,不受重视之余,更冒着被视为汉奸的危险,受到各种各样的掣肘和歧视,根本没有能够好好地发挥一般译者的功能。这反映出中西政治及文化语境下对译者的不同认知,也构成鸦片战争中的译者这个课题值得深入探究的另一个原因。

本文目的是要勾画出中英双方的译者怎样地参与第一次鸦片战争,展示他们所作出的贡献和影响。此外,我们也会对比中、英两国政府对待译者的不同态度,从中窥探译者在不同的政治和文化背景中所处的不同位置。但由于篇幅关系,先以上篇形式讨论中方的译者。

二

由于中国是多民族的国家,且经常与邻国有所接触,外交翻译是长期存在

---

① 笔者曾写过一篇有关这课题的文章:Lawrence Wang-chi Wong, "Translators and Interpreters During the Opium War Between Britain and China (1839-1842)", in Myriam Salama-Carr (ed.), *Translating and Interpreting Conflict* (Amsterdam & New York: Rodopi, 2007), pp. 41-57。但限于篇幅及读者对象,该文写得较为简略。另外,也有硕士论文以鸦片战争英方主要译员马儒翰作题目的:Leung Chung Yan, "A Bilingual British 'Barbarian' — A Study of John Robert Morrison (1814-1843) as the Translator and Interpreter for the British Plenipotentiaries in China between 1839 and 1843" (Unpublished M. Phil Thesis, Hong Kong Baptist University, 2001)。尽管这篇只是硕士论文,但无论在资料及论证方面,都达到很高的水平。中文方面,现在所见较详细地处理过这课题的是:季压西、陈伟民:〈鲍鹏案始末:第一次鸦片战争广州谈判〉,《中国近代通事》(北京:学苑出版社,2007),页157-186;季压西、陈伟民:〈鸦片战争中的英方译员〉,《来华外国人与近代不平等条约》(北京:学苑出版社,2007),页427-435。不过,这本著作的最大问题是几乎完全没有使用任何西方资料和文献,不可能较全面地论述问题。龚缨晏的《浙江早期基督教史》虽然不是研究译者的问题,但当中有颇多关于郭实腊作为英方译员的讨论。龚缨晏:《浙江早期基督教史》(杭州:杭州出版社,2010)。另外,也有人从政治的角度讨论马儒翰和鸦片战争的关系,但文章很粗略。胡其柱、贾永梅:〈翻译的政治:马儒翰与第一次鸦片战争〉,《浙江社会科学》2010年4期(2010年4月),页86-90、101。

的。不过,长久以来,中华帝国跟周边的部落小国进行所谓的外交活动,实际上是这些藩属国家到天朝大国来作朝贡,因此在沟通上主要使用的是汉文,外交翻译并不构成严重的难题。可是,当这个古老的天朝大国"忽与泰西诸国相遇"[①]的时候,语言和翻译的问题便突显出来了。例如在康熙年间中俄的多次会谈,由于俄方特使不懂满文或汉文,清廷须委派在华的西方天主教传教士像南怀仁(Ferdinandus Verbiest,1623—1688)、闵明我(Philippus Maria Grimaldi,1639—1712)、徐日升(Thomas Pereyra,1645—1708)、张诚(Jean Francois Gerbillon,1654—1707)等来担任翻译,以拉丁文作沟通,以致在一段颇长的日子里,拉丁文成为中俄之间的通用外交语言[②],而中国方面也一直须倚赖西方传教士来担任外交翻译的工作[③]。

其实,那时候也并不是完全没有略懂西方语言的中国人。早在明朝嘉靖年间,葡萄牙人以澳门为基地,跟中国进行贸易,以中国人为"居间",聘作"买办"[④]。这些买办都是稍微学会了一点葡语的,原因是在一段不短的时间里,葡语是中外贸易的共同语言,欧洲其他国家的商人来华,都必须找来一名懂葡语的人随行[⑤]。不过,外国商人较普遍地使用买办来协助经商,则是在 18 世纪中叶以后。到了后来,清政府限制一口通商,在广州设立商馆,特许经营及管理对外贸易,称为公行,有所谓"十三行"的说法[⑥],在华外商人数越来越多,一些实际的贸易事务以至照顾外商日常生活的琐碎工作,便交由买办处理,渐渐地近代中国便有了买办阶级的

① 梁启超:〈论不变法之害〉,《变法通议》,《饮冰室文集之一》,《饮冰室合集》(上海:中华书局,1936),第一册,页5。

② 据记载,在中俄签订〈尼布楚条约〉(1689 年[康熙二十八年])后,中俄双方决定"遇事即以清文兼俄罗斯及西洋字话缮写驰递,庶有印证,以免舛误,至今永为定例"。"西洋字"即为拉丁文。松筠:《绥服纪略》,《松筠丛著五种》(北京:书目文献出版社,1988),页4。

③ 不过,清廷也曾尝试培养自己的拉丁文人才,康熙选派过满族子弟到俄罗斯馆学习拉丁文,雍正更在 1729 年(雍正七年)在内务府设立西洋学馆,先由法国耶稣会士巴多明主理,巴多明死后由另一法国传教士宋君荣继任,专门招收满族子弟学习拉丁文,持续达 15 年之久,至 1744 年西洋学馆裁汰,但学生中始终没有担任外交译员。参李喜所(编):《五千年中外文化交流史》(北京:世界知识出版社,2002),第二卷,页 218-219;黄兴涛:《英吉利国译语》编撰与"西洋馆"问题〉,《江海学刊》2010 年第 1 期,页 156。

④ "买办"一词的来源,可参 Hosea B. Morse, *The International Relations of the Chinese Empire* (London & New York: Longmans, Green & Co., 1910), Vol. I, p. 73, n. 33.

⑤ Cf., Hosea B. Morse, *The Chronicles of the East India Company Trading to China, 1635-1834* (Oxford: Claredon Press, 1926) Vol. I, p. 66; Paul A. Van Dyke, *The Canton Trade: Life and Enterprise on the China Coast, 1700-1845* (Hong Kong: Hong Kong University Press, 2005), p. 9.

⑥ 有关十三行的讨论,参梁嘉彬:《广东十三行考》(广州:广东人民出版社,1999);Cheong Weng Eang, *The Hong Merchants of Canton* (Copenhagen: NIAS-Curzon Press, 1997).

出现①。不过,在中国人的论述里,买办一直以来都是一个具有贬义的词语,这是由于买办经常与洋人接触,从买卖贸易中赚取利润,往往被看成是唯利是图,与外商勾结,狼狈为奸的坏人,更甚至被视为汉奸。利玛窦(Matteo Ricci, 1552—1610)从澳门到香山时,便曾看到这样的一份通告,上盖总督大印:

> 现在澳门犯罪违法之事所在多有,皆系外国人雇用中国舌人所致。此辈舌人教唆洋人,并泄漏我国百姓情况。尤为严重者,现已确悉彼辈某些外国教士学习中国语言,研究中国文字。此类教士已要求在省城定居,俾得建立教堂与私宅。兹特通告,此举有害国家,接纳外国人决非求福之道。上项舌人倘不立即停止所述诸端活动,将严行处死不贷。②

就是林则徐(1785—1850)也是以同样的眼光去看"买办"和"舌人",他曾非常明确地说过:"至买办等本系汉奸"③,而其他人甚至会不惜罗织一些空泛的罪名,诸如"向在夷人处专教华言,贪其微利,甘为指使"④、"[为夷人]写就书信,设谋画策,希图常留收用,以为进身之步",要求把这些"奸民""正法"⑤。这就是论者所说,从明代开始,朝廷都是"将一些同外国人交往的行为泛政治化",教洋人认识汉字,介绍国内一般情况,都会成为"泄漏事情"、"私通外国"等足以处死的罪名⑥。

但另一方面,买办又差不多是当时唯一懂得与洋人沟通的中国人,于是,他们往往又在中外交往中被征作通事。早在乾隆十五年(1750)署理香山县知县张甄陶(1713—1780)便提出过应以商人做通事,理由是"用商人则夷人曲折,无不谙晓",而商人做通事,"犹民人之充当保"⑦,看来是一个很理想的安排。不过,在更多人心目中,通事是一些可能比洋人更不可靠的人。即使到了1860年代,上海已经开埠差不多20年,李鸿章(1823—1901)还曾这样分析过那里的通事:上海通事的来源有两种,一是"广东、宁波商伙子弟",二是在英、法等国所设立的义学读书

---

① 参陈诗启:〈论鸦片战争前的买办和近代买办资产阶级的产生〉,收宁靖(编):《鸦片战争史论文专集》(续编)(北京:人民出版社,1984),页53-75;另外,关于买办的研究,可参 Hao Yen-P'ing, *The Comprador in Nineteenth Century China: Bridge Between East and West* (Cambridge, Mass.: Harvard University Press, 1970)。

② 利玛窦、金尼阁(著),何高济、王遵仲、李申(译):《利玛窦中国札记》(北京:中华书局,1983),页156-157。

③ 林则徐:〈批英国领事义律禀〉,《信及录》(上海:上海书店,1982),页35。

④ 文庆(等):《筹办夷务始末(道光朝)》(台北:文海出版社,1970),卷79,页3155。

⑤ 同上,卷80,页3202。

⑥ 袁伟时:《帝国落日:晚清大变局》(南昌:江西人民出版社,2003),页9。

⑦ 张甄陶:〈上广督制驭澳夷状〉,梁廷枏:《粤海关志》(广州:广东人民出版社,2002),卷二十八(夷商三),页543-544。

的"本地贫苦童穉"。第一类的通事是"佻达游闲,别无转移执事之路者",而第二类则是"市儿村竖,来历难知,无不染涅习气,亦无不传习彼教",对二者的整体评价都是极其负面的。在品行方面,"此两种人,皆资性蠢愚,心术卑鄙,货利声色之外不知其他";在行为方面,他们"惟知藉洋人势力播弄挑唆以遂其利欲,蔑视官长,欺压平民,无所忌惮"。即使在语言能力方面,他们也是可堪怀疑的:"仅通洋语者十之八九,兼识洋字者十之一二。所识洋字,亦不过货名价目,与俚浅文理,不特于彼中兵刑食货,张弛治忽之大誊焉无知,即遇有交涉事宜,词气轻重缓急往往失其本指",这明显是水平不够的翻译。不过,李鸿章最关注的更是这些通事的专业操守:"通事假手其间,勾结洋兵为分肥之计。诛求之无厌,排斥之无理,欺我聋喑,逞其簧鼓","遂以小嫌酿成大衅"①。在李鸿章眼里,把"国家怀远招携之要政"的洋务交托这些人,后果是很严重的。如果在开埠 20 多年的 1860 年代上海的情况仍然是这样,鸦片战争前的状况又会是怎样?事实上,当时住在广州、自己也懂中文,且经常须与通事一起处理商务的美国人亨特(William Hunter, 1812—1891),便曾语带讽刺地描述过一些通事的情况。他说中国的通事"除了自己的语言外,别的一点也不懂"②。他还报道过一桩案件,通事头目老汤姆("Old Tom")③根本对外语一窍不通,整个审讯过程的问答都是他和他的助手所生造出来的,简直就是一场滑稽的闹剧④。

在这情形下,1839 年被派往广州禁烟的林则徐,明白到"必须时常探访夷情,知其虚实,始可以定控制之方"⑤,寻求透过翻译西籍及报刊来了解对手的状况,便不可能倚赖这些通事而必须另行组织更可靠的翻译队伍了。

据一些报道说,林则徐从京师四译馆中带去一位曾在印度受教育、懂英语的老译员随行,但名字不详,也没有其他较确实的资料,不一定是准确的说法⑥。但在到达广州后,林则徐即认真地招揽翻译人才,甚至还招聘了两个长期在外国商

---

① 李鸿章:〈同治二年二月初十日江苏巡抚李鸿章奏〉,中国史学会(编):《洋务运动》(上海:上海人民出版社,1961),第 2 册,页 139-141。

② William C. Hunter, *The "Fan Kwae" at Canton Before the Treaty Days, 1825-1844* (London: Kegan Paul, Trench & Co., 1882), p.50.

③ "Old Tom"就是首席通事蔡懋。参亨特(著)、沈正邦(译):《旧中国杂记》(广州:广东人民出版社,1992),页 16,校注 1。

④ William C. Hunter, *Bits of Old China* (London: Kegan Paul, Trench, & Co, 1855), p.24,中译本见同上,页 26-30。

⑤ 〈责令澳门葡人驱逐英人情形片〉,《林则徐集·奏稿》(北京:中华书局,1965),中册,页 765。

⑥ 屈小强:《制夷之梦——林则徐传》(成都:四川人民出版社,1995),页 353。不过,这一说法并不见于其他有关林则徐的论述,即使最具权威性的著作如林永俣的〈论林则徐组织的迻译工作〉以及杨国桢的《林则徐传》(北京:人民出版社,1995),也没有提及过,很可能这只是误记。有趣的是,该书所提有关这位译者的资料,部分与下文所说的亚孟相同,但部分又跟袁德辉相似。

馆当厨师的到行辕内备办伙食①,以及一位在美国传教士伯驾(Peter Parker, 1804—1888)开设的眼科医院工作过的中国人,以备咨询,加强对西方人的认识②;另外他也曾个别召来一些通事见面和汇报③,但他们都不算得上是林则徐自己的正式翻译人员。在现在可见到的资料里,林则徐先后组织到他幕内正式担任译者的共有4人。

其实,最早有关林则徐的译员的报导,是来自由裨治文(E. C. Bridgman, 1801—1861)所创办及主编的《中国丛报》(*The Chinese Repository*)上的一篇文章〈鸦片贸易引发的危机〉("Crisis in the Opium Traffic")④。那一期的《中国丛报》在1839年6月出版,也就是林则徐到达广州后不足3个月。这除了显示林则徐极为重视西籍的翻译,以最短的时间组成当时也许是最优秀的翻译队伍外,更说明林则徐翻译西籍的消息很快便为在广州的西方人知悉,这很可能是因为其中一位译者梁进德(1820—1862)及其父亲梁发(1789—1855)跟裨治文很熟稔的缘故。应该强调,在中文的材料里,不论是林则徐自己的日记、奏章又或是其他人的文字,这时候都没有提及过这支翻译队伍。

然而,《中国丛报》上的这则报导十分简短,甚至连名字也没有写出来,没法让我们对这4位译者有所了解。美国基督教会施其乐牧师(Carl T. Smith, 1918—2008)后来在哈佛大学图书馆所藏美国公理会差会部档案找出了1839年7月4日来自广州的半年度工作报告,里面有这4名译者的名字:Aman、Shaou Tih、Alum及Atih⑤。不过,当时在广州、且本身懂中文的亨特,在他的著作中也零散地记录了一些有关部分译者的资料(他主要谈的是袁德辉),还有的是教会的档案(主要跟梁进德有关)。由于这些材料都是以英文写成,又或是藏于海外,可以想见,最早研究这问题的论文也出现在英语的刊物上。上面提到的施其乐早在1967年便在香港发表了〈林则徐的译员〉⑥。中国方面,第一篇很认真地讨论林则徐的翻译

---

① J. Elliot Bingham, *Narrative of the Expedition to China, From the Commencement of the War to Its Termination in 1842* (London: Henry Colburn, Second Edition, 1843), Vol. I, p. 55.

② 杨国桢:〈林则徐对西方知识的探求〉,宁静(编):《鸦片战争史论文专集》(续集),页323。

③ 例如林则徐在到任后不久(1839年3月17日)便曾"在寓中传讯通事蔡懋等,至晚始罢"。《林则徐集·日记》(北京:中华书局,1962),页333。

④ "Crisis in the Opium Traffic", *The Chinese Repository*, Vol. 8 No. 2 (June 1839), p. 77.

⑤ Carl T. Smith, *Chinese Christians: Elites, Middlemen, and the Church in Hong Kong* (Hong Kong: Oxford University Press, 1985), p. 52.

⑥ Carl T. Smith, "Commissioner Lin's Translators", *Chung Chi Bulletin* No. 42 (June 1967), pp. 29-36;另外,他在1985年出版的,也有专章讨论林则徐的翻译队伍:Carl T. Smith, *Chinese Christians: Elites, Middlemen, and the Church in Hong Kong*, pp. 52-65.

人员的是林永俣的〈论林则徐组织的迻译工作〉①，发表于 1985 年，其后跟这课题有关的几乎所有中文文章或著作，都是来自林永俣的文章。

下文是林则徐 4 名译员的综合介绍②。

第一个是 Aman，林永俣把他译作亚孟，但不知其所据，相信是出于他自己的音译③。有关这位 Aman 的资料并不多，只知道他父亲是中国人，母亲是孟加拉国人，他在印度塞兰普尔（Serampore）一所教会学校接受教育超过 10 年，老师是英国浸信会牧师马什曼（Marshman），回国前在塞兰普尔用中文圣经传教④，1829—1931 年间到广州。据裨治文引述亨特的说法，他的英语水平只是很一般⑤。

第二个是袁德辉，小名小德，就是上面提过的"Shaou Tih"。他是广东省南海县人，祖籍四川，在槟榔屿罗马天主教学校念书，1825 年转往马六甲，进入第一位新教来华传教士马礼逊（Robert Morrison，1792—1834）所创办的英华书院继续读书。关于袁德辉，大部分的资料都是来自同在英华书院学习中文的亨特。据亨特所说，袁德辉在校成绩出众，不要说中文造诣很深，会说一口官话，就是拉丁文也很熟习，英文方面，亨特说他非常用功学习，进步很快⑥。他曾编写过一本大学用书《英语与学生辅助读物》（*English and Students Assistant, or Colloquial Phrases*），1826 年在马六甲出版。不过，过去一直为人忽略的是卫三畏（Samuel Wells Williams，1812—1884）一篇有关西方人学习中文的文章，里面有一整段是谈袁德辉的，而且他的描述跟亨特很不一样。他明确地说"小德"（"Shaute"）的英文和拉丁文一样的糟透了，仅可以理解最简单和容易的⑦。证诸我们见到袁德辉的英文译文，似乎卫三畏的说法更为可信。由于他参加了当地三合会秘密组织活动，1827 年底被迫离开马六甲，迁至广州定居，经亨特介绍给行商伍绍荣，伍绍荣把他推荐到北京理藩院工作，担任译员，每月工资有一百两⑧。在北京，他的主要工作

---

① 林永俣：〈论林则徐组织的迻译工作〉，收福建社会科学院历史研究所（编）：《林则徐与鸦片战争研究论文集》（福州：福建人民出版社，1985），页 118-137。

② 除另行注明外，主要参考 Carl T. Smith, *Chinese Christians: Elites, Middlemen, and the Church in Hong Kong*, pp. 52-65 及林永俣：〈论林则徐组织的迻译工作〉，页 118-137。

③ 林永俣：〈论林则徐组织的迻译工作〉，页 121。

④ Peter Ward Fay, *The Opium War, 1840-1842* (Chapel Hill: The University of North Caroline Press, 1975), p. 160.

⑤ Bridgman's journal (May 1830), quoted from Carl T. Smith, *Chinese Christians: Elites, Middlemen, and the Church in Hong Kong*, p. 54.

⑥ William Hunter, *Bits of Old China*, pp. 260-261.

⑦ S. Wells Williams, "A Chinese Chrestomathy in the Canton Dialect. By E. C. Bridgman", Part I, *The Chinese Repository*, Vol. 11 No. 3 (March 1842), p. 160.

⑧ William Hunter, *Bits of Old China*, p. 262.

是负责跟当地的俄罗斯人沟通①。1830 年和 1838 年,他两度被派往广州收集外国书籍②,1839 年,受聘为林则徐的译员。有关袁德辉的翻译,一个比较值得注意的地方在于他除了把外国材料翻译成中文外,也曾为林则徐翻译一些文件公函为英文,其中最重要的是他负责翻译过林则徐、邓廷桢(1776—1846)、怡良(1791—1867)等起草给英王的信,但看来成绩并不理想。1840 年,林则徐被革职后,一般人认为袁德辉回到北京,自此便再没有他的消息,但卫三畏则告诉我们说,袁德辉很可能去为浙江总督奕经(1791—1853)服务③。

至于林则徐的第 3 名译员,公理会的报告作 Alum。林永俣把他译作亚林,又说"音译为林阿适(Lieaou Ahsee),英文姓名为卫廉·波特尔和(William Botelho)"④。这说得不明白,为什么 Alum 亚林会给"音译为林阿适(Lieaou Ahsee)"? 其实,这 Lieaou Ahsee 和 William Botelho 是来自一些英文著作:Rosewell S. Britton 所写的 *The Chinese Periodic Press, 1800-1912*⑤ 以及 George H. Danton 的 *The Cultural Contacts of the United States and China*⑥,林永俣是引录他们的⑦。不过,Britton 所本的其实就是 Danton,可以不论。但 Danton 的说法又怎样? 首先,他提到了一个叫 Ah Lum 的中国学生,但这人并不是 Lieaou Ah See,因为前者来自宾夕法尼亚,而 Lieaou Ahsee 则来自波士顿。Danton 没有多谈这名 Ah Lum,但他也确是把 Lieaou Ahsee 联系到林则徐的翻译队伍去。不过,他其实是不能确定,甚至说得十分含糊,他只说这位 Lieaou"可能"("probably")是裨治文所提及的人,也"可能"("seems likely")曾为林则徐做翻译,他甚至在 Liaeou 字后面以括号加上"(Liu?)"⑧,那就是猜想他可能姓廖或姓刘了,而不是联系"亚林"去,因为 Danton 并没有参考美国公理会差会部档案,根本不知原来早已报道过这名译员的名字叫 Alum。由此,林永俣把这名 Liaeou 译作亚林,看来是有问题的。施其乐就不认为 Lieaou Ahsee 是林则徐的译员,他认为这译员是 William Alum,1824 年在康涅狄格州康沃尔的美国基督教公理会差会部所办的教会学校

---

① S. Wells Williams, "A Chinese Chrestomathy in the Canton Dialect. By E. C. Bridgman", Part I, p. 160.

② William Hunter, *Bits of Old China*, p. 262.

③ S. Wells Williams, "A Chinese Chrestomathy in the Canton Dialect. By E. C. Bridgman", Part I, p. 160.

④ 林永俣:〈论林则徐组织的迻译工作〉,页 121。

⑤ Rosewell S. Britton, *The Chinese Periodic Press, 1800-1912* (Taipei: Cheng-Wen Pub. Co., 1966 reprint), p. 31.

⑥ George H. Danton, *The Cultural Contacts of the United States and China* (New York: Columbia University Press, 1931), pp. 102-103.

⑦ 林永俣:〈论林则徐组织的迻译工作〉,页 123,注 1 及 2。

⑧ 原文是:"Lieaou(Liu?) is probably the man mentioned by Abeel and Bridgman as attending service shortly after their arrival in China. It seems likely also that he is the one who was so inadequate an interpreter to Commissioner Lin". George H. Danton, *The Cultural Contacts of the United States and China*, p. 103.

（Mission School of the American Board Commissioners for Foreign Missions at Cornwall, Connecticut）读书。由于这所教会学校要培训传教士,翻译也是学习的项目。1825 年他离开这所美国学校,辗转回到中国,很可能曾在广州洋行里教授职工英语,1839 年获林则徐招聘为译员①。

最迟加入林则徐的翻译队伍的是梁进德,也是在林则徐的翻译队伍中我们认识最多的一位②。他是第一位中国人传教士梁发③的儿子,3 岁便由马礼逊主持洗礼,10 岁时梁发更把他交托美国公理会教士神治文,开始学习英语和希伯来文,希望他将来协助修订中译圣经④。1834 年,梁发因为派发传教书刊而被追捕,梁进德跟随父亲逃到新加坡,从澳门马礼逊教育协会（Morrison Education Society）取得经费,继续在新加坡接受教育,1837 年回广州,仍跟随神治文学习英语,得到神治文和麦都思（Walter Henry Medhurst, 1796—1857）等传教士很高的评价。1839 年 3 月,因为林则徐下令"夷楼工人全行撤退"⑤,梁进德也撤往澳门,住在神治文的朋友 Olyphant & Company 的金查理（Charles W. King）⑥家中。林则徐知道后,派人专程到澳门延聘他加入翻译队伍,月薪有 10 元或 12 元,这是很优厚的待遇,当时林进德还不满 20 岁。从 1839 年 5、6 月左右开始,一直到林则徐被迫停止主持翻译工作为止,梁进德是林最信任的译员,甚至在离任前曾想过把他推荐给两江总督耆英（1780—1858）。不过,他没有马上为耆英工作,曾考虑过在商业上发展,神治文极力劝阻,甚至与马礼逊的儿子马儒翰（John Robert Morrison,1814—1843）合资每月提供金钱补助。1842 年,梁进德在香港港英政府警署任翻译,而当 1844 年神治文担任美国来华大使顾盛（Hon. Caleb Cushing, 1800—1879）的秘书时,他也从旁协助,最后顾盛使团和中国签署了《望厦条约》（1844 年）。顾盛使团离开后,

---

① Carl T. Smith, *Chinese Christians: Elites, Middlemen, and the Church in Hong Kong*, pp. 56-57.

② 除上面提到林永仅及施其乐外,苏精根据伦敦传教会的档案,写成〈林则徐的翻译梁进德:马礼逊施洗的信徒二〉,不过,他的重点并不完全放在梁进德的翻译工作上。苏精:《中国,开门! 马礼逊及相关人物研究》（香港:基督教中国宗教文化研究社,2005）,页 219-239。

③ 关于梁发,可参 George Hunter McNeur, *China's First Preacher, Liang A-Fa, 1789-1855* (Shanghai: Kwang Hsueh Publishing House, 1934),中译本见麦沾恩（著）,胡簪云（译）:《梁发传》（香港:基督教辅侨出版社,1955）。梁进德的一些生平资料也散见于此书。

④ 神治文在 1830 年 11 月 1 日的日志上写道:"梁发来访。他希望我收留他那十岁的小孩。他希望其子学习英文并能熟悉英文圣经,以便日后协助修订中文圣经。"录自苏精:《中国,开门! 马礼逊及相关人物研究》,页 223。

⑤ 林则徐:〈夷馆附近筑墙设栅札〉,《信及录》,页 71。另外,在二月十九日上奏中,林则徐也报告说"夷馆之买办工人每为夷人潜通信息,亦令暂行撤退",〈钦差大臣林则徐奏为英贩烟筐鸦片尽数呈缴折〉,收中国第一历史档案馆（编）:《鸦片战争档案史料》（天津:天津古籍出版社,1992）,第 1 册,页 510。

⑥ 关于金查理,可参 Jacques M. Downs, *The Golden Ghetto: The American Commercial Community at Canton and the Shaping of American China Policy, 1784-1844* (Bethlehem: Lehigh University Press, 1997), pp. 202-208。

梁进德通过盐商潘仕成(1804—1873)的介绍,开始为耆英工作,直至 1847 年离开,重新跟裨治文读书和工作,还在 1848 年跟随裨治文到上海参与修订圣经的工作,其后又辗转进入海关工作,协助李泰国(Horatio Nelson Lay, 1832—1898)在中国不同地方开设海关站,更曾在潮州任职至副税务司。1862 年,由于健康状况欠佳,梁进德离开海关,回到广州,不久便去世①。在为林则徐工作期间,比较肯定经由他翻译的有英人慕瑞(Hugh Murray)1836 年在伦敦出版的《地理大全》(*Cyclopaedia of Geography*)②,他所经手翻译的部分几乎占全书的一半③,此书即后来魏源(1794—1857)根据写成的《海国图志》里的《四洲志》部分。另外,他也翻译了唐宁(C. Toogood Downing)的《番鬼在中国》(*The Fan-Qui in China in 1836-1837*)④,即《海国图志》里的《华事夷言》⑤,同时还主力翻译在澳门出版的英文报刊⑥。

　　这就是中国近代翻译史上的第一支中英翻译队伍⑦。从上面有关的描述,可以见到林则徐的翻译队伍是在很困难的情况下组成的。在当时的环境下,除了那些只懂一点广州式英语的通事外,能够真正略懂外语,负担起比较正规的翻译任

① 参 Carl T. Smith, *Chinese Christians: Elites, Middlemen, and the Church in Hong Kong*, pp. 57-62;又参苏精:《中国,开门!马礼逊及相关人物研究》,页 233-237;George Hunter McNeur, *China's First Preacher, Liang A-Fa, 1789-1855*, p. 118。

② "The Third Annual Report of the Morrison Education Society", 29th September 1841,录自林永俣:〈论林则徐组织的迻译工作〉,页 125。

③ 苏精:《中国,开门!马礼逊及相关人物研究》,页 229。

④ C. Toogood Downing, *The Fan-Qui in China in 1836-1837* (London: Henry Colburn, 1838), 3 vols.

⑤ 苏精:《中国,开门!马礼逊及相关人物研究》,页 229。关于《华事夷言》,后来任钦差大臣的裕谦曾在广州获得此书,并就其中部分内容上奏道光。不过,如果他不是因为林则徐已遭贬斥而不敢明言,那就是他不知道这书是经由林则徐所主持翻译的(以前者的可能性较大),因为他只说这本书是"近年粤东通事用汉字译出"。〈钦差大臣裕谦奏请招募水勇以资攻剿片〉,《鸦片战争档案史料》,第 3 册,页 220。此外,有些学者及著作以为《华事夷言》是译自戴维斯(德庇时)的《中国人》(John Francis Davis, *The Chinese: General Description of China and Its Inhabitants* [London: Charles Knight & Co., 1840])。陈原:〈林则徐译书〉,《书林漫步》(香港:三联书店,1978),页 148。又有以为是摘自澳门与广州出版的外文报刊。参林永俣:〈论林则徐组织的迻译工作〉,页 131。其实,就是当时裕谦也说过这是译自"《番鬼录》,系英夷记载见闻"的著作。〈钦差大臣裕谦奏请招募水勇以资攻剿片〉,页 220。

⑥ 麦沾恩(George Hunter McNeur)说:"他(梁发)的儿子进德于林则徐抵粤后即被聘为英文翻译员。进德为林钦差担任几种工作,一种工作是将那时在澳门出版的英文周报译为华文而将其中重要部分转送北京政府"。麦沾恩(著),胡簪云(译):《梁发传》,页 86;又见吴干兑、陈匡时:〈林译《澳门月报》及其他〉,《近代史研究》1980 年第 3 期(1980 年),页 264-277。

⑦ 另外,来新夏据林则徐在道光二十年十月初一日致怡良的一封信说林则徐的译员共有 5 人:"闻有陈耀祖者,闽人而家于粤,现在京中,厦门事即其译,现在带来,祈留意,切切。"来新夏(编著):《林则徐年谱新编》(南开:南开大学出版社,1997),页 296。不过,林则徐这封信写得很不明确,一时说陈耀祖"现在京中",一时又说"现在带来"且又只说"闻有"此人,不像真正认识他或聘用他。事实上,现见的有关论述都不见到有关陈耀祖为林则徐翻译过什么东西。

务的,只能是在外地生活过或接受教育的人,但究竟他们的外语能力有多强? 这还是颇成疑问的。在这 4 位译员中,英语水平最高的应该是梁进德,《中国丛报》(*The Chinese Repository*)上特别提到他能比较轻松和准确地翻译一些一般性的文件①,但我们还找不到他当时的英文写作或翻译文字,因此没法准确判断他的英文水平。不过,就是那位被亨特形容为"英文造诣很深"的袁德辉,从《中国丛报》上所见经由他翻译出的一些文件,英文却是毫不地道、甚至错误百出的。我们可以那篇被称为"来自中国方面第一份用英文书写的文件"为例②,开首的第一句是这样的:

> For the managing opium on the last spring being stopped trade for present time till the opium surrendered to the government than ordered be opened the trade the same as before③

这样的句子在文法上犯有严重的错误,根本不能把原文意思准确地表达出来。接着的译文更是分别为连续 16 行及 11 行的两大段文字,当中竟然没有一个标点符号,根本不是合格的英文书写,更不要说里面文句的错误了。难怪《中国丛报》的编者作了这样的按语:"其惯用语全是中国式的,并且,像其他所有的中文文件一样,它是没有标点的。如果读者能够看懂其内容说的是什么……"④另外,上面提过袁德辉曾翻译林则徐等写给英女王的信件,也同样的有问题。显然,对于这封给英国国王的"檄谕"的翻译,林则徐是下了不少工夫的。檄谕早在道光十九年六月二十四日已写成,上呈朝廷请求批准⑤,然后七月十九日军机处发出上谕,批准照录发出⑥,但到了十月十四日,林则徐还没有把英文译稿定下,且还争取机会交给一名英国人阅看,然而,这名英国人还是说有些部分真的是不明所以的⑦,只有在经过多人的修改后,译文最终才在翌年的 1 月 15 日(道光十九年十二月初九

---

① "Crisis in the Opium Traffic", *The Chinese Repository*, Vol. 8 No. 2 (June 1839), p. 77.

② "Note", "Great Imperial Commissioner's Governor's of two Kwang Province Lieutenant-governor's of Canton Earnest Proclamation to Foreigners Again Issued", *The Chinese Repository*, Vol. 8 No. 3 (July 1839), p. 168, 原告示并不见收入《林则徐集·公牍》(北京:中华书局,1963),有人以英文公告回译成中文,题为〈为重开贸易晓谕外商告示〉,收陈锡祺(主编):《林则徐奏稿·公牍·日记补编》(广州:中山大学出版社,1985),页 59。

③ Ibid., p. 167.

④ 原文为:"Its idioms are perfectly Chinese; and, like all the documents in their own language, it is without punctuation. If our readers should be able to understand what it means, …", ibid., p. 168。

⑤ 〈钦差大臣林则徐等奏呈拟具奏致英国国王檄谕底稿折〉,《鸦片战争档案史料》,第 1 册,页 643—646。

⑥ 〈著钦差大臣林则徐等即将颁发英国国王檄谕照录发出事上谕〉,同上,页 661-662。

⑦ "Loss of the British Bark Sunda, Described by Communication by Supervisors from the Wreck, Addressed to the Editor of the *Canton Press*", *The Chinese Repository*, Vol. 8 No. 9 (Jan 1840), p. 485.

日)发出,算是勉强能够读得明白①。

此外,由于这些具备英文能力的人都没有在中国接受过正规传统的教育,他们的汉文能力,以当时的标准来说,也是有问题的。我们知道,不懂外文的林则徐对一些译文曾经亲自修改过,显然,他所作的修改全都只能是在行文上进行修正,使它们作为中文文本变得更流畅可读,但这也显示他对原来译文的不满。事实上,我们可以肯定地说林则徐对他的译员确实没有太大信心,最少两次他曾经找人重译梁进德所译出来的东西,一次是翻译滑达尔(Emerich de Vatell,1714—1767)的《各国律例》(*Laws of Nations*)的片段,除了找梁进德翻译外,林则徐还请来伯驾医生重译一遍;另一次则是林则徐写给英国女王的信,除了请自己的译员翻译外,也同样请伯驾医生重翻出来②,而且更找懂得中文的亨特根据译员的英译回译成中文③,以确定译文的准确性。

必须强调,林则徐这支翻译队伍只是属于内部的,也就是说,在大部分情形下,他们所做的是把一些外国书刊翻译成中文,供林则徐自己参考以及上呈之用,他并没有公开出版这些翻译的意图④。事实上,当林则徐被革职后,这支翻译队伍便被迫解散,除梁进德外,其余的几位译者便完全再没有人提及,更不要说直接在鸦片战争中英交涉的过程中担任译者。然而,讽刺的是,我们在上文已指出过,当时唯一报道过林则徐组成翻译队伍的是《中国丛报》⑤,而清廷官方对此却是从来只字不提,这当中的原因是可悲的:一是战争爆发后,林则徐成代罪羔羊,被指禁烟处理不善,遭贬斥放逐,他的一切活动,包括翻译西书,自然也被否定;二是当时

---

① "Letter to the Queen of English, From the Highest Imperial Commissioner Lin, and His Colleagues", *The Chinese Repository*, Vol. 8 No. 10 (Feb 1840), pp. 497-503;不过,《中国丛报》上的这个译本,是由罗伯聃及裨治文所翻译的,但仍有学者还认为有问题。参 Peter Ward Fay, *The Opium War, 1840-1842*, p. 143。

② V. Edward Gulick, *Peter Parker and the Opening of China* (Cambridge, Mass.: Harvard University Press, 1973), p. 90;不过,有学者在对比过两个译本的部分后指出,两个译本都是很不理想的。参 Chang Hsi-t'ung, "The Earliest Phase of the Introduction of Western Political Science into China (1820-52)", *The Yenching Journal of Social Studies* Vol. 5 No. 1 (1950), p. 13; Immanuel C. Y. Hsu, *The Rise of Modern China* (Hong Kong: Oxford University Press, 1960), p. 123.

③ William C. Hunter, *The "Fan Kwae" at Canton Before the Treaty Days, 1825-1844*, pp. 262-263.

④ 唯一的例外可能是《四洲志》,据美魏查转述梁进德的说法,林则徐曾打算把《四洲志》出版。参苏精:《中国,开门! 马礼逊及相关人物研究》,页 230-231。这应该是准确的,鸦片战争后林则徐在流放伊犁途中,在 1841 年 8 月经过江苏镇江时曾与魏源(1794—1857)见面,林则徐把《四洲志》等资料交魏源,嘱咐他去编写《海国图志》。魏源自述:"时林公嘱撰《海国图志》"。《魏源集》(北京:中华书局,1976),卷下,页 781。

⑤ "Crisis in the Opium Traffic", *The Chinese Repository*, Vol. 8 No. 2 (1839), p. 77.

人们认定了西洋人为蛮夷,不屑去多作了解①。据说,接替林则徐处理职务的琦善(1790—1854),除了上奏批评林则徐处理夷务不善,以致引起战争外②,更这样批评林则徐的翻译活动:

> 有探报洋情者,则拒曰:"我不似林总督,以天朝大吏,经日剌探外洋情事"③。

原来天朝大吏是不能剌探洋事的,这代表了鸦片战争时期部分人对待翻译西籍的态度,但他们却从不考虑不懂外洋情事怎样可以去和敌人作战。事实上,正如学者所指出,对于翻译西书、探求新知的努力和活动,就是林则徐自己也是很少言及的,是一种"不事声张"的做法,"正表明此事不合时尚"④。

除了为"探访夷情,知其虚实"而需要翻译西籍外,那日常与洋人沟通时又会是什么人为林则徐担任口译或翻译工作?

很可惜,我们完全没有掌握到资料,具体确定究竟什么人为林则徐做口译。当然,一个合理的推测是那4名笔译人员也应该同时为林则徐做口译,但看来又不是这样,我们并没有见到这方面的任何记录,看来这几名译员是集中翻译一些西籍材料,而不兼及日常的翻译杂务的。另一方面,我们从一些材料可以看到,日常为林则徐作传译的是广州一些平日一般的买办和通事,例如他的日记便曾记载,在收缴烟土时带领了洋商及通事到澳门⑤,而他在一些寄呈道光的奏折中也经常提到以通事来跟英国人沟通,只是他并没有记下这些通事的名字或资料⑥。另外,我们也知道林则徐的通事的翻译能力也很有问题。裨治文便报道过曾经把一份以英文写成的文件送呈林则徐,但最后是全份文件退还,原因是他的通事不能理解内容⑦。这是当时的通事很普遍的问题:"但知夷语,并不认识夷字"⑧。

尽管我们对于当时为林则徐工作的通事的情况几乎一无所知,但从一名英国

---

① 有关中国传统蛮夷观与晚清时期翻译的关系,参王宏志:〈"何必夷人,何必师事夷人":论夷夏之辨与晚清翻译(上篇:1840—1860年代)〉,《中国文化研究所学报》(二零零七年纪念特刊)(2007年),页217-244。

② 〈钦差大臣琦善奏为遵旨查明林则徐办理禁烟情形折〉,《鸦片战争档案史料》,第2册,页609-612。

③ 魏源:《道光洋艘征抚记》,卷上,《魏源集》(北京:中华书局,1976),上册,页178。

④ 茅海建:《天朝的崩溃:鸦片战争再研究》(北京:三联书店,1995),页117。

⑤ 林则徐:《林则徐日记》,己亥年(道光十九年)二月二十日,页335。

⑥ 例如道光十九年七月二十四日〈钦差大臣林则徐奏英船并无私买或戕害幼孩但有贩卖华民出国情事折〉,《鸦片战争档案史料》,第1册,页667;道光十九年七月二十四日〈钦差大臣林则徐等奏为义律抗不交凶已严断接济勒令分堵海口折〉,同上,页671;十月十六日〈钦差大臣林则徐等奏为英兵船阻挠该国商船具结并到处滋扰被击退折〉,同上,页730;道光十九年七月二十四日〈钦差大臣林则徐等奏为英国非不可制请严谕将英船新烟查明全缴片〉,同上,页674。

⑦ "Crisis in the Opium Traffic", *The Chinese Repository*, Vol. 8 No. 2 (June 1839), p.77.

⑧ 〈钦差大臣耆英等奏为咨调洋商伍敦元来苏以备差委片〉,《鸦片战争档案史料》,第5册,页599。

人的记述里,我们可以比较详细地知道林则徐的一名口译人员的名字以及其他通事的情况。

1839 年 10 月,英国三桅船彬达号(the Sunda)在海南岛附近遇上风浪沉没,部分船员获救;12 月 15 日,林则徐接见船上的喜尔医生(Dr. Hill)及其他幸存的船员。喜尔报道了会面的情况①,从中我们可以看到原来有不少译员在为林则徐服务,先有带领船员到场的译员,然后在等候林则徐到来前,他们又和好一些译员聊天遣闷。喜尔医生把他们叫做"linguists",也就是通事。事实上,从喜尔的报道看,这些传译人员也的确只是跟亨特笔下的广州通事没有什么分别,用的也是那种广州英语②。实际担任了他们与林则徐谈话时的口译工作的通事——他的名字叫 Atung,在翻译时含糊不清,十分紧张,以致他们在理解上有很大的困难。不过,值得注意的是,据喜尔说,在这群通事中有一名年轻人,英语非常出色,比他见过的所有中国人都说得好,原来这名通事曾在英国伦敦住了差不多 8 年,跟随英国东印度公司的大班爱芬斯顿(John F. Elphinstone)。不过,我们并没有能够确定这名通事的名字或身份,也不见到任何别的地方再提及他,这名具备高水平英语能力的通事显然并没有受到林则徐或其他官员的重用,因为我们没有在其他地方看到有任何人提及他。这的确是很可惜的。

三

上文指出,林则徐任钦差大臣初抵广州后便马上组织了一支翻译队伍,翻译外国的作品,以期达到"知夷以制夷"的目的。不过,在战事爆发后,道光下旨撤换林则徐,改派琦善作为钦差大臣议和,这支翻译队伍被迫解散。据说,林则徐曾尝试向琦善推荐梁进德,但不为琦善所接纳。那么,琦善在跟英国人议和的时候,翻译问题又怎样解决? 显而易见,主要的翻译工作是由英方负责的。有关英方的译员及他们的背景和活动,本文的下篇会有详细的讨论。

其实,严格来说,琦善也有自己的翻译人员的,就是广东买办鲍鹏。在琦善的奏折里,时常提到派遣鲍鹏到英军营送信、商议以及谈判,鲍鹏看来是得到重用的③。在众多的行动中,最重要的一次是琦善和义律(Charles Elliot, 1801—1875)

---

① 下文有关这次会面的口译人员的讨论,都是来自"Loss of the British Bark Sunda, Described by Communication by Supervisors from the Wreck, Addressed to the Editor of the *Canton Press*", *The Chinese Repository*, Vol. 8 No. 9 (Jan 1840), pp.478-486,不另作注。

② 文中记录了其中一位通事要求他们见到林则徐时必须下跪的说话:"this not all same one other day. To-day yumchae all same emperor, all that mandarin have come, all that hong-merchant, must crook foot litty.", 这就是地道的广州英语。Ibid., p.482。

③ 中国史学会(编):《鸦片战争》(上海:神州国光社,1954),第 4 册,页 73、75、85。

的"莲花山会面"。这次在 1841 年 1 月 27 日(道光二十一年正月初五日)举行的
会谈,争论的主要是香港的问题。就现在所见的资料,似乎那次会议的传译是颇
为正规的,即中英双方各自以自己所带的译员翻译自己的说话,中方负责翻译就
是通事鲍鹏①。不过,琦善在遭揭发擅自答应借让香港后即被裁撤,抄家以外,并
送京讯问。这时候,曾经聘用鲍鹏也成为罪状之一,对他的一次刑讯里有这样的
质问:

> 鲍鹏乃一无赖匪徒,系前任督臣指拿之犯,琦善何以信用?(递后遵旨添
> 鲍鹏并非在官之人,何以知其在山东携往粤省。)②

而且,在审讯中更特别提问,为什么莲花山的会面"只令鲍鹏一人在舱传话,首府
暨洋商等均各回船"③?

显然,朝廷和道光对于鲍鹏这样的注意,实际上是因为当时要查处琦善擅自
割地的"卖国"行为,作为中间人传译的鲍鹏便理应成为审查的对象。不过,在琦
善初到广东后不久,还没有跟英人正式议和前,便有掌广东道监察御史高人鉴奏
参他"以懦怯之词轻宣诸口,惑人听闻",把"蠢尔小夷视为劲敌"④。不过,很有意
思的是,鲍鹏在当时已经被牵涉在内:

> 臣又闻该督路过山东时,复带有鲍鹏一名,其人前在广东洋行生理,缘事
> 经地方官查拿,浮海窜逸,虽习夷情,何知大体。其不安份,作奸犯科,业已败
> 露于前,何能补救于后。此次带往粤东,一经信用,或至顾利忘义,别构事端,
> 思之尤为可虑⑤。

这里其实没有能够对鲍鹏落实具体的罪名,而道光在当时也没有作出什么反应。
此外,即使英人攻占沙角炮台的消息传到时,道光曾经下谕革去琦善顶带,"交部
严加议处"⑥,以致吏部尚书提出要将他革职⑦,但在一段短时间里,道光还是谅解

---

① 据负责主审琦善案的睿亲王引述参与会晤的白含章等奏说:"与义律见面时,系伊等令鲍鹏将琦善言语
用夷话传与义律,义律亦令其通事马里逊用官话传给伊等"。〈和硕睿亲王仁寿等奏请释放白含章等人
折〉,《鸦片战争档案史料》,第 3 册,页 530。

② 〈刑部等进呈讯问琦善各条〉,同上,页 457。

③ 同上,页 458。

④ 〈掌广东道监察御史高人鉴奏参琦善已被白含章鲍鹏所蒙蔽折〉,《鸦片战争档案史料》,第 2 册,页 729。
我们并不知道这一份参奏琦善的奏折是什么时候写成和发送的,但朱批日期则确知为道光二十年十
二月十七日。但当时高人鉴身在粤东,那他参奏琦善的日期便可能早在一两个月前——而琦善是 9 月
初从北京启程,在十一月初六(11 月 29 日)才抵达广州的。

⑤ 同上。

⑥ 〈著将失职疏防之琦善关天培分别摘顶严议事上谕〉,同上,第 3 册,页 11。

⑦ 〈吏部尚书奕经等奏为遵旨严议琦善革职处分折〉,同上,页 29。

的,说他已"苦心调停",并著他"设法羁縻"①——直到他私下应允割地的消息遭上奏。最早作此奏报的怡良②,在另一份奏章中把鲍鹏的名字点出来:

> 再臣闻夷人到粤必用汉人为买办。而其于买办者实为汉奸之尤。教猱升木皆其所为。前此邓廷桢任内奏明驱逐之奸夷颠地,有买办鲍聪,系买办中最为可恶之人。因查办严紧,逃往山东,转至直隶,改名鲍鹏。随同琦善前赴广东,托以心腹,与义律往来议事,情殊诡秘。琦善所称夷言先战后商之说,难保非即系此等汉奸有所窥伺而教之使然也。臣谓鲍鹏不诛,夷务必多反复。可否请旨密饬靖逆将军参赞诸臣,确查琦善处如果实有鲍鹏其人,实系买办鲍鹏,即行秘拿,严究交通实情,正法海滨,以杜内外勾结之弊③。

我们知道,道光在接到这份奏折后,便马上下旨把琦善革职抄家,严厉查办④。既然奏折里提到了鲍鹏,且说明"鲍鹏不诛,夷务必多反复",道光便必然会亲自发出上谕要查处鲍鹏。

对于鲍鹏一案,清廷是极为重视的。道光先后发出两次上谕,一是指示山东巡抚托浑布查明"鲍鹏系广东人,因何事至山东,何人留住,琦善何由得知其人?"⑤另一则更为严重,竟指示要将鲍鹏押解北京,"交刑部,派睿亲王、庄亲王、惠亲王、定郡王、大学士、军机大臣、六部尚书、会同刑部审讯"⑥。事实上,在刚下旨把琦善革职查办,但还没有正式审讯前,道光便已经在琦善上呈的一份奏折中朱批下"汉奸本自不少,又有鲍鹏往来,何信息不可得也"⑦,不单早已记下鲍鹏的名字,甚至似乎已对鲍鹏确定了罪状。为什么一名买办和通事会受到这样的对待?他究竟干犯了什么律例?

关于鲍鹏,梁廷枏的《夷氛闻记》有一段文字综述这名"奸民鲍鹏"⑧的情况:

> 鲍鹏者,香山人。幼习夷言,投身为颠地幸童。义律己见而轻之,待如奴仆,而寄以耳目。烟禁既严,畏廷桢拘惩,则逃之京,依其同乡,因转依南海作令山东之招子庸。适琦善觅通夷语者,鹏由是被荐。琦善喜其与夷狎,较衙

---

① 〈著钦差大臣琦善饬令英人速还定海沙角并查明香港地势情形事上谕〉,《鸦片战争档案史料》,第 3 册,页 50。
② 道光二十一年正月二十日,怡良上奏义律"指称钦差大臣琦善与之说定让给"香港,并"称已有文据之理"。〈广东巡抚怡良奏报英人强占香港并擅出伪示等情折〉,同上,页 92。
③ 梁廷枏:《夷氛闻记》(上海:商务印书馆,1937),第二卷,页 62。
④ 〈著擅与香港地方之琦善即行革职抄家锁拿严讯事上谕〉,《鸦片战争档案史料》,第 3 册,页 157。
⑤ 〈著山东巡抚托浑布查奏鲍鹏因何事至山东等情事上谕〉,同上,页 481。
⑥ 〈著参赞大臣杨芳等一力防御并将鲍鹏锁拿解京审办事上谕〉,同上,页 159-160;〈著将琦善鲍鹏解交刑部并派睿亲王等会审事上谕〉,同上,页 455。
⑦ 〈署理两广总督琦善奏报查明香港地势及现在筹办情形折〉,同上,页 129。
⑧ 梁廷枏:《夷氛闻记》,第二卷,页 32。

门官倍得力也，一切往来文牍口传，皆倚任焉。因而内地情形意见，悉为所泄。①

这里除了指称鲍鹏是鸦片烟商颠地（Lancelot Dent, ? —1853）的"幸童"外——这说法也见于不少其他地方②，还作了一个更严厉的指控，就是为外国人做间谍，泄露军事秘密。相对于上引怡良的奏章，梁廷枏是明确得多，因为怡良还只不过说"琦善所称夷言先战后商之说，难保非即系此等汉奸有所窥伺而教之使然也"，既不直接针对鲍鹏，也没有说他有什么具体的卖国行为，但梁廷枏却清楚地说"内地情形意见，悉为所泄"。假如怡良已经可以提出要把鲍鹏"正法海滨"，那么，如果梁廷枏的指控能成立的话，鲍鹏便非死不可了。不过，尽管梁廷枏和他的《夷氛闻记》一向都颇受重视和广为征引，但在这里他并没有能够提供任何证据，甚或是说明消息的来源，那么，究竟他的指控是否确实？

首先，可以看看琦善自己怎样去解释为什么会聘用鲍鹏：

> 伏查琦善奉派查办夷务，言语不通，又恐广东通事从中舞弊。适闻夷船前在山东，有鲍鹏赴彼传话，因于路过山东时将鲍鹏找至，携往粤省。到省后闻系前督臣指拿之犯，检查督署卷据，鲍鹏又名鲍聪，因曾在夷船充当买办，致被访拿。卷内既无告发之人，亦无指证之案，且其身带职衔，亦未据斥革，是以仅令其照文传话。至奏折密件，概不令其与闻。③

在这里，琦善作了很完整的辩解：一、言语不通，必得要找通事；二、不在广东找寻通事，因为害怕广东通事会从中舞弊；三、他原来不认识鲍鹏，那是在路过山东时经别人介绍的；四、他到广州后听到这鲍鹏为前督要捉拿的犯人，但他已作查证，根本没有成案；五、鲍鹏其实是身带职衔的；六、鲍鹏只负责一般递文传话，从没有把机密文件交给他。此外，他又解释在莲花山的会面，义律带有两名通事，自己方面"仅有鲍鹏通晓夷语，不得不令其传话"；最后他更强调自己与鲍鹏"本非素识，方且时加防范"，根本没有把他视作心腹，而最重要的就是：由于他根本不信任鲍鹏，甚至怀疑他的能力——琦善在另外的地方供称："察看鲍鹏仅通夷语，并无能为"④，早前又曾写信给托浑布，"称其人［鲍鹏］仅通夷语，是治于人，而不能治人"⑤，因此，最后"只可令其照文传话而已"⑥。换言之，他既没有重用鲍鹏，鲍鹏

① 梁廷枏：《夷氛闻记》，第二卷，页50-51。
② 例如有参与后期议和的黄恩彤也说过"鲍鹏者，粤之香山人，素与义律狎者也"。《抚远纪略》，《鸦片战争》，第5册，页412。
③ 〈刑部进呈琦善亲供一件〉，《鸦片战争档案史料》，第3册，页473-474。
④ 〈刑部进呈琦善又一件亲供〉，同上，页509。
⑤ 〈山东巡抚托浑布奏为遵旨查明上年琦善由山东携鲍鹏同行情形折〉，同上，页491。
⑥ 〈刑部进呈琦善又一件亲供〉，同上，页509。

也根本没有什么"机密"可以泄漏出去。不过,参与琦善与义律晤谈的奕山在密奏中揭发琦善与义律见面时,尽管带有"通事蔡懋等四名"同行,却往往只有"鲍鹏一人在舱传话"①,即使其他同行的巡捕、洋商以至通事等也只留在外面,对商谈内容毫不知情,但鲍鹏却相反对很多内情都非常清楚,甚至包括"如何谈论香港之事",也是"自必深悉"②,那么,奕山等人就是认为,鲍鹏是得到琦善的重用,甚至是参与了机密要事了。

事实究竟是怎样的?

我们可以看看由睿亲王会同刑部所作的调查报告③。这报告最为详尽,且也应该最为可靠,因为那是在对鲍鹏"屡加刑责"后取得的口供。据该报告说,鲍鹏原籍广东香山县,自幼学习外语,道光九年为一间美国商馆充当买办。道光十六年,鲍鹏一位族叔鲍人馆以鲍汉记名义在澳门申请到了牌照④,在英商颠地馆内任买办,后鲍人馆以病回家,鲍鹏私自代充,为洋人处理日常起居所需物品,赚取工银,其间曾代其他通事代买鸦片烟土,后遭勒索借款,鲍鹏为免受拖累,遂逃至山东,投靠同乡潍县知县招子庸。在知悉未被控告后,他原拟返广州,刚巧有洋船到达山东,山东巡抚托浑布命鲍鹏前赴探询情况。这时候,琦善刚奉派到广东与洋人议和,即致信托浑布,要求带鲍鹏同行。从这报告看,琦善所说他征用鲍鹏作通事的过程是真实的。

除此之外,关于鲍鹏是林则徐所"指拿之犯",刑部审讯的报告查出了鲍鹏被通缉的原因,是因为他的族叔曾为林则徐所访拿究问,在证明无犯案实据而释放后,也要饬拿鲍鹏查证。从这点看,琦善的解释说"卷内既无告发之人,亦无指证之案"也是准确的。关于鲍鹏的罪状,刑部审讯的最后结论是:鲍鹏所犯的"实止私充夷人买办,图赚银钱,并代人买过烟土烟膏,并无另有不法别案",结果,刑讯的判决是"即发

---

① 〈靖逆将军奕山等奏覆琦善与义律晤谈等情折〉,《鸦片战争档案史料》,第3册,页386。在这份奏折里,奕山共三次说到只有鲍鹏一人传话。

② 同上。此说法亦见诸夏燮:"[鲍鹏]追随相国[琦善]入粤,数与义律往还,所有请给香港退还定海之事,皆鲍鹏居间来往作说客。"夏燮:《中西纪事》(长沙:岳麓书社,1988),页87。

③ 下面有关刑部睿亲王对鲍鹏审讯的报告,见〈睿亲王仁寿等奏为会同审拟鲍鹏私充英人买办案由折〉,《鸦片战争档案史料》,第3册,第4册,页55-57。

④ 据嘉庆十四年(1809年),两广总督百龄及粤海关监督常显所奏,买办一向都须申领牌照,最初是由澳门同知所发,后来改为粤海关监督。为进一步监管,他们建议"嗣后夷商买办,应令由澳门同知就近选择土著殷实之人,取具族长保邻切具,始准承充,给予腰牌印照。在澳门者由该同知查稽查;如在黄埔,即交番禺县就稽查"。梁廷枏:《粤海关志》,卷二十八(夷商三),页548-549。

往新疆,给官兵为奴,遇赦不赦"①。这虽然可说是稍嫌苛严的惩处——因为如果"照贩烟旧例",那便"罪止近边充军",而"交结外国,互相买卖,诓骗财物者",依例也只是发边远充军——但也大体还是遵从旧例处理②。不过,假如这真的只是一宗普通的私充买办及买卖鸦片,道光皇帝不可能会亲自下谕指示处理,问题的核心在于当时正值中英交战,鲍鹏是以译者的身份牵涉在这场战争内。

我们在上面看过刑部的报告,鲍鹏原来是打算从山东启程返回广东的,但适值山东有洋船经过,山东巡抚托浑布命鲍鹏前赴探询情况。从这角度看,鲍鹏是被迫卷入中外交涉内的。可是,由于据报鲍鹏曾传来消息:"伊连日在船探问底细,夷人云:讲和非给银六百捧(镑)不可"③,有论者以此指控鲍鹏为托浑布"和英国侵略军勾结的媒介",甚至说"托浑布还通过鲍鹏和英国侵略军接洽投降"④,这说法是偏颇的,因为托浑布从未正式受旨和英军议和,怎会通过鲍鹏来接洽投降?其实,关于这次事件,托浑布当时最少两次已经奏报过朝廷,先在八月二十八日报告夷船南归途中请求准"民人卖给食物",但因为"文武员弁俱不解夷语",所以才找来"粗晓夷语"的鲍鹏去探询情况⑤;然后过了几天又再奏在赏给食物后,夷人十分感激,开船离去。托浑布跟着说:

> 臣犹恐夷性难测,故以押送为由,派水师巡洋武弁带同粗晓夷语之广东人鲍鹏沿途侦探。⑥

这根本谈不上什么"接洽投降",而且也说明早在琦善还没有到广州与英人谈判前鲍鹏已经开始卷入这场中英战争里,而不是有计划地与琦善相勾结的。

至于琦善方面,则是因为琦善写信向托浑布查询洋船在山东通境的事,托浑布如实报告后,让琦善知道有鲍鹏能通外语,所以把他招揽,带同往广东处理议和⑦。这做法并没有什么不妥当的地方,毕竟正如琦善自己所解释一样,他"奉派查办夷务,言语不通",要找一名译员同行是很合理的——他的前任钦差大臣林则

---

① 〈睿亲王仁寿等奏为会同审拟鲍鹏私充英人买办案由折〉,《鸦片战争档案史料》,第3册,页57;〈著将鲍鹏发往伊犁给官兵为奴招子庸革职托浑布议处上谕〉,同上,页61。认识鲍鹏的一名英国军官,在他有关鸦片战争的回忆记述里,误记鲍鹏被凌迟处死,家族也受牵连。J. Elliot Bingham, *Narrative of the Expedition to China, From the Commencement of the War to Its Termination in 1842*, Vol. I, p.411.

② 不过,睿亲王等在奏折强调这次应"从重问拟",又"现在查办严紧之际,未便轻纵",所以是发放新疆,遇赦不赦。《鸦片战争档案史料》,第3册,页57。

③ 〈山东省信〉,收怡云轩主人:《平夷录》,《鸦片战争》,第3册,页374。

④ 陈诗启:〈论鸦片战争前的买办和近代买办资产阶级的产生〉,页58。

⑤ 〈山东巡抚托浑布奏报派人赴英船探询情形片〉,《鸦片战争档案史料》,第2册,页402。

⑥ 〈山东巡抚托浑布奏报英船在登州感谢恤赏情形片〉,同上,页427。

⑦ 除了琦善自己的供词外,托浑布也作了相同的证供。〈山东巡抚托浑布奏为遵旨查明上年琦善由山东携鲍鹏同行情形折〉,页491。

徐不也是要自行组织翻译队伍吗？所以，即使真的是"琦相一见鲍姓，如获至宝"①，也是可以理解的。此外，应该强调的是，在琦善未被革职查办前，在跟义律谈判期间，他不停地向道光皇帝进奏，报告谈判进程，奏章中都有汇报由鲍鹏担任通事之职，从没有隐瞒②，更有意思的是在其中一份奏折里，琦善曾清楚说"鲍鹏因能作番语，又向义律密谈"③，可是，当时谁也没有觉得这"密谈"有什么不妥当的地方，琦善也没有因而受到道光或其他朝臣的批评或攻击。而最关键的是，即使刑部在道光皇帝下旨后，也查证不出鲍鹏有泄露军事机密、充当英国人间谍的行为。必须强调，同时受审查的琦善当时是被判"斩监候，秋后处决"④，但鲍鹏则只是发判充军而已，这足以证明鲍鹏并不是间谍，否则他一定会被正法处决的，因为刑部及各亲王实在没有理由特别要袒护或优待鲍鹏。不过，即使这样，其实道光根本就认定了鲍鹏是汉奸。在已经下旨把鲍鹏发放充军伊犁后差不多4个月，他还在一份上谕中指令严查汉奸时说，一些汉奸"与粤东鲍鹏伎俩大致相同"⑤。

不能否认，鲍鹏的一些行径确实是惹人反感的。英方一名军事人员对他的描述很能见到鲍鹏那种品格卑劣的小丑形象：

> 有一次他到澳门去，曾去拜访他的旧日主人颠地先生，后来去看他以前的佣工同事。佣工马上就嘲笑起他的增高了的身价来了。他跳起来，右臂伸出，拳头紧握，破口说道："你们以为我是一个小人物吗？你们以为我去买一斤米，一只鸡吗？不是！我是大人物啊！我的手中抓着和平，抓着战争，要是我打开它，那就和平，要是我合上它，一定打仗。"⑥

---

① 〈山东省信〉，页 374。

② 〈钦差大臣琦善奏陈英占炮台虎门和省垣现拒守两难折〉，《鸦片战争档案史料》，第 2 册，页 747。《鸦片战争》，第 4 卷，页 73、75、85。

③ 〈钦差大臣琦善奏报英人侵迫日紧情形折〉，《鸦片战争档案史料》，第 2 册，页 613。

④ 〈著将琦善斩监候秋后处决事上谕〉，《鸦片战争档案史料》，第 3 册，页 614。不过，琦善最终并没有被处斩，先是发配军台，后又获得赦免，重委官职，曾任驻藏大臣、热河都统、四川总督及陕甘总督等职位，至1854 年病逝。

⑤ 〈著扬威将军奕经等加意察看投诚汉奸并探奏义律踪迹等事上谕〉，同上，第 4 册，页 489。

⑥ 这段译文引自齐思和所译，宾汉：《英军在华作战记》，《鸦片战争》，第 5 册，页 174；但其实是完全没法表达原文那精彩地记录及摹仿了鲍鹏的广东英语：

>   On one of his [Bao Peng's] trips to Macao, he had visited his old master, Mr. Dent, and then went to see his late fellow-servants, who very soon began to jeer him on his increased consequence, when jumping up with his right arm extended, and hand clenched, he thus broke forth："You thinkee my one smallo man? you thinkee my go buy one catty rice, one catty fowl? No! my largo man, my have catchee peace, my have catchee war my hand, suppose I opee he, makee peace, suppose I shutee he, must makee fight." It loses much in relating：the fellow's manner must be seen to be understood.

> J. Elliot Bingham, *Narrative of the Expedition to China*, *From the Commencement of the War to Its Termination in 1842*, Vol. II, pp. 40-41；另外，该书的其他部分也对鲍鹏的外形和行径有所描述，ibid., Vol. I, 248-249。

另外,他又说鲍鹏是"一个最难以忍受的骗子"①,时常捏造故事,榨取金钱②。

但另一方面,以当时严重缺乏可与洋人沟通的情况来说,鲍鹏除了会说广东英语外,还具备了特殊的元素及人际网络,所以本来是很可以胜任作通事的。当时有这样的说法:

> [鲍鹏]在英吉利国管帐十二年,该处风土人情,了如指掌,夷人之有体面者,无不熟识。③

这资料有错误的地方,因为鲍鹏从没有在英国管过账,但他在广东确是认识不少外国商人,就是英方也说他是"一个机敏聪明的人,约有四十五岁,混合话说得很流利"④。

可是,从今天可以见到的文字里,鲍鹏一开始便不为中方的官员信任。托浑布说琦善向他借用鲍鹏时,他即强调"鲍鹏本系市井贸易之人,其在东省暂作通事,究未深悉其人,函嘱琦善留心驱使"⑤。另外一个较客观的意见是这样说的:

> 愚意鲍姓既知外夷情形,自当收用,然人心叵测,自当刻刻留心,多方驾驭,方可得力。若信任不疑,言听计从,事关重大,差之毫厘,失之千里矣。⑥

当然,鲍鹏不为人所信任跟他的品格和行为有关,但其实也清楚反映出那时候人们对于一些日夕与洋人打交道的人抱有怀疑甚至歧视的态度。上引林则徐所说"至买办等本系汉奸",今天看来不但过于偏激,甚至是极不公允,但其实他对"汉奸"的定义已是较为宽松了,他承认"各国夷商来粤贸易,所有货船进埔,及夷商在省在澳,均准由洋商雇给买办工人应用,定例原所不禁",只是那些"奸徒,不由商雇、私与夷人往来,勾串营私,无所不至"的才把他们称为"汉奸"⑦。以这样的定义来用在鲍鹏身上是合适的,因为他的确是私自代充买办,更有买卖鸦片等

---

① J. Elliot Bingham, *Narrative of the Expedition to China*, Vol. I, p. 249.

② Ibid., pp. 256-257.

③ 〈山东省信〉,页374。

④ J. Elliot Bingham, *Narrative of the Expedition to China*, Vol. II, p. 40.

⑤ 〈山东巡抚托浑布奏为遵旨查明上年琦善由山东携鲍鹏同行情形折〉,《鸦片战争档案史料》,第3册,页491。

⑥ 〈山东省信〉,页374。

⑦ 《林则徐集·公牍》,页141。此外,据说,林则徐把汉奸分为三等:"改装易服为其前驱,下等奸也;接济火食,引带水路,中等奸也;厚貌深文,厕身当道要津,借此窥探消息,此上等奸也。"〈《夷氛闻记》序〉,《夷氛闻记》,页1-2。

行为①。但别的人更会把一切为外国人服务、工作,以至与外国人接触的都视作汉奸。夏燮在其颇受重视的《中西纪事》里评论〈南京条约〉中有关"释放汉奸"一条时,谈到教育和汉奸的问题:

> 英人曾在新嘉坡开设英华书院,招致中国之文士,束修薪水皆数倍于中国。又闻粤中罢兵后,该夷行文照会粤东各府县教官,指出该处之某举贡某生员,令其资送出洋,是相率而为汉奸者,又不止刑余商贾之辈而已。②

跟洋人读书以及出洋,都变成了"相率而为汉奸",这便跟品德或行为没有直接关系了。汉学家魏利(Arthur Waley,1899—1966)曾分析过时人对"汉奸"的理解:

> 相对于"夷奸","汉奸"一词在这时候的文书中不断出现。在战争爆发以前,一直以来所指的是那些为外国人服务,学会外国语言,与外国人往来,又或是以不同方式跟外国人交往的中国人。诚然,那些领有牌照的买办和通事,理论上说不是"汉奸",但却时常被这样怀疑,还有的是那些与外国人进行商贸的行商。鸦片战争爆发后,又出现了新一批"汉奸",那些为敌人搜寻地图或航海图的、提供政治或军事情报的,在外国战船上做领航或技工的,诸如此类的人物。后来,"汉奸"一词更被用在那些不肯死战的而主和的人,他们被认定是收取了外国人的金钱才这样做。③

正由于与洋人有所往来的都有可能会被视为汉奸,我们便可以明白,为什么当时会有"助逆之汉奸,曹江以东仍复充斥"④、"省城大小衙门俱有汉奸探听消息"⑤、"广东沿海各处,汉奸充斥"⑥、"广东汉奸在在皆有"⑦、"粤中汉奸甚伙"、"汉奸人

---

① 最明确指控鲍鹏是真正的汉奸的,是林则徐的后人林崇墉——林则徐是他的高祖父。他在其著作《林则徐传》中以 7 页的篇幅去证明鲍鹏是汉奸。他主要的证据来自:一、宾汉的记述;二、怡云轩主人编的《平夷录》中的〈山东省信〉。不过,他的论据是不够充实的,他甚至在毫无证据下猜想鲍鹏并不是托浑布推荐给琦善的,"最可能的角色,便是英国代表义律",唯一的理由是鲍鹏从前曾替颠地工作,另外还引用宾汉所记有一次与鲍鹏约定见面,便认定"由此可知鲍鹏乃是义律所布置的内奸"。他甚至认为刑部的调查结果,"极力掩饰鲍鹏的汉奸身份"。林崇墉:《林则徐传》(台北:台湾商印书馆,1976),页468-474。但为什么刑部要这样做?为什么要祖护一名买办通事?反而对于琦善,他们就建议监候斩?他并没有作出解释。

② 夏燮:〈白门原约〉,《中西纪事》,页 132。

③ Arthur Waley, *The Opium War Through Chinese Eyes* (London: George Allen & Unwin, 1958), p. 222.

④ 〈著扬威将军奕经等汉奸审明后正法并查奏英情等事上谕〉,《鸦片战争档案史料》,第 5 册,页 169。

⑤ 〈靖逆将军奕山等奏报察看粤省兵实在情形片〉,同上,第 3 册,页 363。

⑥ 〈著靖逆将军奕山等擒拿汉奸事上谕〉,同上,第 2 册,页 490。

⑦ 〈兵部尚书裕诚等奏为遵旨严议奕山等人处分折〉,同上,第 5 册,页 422。

数众多"①、"广东省城汉奸充斥"②、"汉奸遍野"③、"汉奸附和尚有数千"④的说法。显然,所有的通事都只能被看成是汉奸了⑤。

四

在这场规模不算小的鸦片战争里,中方没有合格胜任且得到信任的通事,究竟有什么负面的影响? 这不容易解答,我们在这里只处理两个比较明显的问题。

一是战争的准备。简单来说,在搜集情报方面,没有翻译人员,便根本没法取得有关敌人最准确的资料,这令中方处于很不利的位置。我们在上面看过,负责禁烟的林则徐很清楚知道"时常探访夷情,知其虚实,始可以定控制之方"的重要性⑥。他刚到广州便马上组织翻译队伍,翻译西籍,目的就是要获取情报,好能更好与对手周旋。事实上,他甚至曾指示要到澳门秘密侦察,寻求情报,原因是"澳门地方,华夷杂处,各国夷人所聚,闻见最多。尤须密派精干稳实之人,暗中坐探,则夷情虚实自可先得"⑦。究竟林则徐对他的对手认识有多深? 这不在本文讨论范围之内。不过,在开战以前,尽管他已掌握到一些消息,英国人可能发动战争,但从所翻译西籍而理解的情况,让他确信"夷兵涉远而来,粮饷军火安能持久,我天朝水师劲旅,以逸待劳,岂不能制其死命",因此,他并不认为英国人真的会对华开战,判定所谓英舰群集,很快可以到达的消息,只不过是"谎言,原不过义律等张大其词,无足深论"⑧。这显然影响了作战的准备。此外,我们在开战以后的道光二十年(1840年)六月初五日林则徐所发的一份〈英夷鸱张安民告示〉里,仍然见到他把英兵形容为"浑身裹紧,腰腿直扑,一跌不能复起"⑨,更严重的是在一份写于七月初十日的奏折,他还这样告诉道光皇帝:

---

① 〈著两江总督牛鉴小心防护漕船并会商议奏稽查汉奸事上谕〉,《鸦片战争档案史料》,第4册,页555。
② 〈钦差大臣琦善奏报英船自浙回粤现在大概情形折〉,同上,第2册,页582。
③ 〈钦差大臣琦善奏为英人强索香港拟准在厦门福州通商折〉,同上,页582。
④ 〈靖逆将军靖山等奏报筹守内河及查勘虎门炮台情形折〉,同上,第3册,页523。
⑤ 关于鸦片战争时期的汉奸问题,可参郑剑顺〈鸦片战争时期的汉奸问题〉,《晚清史研究》(长沙:岳麓书社,2004),页92-104;亦可参 Arthur Waley, "Gutzlaff and his Traitors, Mamo", *The Opium War Through Chinese Eyes*, pp. 222-244。
⑥ 〈责令澳门葡人驱逐英人情形片〉,《林则徐集·奏稿》,中册,页765。
⑦ 林则徐:〈致奕山〉(道光二十一年三月下浣),杨国桢(编):《林则徐书简》(福州:福建人民出版社,1981),页181。
⑧ 林则徐:〈传谕西洋夷目严拒英夷由〉,《信及录》,页175。亦可参马廉颇:《晚清帝国视野下的英国——以嘉庆道光两朝为中心》(北京:人民出版社,2003),页230-231。
⑨ 〈两广总督部堂林则徐等谕近省一带军民各商工匠渔户诸色人等〉,《夷事春》(台北:国立中央图书馆,1970),页10。

> [英夷]一至岸上,则该夷无他技能,且其浑身裹缠,腰腿僵硬,一仆不能复起。不独一兵可手刃数夷,即乡井平民亦尽足以制其死命。①

当然,林则徐很可能是在故意误导道光或民众,以求达到安抚的目的,但另一方面,英国人不能屈膝,在岸上很容易被击倒的说法,在当时却的确是很流行,在这时候许多奏折以至道光的上谕里,往往见到他们兴高采烈地谈论只要把英人引诱到岸上,就可一举歼灭②。这充分显示了军事情报的不足,且有严重的后果,因为他们根本完全没有做好陆上作战准备。厦门的失陷便清楚说明这一点,负责防务的闽浙总督颜伯焘(1792—1855)完全相信厦门的炮台及石壁能抵挡英舰的炮火,但却没有想到英军从两侧登陆偷袭,清军迅即溃散;更有意思的是,道光一直要到这时候看到龙伯焘的奏折,才猛然醒觉原来英军也是强于陆战的:

> 从前议者皆为该夷习于水战,若诱之登陆,便无能为。故人人意中以为只须于海口严防,毋庸计及陆路交战。今福建厦门之役,该夷竟敢登岸,夺据炮台,伤我将兵。③

事实上,作为国家最高领导人且直接指挥着战仗的道光,对于敌情的了解确是非常薄弱。就是到了战争末期的道光二十二年(1842年),他还须向朝廷大臣查询"英夷"的基本资料:

> 细询该国底里。著奕经等详细询以英吉利国距内地水程,据称有七万余里,其至内地所经过者几国?克食米尔距该国若干路程,是否有水路可通?……该女主年甫二十二岁,何以推为一国之主?有无匹配,其夫何名何处人,在该国现居何职?……该国制造鸦片烟卖与中国,其意但欲发财,抑或另有诡谋?④

> 究竟该国地方周围几许?所属国共有若干?其最为强大不受该国统属者共有若干?又英吉利至回疆各部有无旱路可通,平素有无往来?俄罗斯是否接壤,有无贸易相通?⑤

难怪后来编辑出版《海国图志》的魏源,便对清廷军政决策者对于外情的愚昧作出

---

① 〈两广总督林则徐奏陈英占定海系早有预谋宜依靠定海军民诛灭敌军片〉,《鸦片战争档案史料》,第2册,页245。

② 例如江苏巡抚裕谦曾向道光分析与英人作战有"无可虑者四",其中之一为"夷人腰硬腿直,一击即倒。我兵矛矢击刺,矫捷如飞,用我所长,攻彼所短。"〈署两江总督裕谦奏陈攻守制胜之策事宜折〉,同上,页701。

③ 〈著直隶总督讷尔经额海口与陆路攻剿均须预备事上谕〉,《鸦片战争档案史料》,第4册,页77。

④ 〈著扬威将军奕经等向英目干布尔细询英国情形事上谕〉,同上,第5册,页222。

⑤ 〈著台湾总兵达洪阿将前获英俘在台正法并密讯近获英事上谕〉,同上,页264。

批评：

> 则一旦有事,则或询英夷国都与俄罗斯国都相去远近,或询英夷何路可通回部……以通市二百年之国,竟莫知其方向,莫悉其离合,尚可谓留心边事者乎?①

只要看过上引道光向大臣所提问有关英国的资料,便很明确知道魏源是在批评道光了。对于当时的情况,魏源确是很感愤怒的:

> 苟有议翻夷书,刺夷事者,则必曰多事。嘉庆间,广东有将汉字夷字对音刊成一书者,甚便于华人之译字,而粤吏禁之。……古之驭外夷者,唯防其协寇以谋我,不防其协我而攻寇也;止防中华情事之泄于外,不闻禁外国情形之泄于华也。②

他很明确地指出了一个异常浅显的道理:

> 故同一御敌,而知其形与不知其形,利害相百焉;同一款敌,而知其情与不知其情,利害相百焉。③

然而,在第一次鸦片战争期间,由于缺乏了翻译人才,清廷对于英国的情况毫不了解,因而往往作出了错误的判断和部署,战事更是处于不利的位置了。

第二个问题是有关谈判议和方面。在琦善被革后,接替他继续与英人议和的耆英及伊里布(1772—1843)等,又能够任用什么人做翻译、怎样去和英人商议?从现在所见到的资料,耆英及伊里布等都没有自己带买办或通事做谈判的正式翻译人员,因为耆英曾写信给两广总督,要求派遣通事到江苏。当时,他想跟英国人沟通,"晓以大义,喻以利害",但知道英国人只相信洋商伍敦元一家,于是便要求派遣伍敦元赴江苏,但伍敦元当时已年逾80,便改命儿子伍崇曜代往,另外又选派另一名"能解夷语"、"通达夷务"的洋商吴天显同行,更加派两名通事到江苏④。这显示耆英当时身边是没有翻译人员的。此外,即使这两名来自广东的通事是什么人,做过什么工作,我们知道的也不多。比较肯定是耆英曾在1842年7月21日派遣一名广东籍的通事把一封照会送给璞鼎查(Sir Henry Pottinger, 1789—1856)⑤;在另外的地方,我们又见到一位叫陈巢的通事,曾为他送信给璞鼎查⑥,估

---

① 魏源:〈筹海篇三·议战〉,《海国图志》(长沙:岳麓书社,1998),上册,页26。
② 同上。
③ 〈《海国图志》原叙〉,同上,页1。
④ 〈两广总督祁𤩋奏为饬令洋商吴天显协同伍崇曜赴差遣片〉,《鸦片战争档案史料》,第5册,页671。
⑤ 〈璞鼎查照会〉,佐佐木正哉(编):《鸦片战争の研究(资料篇)》,页165。
⑥ 〈钦差大臣耆英奏报遵旨办理对英羁縻情形折〉,《鸦片战争档案史料》,第5册,页786。

计陈巢就是其中一位广东通事。但除此以外,这两名通事的其他情况便不得而知了①。

　　此外,我们在一些资料中也见到个别通事的名字的出现,例如奕山曾用一名通事叫"吴祥"②、奕经曾用通事"江彬"③等,但除了名字外,这些通事的其他资料是完全阙如的。不过,非常明确肯定的是:他们所做的都只是一些很琐碎的工作,诸如投递信函照会等,不要说像英方的翻译人员像郭实腊(Charles Gutzlaff,1803—1851)、马儒翰等协助搜集情报以作好战争准备,就是一些重要的会晤中也没有出现,更不要说可能直接参与停战的谈判了④。然而,讽刺的是,即使是传话的工作,这些通事连英方也同样的不肯信任⑤;而且,这些通事的英语能力也是很可疑的,不要说他们"但知夷语,并不认识夷字"⑥,就是口语能力也不好。英国方面的一份资料,记载了一名由伊里布派遣到英阵营传递消息的通事,由于没法准确表达,几乎被英兵所射杀⑦。

　　在没有合格的通事可以做翻译的情况下,谈判又能够怎样进行? 我们知道,在最初的阶段里,由于道光曾下旨,"断不可轻身前往"、"不可与之会晤","只可令陈志刚等持书前去"⑧,因此,耆英和伊里布都不肯出面去进行谈判,辗转找来了伊里布"家人"——实即家仆——张喜(亦作张禧、张士淳),这是由于他一年左右

---

① 关于这次从广州调遣通事到江苏谈判,英方的材料也有记录。他们说这两名通事是经由钦差大臣伊里布给广州颁下旨令,由行商浩官指派来为英国人作翻译调停之用;不过,他们对这两名通事很不满意,"常常把我们说的话曲解,故意翻错,都是为了自己的好处,更要勒索金钱"。参 William Dallas Bernard, *The Nemesis in China, Comprising a History of the Late War in that Country; with an Account of the Colony of Hong Kong* (London: Henry Colburn, 1847 third edition), p. 363.

② 〈靖逆将军奕山等奏报英领事璞鼎查出洋北驶及团练义勇情形折〉,同上,第4册,页15。

③ 〈扬威将军奕经等奏为遵旨译出英人所呈文件折〉,同上,第5册,页34。

④ 佐佐木正哉曾以耆英给璞鼎查的信是"派通事陈巢而不是陈志刚持此函前往",而信末有"书不尽言,言不尽意"之语,判定"他[耆英]是让使者陈巢转述议和条件。密谕的要点,当由陈向璞鼎查转述了"。佐佐木正哉(著),李少军(译):〈《南京条约》的签订及其以后的一些问题〉,《国外中国近代史研究》第27辑(北京:中国社会科学院出版社,1995),页153;但这是出于他的推测,没有足够资料证明通事陈巢有密转谕旨的任务。事实上,耆英曾就此事向道光报告,奏折中同样有"此事原非笔墨所能商,尤非文书所能定"的语句,但他马上接着说"即应各派人员先行会议,两国大臣亦当面见商定",最后甚至说"复遣陈志刚送往",可见并不是以通事去转述议和条件。参〈钦差大臣耆英奏报遵旨理对英羁縻情形折〉,《鸦片战争档案史料》,第5册,页786。

⑤ 耆英曾上奏说:"第现在可以前往夷船传话者,惟外委陈志刚一人,其余通识均不为夷人所信。"〈钦差大臣耆英等奏为咨调洋商伍敦元来苏以备差委片〉,同上,页599。

⑥ 同上。

⑦ Granville G. Loch, *The Closing Events of the Campaign in China: The Operations in the Yang-Tze-Kiang; and Treaty of Nanking* (London: John Murray, 1843), pp. 107-108.

⑧ 〈著钦差大臣耆英不可亲与英酋会晤只可令陈志刚等持书前去等事上谕〉,《鸦片战争档案史料》,第5册,页537。

前曾奉时任两江总督的伊里布所派,到过当时为英军所占的定海交涉,有"抚夷"的经验①。在〈南京条约〉议和的最后阶段,张喜是中方最主要的代表。当然,作为家仆,张喜不可能进行正式的谈判,事实上,以中国的制度,就算耆英或伊里布也不能实际做主,一切的权力都集中在皇帝一人手上。不过,从张喜自己所写的《抚夷日记》看,似乎英方人员又非常乐意与他周旋,除马儒翰外,就是璞鼎查、罗伯聃(Robert Thom, 1807—1846)、郭实腊等也时有和他谈话,他还有机会大骂英国人发动战争,甚至向罗伯聃"连唾数口"怒骂,但最终又能令"该夷等各点头,容色稍悦"②,看来他也的确是像伊里布所说的"尚有口辩"③。然而,这当中根本不是进行什么议和谈判。

我们不在这里详细交代张喜怎样跟英人谈判的过程④,只想明确地指出一点:纵然张喜不是朝廷正式派来的谈判代表,但他也不是通事,而更重要的是,在整个过程里中方都没有任何通事在场,有时候与他一起到英国人军营去谈判的,诸如陈志刚、刘健勋等,又或是接上谈判工作的黄恩彤(1801—1883)等,全都不懂英文。结果,这些中方的所谓代表其实是处于很被动的位置,他们只能够跟英国那几名懂得中文的翻译官员——马礼逊、郭实腊及罗伯聃——沟通,这些英方的翻译官员差不多在整个过程中都全出席了⑤,主导权都在他们手上。

事实上,即使在正式签署〈南京条约〉的时候,中方还是没有派遣通事出席,担任重要的传译角色,这点在好几位参与其事的人的记录中清楚展示出来。更要强调的是,就是整个谈判过程中最重要的问题:〈南京条约〉条文的草拟和确定,也是英方所担当的。不要说条文的英文文本,就是中文文本也是由马礼逊根据英文原

---

① 关于张喜在定海参加谈判的情况,他自己写了详细的记述。参张喜:〈探夷说帖〉,《鸦片战争》,第5册,页335-352。

② 张喜:《抚夷日记》,页31-32。张喜在其日记中表现得非常慷慨激昂,大义凛然。有学者比对过一些英文资料,认为日记内容大体上是十分可信的。参 Teng Ssu-yu, *Chang Hsi and the Treaty of Nanking 1842* (Chicago: University of Chicago Press, 1944), pp. 10-13.

③ 〈前任两江总督伊里布奏报交卸进京日期并沥陈在浙所办各事缘由折〉,《鸦片战争档案史料》,第3册,页423。不过,令人颇难受的是他在这份奏折中说到为什么以张喜去跟英人谈判时说:"奴隶也傔,不足爱惜,即被该夷所扣,无损于事,遂许以重赏,授以机要,令其诈称职官"。同上,页424。

④ 在这课题上,现有的研究不算充分,中文方面有王尔敏:〈论张喜在中英交涉中之地位及其才品〉,《幼狮学志》第1卷第1期(1962年1月),页1-15,收中华文化复兴运动推行委员会编:《中国近代现代史论集》第一编鸦片战争与英法联军,页345-359;英文方面可参 Teng Ssu-yu, "Introduction", *Chang Hsi and the Treaty of Nanking 1842*, pp. 1-14.

⑤ Granville G. Loch, *The Closing Events of the Campaign in China: The Operations in the Yang-Tze-Kiang; and Treaty of Nanking*, p. 169.

来条款翻译出来,耆英等所做的,只是把条约抄缮呈览①,甚至认为"文理未能通顺"②也照样呈上。更甚的是,在签约仪式正式开始前,英方的翻译人员还得要一条一条向中方代表宣读和解释,目的是确保他们真的理解条文的内容和意义③。可见,在议和谈判以至和约条款的制定上,清廷根本便把翻译的责任完全交给了英方,宁可直接与马儒翰等沟通,就好像没有语言障碍一样。这其实在很大程度上是因为中方没有合格的译员,甚至是因为当时中国方面对于外交翻译的重要性还不完全理解,以致把和约条文的书写权拱手让与敌人④。

五

今天,一个公认的说法是〈南京条约〉是不平等条约:中国是在连番战败、英国人的强大军事武力威吓下被迫签署城下之盟的,而当中的条款,尤其是割让香港、强迫开放通商口岸等,都严重侵犯了中国作为主权国应有的权利。这既无异议,且也十分明确。

不过,〈南京条约〉的签订还有另一处不平等的地方,一直以来没有人提及过,那就是在整个谈判以至签约过程都是在中方没有懂得英语的翻译人员的情况下进行的。

我们在上文看过,自从琦善被撤职抄家,负责传译的鲍鹏也被解送京查罪,最后被发放伊犁,遇赦不还后,接替与英国人议和的耆英及伊里布都没有固定的翻译人员,只是间中派遣通事送信或传话,更甚的是他们没有直接出面,主要的谈判工作交给了张喜或陈志刚等去进行。由于他们完全不懂英语,所谓的谈判全给英国的翻译官员如马儒翰等操控。在今天所见到的材料里,中英双方其实没有怎样进行过讨价还价的谈判。这除了因为兵临城下,清廷的谈判代表没有什么议价的能力外,也跟语言障碍有关,他们根本不能直接与英方的领导人商谈,只能处于很被动的位置,甚至连和约的英文版本具体是怎样写的,他们也无从知悉或确定,他们所理解的是由英方所翻译和提供的中文版本。这其实有非常严重的后果,由此

---

① 〈钦差大臣耆英等奏报和约已定钤用关防并将和约抄缮呈览折‧附件:和约十三条〉,《鸦片战争档案史料》,第6册,页160-162。

② 同上,页158。

③ Granville G. Loch, *The Closing Events of the Campaign in China: The Operations in the Yang-Tze-Kiang; and Treaty of Nanking*, p. 171; Arthur Cunynghame, *The Opium War: Being Recollections of Service in China* (Philadelphia, G. B. Ziber & Co., 1845; Delware, Scholarly Resources, Inc., 1972 reprint), p.139.

④ 这还有一个原因:这时候道光以及整个朝廷都只渴求早点结束战争,英国人马上离开,因此,他们根本不重视条文的细节。这样的态度令参与仪式的英国人很感吃惊。Granville G. Loch, *The Closing Events of the Campaign in China: The Operations in the Yang-Tze-Kiang; and Treaty of Nanking*, p. 172.

也种下更多日后的祸端。

长期以来,中国以天朝大国自居,对外交往只局限于周边部族小国的一些进贡朝觐的简单活动,对于欧洲西方国家之间的外交理念全不认识。因此,不懂得政治谈判、缺乏外交翻译人员,也不是自道光朝鸦片战争开始。清初与俄罗斯签订条约,朝廷还好像能派出自己的翻译人员:那些驻京的欧洲天主教士至少表面上是为清廷服务的。可是,其后的情况可说是每况愈下。

1792 年,英国第一次派遣由马戛尔尼勋爵(George Lord Macartney,1737—1806)率领的来华使团。虽然乾隆对这次英使访华十分重视,在整个过程中十分关注,也委派了在京的天主教士做传译,甚至还赐给葡萄牙籍的索德超(Joseph-Bernard d'Almeida,1728—1805)三品顶戴,并授"通事带领"之职①,但中英双方最终还是议决,当英使在正式觐见乾隆时由使团所带的译员李雅各布(Jacobus Li,又叫作 Jacob Ly)负责传译②。尽管这名译员原是中国人,但从所有的记述里,他是对英使团认同和效忠的,完全是英使团里的一分子③。由此,这次马戛尔尼使团在中英外交的传译模式上可以说是开了一个先例,就是由英方提供为双方传译的译员。

这情形在英国第二个来华使团时不但没有改正过来,且更变本加厉。英国这次由阿美士德爵士(William Lord Amherst,1773—1857)在 1816 年所率领的访华使团,吸收了马戛尔尼出使的经验,在翻译的问题上是有备而来的。阿美士德可说是得到了当时最高水平的中英双语人才陪同他出使中国。斯当东(George Leonard Staunton,1737—1801)曾记录正式提供给中国朝廷的使团成员名单,其中4 人列为"中文秘书":"Mesrs. Toone, Davis, Morrison, and Manning, Chinese Secretaries"④,他们在中方的材料列名为"译生":"米斯端"、"米斯迪惠氏"、"米斯

---

① 〈上谕英使远来著令监副索德超前来热河照料〉,中国第一历史档案馆(编):《英使马戛尔尼访华档案史料汇编》(北京:国际文化出版公司,1996),页 10。

② George Staunton, *An Authentic Account of an Embassy from the King of Great Britain to the Emperor of China* (London: W. Bulmer & Co., 1798), Vol. II, p. 138.

③ 这名译员李雅各布,原名李自标,但在清廷的文件里,他的名字变成"娄门",是"Plum"一个不太准确的音译——使团里因为他姓李而为他取的叫法。李氏原籍甘肃武威,属于少数民族,乾隆二十五年(1760)生,乾隆三十八年(1773)与另外 7 位中国年轻人一起到欧洲学习。参方豪:〈同治前欧洲留学史略〉,《方豪六十自定稿》(台北:学生书局,1969),页 383、393。关于这次英使团的翻译问题,包括李雅各布的效忠问题及表现,可参王宏志:〈马戛尔尼使华的翻译问题〉,《台湾中研院近代史研究所集刊》第 63 期(2009 年 3 月),页 97-145。

④ George Staunton, *Notes of Proceedings and Occurrences during the British Embassy to Pekin in 1816*, in *Britain and the China Trade 1635-1842* (London & New York: Routledge, 2000), Vol. 10, p. 51.

玛礼逊"以及"米斯万宁"①。不过,担任使团副使斯当东的中文水平都比各人为高(除马礼逊外),而"医夫米斯彼耳孙"(Alexander Pearson),其实也是略懂中文的②。相反,中国方面的情况又怎样?应该指出,清廷也许并不是不明白传译人员的重要,因为从刚知道使团要来访开始,朝廷便一直要求"慎选谙晓夷语夷字之诚实可信"的通事③,但经过好几个月还是找不到④,要到使团已经离开北京,在回广州路上才见到第一位中方通事的出现。但另一方面,英使团的马礼逊却因为"言语尚为通晓"而从开始便同时为中方官员做翻译⑤。必须强调的是,这次由英方译官做双方的正式翻译员,是由清廷所委派去接待使团的长芦盐政广惠上奏给嘉庆皇帝提出的,而且也获得批准。换言之,这是清廷所认可的状况。有着这样的背景和这两个先例,我们便可以明白为什么在鸦片战争中清廷所派遣去商议和约的钦差大臣竟然可以没有带自己的翻译人员,而在整个议和以及签约过程中主持其事的是英方的翻译官员。

令人更感遗憾的是,古老的中华帝国在这第一次与西方现代国家的战争彻底地战败后,沉睡的国度并没有马上醒过来,朝廷上下没有能够从惨痛的经验中吸取教训,一切都在很短的时间里便回复从前的样子:

> 都门仍复恬嬉,大有雨过忘雷之意,海疆之事,转喉触讳,绝口不提。即茶房酒肆之中,亦大书'免谈时事'四字,俨有诗书偶语之禁。⑥

即使有人提出要改革和善后,也没有留意外交上的语言和翻译问题。原为御史、后改任江南郎中的汤鹏在战争刚结束后曾上奏讨论善后的情况,共开列 30 条建议,覆盖面不可谓不广泛,就是没有片言只字提及翻译或语言障碍和沟通的问

---

① 中方有关阿美士德使团成员名单资料,见〈英贡使等进表听戏筵宴瞻仰陛辞人数拟单〉,故宫博物院(编):《清代外交史料·嘉庆朝》第五册(台北:成文出版社,1968 年重印),页三一至三二,总页 520-524。

② 关于各人中文水平的简略分析,见 Patrick Tuck, "Introduction: Sir George Thomas Staunton and the Failure of the Amherst Embassy of 1816", in Patrick Tuck (ed.), *Britain and the China Trade*, *1635-1842* (London & New York: Routledge 2000), Vol. 10, pp. xxii-xxiv。

③ 〈兼署两广总督广东巡抚董教增等奏飞谕浙江抚臣饬局查探英船并慎选翻译人员分送直浙片〉,故宫博物院(辑):《清代外交史料》,嘉庆朝五,页三,总页 465。

④ 清廷文件中最早提及要慎选翻译人员的奏折写于嘉庆二十一年五月十一日,但过了两个多月,闰六月二十八日仍有奏片说"粤省通事未到"。〈直隶总督方受畴奏据天津道禀称英船五只移泊祁口及宁海海面片〉,同上,页四十四,总页 548。

⑤ 〈长芦盐政广惠奏拆阅英吉利贡使书信并传问译生各情形折〉,同上,页十二至十三,总页 484-485。关于马礼逊作为政治翻译的译者,可参王宏志:〈"我会穿上缀有英国皇家领口的副领事服":马礼逊的政治翻译活动〉,《编译论丛》第 3 卷第 1 期(2010 年 3 月),页 1-40。

⑥ 《软尘私议》,《鸦片战争》,第 5 册,页 529。

题①。我们要多等接近 20 年后的第二次鸦片战争战败后,才见到有同文馆的成立。然而,尽管成立同文馆的宗旨是要为中国外交训练外语人才,可是负责管理同文馆的奕訢(1838—1917),即使是在光绪年间所呈有关同文馆的奏片中,还说同文馆的学生"高者可备行人摈介之班,下者亦充象胥舌人之选"②。在这样的理念下,同文馆在很长的时间里还没有能够成功地训练出合格的外交口译人才,即使要派遣使团出国,已在同文馆修业多年的学生还是不能担任翻译的工作,例如1868 年著名的"蒲安臣使节"(Burlingame Embassy),同文馆的 6 名学生——张德彝(1847—1898)、凤仪(二人为英文馆)、塔克什讷、桂荣(俄文馆)、联芳、廷俊(法文馆)③,名义上是作为随团的翻译,但"实际上则翻译的工作全由海关上的人员作了"④;就是崇厚(1826—1893)在 1870 年就天津教案率团到法国道歉,随行的同文馆学生也"仅是考察、观摩,而非译员"⑤。在这情形下,在中英第一次鸦片战争中,中方没有合格的翻译员,看来又好像是理所当然的了。

不能否认,以两国当时的军事力量来说,英国在鸦片战争取得胜利,几乎是绝对肯定的事实,但在缺乏合格和受信任的译者的情况下,中方无论在战争情报以及谈判过程中完全处于被动的位置,这实际上也影响了战争的成败以及后果。相反,假如清廷能认识到翻译在战争和外交中的重要性,他们又是否会这样的一败涂地?

---

① 〈户部进呈江南司郎中汤鹏奏为敬筹善后事宜三十条折〉,《鸦片战争档案史料》,第 6 册,页 378-396。
② 〈光绪十二年五月二十日总理各国事务奕訢等片〉,《洋务运动》,第 2 册,页 66。
③ 同上,页 6。
④ 丁韪良(著)、傅任敢(译):〈同文馆记〉,《教育杂志》第 27 卷第 4 号,收张静庐(编):《中国出版史料补编》(北京:中华书局,1957),页 310。
⑤ 熊月之:《西学东渐与晚清社会》(上海:上海人民出版社,1994),页 316。

严复与译词:科学*

沈国威**

摘　要：对于近代启蒙思想核心概念之一的科学，置身于 19、20 世纪之交的严复是如何理解，怎样使用的？现代汉语中的"科学"借自日语，严复的"科学"与之又有何种关系？本文首先讨论了日语"科学"的创制过程以及科学思想的容受。在此基础上对严复的科学思想以及相关概念的语词表达进行了分析。本文指出，严复认为西方科学的真谛在于"观察、试验、证明"，这是在形下之学建立过程中得以确立的重要原则，也为近代以后的形上之学所遵循。严复提出中国应该特别讲求"物理科学"，即属于形而下的自然科学。本文分析了严复所使用的"科学"一词的含义及其"科学观"的本质。

关键词：科学；格致；严复；西学；新名词

YanFu and the New term "Ke Xue"

Shen Guowei

Abstract：Yan-Fu is not only a famous translator of Modern China but also a great torchbearer. One of the core ideas of modern enlightenment is "Science". How did YanFu，who lived between the end of 19th and the begin of 20th century，comprehended "Science". How did he used the word "Ke Xue"？This paper cleans up and then analyzes Yan-Fu's discourses upon "Science" and related conceptions from his writings. Such discussion will help us to know much about Yan-Fu and the "comprehension of Science" at that time.

Key words：Science；Yan-Fu；Western learning；New terms

---

* 本文初稿曾于 2008 年 10 月 25 日在关西大学文化交涉学教育研究中心举办的国际研讨会："西学东渐与东亚近代学术的形成"上宣读。此次成文之际，蒙陈力卫教授、王扬宗教授通读全文，谨致谢忱。笔者同时感谢孙青博士、韩一瑾同学在资料收集等方面给予的帮助。

** 沈国威，工作单位：关西大学外国语学部，电邮地址：shkky@ nifty. com。

一、引言:由概念到词语

我们的语言接受外来新概念大凡有两种方法,即"译"与"借"。"译者迻也",即使用自语言的有意义的语言成分将源语言中的概念移入到自语言中来。其方法有二:一,用既有的语词"移译";二,新造译词对译。前者暗含这样一个前提:人类具有一个共同的意义体系,或者曾经有过一个共同的意义体系,即意义的"原风景"。有人否定这个前提,主张不可能有真正的"译";也有人,如严复则把这个前提扩大到极致,认为在中国的古代典籍中可以找到与西方概念完全对应的词语①。我们认为语言的词汇体系有极大的柔软性,可以自我调节、自我完善。理论上或许没有绝对完美的对译,但是,随着人、物交流的增加,人类总能找到一个最大的近似值。不然,不同语言,甚至不同方言的人将永远生活在误解之中,这是不现实的。另一方面,人类具有或曾经具有过一个意义的"原风景"的主张也无法全面接受。意义体系的建构与语言文化有着密不可分的关系,说不同语言的人们用不同的方法切割世界,命名世界上的森罗万象。而作为概念的名称的"词"并不是孤立的,而是与所处语言中其他的词语保持着这样那样的关系,织成一个意义网络。任何一个词的出现、消亡或意义用法的变化,都会引起该词汇体系内同一语义场中其他词语的变动,可谓牵一发而动全身。

严复是近代中国著名的翻译家,在译词创制上曾付出了巨大的努力。对于一般意义的词,严复认为"但求名之可言。而人有以喻足矣",又说"若既已得之,则自有法想。在己能达,在人能喻,足矣,不能避不通之讥也"②;但是对于那些时代的关键词,严复则说:"盖翻艰大名义,常须沿流讨源,取西字最古太初之义而思之,又当广搜一切引申之意,而后回观中文,考其相类,则往往有得,且一合而不易离"③。对属于后者的如"自由、权力、经济"等,严复都作了极细致、深入的探索。但是,对于另一个极为重要的时代关键词:science,严复却似乎"漫不经心"。作为翻译家的严复同时还是举足轻重的伟大的启蒙家,而近代启蒙的核心概念之一是

---

① 沈国威:〈一名之立旬月踟蹰之前之后——严译与新国语的呼唤〉,《東アジア文化交渉研究》创刊号(2008),页311-335。严复甚至说:"顾不佞之意,则不甚谓然。盖若必用言语,则支那之语,求诸古音,其与西语同者,正复不少。如西云 mola,mill,吾则云磨。西云 ear,arare,吾则云犁。西云 father,mother,pama,吾云父、母、爸、妈。西云 Khan,King,吾云君。西云 Zeus,Dieu,吾云帝。西云 terre,吾云地。甚至西云 judge,jus,吾云则,云准。西云 rex,ricas,吾云理,云律。诸如此类,触处而遇。果使语言可凭,安见东黄南白不出同源?"严复(著)、王栻(编):《严复集》(北京:中华书局,1986),第5册,页1246。
② 严复(著)、王栻(编):《严复集》,第3册,页518。
③ 同上,页519。

"科学"。那么置身于 19 世纪末 20 世纪初的严复,怎样理解 SCIENCE①,如何使用"科学"就是一个饶有兴趣的问题了。本文以《严复集》所收的严复著述和严复的早期译著为考察对象,对严复的"科学"及其相关概念、言说进行梳理②。通过这样的尝试我们或可以对严复的"科学观"有新的了解。

二、译词"科学"的诞生:创制与共享

在日本,西方新知识的移入始于 18 世纪中叶兴起的兰学。尽管兰学家们用"穷理"等中国传统词语指称来自西方的新知识,但已深刻地认识到了中西之间知识的体系性与方法论上的巨大差异。如宇田川榕庵在《植学启原》(1834)的卷首写道:"西圣立三科之学。曰辨物也。曰究理也。曰舍密也。以综错万物。贯之于一。……故学者。必先修辨物之学。类其形质。征其异同。次之以究理。而穷动何以飞走。植何以荣枯之理。又次之以舍密。而离合万物所以资生之元。……辨物者。乃理学之入门也。舍辨物而遽事究理。……而究理舍密之阶梯也。医学属于究理之门。故西洋取医於理科。凡为医者。必先进于辨物之学。以研讨内景药物。而后通于究理舍密之奥旨"③,并指出"躬试亲验"才是真正的穷理之学。进入明治期(1868)后,日本开始全盘导入西方的新知识。明治三年末(1870),西周在私塾育英舍作题为《百学连环》的讲义,系统地介绍西方的知识体系。西周首先在总论部分指出:西方有"百般学科,不胜枚举",所有的"学科"都各有"学域",探讨学术之精微全凭学者,而学者各专科是为专门家,专门家固守"学域"不越雷池一步。而汉学虽也有经史等区别,但不存在学域。接着西周引用 Sir. W. R. Hamilton 的言说,对"学"与"术"(science and art)意义与区别进行了长篇论述④。《百学连环》总论的部分内容后以《知说》为题,连载于《明六杂志》。在《知说》三中,西周说:四大洲自古以来并非没有学术,但比起今日之欧洲,则有天壤之别。所谓学术之盛不是一学一术尽其精微极其蕴奥,而是"群学诸术"以"结构组织"的形态集为大成。这种情况亘古未有,欧洲也是 19 世纪之现在才开始出现。接着西周再次对"学术"二字进行了意义阐述:"学"只根植于智性,属于"观门",即观察真理、进行思索的部门;"术"遵循已知之理而为,属于"行门",即进行实践的部门。两者的秩序为"学"先"术"后。西周指出:"学"的根本在于

---

① 英文大写表示概念,小写表示该语词。
② 严复(著)、王栻(编):《严复集》全 5 册(北京:中华书局,1986);严译名著丛刊《天演论》、《原富》、《穆勒名学》,商务印书馆 1981 年版。
③ 宇田川榕庵:《植学启原/植物学》(东京:恒和出版,1980),页 15。
④ 大久保利谦(编):《西周全集》(东京:宗高书房,1981),第 4 卷,页 41-69。西周还介绍了"学"与"术"的种类:pure science, applied science, mechanical art, liberal art, fine art, ...本文对此不作深入分析。

考察研究(investigation),而其方法有数种,西洋晚近的方法有三,曰视察(observation,百学连环中为"实验"),曰经验(experience,"试验"),曰证明(proof)。"学"之成立缺一不可①。在《知说》四中,西周提醒读者注意:当前最重要的研究方法为演绎(deduction)与归纳(induction)。接着,西周做了如下的阐述:

> 将事实归纳成一贯之真理,又将此真理按照前因后果演示成一模范者,谓之"学"(science)。真理因学既已明白了然时,活用之,以利人类万般事物者,谓之"术"。故"学"之旨趣唯在于讲求真理,而不可论究其真理于人类有何利害得失。"术"则根据真理而活用之,使吾人避害就利、背失向得者是也。(中略)故"学"於人性常能开其智,"术"於人性善能增其能。
>
> 然"学"与"术"虽如此旨趣迥异,至于所谓**科学**,有两者相混,不可判然区别者。譬如化学(chemistry),虽然,分解法之化学(analytical chemistry,今译分析化学,译者注)可称之为"学",总汇法之化学(synthetical chemistry,今译合成化学,译者注)可称之为"术",亦有不可判然相分之处。②〔黑体为原文中的字符串,下同。〕

西周接着补充道"欧洲学术之盛超越古今,但其综合统一之观尚未有定论。孔德论述诸学次第,由单纯者至有组织者,立五学之规范"③。孔德的五学及其次第为:天文学、物理学、化学、生理学、社会学,而西周《百学连环》所涉及的学科要复杂得多④。字符串"科学"正是在这样的语境中首次出现的。这里的"科学"曾被当作 science 译词的首例书证,西周也就成了译词"科学"的创造者⑤。但现在日本学界一般认为此处的"科学"并不是 science 的含义,而是 subject 或 discipline 的意思⑥。就是说文中的"科学"有可能是"学科"之误,后者是西周在《百学连环》中

---

① 山室信一、中野目彻(校注):《明六杂志》(东京:岩波书店:2009),中册,页202。以下引文均为笔者试译,下同。文中的英语是由日本原文中的音译假名复原的。

② 《明六杂志》第22号,明治七年十二月刊行(1874年12月19日),收山室信一、中野目彻(校注):《明六杂志》,中册,页236。

③ 同上,页237。亦参见樊洪业:〈从"格致"到"科学"〉,《自然辩证法通讯》,第10卷第3期(1988),页39-50。

④ 《百学连环》先分为"普通学"与"殊别学",其下各辖历史(地理学、文章学、数学);心理上学(神理学、哲学、政事学、制产学、计志学)、物理上学(格物学、天文学、化学、造化史)。

⑤ 铃木修次:《日本漢語と中国》,中央公论社,1981年,页61-94。铃木在该书的第2章对 SCIENCE 概念传入日本以及译词的诞生进行了详细的梳理和论证。日本明治初期还有"科举之学"意义的"科学"的例子,如:"然レドモ科学ハ空文無益ニ成行モノ故試官ヨク其人ノ正邪ト実行トニ注意スベシ。"明治二年(1869)四月《公议所日志》八下。参见惣郷正明(编):《明治のことば辞典》(东京:东京堂出版,1986)。

⑥ 飞田良文:《明治生まれの日本語》(京都市:淡交社,2002),页205。

多次使用的术语。之所以得出这一结论除了对上下文的理解之外,另一个重要原因就是此后的一段时间里,西周在自己的著述中没有使用"科学"一词。当然我们也可以作这样的推断:西周的原意是用"学"作 science 的译词,用"术"作 art 的译词,用"科学"代替以前使用的"学科"去译 subject,或 discipline,以表达"一科之学"、"专科之学"或"分科之学"的意思。

与此同时,中村正直也在《明六杂志》上连载译文介绍西方的知识体系和为学的方法。中村写道:

> 希腊、罗马极盛之时,学士、文人多有著述。然其时尚未有印刷术,故流传后世的书籍甚为稀少。但其残阙之中散见"真理"(truth)及"学术"(science)的火光。及至后世,其星星之火蔓延成燎原之势。①

中村在译文中使用了"学术"一词语,并标出了 science 的发音。中村在译文后的按语中说:根据西人所说,其学问大抵分为两类,即形而上、形而下两类而已。文法学、议论学(即逻辑学,笔者注,下同)、上帝道之学(即宗教学)、人道之学(即伦理学)、律法学、政事学等属形而上;格物学(即物理学)、百工诸术之学、分离学(即化学)、医学、农学等属形而下②。西周谈及的学科内容及其次第在中村这里变成了形上、形下之分,无疑这里也暗含着等级的优劣。

"科学"的第一次出现尽管是一个偶然事件,但随着西方学术体系的全盘引介,指称 science 所涵盖的全部内容的新名称也就呼之欲出了③。在《知说》发表3年后的 1877 年,西周以《学问在于深究渊源论》为题在东京大学做讲演:

> [谈及深究学问之渊源]应时势之急需,掠取捷径等事于今日也在所难免,然而既然一切为从事学问,应尽量不与当世之事发生直接关涉,而追求各个**科学**深远之理,此等貌似无用之事,为探明理,必要把握完整的知识;收集诸多特别之理,使之归于一贯之原理,如此学术以臻左右逢源之境。④

标题的"学问"对应 science 似不应有疑问,而文中的"科学"受"各个"修饰,意指组成 science 的所有学科。这篇旨在探讨如何治新学的文章反映了西周对百科诸学与哲学关系的思索。又两年后,中村正直在译稿中写道:

---

① 中村正直(译):《西学一斑》,《明六杂志》第 10 号,明治七年六月刊行(1874 年 6 月 28 日),收山室信一、中野目彻(校注):《明六杂志》,上册,页341。这虽然是一篇译文,但中村对欧洲学术的历史展开及其背景加入了自己的整理、说明。
② 《明六杂志》第 16 号,明治七年九月刊行(1874 年 9 月 22 日),同上,中册,页87。
③ 除了概念体系上的需要以外,还有来自语言形式,即双音节化的要求。同时我们也应留意英语原词的意义、用法上的变化。
④ 大久保利谦(编):《西周全集》(西周记念会,1960),页572。参见辻哲夫《日本の科学思想》,(东京:中公新书,1973),页178。

所谓**科学**(学问)者,须熟知以何种元素而成立哉。不问其为何等事情,试仅观察宇宙间万物之现象(phenomena),从中发现自然之力(force)遵从某种天则,发挥其作用,对此等事实既得以推究,则其现象可加以**科学**性地论述。于史学亦然。①

文中的"科学"、"学问"都标注出了 science 的发音,这是"科学"第一次明白无误地作为 science 译词的使用,并出现了"科学的"的用例②。这表明"科学"的词义不再仅仅局限于学科组成,还引申到了科学之所以为科学的方法论的层面③。1881 年出版的《哲学字汇》中明确地建立了"科学 = science"的对译关系,在这以后,"科学"逐渐为日本社会所接受,成为 science 的标准译词。

进入明治二十年代后(1887—),"科学"成为日本社会的流行词④。而从日本工具书的释义上看,此时的"科学"意义仍偏重于自然科学,如《日本大辞书》(1893)的"科学,理学的另一名称";《帝国大辞典》(1896)的"万物皆有法则,据此而进行的研究的学问的一切叫科学。与哲学相对而称,科学为形而下之学,哲学为形而上之学";以及《日本新辞林》(1897)的"科学,与哲学相对立"等。辞典类的注释反映了当时的日本社会把科学与哲学对立起来的理解倾向。而对于日本近代哲学与科学的关系,辻哲夫指出:

日本在接受近代科学时并没有认识到科学本身所具有的治学方法、理论认识结构等都是科学内在的本质因素;而是仅仅将科学作为掌握有用的专门知识的学问,即作为实学、理学加以接受的。这时,日本实际上还不具备从本源上准确地把握科学的方法论及其认识结构的可能性。然而,近代哲学的引介在弥补上述缺欠方面发挥了重要作用,尽管这并不是引介者的初衷。这可以说是一个极具日本特色的过程。⑤

在后文中我们将会看到,文中的"日本"如果换成东方,或径直改为"中国"也并非无的放矢。

下面让我们把视线转向中国。樊洪业曾指出"格物致知"长时间以来是中国士大夫道德修养的方法,而自明中叶阳明学派起,朱熹所提倡的"穷物理"的努力

---

① 中村正直(译):《史学》第一编上,明治十二年(1879)。原著为 G. G. Zerffi 的 *The Science of History*。本书是应日本方面的要求执笔的,对日本实证主义史学的建立起了重要的作用。加藤周一等(编):《日本近代思想大系 13 历史认识》(东京:岩波书店,1991),页 260。引文原文录自飞田良文:《明治生まれの日本語》,页 206,笔者中译。

② 日语的"科学的"是 scientific 的译词。

③ 论述的"科学性"除了言之有据外,还应包括逻辑学意义上的推理之方法等。

④ 飞田良文:《明治生まれの日本語》,页 206-210。

⑤ 辻哲夫:《日本の科学思想》,页 179-180。

完全被放弃①。明末,耶稣会士来华,对于西士所传之学的内容,徐光启说"略有三种,大者修身事天,小者格物穷理,……"②,并将"格物穷理之学"视作天学的"余绪"③。进入 19 世纪后,西学由新教传教士再次传入中国,人们用"格致、格物"等来指称 science 中的自然科学部分,进而又专指物理化学,或单指物理学④。现代汉语中的"科学"一词来自日语,那么在中国,谁、何时开始使用"科学"的? 意义用法如何⑤? 对于这些问题的回答成了近代学术史的关注点⑥。何人最先在汉语的文献中使用了"科学"? 樊洪业在前揭论文中认为这一荣誉属于康有为,朱发建则在论文指出:根据台湾学者的研究,使用了"科学"一词的康有为奏折有事后改篡之嫌,不足为凭;康有为《日本书目志》中的"科学"也仅用于书名,不能作为首例书证。也就是说,我们不仅要看词形是否存在,而且要分析使用者对词义的把握情况⑦。朱发建认为最早使用"科学"的是王国维⑧。王国维在光绪二十五年十一月(1899 年 12 月)刊行的《东洋史要》的序中写道:

> 同学山阴樊君炳清,译日本桑原骘藏君之东洋史要。既成刊有日矣。吾师藤田学士乃论述此书之大旨,而命国维书其端曰,近世历史为一**科学**。故事实之间不可无系统,抑无论何学,苟无系统之智识者,不可谓之**科学**。⑨

---

① 樊洪业:〈从"格致"到"科学"〉,页 40。

② 徐光启:〈刻《几何原本》序〉,《几何原本》(1607),收李之藻等(编):《天学初函》(台北:学生书局,1965)第 4 册。

③ 徐光启:〈《泰西水法》序〉,《泰西水法》(1612),同上,第 3 册。

④ 樊洪业:〈从"格致"到"科学"〉,页 44-45。

⑤ 留日学生编纂的术语集《新尔雅》(1903)对"科学"的定义是:研究世界之现象,与以系统的知识者,名曰科学。汪宝荣、叶澜(编):《新尔雅》(上海:国学社,1903)。

⑥ 较早的研究有袁翰青:〈科学、技术两词溯源〉,《北京晚报》,1985 年 9 月 19 日、樊洪业:〈从"格致"到"科学"〉等。尤其是樊文以较大的篇幅深入探讨了从格致到科学的转换问题。近期则有金观涛、刘青峰的研究:《观念史研究:中国现代重要政治术语的形成》(香港:香港中文大学出版社,2008)。是书第 12 章运用语料库统计分析的新手法,论证了中国近代语境中的"格致"、"科学"的消长以及观念史上的若干问题。两者对笔者均深有启发。除此以外,艾尔曼:〈从前现代的格致学到现代的科学〉《中国学术》2000 年第 2 期(2000),网络版、朱建发:〈最早引进"科学"一词的中国人辨析〉《吉首大学学报(社会科学版)》,2005 年第 2 期,页 59-61)、周程:〈究竟谁在中国最先使用了"科学"一词?〉《自然辩证法通讯》第 31 卷总 182 期(2009 年 4 月),页 93-98)、张帆:〈从"格致"到"科学":晚清学术体系的过渡与别择(1895—1905 年)〉《学术研究》2009 年第 12 期(2009),页 102-114)等专文都深入地讨论了"科学"一词。

⑦ 亦参见沈国威:〈康有为与日本书目志〉,《或问》第 5 期(2003),页 51-69。

⑧ 参见朱建发:〈最早引进"科学"一词的中国人辨析〉。周程认为唐廷枢"是中国近代第一个使用'科学'之人"。但文中所示唐廷枢的例子"教科学"与"教科书"的构词一样,应分析为"教科" + "学"。

⑨ 格致学堂(译):《东洋史要》(上海:东文学社,1899)。关于本书的情况及译词问题请参阅实藤惠秀(著)、谭汝谦、林启彦(译):《中国人留学日本史》(北京:三联书店,1983),页 216;沈国威:《近代日中语汇交流史》(东京:笠间书院,1994),页 222-268;(改订新版 2008 年),页 223-272。

藤田丰八和王国维之间关于科学有过何种讨论不得而知，明白无误的是：藤田告诉他的弟子科学的本质是各种现象及知识之间的体系性，历史学也不例外。这正是自中村正直以来的日本实证主义史学的主张。不过，仅就时间而论，下面梁启超的例子则更要早一些：

> 然则太平洋之未来。于政事商业宗教学术。凡人种增进。及其争夺之事。关系不小。而将为万国民之大战场。殆不容疑也。及于彼时。则其动机所起。有二个之现象。一曰**科学**之进步。二曰列强之均势是也。①

然而我们必须认识到梁启超的这篇文章是日本报刊的译述，对"科学"一词的理解很难达到经过藤田丰八口传亲授的王国维的深度。

进入 20 世纪以后，日本书（包括杂志）的中译本大量出版，加之中国开始进行教育体制的改革，"科学"一词的用例大增，甚至渗透到官样文章中去。如张之洞等制定的《学务纲要》中有"凡教员**科学**讲义，学生**科学**问答，于文辞之间不得涉于鄙俚粗率"的例子②。此时，"科学"的意思是"分科之学"。但鼓吹"中体西用"的张之洞并没有认识到：中国既需要引入 SCIENCE 所体现的西方学术体系，即学科建构；又必须接受 SCIENCE 之所以成立的、与中学完全不同的治学方法以及被其称为"鄙俚粗率"的术语等。严复正是在这一尴尬时代直面所谓"科学"问题的。

三、SCIENCE（科学）之于严复

严复的后人曾对严复的知识谱系及背景作过如下叙述：出生于福建侯官乡间中医家庭的严复，14 岁考取福州马尾船厂附属的船政学堂——马江学堂，时为 1866 年。翌年正式入学，"所习者为英文、算数、几何、代数、解析几何、割锥、平三角、弧三角、代积微、动静重学、水重学、电磁学、光学、音学、热学、化学、地质学、天文学、航海术"③。卒业后在海军供职，1875 年受派赴英，1876 年入格林尼次海军大学，"肄业高等数学、格致、海军战术、海战、公法及建筑海军炮台诸学术"④，留英两年有余。严复于 1879 年卒业回国，先后任福州船政学堂教习、烟台海军学校教习等职，1880 年调任天津水师学堂任总教习（教务长），1890 年升任学堂总办。从学历、职历上看，严复可以说是一个典型的技术官僚，但是他并没有技术方面的翻

---

① 梁启超：〈论太平洋之未来与日本国策〉，《清议报》第 13 期，光绪二十五年三月，页 12-14。
② 张百熙、荣庆、张之洞：《学务纲要》1903 年 9 月，录自舒新城（编）：《近代中国教育史料》（北京：中华书局，1928），页 8-30。
③ 严璩：《侯官严先生年谱》，《严复集》，第 5 册，页 1546。
④ 同上，1547 页。

译著述传世。相反,早在英国学习期间,严复就对人文科学显示了极大的兴趣①。由上可知,严复自进入船政学堂后直至留学英国所接受的是西方的科学教育,由自然科学入,继而广泛涉及人文科学。但是,我们还应该指出,严复的知识获得是在英语这一单一语言内完成的,其间不存在着由一种语言译成另一种语言的过程。所以当他想要向国人介绍西方的知识体系时马上碰到了语言上的困难。下面我们分别讨论严复使用"科学"之前、之后的情况。

严复 1895 年 2 月 4 日、5 日在天津《直报》上发表《论世变之亟》②,对西方之所以强提出了自己的见解。严复说:

> 今之称西人者,曰彼善会计而已,又曰彼擅机巧而已。不知吾今兹之所见所闻,如汽机兵械之论,皆其形下之粗迹,即所谓天算格致之最精,亦其能事之见端,而非命脉之所在。其命脉云何?苟扼要而谈,不外于学术则黜伪而崇真,于刑政则屈私以为公而已。

即,学术须"黜伪而崇真",政治法律须"屈私以为公",其他如汽机兵械、天算格致都不过是枝节末端,"非命脉之所在"。一个月后,严复发表《原强》③,继续探讨西方之所以强。在这篇文章中,严复作为中国的知识分子首次介绍了达尔文的进化论,称之使"泰西之学术政教,为之一斐变焉"。严复还介绍了群学(社会学),指出这是"大阐人伦之事"的学问,要学习群学必须学好数学、名学(逻辑学)、力学(物理学)、质学(化学)。这样,数理化等形下之学就成了"大阐人伦之事"的形上之学的基础了。严复还将知识分为"天地人"三类,认为"人学为尤急切",因为包括了生理学和心理学的人学是治群学的必要条件。这些都反映了这一时期严复对 SCIENEC 的理解,我们不难看出其中有孔德学说的影子④。

1895 年 5 月 1 日至 8 日严复再次在《直报》上连载《救亡决论》⑤,这是继《原强》之后阐述西方知识体系的又一篇重要文章。文中严复指出,中国要改革,"莫亟于废八股",关于教育、学术体制的改革,严复认为只有"痛除八股而大讲西学"。在痛批了八股种种误国害人弊病之后,严复说"西学格致"与中学完全相反,"一理之明,一法之立,必验之物物事事而皆然,而后定之为不易",即任何理论都必须经过实践的检验。文中的"西学格致"是以自然科学为主要内容的西方科学。严复说:"且西士有言:凡学之事,不仅求知未知,求能不能已也。学测算者,不终身以窥天行也;学化学者,不随在而验物质也;讲植物者,不必耕桑;讲动物者,不必牧

---

① 曾纪泽:《出使英法俄国日记》(长沙:岳麓书社,1985),页 186。

② 严复(著)、王栻(编):《严复集》,第 1 册,页 1-5。

③ 同上,页 5-15。

④ 樊洪业:〈从"格致"到"科学"〉,页 45-46。

⑤ 严复(著)、王栻(编):《严复集》,第 1 册,页 40-54。

畜。其绝大妙用,在于有以炼智虑而操心思,使习于沈者不至为浮,习于诚者不能为妄。"强调了科学的非功利性质及其对人格的熏陶培养作用,指出科学完全可以取中国"理学"而代之。这样严复便在自己与主张"西学为用"的张之洞等之间画了一条线。

关于学之为学,严复指出:

> 西人举一端而号之曰"学"者,至不苟之事也。必其部居群分,层累枝叶,确乎可证,涣然大同,无一语游移,无一事违反;藏之于心则成理,施之于事则为术;首尾赅备,因应釐然,夫而后得谓之为"学"。

文中的"学"无疑即西方的"分科之学"。按照严复的理解,任何一种知识要上升为"学",必须有组织、有系统(部居群分,层累枝叶;首尾赅备,因应釐然)、可以验证、有定义严谨的术语。这样的"学"既可做理论上的探究,也可应用于人类社会(即后文的"公家之用"和"专门之用")。

1898 年《天演论》刊行,在导言十八《新反》中,严复写道:

> 古之为学也,形气道德岐而为二,今则合而为一。所讲者虽为道德治化形上之言,而其所由径术,则格物家所用以推证形下者也。撮其大要,可以三言尽焉。始于实测,继以会通,而终于试验。三者阙一,不名学也。而三者之中,则试验尤为重也①。

这段文字是从下述的原文敷衍而来的:

> And the business of the moral and political philosopher appears to me to be the ascertainment, by the same method of observation, experiment, and ratiocination, as is practised in other kinds of scientific work, of the course of conduct which will best conduce to that end. ②

即,古代分为形上、形下的两种学问,现在已经合二为一了,这是形上之学也遵循形下之学的三大原则的结果;严复指出:实测、会通、试验是科学之所以为科学的要素,缺一不可,其中"试验尤为重也"。英国听众不需要的背景知识,对于中国读者来说却是必不可少的,故严复不得不加入了原文所没有的内容。严复还在讨论伦理进化和同情心的导言十四《恕败》中加入了一句自己的话:"虽然,学问之

① 赫胥黎(著)、严复(译):《天演论》(北京:商务印书馆:新华书店北京发行所,1981),页44。
② Thomas Henry Huxley, *Evolution and Ethics and other Essays* (New York: D. Appleton & Co., 1902), p.43. 这段原文的现代汉语译文为:伦理学家和政治哲学家的任务,我认为应该是用其他科学工作中所采用的同样的观察、实验和推论的方法,去确定最有助于达到此项目的行动方针。赫胥黎(著)、《进化论与伦理学》翻译组(译):《进化论与伦理学》(北京:科学出版社,1973),页30。唯文中的"推论"似应译为"验证",即严复的"试验"。

事,贵审其真,而无容心于其言之美恶"。意即,科学的目的在于发现自然规律(真理),而不是审判人类的善恶丑美。赫胥黎的这两篇文章并没有过多地涉及科学问题(science 仅两例),那么,我们不禁要问:严复关于科学问题的知识来自何处?

1897 年秋《国闻报》创刊,严复在沉默了两年之后,开始重新在报刊上发表文章。1898 年 9 月 22、23 日严复在《国闻报》上连载了《西学门径功用》①,这是严复在通艺学堂所作的演说辞(9 月 18 日)②。严复在本篇中对西"学"之方法作了较之上引《天演论》更为详细的阐述:

> 大抵学以穷理,常分三际。一曰考订,聚列同类事物而各著其实,二曰贯通,类异观同,道通为一。考订或谓之观察,或谓之演验。观察演验,二者皆考订之事而异名者。盖即物穷理,有非人力所能变换者,如日星之行,风俗代变之类;有可以人力驾驭移易者,如炉火树畜之类是也。考订既详,乃会通之以求其所以然之理,于是大法公例生焉。此大《易》所谓圣人有以见天下之会通以行其典礼,此之典礼,即西人之大法公例也。中西古学,其中穷理之家,其事或善或否,大致仅此两层。故所得之大法公例,往往多误,于是近世格致家乃救之以第三层,谓之试验。试验愈周,理愈靠实矣,此其大要也。

即探索真理的"学",首先要对客观事物进行准确的观察(考订、演验),然后根据各自的特点进行分类(贯通);在此基础上对各种现象的之所以然作出解释,总结出规律性的东西(典礼或大法公例)。中西古代的学问家,不管其成就的高下,大致只做到了这两层,"故所得之大法公例,往往多误"。近代以降,西方的学者引入了"试验",即对"大法公例"加以检验,以纠正观察和总结规律时的错误,这正是近代科学精神的诞生。严复指出中西二学之不同在于西学重视"读无字之书"而不读"第二手书",以观察为起点,注重实践,不"为古人所蒙"。严复告诉听众:

> 而于格物穷理之用,其涂术不过二端。一曰内导;一曰外导。(中略)如化学、力学,如天、地、人、动、植诸学多内导。至于名、数诸学,则多外导。学至外导,则可据已然已知以推未然未知者,此民智最深时也。

"内导"即归纳,"外导"即演绎,演绎法的掌握与运用是科学进步的象征。严复还再一次谈到了科学的社会功用,并强调科学的非功利性更为重要。他说:

> 须知学问之事,其用皆二:一、专门之用;二、公家之用。何谓专门之用?如算学则以核数,三角则以测量,化学则以制造,电学则以为电工,植物学则以栽种之类,此其用已大矣。然而虽大而未大也,公家之用最大。公家之用

---

① 严复(著)、王栻(编):《严复集》,第 1 册,页 92-95。
② 既然是演说,就有一个能否"听"懂的问题。

者,举以炼心制事是也。

严复关于"学"的言说均可以与前引西周的主张相参见,两者有着极大的一致性。这样两位深刻影响各自国民的启蒙家相距近 30 年,都将科学的真谛介绍给了自己的同胞,而且都是在 science 的等价物(译词)尚未确立并为社会所认知的情况下。如下文所述,严复关于 science 的理解和认识主要来自亚当·斯密的 *An Inquiry into the Nature and Causes of the Wealth of Nations*,1776 和穆勒的 *A System of Logic*,1843。

四、严复与"科学"

如上所述,严复在早期的著述中主要使用"格物穷理、学、学问、学术、格致"等来表达 science 所包含的概念。就是说,尽管严复对 science 的意义有深刻的理解,但始终没有采用一个固定的译词。严复使用"科学"始于 1895 年以后着手翻译的《原富》《穆勒名学》,尤其是后者中"科学"出现数十例。受翻译的影响,1900 年前后,严复开始在自己的著述中使用"科学"。我们可以在《严复集》中检出"科学"的用例 143 词次,具体情况如下:

《严复集》中"科学"使用情况一览

No	篇名	时间	例数	册	页
1	《原富》按语	1897—1900 年	3	四	853—921
2	译斯氏《计学》例言	1901 年 9 月	6	一	97—101
3	《国计学甲部》(残稿)按语	1900 年?	1	四	848
4	《穆勒名学》按语	1900—1902 年	8	四	1027—1053
5	与张元济书	1902 年 2 月 5 日	1	三	550
6	与《外交报》主人书	1902 年	16	三	557—565
7	论今日教育应以物理科学为当务之急	1901—1911 年	21	二	278—286
8	译《群学肄言》自序	1903 年 4 月	2	一	123—124
9	《群学肄言》译余赘语	1903 年 4 月	1	一	125
10	京师大学堂译书局章程	1903 年 8 月	7	一	127—131
11	政治讲义	1906 年 1 月 20 日	37	五	1241—1316
12	与甥女书	1906 年	1	三	833
13	《法意》按语	1900—1909 年	5	四	935—1027
14	《普通百科新大词典》序	1911 年	2	二	276—277

续表

No	篇名	时间	例数	册	页
15	天演进化论	1913 年 4 月 12 日—5 月 2 日	2	二	309—319
16	救贫	1913 年 4 月 17—18 日	1	二	319—322
17	民可使由之不可使知之:讲义	1913 年 9 月 5—6 日	1	二	326—329
18	读经当积极提倡	1913 年	2	二	329—333
19	《民约》平议	1914 年 2 月	1	二	333—340
20	与黄君书	1914 年	1	三	723
21	《古文辞类纂》评语	1911—1917 年	1	四	1201
22	题李一山汝谦所藏唐拓武梁祠画像有序	1918 年	1	二	399—440
23	何嗣五赴欧观战归,出其记念册子索题,为口号五绝句	1918 年后	2	二	403—404
24	书示子璿四十韵	1918 年后	1	二	409—410
25	《庄子》评语	?	7	四	1104—1150
26	与熊纯如书	1916—1920 年	3	三	642—710
27	与侯毅书	1918 年	3	三	721—722
28	与俞复书	1918 年	3	三	725
29	与子女书	1918—1921 年	3	三	808—825
	总计		**143**		

　　上表是参照《严复集》的注释等,对各文献的执笔时间进行确认后,按时间顺序重新排列的结果,反映了严复接受、使用译词"科学"的过程。在这里我们首先需要对其中几种文献的执笔时间作一些说明。

　　1.《原富》的按语:《原富》于 1900 年全部脱稿,按语也应该在此之前。但不排除校正阶段的语词调整,总之所用词语反映了 1900 年前后的情况。

　　2.《国计学甲部》(残稿)的按语:《严复集》编者指出"原著及翻译的时间均未详,可能是早期的翻译"。所谓早期指 1896 年前后,即早于《天演论》,但是本文中使用了"宗教学、言语学、历史、哲学家、主观、客观"等日语词汇,以严复对日语的态度和日语知识,1896 年的可能性极小。

3.《论今日教育应以物理科学为当务之急》:《严复集》编者认为本文作于1901 年至 1911 年之间,时间跨度长达 10 年。笔者认为:本文与"与《外交报》主人书"所讨论的问题相同(均为教育问题),应属于同一时期的著述,从学制改革的历史和语词的使用情况(如文中使用了德育、智育、体育、美术等日语借词)上看,也可大致确定本文执笔于 1903 年前后。

4.《庄子》的评语:《严复集》中未标出具体时间,但是文末附有曾克耑癸巳秋福州的序。癸巳年为 1893 或 1953,均有疑问。严复手批庄子是在 1910 年以后,并在评语中多次使用"科学",这一点应该引起我们的注意。

从上表可知,严复主要在以下三个资料群中使用了"科学":

(1) 严复在《原富》、《穆勒名学》等的按语中(上表的文献 1—4)共计 18 处使用了"科学"。无疑,这些用例反映了严复在翻译过程中对 SCIENCE 的理解以及表达这一概念的译词的选择倾向。

(2)《与外交报主人书》和《论今日教育应以物理科学为当务之急》中的"科学"。代表性的文献为上表中的 5—10,共有例句 40 余条,时间集中在 1903 年前后。

(3)《政治讲义》中的"科学"。该文共使用"科学"37 例,1906 年前后是严复另一个"科学"频繁使用期。

以下分别讨论三个资料群中的"科学"。

1. 严译《原富》与《穆勒名学》中的"科学"

译书按语中的"科学"无疑是翻译工作的伸延,因此我们先来看一下两书译文部分的"科学"。《原富》今译《国富论》,是亚当·斯密出版于 1776 年的经济学著作。斯密在第 5 篇第 1 章第 3 节第 2 项"青年教育机构的费用"中讨论了中小学至大学的经费来源、学科体系及课程安排、教学双方的教育环境等问题①。正是这段或多或少游离了经济学主旨的文字,science 的用例共出现了 27 词次②,或者使用复数形式,或者与 art 对举③。以下为主要的原文与译例:

(1) In its nature, it is arbitrary and discretionary; and the persons who

---

① 原著使用了 London William Pickering 1995 年版(http://www. archive. org);译著《原富》为商务印书馆1981 年版(亚当·斯密[著]、严复[译]:《原富》[北京:商务印书馆,1981]);同时参照了谢祖均的中译本《国富论》(亚当·斯密[著]、谢祖均[译]:《国富论》[北京:新世界出版社,2008])。

② 本书 science 一共使用 43 词次。

③ 现代汉语中,"科学"常与"技术"连用,也有"一门科学"的说法。但是不具备形态变化手段的汉语,使用"科学"这一相同的字串,表达 science,scientific 的不同意义。

exercise it, neither attending upon the lectures of the teacher themselves, nor perhaps understanding the sciences which it is his business to teach, are seldom capable of exercising it with judgment.

严译:盖徒有督责之权,而不知所课者何物。(页621)

[笔者注:斯密在此讨论了教学工作的监督问题,严复只是译出了意思,而没有给出 science 的译词①。]

(2) If in each college, the tutor or teacher, who was to instruct each student in all arts and sciences, should not be voluntarily chosen by the student, but appointed by the head of the college;…

严译:其中课授科学之师常不许学者自择,而必由管学者之所命,……(页622)

[笔者注:这是严复第一次在译文中使用"科学"这一文字串。但在这里是对译 arts and sciences②。]

(3) In the universities, the youth neither are taught, nor always can find any proper means of being taught the sciences, which it is the business of those incorporated bodies to teach.

严译:国学所教多专门之科学。(页624)

[笔者注:sciences 被严复译为"专门之科学"③。]

(4) The parts of education which are commonly taught in universities, it may perhaps be said, are not very well taught. But had it not been for those institutions, they would not have been commonly taught at all; and both the individual and the public would have suffered a good deal from the want of those important parts of education.

严译:至于国学所教之专门科学,得隽者非历所定年数不可,而所学之能否优劣次之。此二者所以异效也。虽然,国学之制诚不足以言善,而平情论之,使非有国学之设,则科学之废而勿讲者必多,而一国之民智将因是而不进矣。(页624)

---

① "就其性质来说,是专横和任意的。行使这个权利(原文如此——引用者)的人本人既没有听教师的课,也许还不懂教师所讲授的那门学科。他们很少有能力做出正确的判断。"谢祖钧等译中文版页719。

② "如果每个学院里讲授所有文学和科学的导师或教师不是学生自愿选择的,而是由院长指定的;……"中译本页720。

③ "而在大学里,青年人既没有学到大学所应该教导他们的科学,也经常找不到可以学习这些科学的适当手段。"中译本页721。

[笔者注:严复用"科学"译 education①。]

(5) Different authors gave different systems, both of natural and moral philosophy.

严译:名学之兴也,由于形气道德二科学者所持之宗旨相诡,所由之涂术迥殊。(页 628)

[笔者注:严复的"二科学"是指称形下之学和形上之学。在斯密撰写本书时,两者在方法论上还是大相径庭的②。]

(6) … and logic, or the science of the general principles of good and bad reasoning, necessarily arose out of the observations which a scrutiny of this kind gave occasion to; though, in its origin, posterior both to physics and to ethics, it was commonly taught, not indeed in all, but in the greater part of the ancient schools of philosophy, previously to either of those sciences.

严译:故名学之兴也,后于形气道德二科之学而始有,而古者教人之序,必使先治名学,而后从事于形气道德之科。(页 629)

[笔者注:严复译得较简洁。但明确地谈到了学科之间的关系③。]

18 世纪 70 年代时,亚当·斯密使用的 science 的核心词义是:A particular branch of knowledge or study; a recognized department of learning(OED, Second Edition, 1989);严复的"科学"虽然还不能说是忠实的对译,但基本上表达出了"分科之学"的意义,同时这也是当时一般的用法。另一方面,除了译文部分以外,严复还在例言、按语中使用了 7 例"科学"。这些摆脱了原文束缚的例子,从另一个侧面反映了严复对译词"科学"的理解,关于这些例子我们将在后面讨论。

然而,笔者认为严复对 science 的理解与其说来自亚当·斯密,毋宁说来自穆勒。几乎与《原富》同时开始翻译的《穆勒名学》对严复科学观的形成影响极大。该书引论第二节的标题:Is logic the art and science of reasoning? 被严复译为"辨逻

---

① "通常在大学里所传授的那部分教育,也许可以说都教得不很好。但是如果没有这些大学,那他们就会全然接受不到那些教育,那么不论个人和社会都将由于缺乏这些重要部分的教育而蒙受极大的损失。"中译本页 721。

② "不同的作者对自然哲学和道德哲学提出了不同的体系。"中译本页 725。

③ "而逻辑学,或者说关于好坏的推理的普遍原则的科学必然就在这类细致的观察中产生了。虽然它的产生晚于物理学和伦理学,这门科学一经产生就在大部分古代哲学学校里都开设了,而且先于物理学和伦理学,……"中译本页 725。

辑之为学为术"①。在译文之前严复加了很长一段文字的按语,对为何要将 Logic 译为"名学"的理由作了说明。按语之后是翻译正文:

> 俗谓名学为思议之术。近代名学专家(此指魏得利,魏官教言牧长,著《名学》、《语言学》二书)始取前说附益之而为界说曰:名学者,思议之学,而因明其术者也。欧洲数百年来,科学骎骎日臻胜境,独名学沿习陈腐,其进甚微,颇为学人所诟病。独是家所得方之他人为多,其著说风行一时,而时始知重。审其界说之义,以学兼术,盖必能析思之体,通其层累曲折之致,夫而后能据所以然之理,而著为所当然之法以施于用。其义之善,较然无疑。今夫一思之用,其心境之所呈,心力之所待,与期间不可乱、不可缺之秩序,使非昭晰无疑,将何所基而而立致思之术,诏为虑之方乎? 故知方术既行,致知斯在。世之不待学而能者,其术必至浅耳。即有术焉初不本于专科之学,亦以其术所本之学方多,抑非谓其无学也。盖人事外缘至为繁赜,往往求一事之能行,必先尽多物之性、致众理之知而后可。故曰"不学无术"也。

这段颇费理解的译文的原文如下:

> 2. Logic has often been called the Art of Reasoning. A writer* who has done more than any other living person to restore this study to the rank from which it had fallen in the estimation of the cultivated class in our own country, has adopted the above definition with an amendment; he has defined Logic to be the Science, as well as the Art, of reasoning; meaning, by the former term, the analysis of the mental process which takes place whenever we reason, and by the latter, the rules, grounded on that analysis, for conducting the process correctly. There can be no doubt as to the propriety of the emendation. A right understanding of the mental process itself, of the conditions it depends on, and the steps of which it consists, is the only basis on which a system of rules, fitted for the direction of the process, can possibly be founded. Art necessarily presupposes knowledge; art, in any but its infant state, presupposes scientific knowledge; and if every art does not bear the name of a science, it is only because several sciences are often necessary to form the groundwork of a single art. So complicated are the conditions which govern our practical agency, that to enable one thing to be *done*, it is often requisite to *know* the nature and

---

① 原著为 New York Harper & Brothers, Publishers 1848 版(http://www. archive. org);译著为商务印书馆 1981 年版(约翰·穆勒[著]、严复[译]:《穆勒名学》[北京:商务印书馆:新华书店北京发行所发行,1981]);日文版为大关将一(译):《伦理学体系》(东京:春秋社,1949)。

properties of many things.

＊Archbishop Whately

两相比较,原文与译文有较大的游离①。在此我们暂不讨论为何会如此,主要来看一下严复对 science 的理解。在原文中 art"术"与 science"学"是一对对立的概念,且"学"优于"术"。所以穆勒说,一直被认为是"推理之术"的 Logic,在英国知识界的地位并不高。这种情况在大主教 Whately 将 Logic 重新定义为"既是推理之术又是推理之学"以后才发生了变化。之所以这样重新定义,是因为 Logic 作为推理之"学"要对推理时的心理过程进行分析;同时为了保证推理过程得以正确进行,需要为之准备一套规则,这就是 Logic 作为推理之"术"的另一方面。穆勒认为新定义的正确性是不容置疑的。"术"是以"学"为前提的,没有"学"支撑的"术"必然浅薄,严复甚至调侃式地说"不学无术"。那么,"术"与"学"的区别在哪里?"术"是否可以,或如何上升为"学"②? 对所观察的现象进行有体系的规则化被认为是必不可少的过程。同时某些"术"之所以不被称为"学",是因为这种"术"以若干种"学"为基础。而 Logic 则是一种为其他学科提供为学方法的"统诸学之学",这也正是严复急于向中国的读者介绍名学的理由。接着穆勒写道:

Logic, then, comprises the science of reasoning, as well as an art, founded on that science. But the word Reasoning, again, like most other scientific terms in popular use, abounds in ambiguities.

这里提出了科学术语重要性的问题。严复的译文如下:

然则名学者,义兼夫术与学者也;乃思之学,本于学而得思之术者也。顾思之一言,自常俗观之,若至明晰;而以科学之法律绳之,则歧义甚众。

science 译作"学",scientific 则译作"科学"。在这段话里,严复加了一条夹注,

---

① 较严格的对译应为:逻辑学曾常常被称作推理之术(the Art of Reasoning)。在我国有教养的人们的评价中,逻辑学的声望极为低落。为了恢复斯学往日的辉煌,比任何人都竭尽全力的是某著述家。他对上述定义作了若干修正,他将逻辑学界定为既是推理之学,又是推理之术。所谓推理之学的意思是:逻辑学是对我们推理时的心理过程所进行的分析;而所谓推理之术的意思是:逻辑学是一组规则,它是分析赖以存在的基础,并保证推理过程的正确性。上述定义的修正其正当性是不容置疑的。对于心理过程本身的正确理解与心理过程所依据的诸种条件,以及构成推理的步骤等都以这一规则体系为基础,正是依据这些规则,正确的分析过程才得以建立。术必然以知识为前提。术只要不是处于原始状态,都以科学的知识为前提。如果说并非所有的术都需冠以"学"的名号,那是因为某一种"术"常常需要以若干种"学"为基础的缘故。左右我们实践活动的条件是如此繁复,完成一事每每需要了解众多事物的性质、特征。(笔者试译)

② 关于中国传统上的"学""术"之别以及与近代西学的关系等问题,请参阅罗志田:〈走向国学与史学的"赛先生"〉,《近代史研究》2000 年第 3 期(2000 年 6 月),页 59-94。

解释"科学"都包括哪些内容："格致之事至于医药,皆为科学,名、数、质、力,四科之学也";指出了 Logic 与其他学科的关系以及自身的定位："名学虽其理有以统诸学,而自为一科学";最后提到了科技术语的问题："科学理莹语确,故其律令最严"①。

引论第 3 节以下,穆勒对 Logic 的性质、与其他学科的关系、效用、定义记述方式作了论述。在正文部分(尤其是部(乙)),穆勒论证了归纳与演绎的详细内容,并对学科的性质作了区分。严复使用"内籀"、"外籀"分译上述两个概念,尤其是用"学"译 science,用"术"译 art,可以说与西周如出一辙。在译文中严复使用了"他科之学、诸科学、科学之所分治、分科之学、外籀科学、试验科学"等与"科学"有关的词语。严复对穆勒展示的西方 science 的理解还可以从两书的"例言"和按语中了解一二。例如,在《原富》的"译事例言"中严复指出:计学属于归纳性的学科,所谓归纳者即观察现象,总结规律;那些无法总结出规律的现象,则无法成为科学探究的内容;科学的目的在于证明自然规律的正确与否,而不是是否合于"仁义";科学必须遵循自然规律(《原富》页 7-14)。严复在按语中指出,各学科所发明的新规律"有裨益于民生日用者无穷"(《原富》页 624)。对于科学赖以成立的术语问题,严复说,科学术语,尤其是动物、植物、化学、生物、生理、医学等学科的术语大抵出自古希腊语和拉丁语(《原富》页 626),西方的学者往往抛弃日常世俗所使用的名称,另立新名,以求记述的严谨,乃是不得已(《穆勒名学》页 35)。反观中国,训诂法并不对术语进行严格的定义,只是同名互训,解释古今意义的不同。术语定义不明、正误不辨的情况不利于科学的发展(《穆勒名学》页 35)。

那么,严复的译词"科学"来自何处? 1900 年前后在本土作者的汉语语料中"科学"的用例可以说是绝无仅有。但《清议报》、《译书汇编》等登载日语翻译文章、受日语影响的杂志已经有了"科学"的用例。严复是有可能接触到日语新词的,例如严复在《原富》、《穆勒名学》中多次使用了日语译词"哲学"②。但是,即使在词形上无法完全否认日语的影响,严复的"科学"在词义上也与日语并没有直接的关系。science 可以是单数形式,也可以是复数形式,而汉语词没有性数格的形态变化。严复试图用"学"和"科学"分别表达作为一个整体的,或由各科之学组成

---

① 约翰·穆勒(著)、严复(译):《穆勒名学》,页3。以下引文页码随文注出。

② 严复对"哲学"并不满意,说"理学其西文本名谓之出形气学,与格物诸形气学为对,故亦翻神学、智学、爱智学,日本人谓之哲学。顾晚近科学独有爱智以名其全,而一切性灵之学则归于心学,哲学之名似尚未安也。"(约翰·穆勒[著]、严复[译]:《穆勒名学》,页12)。关于严复的译词创制参见沈国威:《近代中日词汇交流研究》(北京:中华书局,2010),第 2 编第 3 章;严复译词与日语之关系,请参见朱京伟:〈严复译著中的新造词和日语借词〉,收冯天瑜(编):《人文论丛》2008 年卷(北京:中国社会科学出版社,2009),页 50-81。

的学术体系。也就是说,对于严复,"科学"还不是一个结合紧密的复合词①。

2.《与外交报主人书》等的"科学"

第二个资料群中的《与外交报主人书》是严复对《外交报》第 3 期(1902 年 3 月 4 日)上的文章《论中国语言变易之究竟》的回应,连载于第 9 期(1902 年 5 月 2 日)、第 10 期(1902 年 5 月 12 日)上,刊载时文章题目为《论教育书》,署"瘿懑堂来稿"。本文使用"科学"16 例,意义用法是对《原富》、《穆勒名学》的继承和延伸,逸脱不大。

当时关于教育制度的改革议论百出,代表性的有:(甲)中学为体,西学为用;(乙)西政为本,西艺为末;以及《外交报》载文的主张:基础教育应该使用国语而不是外语②。严复逐条加以驳斥,"科学"出现在对(乙)的反驳中。严复说:"西政为本,西艺为末"的说法完全是"颠倒错乱"。什么是"艺"? 不就是指"科学"吗? 逻辑学、数学、化学、力学都是"科学"。这些"科学"总结、积累了无数"通理公例",西政中好的部分都是根据这些通理公例而建立的。赫胥黎说:西方的政治还没有完全遵循这些"科学"的原则,不然,西方的政治还不止现在的水平。中国的政治越来越差,不足以在世界上争得一席之地,就是因为不遵循"科学"的原则,所行与"科学"的通理公例相违背的缘故。在严复看来,一般被认作形下之学的"西艺"恰恰完整地体现了"实测、会通、试验"的近代科学之精神,所以如果将"科学"视作西艺,那么"西艺实西政之本",而不是相反。论者或说西艺不是"科学",那么西政西艺就都出于"科学"(即两者均为科学的下位概念),就像左右手那样,本来就无所谓本末之分。在这里,严复的"科学"实际上具有狭义和广义的两种含义;前者指称包括逻辑学在内的形下之学,后者意为统括形上、形下二学的知识体系。严复明显地是在狭义上使用"科学"的。

属于同一资料群的《论今日教育应以物理科学为当务之急》是一篇讲演稿(不完整),时间、地点、听众的情况均不明③。在这篇讲演稿中,"科学"共出现 21 次(含标题中的一次)。事情的起因是:某陈姓御史上书朝廷,声言废除了八股以后的学堂讲授语言、物理、化学等课程,这些内容都和学生毕业后成为治理国家之才无关。严复斥责他根本不懂教育。严复指出人的思维可分为"思理"和"感情"两种,前者可以用"是非然否"作判断,后者只是"心之感觉",没有"是非然否"的问题。用今天的术语就是"理性思维"和"感性思维"的区别。严复认为:"德育主于感情,智育主于思理","而智育多用科学"。严复的"科学"是指自然科学,其目的

---

① 《原富》、《穆勒名学》中的"一科学"、"二科学"等用法反映了这种情况。真正的复合词其内部构成要素不再接受外部修饰,如"很大海"、"很旧居"都是错误的表达。

② 严复关于国语的观点,我们将另文加以讨论。

③ 时间应在《京师大学堂译书局章程》(1903 年 8 月 29—31 日大公报)之前。

是要发现"自然规则"。严复创造"自然规则"一词代替了以前使用的"大法公例、通理公例"。严复同意赫胥黎的意见：教育的目的在于"开瀹心灵,增广知识",如果"教育得法,其开瀹心灵一事,乃即在增广知识之中"。那么在"有限学时之中,当用何种科学为之",才能达到上述的目的呢？严复说：演绎性的数学、几何,归纳性的物理、化学、动物、植物等诸科都不但能增加知识,而且有"治练心能之功"。严复认为：中国教育的问题在于"偏于德育,而体智二育皆太少";偏于美术,短于物理;演绎性的多,归纳性的少;"所考求而争论者"都不需要"求诸事实";所以"学成而后,尽成奴隶之才"。欲"疗此痼疾",严复开出的药方是多学"物理科学"。严复所谓的"物理科学"包括：物理、化学、动物、植物、天文、地质、生理、心理诸学,相当于今天的自然科学和一部分人文科学。严复认为物理科学既可以改变中国的"士民心习",又可以推广实学,对于富强国家是不可或缺的。这篇文章的主旨与《答外交报主人书》完全一样！严复还说：所谓"科学"必须严格定义,"不得妄加其目。每见今日妄人几于无物不为科学"。严复主张学科的建立必须有科学的方法,即前文所引的《救亡决论》中的那段文字："西人举一端而号之曰'学'者,至不苟之事也。必其部居群分,层累枝叶,确乎可证,涣然大同,无一语游移,无一事违反;藏之于心则成理,施之于事则为术;首尾赅备,因应鳌然,夫而后得谓之为'学'。"1902 年起,严复开始负责京师大学堂译书局事务。在译书局章程中严复提出：基础课程教科书的翻译"应取西国诸<u>科学</u>为学堂所必须肄习者,分门翻译"①。所谓的"诸科学",严复解释道：

- 照西学通例,分为三科：一曰统挈**科学**;二曰间立**科学**;三曰及事**科学**。
- 统挈**科学**分名、数两大宗,盖二学所标公例为万物所莫能外,又其理则钞众虑而为言,故称统挈也。
- 间立**科学**者,以其介于统挈、及事二科之间而有此义也。间科分力、质两门：力如动、静二力学、水学、火学、声学、光学、电学;质如无机、有机二化学。
- 及事**科学**者,治天地人物之学也。天有天文,地有地质,有气候,有舆志,有金石;人有解剖,有体用,有心灵,有种类,有群学,有历史;物有动物,有植物,有察其生理者,有言其情状者。

通过上面的分析可以知道,在 1903 年前后,严复对"科学"的理解除了具有分科之学、专科之学、学科的意义外,还特别指称那些归纳性质强烈的自然和人文学科。严复在谈到欧美在不及两百年中取得了巨大的进步时说,其原因"惟格致之

---

① 严复：《京师大学堂译书局章程》,《严复集》,第 1 册,页 129-130。

功"①，这里的"格致"应该说已经超越了传统"格致"的范畴了。

3.《政治讲义》中的"科学"

　　严复集中使用"科学"的另一篇著作是《政治讲义》②。这是严复1906年初应青年会骆君之请而作的讲座的记录稿。整个讲座分为8次，"科学"共计使用37词次，主要出现在第一讲，即总论部分。在讲座中，严复开宗明义首先指出："盖政治一宗，在西国已成**科学**，**科学**之事，欲求高远，必自卑迩。"所谓"已成科学"即形而上的政治也采纳了形而下的分科之学的基本原则。接着严复分析了"学"与"术"的不同之处："取古人谈治之书，以科学正法眼藏观之，大抵可称为术，不足称学。""学者，即物而穷理，即前所谓知物者也。术者，设事而知方，即前所谓问宜如何也。然不知术之不良，皆由学之不明之故；而学之既明之后，将术之良者自呈"。在这里严复再次重复了"不学无术"的观点。然后，严复指出"此一切科学所以大裨人事也，今吾所讲者，乃政治之学，非为政之术，故其途径，与古人言治不可混同。"接下来，严复以动物、植物学为例阐述了治政治学的方法："（一）所察日多，视其不同，区以别之，为之分类，一也；（二）一物之中，析其官体之繁，而各知其功用，二也；（三）观其演进之阶级，而察其反常，知疾痛病败之情状，三也；（四）见其后果之不同，察其会通，而抽为生理之大例，四也。"严复认为"如化学、力学，如天、地、人、动、植诸学"是典型的归纳性学科，以动植物学为例来说明政治学的治学方法不能不说是饶有兴味的。严复还指出"应知**科学**入手，第一层工夫便是正名。""我辈所言政治，乃是**科学**。既云**科学**，则其中所用字义，必须界线分明，不准丝毫含混。""夫**科学**之一名词，只涵一义，若其二义，则当问此二者果相合否。""因**科学**名词，含义不容两歧，更不容矛盾。"然而在1906年当时，中国的科技术语制定还未完成，所以"讲**科学**，与吾国寻常议论不同，中有难处：一是求名义了晰，截然不紊之难；二是思理层析，非所习惯之难。"严复感叹道："今者不佞与诸公谈说**科学**，而用本国文言，正似制钟表人，而用中国旧之刀锯锤凿，制者之苦，惟个中人方能了然。然只能对付用之，一面修整改良，一面敬谨使用，无他术也。"严复一方面指出用本国国语讲授科学是不刊之宗旨③，同时又悲观地说中国做到这一步需要20年的时间④。在8次讲授中，严复介绍了政治学的历史及研究政治学的方法，指出：政治学不是为政之术。同其他科学一样，政治学只需实事求是，找出社会变化的

---

① 严复（著）、王栻（编）：《严复集》，第2册，页283。
② 同上，第5册，页1241-1316。
③ "方今欧说东渐，上自政法，下逮虫鱼，言教育者皆以必用国文为不刊之宗旨。"严复：〈严复致伍光建函〉，《严复集》，第3册，页586。
④ 严复在《与〈外交报〉主人书》中深入讨论了这个问题。严复甚至说："追夫廿年以往，所学稍富，译才渐多，而后可以以中文授诸科学，而分置各国之言语为专科，盖其事诚至难，非宽为程期，不能致也。"严复（著）、王栻（编）：《严复集》，第2册，页562。

自然规则来。《政治讲义》中的"科学"是西方新知识体系下的一个分科,在方法论上、术语上都与中国以往的旧学问不同。严复试图将新的政治学与治学的方法都传授给听讲的年轻人。

五、小结

最后,让我们来描述一下严复的 SCIENCE 认知历程:"学"与"术"是两个对立的概念,"学"的目的在于对真理(自然规则:严复语)的追求;"术"则是"设事而知方",偏于实用。"术"可以升华为"学",必要条件是付诸观察的诸事实现象的"体系化"。就"学"而论,古时"学"分为"形气道德"(即形上形下二学),名学作为哲学的分支属形下之学;然而近代以降,形下之学的原则(即实测、会通、试验)被广为接受,故"形气道德"皆成"科学",其中尤以考究归纳演绎等推论法的名学为诸学之学。严复认为中国传统旧学"既无观察之术""又无印证之勤"①,"是以民智不蒸,而国亦因之贫弱"②,亟需讲求如物理、化学、动物、植物、天文、地质、生理、心理等学。以归纳法为基础的此等"物理科学"既利民生,又益民智。崭新的、体系俨然的"科学"将改变旧世界,也是中国救亡的唯一途径。这就是严复推崇"科学",尤其是"名学"、"物理科学"的原因。

在译词的层面,严复在《原富》中首先开始使用"科学",取义"一科之学",这也是当时中国社会较为一般的理解。所不同的是,严复为"科学"注入了科学之所以为科学的含义。但需要指出的是,严复始终没有放弃用"学"来指称整个人类知识、学问体系的努力。例如,1909 年起严复任清学部审定名词馆总纂,主持审定了近 30 000 条科技术语。对于 science,该委员会所选定的标准译词(即教育部审定词)是"学";列于第二位的"科学"只是作为广泛使用的新词介绍给社会而已,严复等审定者们对"科学"显示了保留的态度③。

有论者认为严复自己的著述中发生了"格致"为"科学"所取代的现象④,这当然与汉语的整个大环境有关,整个汉语社会选择了"科学"迻译 science。令人不解的是严复对这一重大"事件"未置一词。

通过上面的分析,我们知道严复本人对 SCIENCE 所指称的内涵、实践SCIENCE 所需要遵循的方法、SCIENCE 术语的特点、中西学之间本质上的区别以

---

① 严复(著)、王栻(编):《严复集》,第 2 册,页 281。
② 同上,页 285。
③ 沈国威:〈官话(1916)及其译词——以"新词""部定词"为中心〉,《アジア文化交流研究》2008 年第 3 号 (2008),页 113-129。
④ 参见樊洪业:〈从"格致"到"科学"〉及张帆〈从"格致"到"科学":晚清学术体系的过渡与别择(1895—1905 年)〉。

及传统社会对"学"、"术"的态度等都做过认真的思考。然而当时,从严复"晦涩"(或不得不如此①)的言说中理解科学真谛的国人能有多少? 其后,高声疾呼"赛先生"的"五四"旗手们推动了科学思想的普及,也开启了"科学万能"的滥觞;"科学"走上了与严复"公家之用最大"的初衷不同的道路。而其在近代中国语境中的得失如何,似乎已经不是翻译史(包括译词史)研究的内容了。

---

① 关于严复在语言层面所受的限制,请参见沈国威:《近代中日词汇交流研究》,第 2 编第 3 章。

哈葛德少男文学(boy literature)
与林纾少年文学(juvenile literature):
殖民主义与晚清中国国族观念的建立[*]

关诗珮[**]

摘　要：在林纾翻译的芸芸200多部外国文学作品中,哈葛德的作品在数量上居于首位。过去的研究都认为哈葛德小说中冒险跌宕的情节,是深深吸引晚清读者的原因。然而事实是,出现在英帝国维多利亚扩张主义时期的哈葛德小说,其实是服膺于西欧少年运动,而哈葛德的写作对象,更开宗明义是少男,其目的是要培养少年人的男子英雄气概,为国家帝国主义及海外殖民活动服务。这些小说本应为受尽英帝国主义蹂躏的晚清中国所拒绝,但却通过林纾大量的翻译输入到中国来。本文以性别及殖民的方向,讨论林纾为何选译哈葛德的作品,并深入分析他如何通过翻译,挪用哈葛德小说中的性别观念,鼓励国人,达到晚清以翻译文学救国的目的。

关键词：林纾;少年文学(少男文学);哈葛德;性别翻译;维多利亚时期文学

Lin Shu's translation of Sir Henry Rider Haggard's juvenile boy literature into late Qing China

Uganda Kwan Sze Pui

Abstract: Of the over 200 foreign works translated by Lin Shu from 1898-1924, Sir Henry Rider Haggard was the most frequently translated author. The paper will

---

* 本文初发表于2009年1月7—8日由哈佛大学、台湾中研院文哲所、复旦大学中国古代文学研究中心及中国近代文学学会合办"中国近代文学国际研讨会",后来亦曾在日本东京大学超域文化学部、早稻田大学中文系及新加坡国立大学中文系作报告,在此要特别感谢东京大学斋藤希史教授、早稻田大学千野拓政教授以及新加坡国立大学傅朗教授的邀请,让我有机会跟他们的师生分享及交流。最后,在本文搜集资料期间,得到林依桦、王慧萍、蔡竺耘三位南洋理工大学中文系的同学的帮忙,在此也表达谢意。

** 关诗珮,工作单位:南洋理工大学中文系,电邮地址:UgandaKwan@ntu.edu.sg。

focus on the translation of juvenile literature. On the surface, the works were adventurous novels. However, they were written in the late Victorian period, the prime of British expansionism and imperialism. Targeting white juvenile boys as readers, the adventurous novels were found to be an effective vehicle for implanting various kinds of Orientalist and colonialist thinking to the young readers in Britain. Because of this underlying ideological interpellation, China should have opposed Haggard's works in late Qing, when China was under the threat of western imperialism. The paper, taking up gender and postcolonial perspectives, discusses and analyzes why Haggard's juvenile boys literary works were not rejected but translated in great numbers by Lin Shu. We will also see how Lin Shu appropriated them to excite and mobilize his Chinese male readers to build a yet to be born young nation.

Key words: Lin Shu; juvenile literature; Sir Henry R. Haggard; gender-biased; Victorian literature

引言

众所周知,哈葛德(Sir Henry Rider Haggard, 1856—1925)的小说在晚清经由林纾译介到中国来。在芸芸外国名家中,其受欢迎程度,仅次于柯南道尔(Sir Arthur Conan Doyle, 1859—1930)[①]。然而,过去人们对林译哈葛德小说的印象,始终停留于胡适、钱玄同、刘半农等人以高雅文学角度发出的"五四"论述;指称哈葛德的作品只属二三流,并不值得大费笔墨来翻译[②]。结果是,哈葛德的作品无法独立地被中国读者认识。提起哈葛德,中国的读者总浮现"五四青年"以及鲁迅、周作人对林译的苛评[③]。这情况可能到了钱锺书〈林纾的翻译〉一文(1967 年)后,才稍有变动。钱锺书用心良苦,旁征博引,意欲为林纾说回一句公道话,同时也顺理为哈葛德平反:"颇可证明哈葛德在他的同辈通俗小说家里比较经得起时间的考验。"[④]但即使在钱锺书笔下,哈葛德的地位也不见得特别崇高,他始终不是世界

---

① 1896—1916 年出版的翻译小说中,数量第一的是柯南道尔(32 种),第二是哈葛德(25 种),参陈平原:《中国现代小说的起点》(北京:北京大学出版社,2005),页 44。

② 有关如何脱离"五四价值"研究林纾翻译活动及价值,参看关诗珮:〈现代性与记忆:"五四"对林纾文学翻译的追忆与遗忘〉,收陈平原(编):《现代中国》第 11 辑(北京:北京大学出版社,2008 年 10 月),页 91-119;及关诗珮:〈从林纾看文学翻译规范由晚清中国到五四的转变:西化、现代化和以原著为中心的观念〉,《中国文化研究所学报》总第 48 期(2008 年 8 月),页 343-371。

③ 许寿裳:《亡友鲁迅印象记·杂谈名人》(北京:人民文学出版社,1953),页 9。

④ 钱锺书:〈林纾的翻译〉,《林纾研究资料》(福州:福建人民出版社,1983),页 323。

一流作家。

其实,要确立某位作家是不是世界一流,并没有很大的意义,毕竟这只不过是文学经典化过程的成果,而在这个"去经典"的时代,讨论文学经典化背后的动机,才更值得我们关注。因此,要了解哈葛德为什么在晚清拥有大量读者,而在二十年不到的"五四"后却销声匿迹,不像狄更斯(Charles Dickens, 1812—1870)、莎士比亚(William Shakespeare, circa 1564—1616)等成为重译对象,我们今天不能再从"五四价值"出发。因为"五四"时期高扬的"纯文学"理念,恰恰掩盖了哈葛德作为晚期维多利亚社会流行文学的特征,以致看不到哈葛德的写作对象是谁,他为什么风行英国社会等因素。不过,这并不是说中国过去一直没有尝试探究哈葛德在晚清流行的原因,其中一个很有分量的说法,就是出自鲁迅之口。鲁迅在〈上海文坛之一瞥〉指斥上海通俗文学的庸俗及势利时,就把哈葛德的小说置于"才子佳人论"下,他虽然没有说明才子佳人如何势利,但我们明白,这与才子佳人故事张扬的意识"书中自有黄金屋、书中自有颜如玉"有关①。鲁迅的观察是如此锐利,到了一个程度,学界此后只认为,哈葛德的小说之所以能吸引晚清大量读者,纯粹因为在传入中国的过程中,能顺利寄生在中国传统小说的惯性期待之上。

事实上,鲁迅的结论,其实不无盲点,因为他只是侧重译入语文化(targeted language/culture)去考察哈葛德作品的接受环境,很容易只得出一个见树不见林的图像。固然,今天的翻译研究已出现典范转移后的文化转向。研究者不再仅以原著、原语境为论述中心,或从技术层面去分析操作,得出译本误译、不忠实、或文化必不可译(untranslatabilities of cultures)的平面结论②。但是,既然翻译必涉及两种语言及文化交涉,全然不了解原语文化背景,又如何可以解决因文化转换、语境变迁移而系上的纠结③?因此,我们应首先从哈葛德的小说入手。

哈葛德一系列的小说,一个很大的特点是男性中心:主角是男性,期待读者是男性,更准确地说,是"少男(adolescent/juvenile boy)"④。在那令他锋芒毕露,登上维多利亚社会畅销榜之冠的小说 *King Solomon's Mines*(1885 年)(林译:《钟乳髑髅》;今通译《所罗门王宝藏》,下以此通译名称之),哈葛德就开宗明义把书送呈读此书的

---

① 鲁迅:〈上海文艺之一瞥〉,《二心集》《鲁迅全集》(北京:人民文学出版社,1981),卷 4,页 294。

② 也许不再需要交代翻译研究在 1980 年代后的文化转向意义及贡献,有兴趣者可参考 Susan Bassnett、Theo Hermans、André Lefevere 等人的研究,而以翻译转向后带动中国翻译史分析,可参考王宏志:《重释"信、达、雅":20 世纪中国翻译研究》(北京:清华大学出版社,2007)。

③ 过去众多以林译哈葛德为题的研究中,除了邹振环外,绝少把哈葛德原语语境纳入参考,见邹振环:〈接受环境对翻译原本选择的影响——林译哈葛德小说的一个分析〉,《复旦学报》(社会科学版)1991 年第 3 期,页 41-46。

④ "少男"并不是汉语惯用词,一般更常见的用语是,少年男子、年轻男子、男孩、小伙子等。但本文有必要自创"少男"一词,以此区分少年、少女的概念,目的是指出自晚清以来对"少年"一词在运用及理解上的性别盲点,详见下文第四节的说明及解释。

大小男孩(to all the big and little boys who read it),而在 *Allan Quatermain*(林译《斐洲烟水愁城录》),他指明是送给"很多我永远都不会认识的男孩(many other boys whom I shall never know)"。他的小说系列,最初吸引鲁迅、钱锺书等细看并一再回味的,是跌宕惊奇、神怪冒险的故事情节。但是,这些描写白种男孩深入非洲、埃及寻宝、探险、夺宝的故事,实与英帝国向海外扩张有千丝万缕的关系①。准此,我们不禁要问,这些产生自英国帝国主义、扩张主义的维多利亚时期小说,却在甲午战败后,中国受尽殖民及帝国主义蹂躏后翻译过来,而且,它们在当时只被看成是纯粹"言情"或"冒险"的作品,在晚清大行其道,大受好评,这是不是文化传播中的权力误置(misplacement)呢? 当中的真正原因又在哪里? 无论是在晚清政治史、文学史及翻译史等方面,这都是一个很值得深思的课题。

为了更好地回答这个重要而又一直被忽略的课题,本文会先从小说原语文化背景入手,分析哈葛德的少男文学(boy literature)与英帝国及其殖民意识的关系,展示其特点。然后,本文会透过剖析林纾如何对哈葛德小说的理解,通过翻译哈葛德的"少男文学",配合及呼应梁启超大力提倡的少年中国观念。透过此等分析,本文希望展现,受尽外国侵略侮辱的晚清,如何利用帝国殖民主义文学,暗度陈仓,把殖民文学变为协助中国建立国族观念、抵抗外侮的利器及工具。诚然,哈葛德小说中也有大量女性角色,且在林纾的译介过程中,引起广泛讨论;不过,由于这是另外的独立课题,只能在另文处理。

一、维多利亚的哈葛德与晚清的林纾

其实,用不着"五四"时期胡适等人的指点,哈葛德在传统文学批评里本来就沾不上经典文学的宝座。可以说,他的作品一直以来都只是高雅文士挑剔针对的对象②。不过,今天不再以"经典"的光环去衡量作家成就时,我们实在可以说,哈葛德是维多利亚时代其中一位最具影响力的作家。哈葛德著有 54 部小说(42 部 romance、12 篇 novel、10 部散文或游记),当中不少成为畅销书③。令他在维多利亚书市崭露头角的,是他的第三部作品 *The Witch's Head*(1884)(林译:《铁匣头

---

① 英国小说中有关少年文学(特别是少男文学)及英帝国关系的讨论,可参考:Patrick A Dunae,"Boy's Literature and the Idea of Empire, 1870-1914", *Victorian Studies* 24:1 (Autumn, 1980), pp.105-121. Jeffrey Richards, *Imperialism and Juvenile Literature* (Manchester: Manchester University Press, 1989); Joseph Bristow, *Empire Boys: Adventures in a Man's World* (London: HarperCollins Academic, 1991)。

② Lewis Carroll, *An Experiment in Criticism* (Cambridge: Cambridge University Press, 1961), pp.48-49.

③ Peter Berresford Ellis, *H. Rider Haggard: A Voice from the Infinite* (London: Routledge & Kegan Paul, 1978), p.2. 有关他著作小说年表,可看 Tom Pocock, *Rider Haggard and The Lost Empire* (London: Weidenfeld & Nicolson, 1993), p.250。

颅》)。跟着的 *King Solomon's Mines*(1885),由于数周内达至销售万本的纪录,而全年更累积至售出 31 000 册,哈葛德小说从此洛阳纸贵,风行维多利亚社会。另一本 *She*(林译《三千年艳尸记》),在出版的当月(1886 年 6 月)销量就已打破三万本的记录,令他的大名继续不胫而走①。事实上,我们不需用枯燥的销售数字来证明哈葛德的影响力,哈葛德写的深入不毛之地、探险寻宝的惊险小说,后屡经改篇及拍摄成为脍炙人口的电视片和电影②,这些电影电视片以及当中的人物情节,业已成为近年冒险电影系列 *Indian Jones*(1—4)、*Mummy*(1—3)的母题及原型,就是说哈葛德的作品启迪了著名学者兼作家托尔金(JRR Tolkien, 1892—1973)的《魔戒》(*The Lord of the Rings*),也绝不为过③。

哈葛德作品中大都涉及非洲冒险游历,与他的个人经历有关。1875 年,哈葛德 19 岁,即与笔下小说众多男孩年龄相若的时候,由父亲安排,跟随正要出仕非洲的世交叔伯布尔沃爵士(Sir Henry Bulwer, 1801—1872)到非洲。布尔沃爵士是著名小说家利顿(Sir Edward Bulwer-Lytton, 1803—1873)的兄长④,他被委派往非洲,是出任英属南非殖民地纳塔(Natal)军事总督(Lieutenant-Governor)一职。哈葛德初到南非,并没有任何要务在身,闲来游览各地,考察风土人情,因而累积了大量南非风土知识。不过,哈葛德到南非之年,正就是史学家后来归纳英非关系陷入僵局之始⑤。1877 年 5 月 24 日,当时只有 21 岁的哈葛德,伴随英军统帅直驱德兰斯瓦(Transvaal),并在该地插上英国国旗。从此,德兰斯瓦在被列入英国

---

① Morton N. Cohen, *Rider Haggard: His Life and Works.* (London: Hutchinson, 1960), p. 95.

② Philip Leibfried, *Rudyard Kipling and Sir Henry Rider Haggard on Screen, Stage, Radio, and Television* (Jefferson, N. C.: McFarland, 2000), pp. 95-190.

③ Douglas A. Anderson, *Tales Before Tolkien: The Roots of Modern Fantasy.* (New York: Del Rey/Ballantine Books, 2003), pp. 133-181.

④ 在明治日本及晚清中国的翻译小说史上,利顿的小说都占上一个极为重要的地位;丹羽纯一郎译了利顿的 *Ernest Maltravers*(《花柳春话》),后者如蠡勺居士把 *Night and Morning* 翻译成为《昕夕闲谈》。

⑤ 自 15 世纪以来,葡萄牙先在非洲发现黄金,为非洲的殖民史揭开了序幕;后来随着荷兰航海势力的强大,荷兰于 17 世纪加入侵夺非洲(特别是南非),不单大肆掠夺南非的原材料,更派遣大量的军民开拓垦殖南非的土地,更联合东印度公司,"合法"贩卖非洲黑奴。Boer(布尔)一字,就是荷兰语农民的意思,指从 17 世纪以来就在非洲垦殖的荷裔南非白人。英国在 18 世纪加入瓜分非洲行列,当时非洲已经充满来自各地野心勃勃、唯利是图的开拓者及殖民者,加上非洲本来部落及种族纷乱问题,非洲时已处于水深火热的局势当中。英国要在这地方分一杯羹,除了通过更多更大的贸易去榨取非洲的各种天然资源外,更学习荷兰,派遣大量军民到南非,开拓土地及开发农业(哈葛德本人就在这样的背景下展开在非洲的务农及畜牧事业),以此缓和英国本土的失业问题,并以此剥削更多非洲黑人的劳动能力,但这其实就意味着与布尔产生直接的利益冲突。后来,英国及布尔因为争夺德兰斯瓦,而触发了第一次英布之战(又名德兰斯瓦战;1880 年 12 月 16 日至 1881 年 3 月 23 日)。详见 Roland Oliver, Anthony Atmore, *Africa Since 1800*, 5th ed. (Cambridge: Cambridge University Press, 2004), pp. 103-118. *John Gooch, The Boer War* (London: Frank Cass, 2000)。

版图,成为英属地,亦从此成为哈葛德笔下经常出现的小说舞台①。哈葛德对于这次能为国家效忠效力,深感骄傲,在日记中多次记下占领过程的辉煌回忆②。他并自言,插上英国国旗一刻,激动呜咽至不能言语,曾多次在自传中及家书中表示,这是光宗耀祖之举③。尽管哈葛德在整个占领过程中,只担任微不足道的小角,但由于此举象征意义重大,日后哈葛德在英属南非政府中,却因此官运亨通,扶摇直上,成为南非英政府中最年轻的殖民地秘书(colonial secretary),后更升迁至最高法院注册处长(registrar)④。不过,英国占领德兰斯瓦,事实上并没有为帝国版图增添多少势力,相反来说,却埋下英国与布尔(Boer)及周边非洲国家冲突的隐患⑤,不久就引发了第二次英布之战(Anglo-Boer War 1899—1902)。在这场战争里,英国以非常残暴凶狠的方法镇压布尔人民,虽然最终获胜,但却引来胜之不武的讥议,激起国内外严重谴责,预示了英帝国在非洲及世界殖民史上灭亡的命运⑥。

哈葛德最初并无矢志当作家的企图,他执笔创作,原只为糊口⑦。相反,他的志愿是要在非洲开设鸵鸟园及发展畜牧业。1880年,他在婚后从英国回到非洲,本来计划定居下来,惜布尔突袭英军,加上被英国强占的德兰斯瓦爆发反英管治的动乱,在内忧外患夹攻下,哈葛德一家险命丧非洲。幸免于难后,翌年举家返回英国。此后,哈葛德在英国修读法律,并以自己的非洲见闻作故事的题材专事写作,有时也会论及非洲殖民管治及军事部署,加上他的小说中所表现对非洲土地

---

① 如 King Solomon's Mines；The Witch's Head；The People of The Mist；The Ghost Kings；Swallow Jess 等。

② Henry R. Haggard, The Private Diaries of Sir H. Rider Haggard, 1914-1925., D. S. Higgins, ed. (London：Cassell, 1980), pp. 33, 111.

③ 哈葛德在自传中明言,强占德兰斯瓦是必需的,因为土著不懂管理之道,由他们自行管治,只会令南非酿成血流成河的战争局面。Haggard Rider, The Days of My Life, C. J Longman, ed. (London：Longmans, Green, 1926), Vol. I, p. 96.

④ 要了解哈葛德生平,除了可参考他的日记 The Private Diaries of Sir H. Rider Haggard 1914-1925、自传 Haggard, H. Rider, The Days of My Life, Vol. 1-2 (London Longmans, Green & Co., 1926)；及他女儿为他撰写的传记 Lilias Rider Haggard, The Cloak That I Left：A Biography of the Author Henry Rider Haggard K. B. E. (London：Hodder and Stoughton, 1951)外,亦可看 Morton N. Cohen, Rider Haggard：His Life and Works,以及由自传作家 Tom Pocock 以近年流行的人物故事式方法写下的 Rider Haggard and The Lost Empire。

⑤ 在英军强占德兰斯瓦之前,德兰斯瓦与邻国祖鲁国(Zululand)一直因边境问题而酿成不少纠纷,英国统帅 Sir Theophilis Stepstone 挥军直入德兰斯瓦时,被祖鲁国大挫于 Isandhlwana；直至 1879 年,英国人才成功打败祖鲁国骁勇善战闻名的祖鲁王 Cetywayo。

⑥ Donal Lowry, "'The Boers were the beginning of the end'：The Wider Impact of the South African War" in Donal Lowry (ed.), The South African War Reappraised (Manchester：Manchester University Press, 2000), pp. 203-247.

⑦ Francis O'Gorman, "Speculative Fictions and the Fortunes of H. Rider Haggard", in Francis O'Gorman (ed.), Victorian Literature and Finance (Oxford：Oxford University Press, 2007), pp. 157-172.

使用及灌溉系统的娴熟,在英国社会中渐渐形成一位非洲专家的形象①。哈葛德对非洲有着复杂交缠的感情,他对非洲的关怀,真挚地反映在小说及其他评论内。但是,这却不可以为他带有侵占主义的思想及行为开脱。固然,这与哈葛德成长于英国帝国主义扩张时期,长期接受殖民主义的国民教育有关。事实上,他的作品中已逾越单纯贩卖非洲史地知识的功能。哈葛德小说能在政要、当权者中产生巨大影响力,与他美化(aestheticization)、奇情化(dramatize)非洲想象不无关系,以致我们甚至可以把他的小说化身成为具有影响非洲命运的权力论述。哈葛德一生与政界关系千丝万缕,自己积极投身社会事务外②,更两度受封("Knight Bachelor"[1912]及"Knight Commander"[1919]),可见他的贡献是受到认可的。这与他的小说投射对家国、民族、土地的深厚感情有莫大关系,因为土地本来就是文学反映乡土感情民族认同的不二媒介。事实上,哈葛德对于政界所产生的一个更幽深,更暧昧的影响,就是他预设的男孩读者中,有一位日后影响世界历史深远的忠心读者——丘吉尔(Winston Churchill, 1871—1947)。这位在第二次世界大战担当灵魂人物的英揆,在他13岁那年,就曾写信给哈葛德,一诉读者对作家仰慕之思外,更许下祝福,期望哈葛德的创作生命无穷无尽,永不止息。为了报答这位小读者的爱戴,哈葛德把自己新作 Allan Quatermain 寄赠给这位素未谋面,却又日后于世界舞台举足轻重的男孩③。此外,哈葛德对政界的影响力也早已打破大西洋的阻隔,远渡重洋横及美国。美国总统罗斯福(Theodore Roosevelt, 1858—1919)同样因其小说而对这位英国爵士刮目相看,并邀请他以红十字会专家的身份到美国考察④,更寄赠自己亲署的照片铭志二人情谊。要强调的是,罗斯福与哈葛德能惺惺相惜,除了因为这位美国元首折服于哈葛德精彩绝伦的小说外,一个

---

① 哈葛德撰写与土地有关的著作甚丰,包括:*A Farmer's Year* (London:Longmans, 1899), *Rural England* (New York:Longmans, Green, 1906 [1902]), *A Gardener's Year* (London, New York & Bombay:Longmans, Green, and Co., 1905), *Rural Denmark and Its Lessons* (London:Longmans, Green and Co., 1913[1911])。

② 哈葛德不但积极投身国家体格及道德重整委员会(Council of Public Morals and the National League for Promotion of Physical and Moral Race Regeneration),参与东诺福克(East Norfolk)代表保守势力参选,因落败而从无正式参政。

③ Amy Cruse, *After the Victorians* (London:Scholarly Press, 1971), p. 113; Martin Gilbert, *Churchill: A Life* (London:Heinemann, 1991), p. 16;其实,从丘吉尔的众多家书中,都看到他是紧贴哈葛德小说的忠心读者。

④ 哈葛德除了以小说感动罗斯福外,他的两本有关红十字会的著作 *The Poor And The Land* (London:Longmans, Green, 1905), 及 *Regeneration: Being an Account of the Social Work of the Salvation Army in Great Britain* (London:Longmans, Green and Co., 1910),是直接促成罗斯福邀请哈葛德到美国的导因。

更不为人留意的原因是:两人同是为自己国家鼓吹男性阳刚之气不遗余力的斗士①,特别罗斯福也是知名的非洲自然考察家、探险家。罗斯福与哈葛德之交,是名副其实的"识英雄重英雄",只要我们看看罗斯福寄给哈葛德的亲笔签名照片,照片上的题字内容,以及哈葛德的回信,就可知道两人的男性情谊(fraternal bond)之坚实②。

固然,晚清社会对哈葛德小说最初的关注以及热潮,并不是来自对哈葛德本人的兴趣,而是因为两个不同版本的 *Joan Haste*(1895):杨紫麟、包天笑在1901年合译出版一个节译本《迦因小传》,林纾则在1904—1905年出版了一个全译本的《迦茵小传》。尽管林译因为涉及道德名教而引起社会尖锐批评,但却没有阻止甚至减少他翻译哈葛德小说的兴趣。林纾陆续翻译了哈葛德的 *Eric Brighteyes*(1889)《埃司兰情侠传(1904—1905)》、*Cleopatra*(1889)《埃及金塔剖尸记(1905)》、*Montezuma's Daughter*(1893)《英孝子火山报仇录(1905)》、*Allan Quatermain*(1887)《斐洲烟水愁城录(1905)》、*Nada The Lily*(1892)《鬼山狼侠传(1905)》、*Colonel Quaritch, V. C.*(1888)《洪罕女郎传(1905)》、*Mr. Meeson's Will*(1888)《玉雪留痕(1905)》、*The People of the Mist*(1894)《雾中人(1906)》、*Beatrice*(1890)《红礁画桨录(1906)》、*Dawn*(1884)《橡湖仙影(1906)》、*King Solomon's Mines*(1885)《钟乳髑髅(1908)》、*Jess*(1887)《玑司刺虎记(1909)》、*She*(1886)《三千年艳尸记(1910)》等等。从这里看出,1905年是林纾翻译哈葛德作品最密集的一年:共有七本,平均两个月译出一本,这固然印证了他"耳受而手追之,声已笔止"高速翻译的说法③,但也反映了他热切地响应社会需要。当中不能忽略的是,1905年的特殊历史语境,这对于我们理解林译哈葛德小说有很大的帮助,下文我们会作进一步的探讨。

表面上,林纾在翻译过多篇哈葛德小说后,深受他的文体及文笔所感动,称"哈葛德为西国文章大老"④,更悟出中西文体比附理论来,直指"西人文体,何乃

① Peter Gay, *Schnitzler's Century: The Making of Middle-class Culture, 1815-1914*(New York: Norton, 2002),p. 196; E. Anthony Rotundo, *Transformations in Masculinity from the Revolution to the Modern Era*(New York: BasicBooks, 1993), p. 228.

② 照片是罗斯福于1916年7月21日寄给哈葛德的,有他的签署及提字。罗斯福自呈的形象,是一身西部牛仔装扮,正在鞭策桀骜不驯的野马跨过栏杆,并写上他对驯悍的得意心情。Tom Pocock, *Rider Haggard and the Lost Empire*, p. 145;哈葛德在1917年写给罗斯福的信,表示知道罗斯福热爱小说主角 Allan Quatermain,而且从 Allan Quatermain 的种种奇幻之旅体会到人生精彩之处。哈葛德致罗斯福的信,现收在哈葛德作品 Finished 开首一段。略带一提,丘吉尔亦是特别喜欢 Allan Quatermain 一书。

③ 林纾:〈孝女耐儿传·序〉,页77。本文所参考的林纾译文,根据原书引出;序言及跋语,为求统一,及方便读者检索,则以吴俊(标、校)《林琴南书话》(杭州:浙江人民出版社,1999)为准。

④ 林纾:〈撒克逊劫后英雄略·序〉,页35。

甚类我史迁"①。但是,这种中西文体比较议论,无论是通过口译者精准的传递,绘影绘声且曲尽地译介,还是林纾自己具有惊人的理解力,最终其实也是依靠转述隔滤而来,因此在发表了这种比较性的宏论后,他立刻在同文补足,说"予颇自恨不知西文,恃朋友口述,而于西人文章妙处,尤不能曲绘其状"②。可见,其实林纾是没法可能真正体会到哈葛德洋洋洒洒的文笔,他只是被小说里风云诡谲的情节吸引。的确,作为文章大家的林纾,很快就看透哈葛德叙事模式的底蕴,实则是很简单的。他说:"哈葛德之为书,可二十六种,言男女事,机轴只有两法……"③。由此可见,哈葛德小说的文笔或技巧,并不是林纾沉迷或倾倒于哈葛德的真正原因。

除了"言男女事"的言情小说外,就是最热门的冒险小说,在林纾看来情节也不算复杂,同样只有一目了然的叙事模式:"或以金宝为眼目,或以刀盾为眼目。叙文明,则必以金宝为归;叙野蛮,则以刀盾为用。舍此二者,无他法矣④。"我们也因此看到,由于男主角冒险的行为动机全在寻金求宝,因此被鲁迅指为庸俗势利,也是可以理解的。至于哈葛德另一种有名的哥特式鬼怪故事(Gothic),林纾并不理解,认为最可信赖的还是严复的说法:"严氏几道,谓西人迩来神学大昌"⑤。的确,无论是相信大行其道的神学,还是相信科学,林纾都认为鬼怪之说言必无据,因此只简单援引他心目中最能解说英国文化的权威严复后,他就没有再加以深究下去。不过,哈葛德这种维多利亚哥特式的神怪小说(Victorian gothic),本身充满了世纪末的焦虑意识⑥。世纪末意识,不单展现西方文化具有基督教末世论(eschatology)的思想本质,呈现出末日审判将带来文明大限的幽深恐惧,更联系到维多利亚晚期社会的实际社会问题。19世纪以降,过去自忖是蒙上帝荣宠而履行白人任务的大英帝国,面对越来越多的殖民地反殖声音,开始涌现了前所未有的危机感。Patrick Brantlinger指出,在哈葛德的维多利亚哥特式的神怪小说中,有一个恒常主题,就是探险队在寻宝的过程里,会无意间打开了时间锦囊,释放了古旧文明,当中甚至出现白人探险队,被起死回生的三千年艳尸穷追的情境。这其实是反映西方白人(尤其是英国人)19世纪末由达尔文演化论(1870年左右)带来的心理焦虑。白人以生物演化论作为借口,意欲侵占、根绝、统治落后文明,但随着

① 林纾:〈斐洲烟水愁城录·序〉,页30。
② 林纾:〈洪罕女郎传·跋语〉,页41。
③ 同上,页40。
④ 同上。
⑤ 林纾:〈古鬼遗金记·序〉,页106。
⑥ Carolyn Burdett, "Romance, Reincarnation and Rider Haggard" in Nicola Bown, Carolyn Burdett, & Pamela Thurschwell (eds.), *The Victorian Supernatural* (Cambridge: Cambridge University Press, 2004), pp. 217-238; Richard Pearson, "Archaeology and Gothic Desire: Vitality Beyond the Grave in H. Rider Haggard's Ancient Egypt" in Ruth Robbins and Julian Wolfreys (eds.), *Victorian Gothic: Literary And Cultural Manifestations In The Nineteenth Century* (New York: Palgrave, 2000).

探险队深入不毛之地,见识到其他民族古文明的雄伟、奥妙及不可解后,从前因贪婪压抑下去的理智,出现反扑的现象,亦即是心理学上所谓压抑反噬(return of the repressed)①。哈葛德小说里的千年艳尸和白人的关系,其实就是这种心理状态的反射。

林纾认为这种冒险小说"舍此二者,无他法矣",表面上好像轻视这种次文类,但事实上,这涉及大历史及个人时间意识竞争的小说,潜移默化地,让林纾构成了前所未有的身份焦虑②。在下文我们会进一步分析,由于哈葛德的小说往往以林纾年纪相若的老人作为叙述者,回忆少年时期五花八门的奇幻经历,这令林纾一方面感到拥有青春无限的美好;但另一方面,在年过半百后才开始接触新知西学的林纾,面对自己年华老去,却好像报国无门,这种时间的张力,让他产生无限的忧思;再加上,哈葛德小说中所展现的古国文明和古代价值,瞬间即被西方文明盖灭。面对这种种自身家国的多重焦虑,让林纾开始从晚清先锋,逐渐退避回"五四"遗老的道路,并以此埋下他后来与《新青年》"三少年"爆发争端的伏线。对此,下文第五节会有详细的分析。

二、英国的殖民主义与晚清的国族观念

在这里,我们会先讨论具有英帝国主义侵略者意识的小说,为什么能毫无阻隔地轻易跨越到中国来。要了解这点,我们要一边分析哈葛德的小说,特别着重探讨他是否明显地呈现殖民意识,再一边归纳林纾所理解的哈葛德,以此考察,林纾在译介哈葛德的小说时,究竟有没有留心这些侵略意识,或者,在什么样的情形下"挪用"并"拿来"哈葛德的小说。

哈葛德小说另一个最主要的特色,就是大量地出现许多对非洲的实地观察,呈现了非洲植物、花卉水果(Cape gooseberries, Transvaal daisy)、奇珍异兽(eland)、虫豸(Praying Mantis, Hottentot's gods③)、地势河流(Blood River, Umtavuna),以至水流方向及风向知识等,且经常以地道的语言去展示非洲文化的面貌。虽然小说的文体为汪洋恣肆的传奇体或浪漫司(romance),但叙述到非洲各部落及文化生态时,他则转而用上贴切的非洲方言(sutjes, sutjes)、词汇,有时

---

① Patrick Brantlinger, *Rule of Darkness: British Literature and Imperialism, 1830-1914* (Ithaca, N. Y.: Cornell University Press, 1988), pp. 227-253, "Imperial Gothic: Atavism and the Occult in the British Adventure Novel, 1880-1914"一章。

② 罗志田从思想史的角度分析,以民国初年新涌现的社会地位及分工,指出林纾出现严重身份危机的问题;本文则从时间意识及心理因素去处理,看待林纾所感的身份危机问题。罗志田:〈林纾的认同危机与民初的新旧之争〉,《历史研究》1995 年第 5 期,页 117-132。

③ Hottentot 一字被认为带有文化贬义,像 Negro 一样,现已不通用,在此感谢 Theo Hermans 教授的提醒。

候甚至运用仿古语言,刻意营造一种重现非洲失落文化的真实性。有些时候,哈葛德小说又会以语音的一字之转,把非洲当地的真实知识,游移于小说的虚构临界点上,譬如,祖鲁国国王 Cetshwayo 在小说中以 Cetywayo 出现,祖鲁帝国领域 Shaka 为 Chaka 等。如果以今天殖民话语去表述,他的小说为英国社会提供了大量貌似可靠的"当地知识"(local knowledge)。哈葛德的小说,紧接在新教传教士戴维·利文斯通(David Livingston, 1813—1873)的"利文斯通报告"(Livingstone Report)后出现,正好具象化地展现利文斯通传教新版图对非洲的想象及描述[1],满足了维多利亚社会对非洲知识的渴求,响应了利文斯通等传教士、非洲探险者在非洲探险的英雄神话。

哈葛德小说能在英国大受欢迎,除了与出版时间有关外,与小说本身的魅力不无关系。哈葛德小说的叙事角度并非站在侵略非洲的立场上。相反,从众多小说归纳出,英国人在冒险故事初期,往往只是旁观者立场,以客观、抽离的姿态,旁观非洲内部不同种族的文化冲突。如在《所罗门王宝藏》里,英国人到非洲原只为掘金开矿寻宝,结局却为 Kukuana 部族打退邪恶毒蛇化身的 Usuper 及 Twala,让忠诚于英国的非洲仆人 Umbopa 继位,使非洲回归秩序。同样地,在《三千年艳尸记》中,英国人与非洲人并不是站在对立位置,英国人 Ludwig Holly 为了拯救来自 Zanzibari 族的忠心仆人 Mohomed,不得不与同样来自非洲的歹角 Amahagger 作殊死战。通过这点,小说彰显了友情及正义的可贵。虽然我们明白这些都是从英国人的角度出发,但这些道德教育,特别着墨于患难见证友情、对人忠诚、伸张正义行为等,正是下文要说到"少年读物"(juvenile literature)中的一项重要元素。

从小说叙事逻辑而言,英国人在非洲寻找天然宝物,如象牙、香料及古墓中的金砖等,虽然存有一定的夺宝重利心态,但哈葛德小说的潜台词毋宁是由于英国人于夺宝过程中,不单没有乘人之危,乘虚而入,而是化解了非洲内部的种族矛盾,拯救非洲陷于内乱。英国人往往能与各非洲部族同仇敌忾,一起抵抗蛮族外侮。在哈葛德笔下,英国人的行为,比起非洲种族之间的内乱、篡位、明争暗斗、钩心斗角,实在更节制及人道。这种心态,从哈葛德小说夺宝三人组的队长名字"Captain Good"已透露不少端倪:"Good"以英国人的善行(good)转喻货物(good)。当然,如果我们客观地看历史,就会见到完全相反的图像:当年英国入侵德兰斯瓦,是看准了德兰斯瓦的夙敌布尔刚被瑟库库内(Sekhukhune)打败,而布

---

[1] David Livingstone, *Missionary Travels and Researches in South Africa.*: *Including a Sketch of Sixteen Years' Residence in the Interior of Africa* (Santa Barbara, Calif.: Narrative Press, 2001). Philip D Curtin, *The Image of Africa*; *British Ideas and Action, 1780-1850.* (Madison: University of Wisconsin Press, 1964), pp. 318-319. Daniel Bivona, *British Imperial Literature 1870-1940* (Cambridge: Cambridge University Press, 1998), pp. 40-69.

尔的世仇,同样虎视眈眈德兰斯瓦的祖鲁(Zulu)也借机入侵布尔,令布尔腹背受敌,身陷险境。英军有见及此,借机向布尔提出统战条件,协议以军事力量及金钱资助布尔。与此同时,英军却挥军直入德兰斯瓦,强占德兰斯瓦。可见,英国占领德兰斯瓦的过程中,不单乘人之危,更使用了种种卑鄙龌龊的手段,而所谓与布尔联盟,也只是出于叵测的居心,根本没有什么正义或忠诚可言。

哈葛德在小说中,除了置换英国及非洲势不两立的立场,让英国化身成为解救非洲种族冲突的救星外,在小说彰显的道德价值方面,哈葛德也重于描述英国人与非洲人的友谊,以此模糊了英国诋拱险诈的侵略者形象,巧妙地以此偷换概念的方法,让英国读者在这样抽离殖民扩张主义的心态下,轻易产生了雄伟正义的正面形象,沉醉于自我良好感觉之中,区别自己与其他西欧殖民主义者(特别夙敌荷兰及德国),同时为自己的善行及履行保护弱小的天职而感到骄傲。这其实亦解释了为什么哈葛德的小说在维多利亚社会能畅销大卖的原因。固然,晚期维多利亚英帝国面对的,是各国竞相瓜分非洲(Scramble for Africa)的现实①,19世纪末西欧各新兴民族国家(nation state),特别是英国,除了因为在工业革命后生产及人口过度膨胀,出于需要榨取更多的非洲资源,及外销过度生产物品到当地市场,以维持生产水平及增长外;瓜分非洲,能占领殖民非洲土地的多寡,当时已成为列强证明自己国力的指标了②。

既然哈葛德小说的侵略意识这样明显,满腔爱国热血的林纾绝不可能不理解或忽略。作为译者,林纾对于小说内的布局,一定有深刻的体会。的确,林纾早已明察小说中白人的角色及功能:"白人一身胆勇,百险无惮,而与野蛮拼命之事,则仍委之黑人,白人则居中调度之,可谓自占胜著矣"③"其中必纬之以白种人,往往以单独之白种人,蚀其全部,莫有能御之者"④,甚至"白种人于荒外难可必得之利","且以客凌主,举四万万之众,受约于白种人少数之范围中"⑤。然而,尽管林纾很自然而然地代入非洲、西班牙、美洲印第安人、埃及的位置去述及这些被白人歼灭的弱小民族,但如果我们细心去看,林纾在跋序中的论述,目的并不在于批判白人,且也没有对这些被欺凌的国家寄予极大同情,他说"西班牙固不为强"、"红人无慧,故受劫于白人";一个"固"字及"故"字,就好像说印第安人及西班牙理当落得如斯下场,与人无尤。即使林纾明白,中国很可能与这些文明一样,落得"亡国者为奴"的命运,但在现阶段,中国无论如何也绝对不等同非洲及印第安人。因

① Thomas Pakenham, *The Scramble for Africa* (New York: Avon Books, 1991).

② Eric Hobsbawm, *The Age of Capital 1848-1875* (New York: Vintage Books, 1996), Ch. 5 "Building Nations", pp. 82-97.

③ 林纾:〈斐洲烟水愁城录·序〉,页31。

④ 林纾:〈古鬼遗金记·序〉,页106。

⑤ 同上。

此,他一方面不认为这些民族的境况与中国的情形相同,另一方面,在申论的时候,他又仿佛只看到一种成者为王、败者为寇和主人与奴隶的立场而已。

哈葛德的小说虽然是以年轻读者为对象,但他的小说在惊奇冒险中,却不乏鲜血淋漓的场面,特别是当中往往有细致展现斩首及肢体变形,又好像在渲染暴力一样①。对哈葛德及英国读者而言,小说描写非洲蛮族以蛮易蛮、以暴易暴,绝对合情合理,甚至带点相当的必要性,因为小说既是描写深入不毛之地的寻宝探险,越是暴力,越是野蛮,就越显得主角智勇双全。非洲部落的野蛮无度,亦增加了白人以及教会教化、开化、管治的必要,此亦是我们所熟知的"白人的负担"(White Man's Burden;又称作"白人的天职")的殖民理论。有趣的是,林纾理应站在受害者、弱小民族的立场,反对这些暴力场面。但是,林纾不单没有在序跋中谴责施暴者,更在序跋中把这些暴力场面加以合理化。林纾在这里,好像道出一个貌似冷血的信息:暴力并不是不可取!而这点,正跟林纾如何通过翻译,挪用敌人的论调有紧密的关系。林纾认为,一个野蛮之国只有两种个性:奴性以及贼性,与其像牛狗一样被任意宰杀,"匍匐就刑"、被人"凌践蹴踏",倒不如大力发挥其贼性,即使"势力不敌"也要坚持到底,"百死无馁,复其自由而后已"。林纾认为,在危急存在之际,鼓动贼性,是在所难免,目的是为"振作积弱之社会,颇足鼓动其死气",令国家以及个人都得以像"狼侠洛巴革"独立。他认为,贼性与尚武精神,并无异致。他甚至以《水浒传》作一贴切的比喻,好汉被迫上梁山,虽为法理不容,但只因世道险恶,忠良无用,"明知不驯于法""明知力不能抗无道",也只能这样做。翻译这些小说,"足以兆乱","能抗无道之人";即使要"横刀盘马"亦在所不惜,因为"今日畏外人而欺压良善者是矣。脱令枭侠之士,学识交臻,知顺逆,明强弱,人人以国耻争,不以私愤争,宁谓具贼性者之无用耶?"他要这些小说达到"以振作积弱之社会,颇足鼓动其死气"、警戒中国人,不能"安于奴,习于奴,恹恹若无气者"②,宁愿以暴易暴,亦不能逆来顺受。林纾认同哈葛德小说的暴力,是与晚清整体的大氛围有关系。自从严复翻译《天演论》后,晚清社会洋溢着物竞天择、适者生存的道理。林纾像同时代的士大夫一样,认同中国要生存下去,唯一服膺的,就是社会进化观达尔文主义(Social Darwinism):弱肉强食,优胜劣败,这是自然演化的铁律。因此,能够帮助中国脱离劣势颓败的时代思想,并不是同情弱小、悲天悯人的情怀,而是更快认同强者。因此,在林纾的序言及跋言中,展现西方的暴行,

---

① Laura E. Franey, "Damaged Bodies and Imperial Ideology in the Travel Fiction of Haggard, Schreiner, and Conrad", "Blood, Guts, and Glory: Rider Haggard and Anachronistic Violence", in Laura E. Franey, *Victorian Travel Writing and Imperial Violence: British Writing on Africa, 1855-1902* (Houndmills, Basingstoke, Hampshire; New York: Palgrave Macmillan, 2003), pp.67-74.

② 林纾:〈鬼山狼侠传·叙〉,页33。

目的是用以煽动国民情绪,用以警惕四万万同胞,千万不能甘于沦为马狗,束手静待亡国灭种之日,而成为亡国奴。

过去讨论到林纾的爱国情操时,我们往往很少正面讨论林纾认同暴力及他认同胜者为王的道理,因为这样就好像在指斥林纾合理化殖民主义对中国的侵略一样,与他爱国形象极度不符。但是,如果我们能先明白,林纾必先认同哈葛德小说背后的价值,才会大量翻译他的小说到中国来,就不难看到,晚清其实并不如"五四"时人所诟病,毫无标准,随机任意翻译外国作品到中国,而且能够解释翻译什么(What)作品到中国来,配合下文分析如何翻译(How)的问题,就具体还原了晚清中国翻译哈葛德小说的历史情境了。

三、维多利亚的少年文学与少男冒险文学

在上面,我们初步解释了本来处于敌对立场的殖民者与(半)被殖民者、维多利亚英国社会与晚清中国,却因何种心态,能吊诡地转成同一势位,特别是,英帝国主义文学,反过来好像变成了后殖民论述中亲内的敌人(Intimate Enemy)一样①。在这一节,我们进一步深入分析,哈葛德小说具有哪些元素,既能满足维多利亚社会殖民者的需要,又能转嫁成为晚清社会建立国族观念的动力。

哈葛德小说中一个很明显的特色,就是宣扬男性刚强的意识、鼓动英雄主义。他的这种用心,从人物角色、情节、布局上都可轻易看到。小说中的男主角,无论是到非洲、墨西哥,深入不毛虎穴龙潭,还是回到本国家中,个个都是体格矫健,身手不凡。他们不怕艰辛,处处表现勇者无惧的精神。我们要明白,以上所说的这些特质,是社会定义男人阳刚气的性别要求②。男性在成长过程中,要追随、学习、模仿这些行为及信念。反过来说,他是通过攫取这些特质,以证明自己的性别身份,不断在成长中,被这等社会性别意识,塑造成社会定型的"男性"。*The Ghost Kings*(林译《天女离魂记》)中,就有一幕经典场面,很可以说明哈葛德小说的目的,是鼓动男性施展英雄行为:在男女主角邂逅的一幕里,男主角在雷电交加的暴

---

① Ashis Nandy, The Intimate Enemy: Loss and Recovery of Self Under Colonialism (Delhi: Oxford University Press, 1983).

② Robert Brannon 指,在文学及文化文本表述上,要建构社会认同的男性意识,一般在描写男角时,会从以下几点着墨:1:在语言、行为及思想上,去掉带有社会刻板印象的"女性特质"(如神经兮兮、娘娘腔、扭捏作态、心思脆弱、容易受唆摆等等);2:建立"男性特质":体魄强健、行事决断果敢,威风凛凛,说话时敏捷辩给,不要拖拖沓沓,不知所言;3:以追求社会成功人士形象(地位、金钱),令一众苍生(特别是凡夫俗子)景仰万分;还有,个人要有雄心壮志、野心万丈,敢于积极争取所要所求。Robert Branno, "The Male Sex Role: Our Culture's Blueprint of Manhood, and What it's Done for us Lately", in Deborah S David and Robert Branno (eds.), The Forty Nine Percent Majority: The Male Sex Role (McGraw-Hill Companies, 1976), p.12.

风疾雨中,不顾自身的安危,纵身策马飞跃激流急湍的瀑布,勇救对岸孤立无援、身陷险境,且素未谋面的女主角。这种英雄侠义行为,很能震撼年轻读者的心灵,其目的是熏陶少年读者,使男性憧憬化身成为英雄,日后做出英雄救美的行为;而透过女性仰慕英雄救美一幕,也能培养社会性别"男主动,女被动"的爱情期待。

除了《天女离魂记》外,我们不妨以晚清读者最熟悉的 Joan Haste(林译《迦茵小传》)去说明哈葛德对少男读者所产生的激励作用。Joan Haste 与《天女离魂记》不同,并不直接表现英雄救美,而是展现另一套相关"理想男性"逻辑:男性要夺取女性的芳心,成为女性心目中的英雄好汉,先要奋不顾身,义不容辞,满足女人的欲望,解决女人的困难。这可以说是一种更婉转制造"男主动,女被动"的社会性别论调。Joan Haste 开首一幕,迦茵对亨利说,自己常到壁立千仞的崖边闲暇,除了为一看海天一色、怪石嶙峋奇景外,更因为喜欢注目观赏崖上的雏鸦。她最大的心愿是把这些雏鸦带回家。亨利听到佳人这卑微的愿望后,便二话不说,徒手攀上巨塔。可惜,狂风肆虐,亨利于千钧一发间飞坠深谷,身体严重受伤,出现多处骨折。虽然如此,动弹不得的英雄亨利,仍然面带微笑对迦茵说,能博取红颜一笑,再多折几根骨头也在所不辞。今天的读者也许会轻蔑或不屑亨利的行为,认为他太浪漫、太幼稚以及过于逞英雄,但如果我们记得,在民初中国就有一位年轻少男读者,时值 16 岁,含着一眶眼泪,大声疾呼:"我很爱怜她,我也很羡慕她的爱人亨利。当我读到亨利上古塔去替她取雏鸦,从古塔的顶上堕下,她引着两手接受着他的时候,就好像我自己是从凌云山上的古塔顶堕下来了的一样。我想假使有这样爱我的美好的迦茵姑娘,我就从凌云山的塔顶堕下,我就为她而死,也很甘心。"[1]这位青涩少年,后更特以〈少年时代〉作自传名称[2],回忆他于懵懂青春期如何被这情节吸引。至此,我们便会惊讶,少男读者对这情节的深刻认同,更惊叹哈葛德小说对少男的启蒙能力了。不用多说,这位年轻少年读者,就是日后成为中国浪漫主义旗手的郭沫若。郭沫若上述的这段话,过去往往是用来证明他的萌生浪漫情怀的根源;但重点,其实更在于他如何在阅读哈葛德小说后,培养并内化了"甘心为美人而死"就是真英雄的认知上。

为了形塑社会上形形色色的英雄,哈葛德小说的男主角都是航海水手、海员、船长、陆军上尉,还有随着出海远航的冒险家、探险家、贸易商人等。这些小说人物的职业设计,反映了维多利亚社会的男性观,同时亦与帝国鼓吹开拓殖民地的思想大有关系。维多利亚社会认为,一个男人不单要志在四方,更要选取合适职

---

① 郭沫若:《少年时代》,《沫若自传第一卷——少年时代》(香港:三联书店,1978),页 113。

② 郭沫若自传《少年时代》,原题为《我的童年》,写于 1928 年,并由上海光华书局于 1929 年出版。后屡经删改,分别题为《幼年时代》、《童年时代》,最后于 1947 年 4 月把《我的童年》、《反正前后》、《黑猫》、《初出夔门》等辑为《沫若自传第一卷——少年时代》。

业,发挥个人能力,而千万不可以饱食终日,无所用心。19 世纪末的英国社会认为,懒散足以侵蚀男性的刚强性格及奋斗心①,而柔弱就像去势一样,磨蚀男子天生的男儿气(virility)。因此,一个真汉子需要努力工作。而目标远大的男儿是不会耽于舒适奢侈的生活环境;一个大丈夫,也绝不甘雌伏屈居人下,依靠父荫而无所作为的。因此,他必须依靠自己的一双手,自力更生,成为社会冀望及认同的理想男人②。这种主导维多利亚社会的思想,固然与工业社会带来新兴的社会结构有关,特别是指新出现的商人及中产阶级的新文化力量。社会鼓励个人凭自己努力,向社会上层靠拢,而有所谓向上流动(social upward mobility)的概念。我们在 Joan Haste 中看到,亨利的兄长遽然去世,亨利不得不在百般不情愿下辞去航海事业回家,继承被兄长败得所剩无多的家当及财产。亨利多次表示极度不愿辞退航海工作,因为他明言,远航可以锻炼他的体能及心志,实现他远大的理想。而远航冒险,也显示了他不甘依附在家,甘于勇闯天地的志向。我们可以想象,年轻读者看到这些,也会立志要当一个出色的航海家,一个果敢的冒险家,以证明自己的能力,也会要像故事人物一样,远渡重洋,深入不毛,以果敢、非凡的毅力、大无畏精神、敏锐的判断力,寻宝探险,或开采矿物(钻石、铁、金及锡等),或把珍贵稀奇的宝物(棕榈油、蜜蜡、砂金、象牙)带回家,希望自己像小说人物一样,以此建立自己的事业,缔造白手兴家(self-made man)的神话,另一方面,亦说明到海外冒险、探险、贸易,是飞黄腾达得到财产幸运(fortune)的门径。

由于配合预设读者为未成年的年轻男子,小说的主角,也是风华正盛,处于人生黄金时代的少男:Nada The Lily 的男主角 17 岁、Joan Haste 的亨利从 23 岁开始远游闯荡。这固然是为要配合当时英国社会普遍认定的少男观念(14 至 25 岁)③,而以这些人生阶段的少男作为叙述主体,也是要告诉读者,什么是理想人格,人所仰慕的职志,以及值得追求的成功及理想人生。让这些少男读者在向往并追求成人世界(a quest of adulthood)的过程中,有所学习及模仿。而从上文分析可见,一个被人认同的"真正男人",除了在性格及行为上,需要符合社会认同的阳刚特质外,更应有成功的事业、骄人的成就,找到他心目中的美人,成家立室④。这

---

① Thomas Carlyle, *On Heroes, Hero Worship and the Heroic in History* (London: Electric Book, 2001), pp. 163-164; 198, 200, 204; Catherine Hall, "Competing Masculinities: Thomas Carlyle, John Stuart Mill and the Case of Governor Eyre", *White, Male, and Middle Class* (Cambridge: Polity Press, 1992), p. 266.

② Leonore Davidoff and Catherine Hall, *Family Fortunes: Men and Women of the English Middle Class, 1780-1850* (Chicago: University of Chicago Press, 1987), Ch. 2, "A Man must Act Men and the Enterprise", pp. 229-271.

③ Anne S. Lombard, *Making Manhood: Growing Up Male in Colonial New England* (Cambridge, Mass.: Harvard University Press, 2003), pp. 18-45.

④ John Tosh, *A Man's Place Masculinity and the Middle-Class Home in Victorian England* (New Haven: Yale University Press, 1999).

种思想,若配合英国当时的政治气氛及宗教背景来看,可以说是沆瀣一气的。信奉新教教义的英国(无论英国本土及海外属地及殖民地),只有成年并已婚,甚至有子嗣的男人,才能拥有土地继承权及公民权,而婚事及子嗣继承权,不用多说,是指教会认同的婚事及婚生继承人。为此,我们会明白,这种男性读物培养的读者对象,是以异性恋为性向的男子,因为我们都知道,正在扩张的维多利亚社会绝不容许同性恋的出现①,因为,在一般理解上,娘娘腔的同性恋男子,是不会逞英雄而做出刚毅的行为,这势必会降低行军士气,更幽深的原因是,这影响了海外拓展国家大计,影响男丁、兵丁的来源②。

我们看到,所谓"少年读物",在某种层次上而言,是为服务某种社会主导意识而产生的;而事实上,回顾人类历史发展,各社会随着医学、生活质量、物质条件的进步,对"少年"的定义,亦渐次不同③。因此,我们的研究重点,与其是循岁数去厘订稳如盘石的"少年"概念④,毋宁是找出"制造少年"、"发现少年"及社会化(socialization)少年论述的具体历史、社会、政治条件。

19世纪的英国,出现了一批以男主角浪迹天涯,到深山、海外远域、不毛之地冒险的作品,如《金银岛》*Treasure Island*(1883年;Robert Louis Stevenson)、《珊瑚岛》*Coral Island*(1857年;R. M. Ballantyne)、George Henty 的小说主人公到非洲冒险、吉卜林 Rudyard Kipling 小说中的主人公到印度冒险、或者是 Edgar Rice Burroughs(1875—1950)的非洲原始森林历险泰山(Tarzan of the Apes)系列等。这些能归类名为"少年文学"的海外冒险小说类型,从文学渊源上,是来自笛福(Daniel Defoe)的《鲁宾逊漂流记》(*Robinson Crusoe*, 1719年),即形成一种特殊

---

① 英国在 1885 年通过《刑法修正案》(Criminal Law Amendment Act),把同性恋列作刑事罪行,同性恋在英国国家政策、文化文学、殖民主义与国家主义议题上,有完全不同的讨论。见 Christopher Lane, *The Ruling Passion: British Colonial Allegory and The Paradox Of Homosexual Desire* (Durham: Duke University Press, 1995)。

② George L. Mosse, *Nationalism and Sexuality: Respectability and Abnormal Sexuality in Modern Europe* (New York: H. Fertig, 1985), p.23.

③ 若只以少年中的少男为例说明这情形,过去希腊罗马文化以及阿拉伯文化中,认为少男上限岁数是 25 岁(如但丁);另外也有 11 世纪的哲学家认为,少年人到 30 岁才被当作成人。见 Ruth Mazo Karras, *From Boys to Men: Formations of Masculinity in Late Medieval Europe* (Philadelphia: University of Pennsylvania Press, 2003), pp.12-17.

④ 过去,人们往往认为少年是一个自然的概念:年轻人达到相应年龄,身体释放生长荷尔蒙或激素,渐次出现性征,就是踏进少年——这固然是最基本的生物学判定。但近年社会学研究者已指出,少年(youth)的概念,就像儿童概念、性别概念一样,并非全部来自生物决定论(biological determination)。Philippe Aries, *Centuries of Childhood* (Harmondsworth: Penguin Books, 1973).

的文学体裁——鲁宾逊漂流类型(Robinsonade)①。这类故事的特色,都是以少年男主人公为主,描述他们海外冒险的所见所闻。颂扬他们的英雄本事,勇于克服困难的精神,在艰辛冒险过程中,建立自主自立精神,甚至教化野蛮,传播英国文化精神,最后荣归本土。这类作品,除了在文学渊源上私淑鲁宾逊小说外;思想渊源上,则直接受卡莱尔(Thomas Carlyle)1840 年的伦敦演讲(London lectures)〈英雄与英雄崇拜〉(On Heroes, Hero Worship, and The Heroic In History)②,以及迈尔斯(Samuel Smiles, 1812—1904)在 1859 年出版的 Self Help(《自助论》或《西国立志篇》)的影响而来。

当然,能直接并大量衍生这类"少年文学"的主导原因,是当时英国与国际风云诡谲的气氛大有关系③。18 世纪以来,西欧各国经历革命时代后,新兴民族国家如德国、意大利等渐次形成④;英国虽然继承自 18 世纪帝国殖民主义(一般学者把 1870 年定为新殖民主义兴起的时期)国策,但在爱尔兰及苏格兰民族运动日渐壮大的威胁下,英国本土的帝国殖民主义受到严峻挑战,英国因此反过来需要更多的海外殖民暴行,以维系自己的民族力量。英国之外,西欧各国在狂飙的国族主义下,保卫自己国家领土完整,同时兼吞海外版图,同样变成稳定民族情绪的必要政治手段⑤。事实上,18 世纪末、19 世纪初,西欧出现少年文学(当中特别是以少男为预设读者的文学类型),就是在这种战事气氛下形成,而特别与征兵及军事

---

① 有关《鲁宾逊漂流记》如何鼓动男性气概,参考 Stephen Gregg, "'Strange Longing' And 'Horror' In Robinson Crusoe", in Antony Rowland, Emma Liggins and Eriks Uskalis (eds.), Signs of Masculinity: Men in Literature 1700 to the Present (Amsterdam; Atlanta, GA: Rodopi, 1998), pp. 37-63.其他的请参考, Mawuena Kossi Logan, Narrating Africa: George Henty and the Fiction of Empire. (New York: Garland Pub., 1999). John M. Mackenzie, "Hunting and the Natural World in Juvenile Literature", Imperialism and Juvenile Literature, pp. 144-173. 鲁宾逊小说(Robinson Cruoose)的原像,为什么后来成为被众多男孩小说模仿及追随的对象? 是因为小说的内容逻辑,绝对是劝导白人要教化野蛮人(Friday)的思路而来,白人要航海、远游,甚至战争,把英国国家及宗教一直宣传的有礼仪、有素养(literacy)的文化(civilized)观念传播开去,亦即是白人开化蛮族所肩负的责任(white man's burden),以此改善世界,教化不毛,而令不信主,没有文化更作出恶行的蛮族,得以皈依真善美的主爱之内。鲁宾逊小说中虽描写鲁宾逊一个人孤身在荒岛外,但这绝不代表他被天怨,驱逐在境外的思想,而是代表了他能用自己力量克服困难,凭自己的本事,成为社会领袖的观念。

② Thomas Carlyle, On Heroes, Hero Worship, And The Heroic In History.

③ 有关欧洲与国族主义下发现少年的讨论,可参考 John R. Gillis 的研究,特别是 Youth and History: Tradition and Change in European Age Relations, 1770—present (New York: Academic Press, 1974)内的一章, "Boys Will be Boys: Discovery of Adolescence, 1870—1900", pp. 95-130 及 John Springhall, Youth, Empire and Society: British Youth Movements, 1883-1940 (London: Croom Helm, 1977), pp. 14-17.而德国同期的少年运动,可参考 Walter Laqueur, Young Germany: A History of the German Youth Movement (New Brunswick, N. J.: Transaction Books, 1984).

④ Eric Hobsbawm, Nation and Nationalism (London & New York: Routledge Curzon, 2002).

⑤ Eric Hobsbawm, The Age of Capital 1848-1875, p. 78.

竞赛有直接关系①。1882 年,德、奥、意签订三国同盟条约,以狙击一直奉行"光荣孤立"(Splendid isolation)政策的英国②;加上极左思潮开始从欧陆渗透到英国——《共产党宣言》在 1848 年于伦敦地下出版,1851 年马克思流亡并定居英国,在动摇英国的国家主义。Jeffrey Richards 指出,殖民、扩张帝国版图是 19 世纪英国的国家意识形态(national ideology)③,而这期间的少年运动,就是要令他们在成长过程中具有明确的学习目标及动机,去掉当时渐渐在年轻朋辈间流行的极左及虚无思潮。除少年读物外,如何打造国家认同理想的少年,亦往往从衣着服饰(制服)、唱玩游戏以及课外活动(extra curricula activities)入手,如我们熟悉的男童子军(Boy Scout)④,根本就是少年少男运动的重要环节。事实上,少年运动除了是表面丰富了年轻男子的识见及学习内容,更重要的政治目的,在于能更早培植国民军(boy cadets),万一国家在国际军事任务上出现折兵损将,这些曾经参加童子军或其他纪律集训的男孩,能够大大增补军队的生员,令国家及兵力不会突然衰退而陷入混乱。应该指出,男童子军的创办人英国军官贝登堡(Baden-Powell)本身就是国民军的一员⑤。

哈葛德固然并无誓言加入"少年运动",但从他的小说创作、出版、生产及传播的过程来看,加上他小说内的内部意识,他的作品绝对能归入"少年运动"产生下的"少年文学",而特别以少男读者为读者对象的文学类型。哈葛德在创作《所罗门王宝藏》时,就明言是模仿另一少男读物冒险小说《金银岛》(Treasure Island)而来。当他把作品送到出版社时,迅速引起另一善于写作儿童读物的编辑安德鲁·朗格(Andrew Lang)的注意,惊叹这是《金银岛》后的不可多得之作,并立刻建议在 Harper 出版社的 Boy's Magazine 出版。当时英国的 Boy's Magazine 系列出版的 Boy's Own Paper,就是要教导及培养男孩如何成为一个雄赳赳的男人(to act like a man),准备做社会的未来栋梁⑥。朗格对少男市场内容及定位了如指掌,他自己

---

① Philippe Aries, *Centuries of Childhood*, p. 329.

② Graham D. Goodlad, *British Foreign and Imperial Policy, 1865-1919* (London & New York: Routledge, 2000), pp. 54-66.

③ Jeffrey Richards, *Imperialism and Juvenile Literature*, p. 2.

④ 男童子军的创办人英国军官贝登堡在驻兵印度时,发现军队士兵大多缺乏基本急救常识及求生技能,他便草拟 Aids to scouting 急救及侦查小册子,让士兵有所掌握。后来他在布尔战争中保护小城有功,返英后,猛然发现自己编制的救生小册子已成为英国男孩竞相购持的读物,而自己也变成他们崇拜的民族英雄,于是,他便发起成立男童军。顺带一提,这亦是晚清林纾及包天笑翻译童子故事的名称来源(如《美洲童子万里寻亲记(1904 年)》、《爱国二童子传》)。

⑤ John R. Gillis, "Boys will be Boys: Discovery of Adolescence, 1870-1900", pp. 95-132.

⑥ *The Boys Own Paper* 的内容及广告,可参考日本 Eureka Press 于 2008 年重新再版系列;而研究 *Boys own Paper* 如何启蒙男人变成真有男人味及男子气概的关系,可看 Kelly Boyd, *Manliness and The Boys' Story Paper In Britain: A Cultural History, 1855—1940* (Houndmills, Basingstoke & Hampshire: Palgrave Macmillan, 2003)。

也是这些少男冒险小说忠实读者(他自言是《金银岛》的忠实读者)。在哈葛德之前,就有另一作家 George Henty,曾写下无数深入非洲探险的作品,稳占年轻少男市场,并创下惊人的销量。朗格要以哈葛德的作品作一较劲,在少男文学市场上分一杯羹,这反映出少男青年文学的市场已固若金汤①。哈葛德在《所罗门王宝藏》的扉页,送这书给大男孩(boy)及小男孩,就足以看到,他深深明白这类文学所能产生的意识形态。

四、晚清的少年文学及林纾增译的少年气概

过去研究晚清社会接受哈葛德小说时,论者往往看不到哈葛德小说的背景,因此并不能解释哈葛德小说大量被译介到晚清的原因,而只以为区区几个过于空泛的原因,如晚清社会吸收西学、西书、西俗,便解释过去。但是,如果我们有一具体的西方原语境作参考,再抽丝剥茧阅读林纾序跋中所说到哈葛德的相关言论,并以林纾译文作一参照,我们不难发现,晚清选择哈葛德的小说,在于他的小说能提供英气。

我们在上文指出,1905 年是林纾翻译哈葛德作品最密集的一年:共有七本,平均两个月译出一本,这固然印证了他"耳受手追"高速翻译的说法,但更值得考察的是 1905 年的特殊历史语境,是正值日俄之战。自 1840 年鸦片战争开始,中国屡屡战败,天朝大国的巨人形象,日渐颓唐萎缩。西方霸权肆意侵占中国领土,羞辱人民。尔后十多年,中国惨经不断的丧权辱国之痛,惶惶然与日俱增,到了 1905年,这种卑怯之情,达到极致。过去一直被认为是蕞尔小国的日本,居然在甲午之战大败中国,又在日俄之战中大败俄国。中国人不单越来越自惭形秽,而在列国之间,更往往被丑化成卑躬屈膝,奴颜婢睐的样子。很多的文化想象已经形象化地告诉我们②,中国男人的形象被矮化成为失去男子气概、软弱无能的懦夫,甚至以女性的形象出现,以此喻为被剿去男性雄风,在列强间委屈求存。如果晚清文人志士还不替中国增加一点英气,不倡导战斗风格,遏止柔弱倾颓的消沉风气,恐怕外侮未至,而自我颓靡不振,只会增快亡国灭种之日的降临。林纾在翻译 *Eric Brighteyes*《埃司兰情侠传》时,就透露了翻译哈葛德小说的真正企图,是在于通过翻译冰岛(iceland;林纾音译为"埃司兰")英雄史诗传说故事(Sagas),褒阳刚而贬

① Mawuena Kossi Logan, *Narrating Africa: George Henty and the Fiction of Empire*, p. 26.
② 胡垣坤、曾露凌、谭雅伦(编);村田雄二郎、贵堂嘉之(译):《カミング・マン:19 世纪アメリカの政治讽刺漫画のなかの中国人》(东京:平凡社,1997)及 David Scott, *China and the International System, 1840—1949: Power, Presence, and Perceptions in a Century of Humiliation*. (New York: State University of New York Press, 2008)。

阴柔,为中国增强"刚果之气",鼓励社会"重其武"的尚武精神:

> 嗟夫! 此足救吾种之疲矣! 今日彼中虽号文明,而刚果之气,仍与古俗无异。①

林纾并以东汉光武帝刘秀说明"柔道理世""阳刚而阴柔,天下之通义也。自光武欲以柔道理世,于是中国姑息之弊起,累千数百年而不可救。吾哀其极柔而将见饫于人口,思以阳刚振之……"林纾的目的,不在笔削春秋,而是以此剔除贬抑"柔道理世"的治国理念及社会风气。我们在这里无意探讨光武帝是不是一个败君,更无意讨论自汉以来的治国理念是否能直接影响晚清气运,但重要的信息是,从林纾的序言中看到,阴柔、"柔道理世"是国家势力衰败的原因,要一洗颓气,不单要祛阴柔之风,相反而言,更要增补刺激阳刚之气,以增国运,以此刺激自尊受损的中国男子能够重新"自厉勇敢",齐心奋力抵强外侮。在《埃司兰情侠传》序言中,我们要特别注意林纾在最后一句所指的"其命曰《情侠传》者,以其中有男女之事,姑存其真,实则吾意固但取其侠者也"中最后"但取其侠"四字。事实上这已指出,林纾借着译者身份,在翻译过程中有借题发挥、操纵文本之意,而更具体地说,即是在译文中加强男性英雄气概(他心见中最有英雄气概是侠)②。事实上,如果我们配合他早一点的言论,他在翻译哈葛德的另一篇同为哈葛德小说《红礁画桨录(1906 年)》时就指,"孽海花非小说也,鼓荡国民英气之书也",连《孽海花》对林纾而言,也只是鼓荡国民英气之书。那么,明显张扬并鼓吹男子气概的哈葛德小说,就不是纯粹提供西学、西俗知识、飞黄腾达梦想给晚清社会了。

在众多的林译哈葛德小说中,最能证明林纾有意识地提取哈葛德小说中少男英气,以增注晚清社会,勉力救国的例子,是林译笔录、陈家麟口述的《天女离魂记》(*The Ghost Kings*, 1908)。《天女离魂记》是典型的言情、冒险加歌德式奇幻小说。原文故事开始(林纾版本阙译)时描述在 15 年前,在非洲祖鲁国里 Dingaan 王统治的时候,发生了一件不可思议的事,王朝内有一位白人少女,由于神灵附体,因此身怀魔法及施咒的能力,加上少女喜爱穿白衣,王朝把她加冕称尊为 Zoola,意即祖鲁之母(Lady of the Zulus)。她本来是西方某传教士的女儿,因 Dingaan 王妒忌这少女的父母,把他们杀害,少女发疯后,对祖鲁国(Zulu)施以毒咒,祖鲁国不久就败于布尔军,国王惨死,全国覆灭。一转眼,15 年过去,故事回到现在。从英国赫特福德郡(Hertfordshire)道夫牧师(Reverend John Dove),受到神

---

① 林纾:〈埃司兰情侠传·序〉,页130。

② 事实上,译者通过操纵文本,在翻译过程中增补,删减一些性别形象,以达到建国的目的,古今中外比比皆是,见 Carmen Rio & Manuela Palacios, "Translation, nationalism and Gender Bias" in José Santaemilia (ed.), *Gender, Sex, and Translation: The Manipulation of Identities* (Manchester: St. Jerome Publishing, 2005), p. 77。

召，一心来传教，要开化非洲土人，以此侍奉上帝以及彰显上帝对(非洲)人的爱。他于是带着妻女同行，举家迁到南非。可惜的是，妻子不能适应非洲艰苦的生活，多次流产，生下的孩子也早早夭折。唯独是现年 15 岁的长女 Rachel 自四岁英国迁居非洲后，一直健康茁壮成长。故事描述，牧师及 Rachel 安葬好刚夭折的弟弟后，父女为是否应全家回英国定居而产生龃龉，牧师为了让女儿冷静下来，叫她去为母亲找一点可口美味的水果回家，少女因此单独走到险峻山谷，并不幸遇上暴风雨而被困，幸得男主角相救。

林纾增加少年英气最明显的地方，就发生在《天女离魂记》译文第 13 至 16 页，亦即是原文的第 2 章"The Boy"("少男")之上，整段的内容记载少年英雄救美的事迹，但只要我们稍稍对比原文及译文①，即可看到，在这一章内，所有有关男主角的描述，林纾都会译作"少年"，而不论原语出现相关的概念或词汇是什么，在语言学上属于哪一种词格，甚至那些语句根本不是指涉主角本人，而是指称他拥有的事物，或身体特征或行动，林纾都一概以"少年"译之：

【a_1】谓此<u>白种少年</u>何以至此？顾虽惊讶，然得见同种之人为伴，心亦愉悦，【a_2】即力追趣此<u>少年</u>立处，逐电而趋。电光中，【a_3】见<u>少年</u>扬手似麾之归岛，不听来前者，女见状而止，少须觉渴河之上游……

Wondering vaguely what a【b_1】<u>white boy</u> could be doing in such a place and very glad at the prospect of his company, 【b_2】Rachel began to advance towards <u>him</u> in short rushes whenever the lightning showed her where to set her feet. She had made two of these rushes when from the violence and character of <u>his movements</u> at length she understood that he was trying to prevent her from coming further, and paused confused …

我们看到上述的例句，林纾以白种少年(【a_1】)翻译原文的 white boy(【b_1】)，尚算与原文意义相符，但跟着的几句中，主语分明是女主角 Rachel，而男主角是以第三人称受词格 him(【b_2】)出现，林纾省略作为主语的女主角，而以"少年"标示本来是受格位置 him 的男主角。而跟着的一句，情形就更突兀，不单继续省略女主角作为主语叙事单位，更干脆大幅度改动原文意思，冒求突出少年行为。这类例子在这一章中，不胜枚举，由于篇幅所限，在此只能胪列数个例子作说明(下文重点为笔者所加)②：

---

① 所有哈葛德的小说原文，参考自网上电子文本，由 http://manybooks.net 及 http://www.gutenberg.org 提供。

② 要理解译者在翻译过程中如何通过增译、改译达到操控文本的过程，应贯通上下文脉络观察；但由于篇幅的限制，本文不能全段引出原文及译文，读者要理解林纾如何通过《天女离魂记》(特别是第 2 章)的翻译，制造晚清少年气氛，请参考译文《天女离魂记》及原文 The Ghost Kings。

he was quite close, but the water was closer

少年少却雷止复奔至女

an arm about her waist

少年力抱

how white it was

少年两臂甚白

"Together for life or death!" said an English voice in her ear, and the shout of it only reached her in a whisper.

少年忽操英语,言曰尔我二人,必镇定即死,可勿遽离。

"No, he is an officer, naval officer, or at least he was, now he trades and hunts."

少年曰:吾父为海军少校,今已变业为商贾,且行猎……

从这里可见,原文并不是主语标示男主角的地方,林纾也不厌其烦地以"少年"指涉男主角;更甚的是,在很多的二人对话中,林纾都增加"少年"一词,以标示这是男主角的对话。简单一算,"少年"一词,在这一章内,就惊人地出现至少40几次之多,很多时候,一句中出现了多次"少年":

> 少年之臂衣破而血沁,少年大震,几仆女复力挽其臂,疾趋赴岛,二人皆疲,而水势已狂势如矢而过。风水虽厉,幸俱得生,彼此对坐,即电光中互视,女见此少年可十七岁……

林纾密集地使用"少年"一词,不单证据充足地展现了他有心通过翻译,突出少年形象,增加晚清少年英气,我们甚至可以说,为了达到他的目的,他已违反古文的语言规范。汉语惯用的表达形式,往往是透过上文下理,推衍故事情节,不需要时时刻刻说明该行动者。本来以简约著称的文言文语式,更不需要这样的繁琐堆栈,处处句句重复用语。林纾反复使用少年一词,用意是堆砌、重现及提醒读者关于小说中的少年的身份及形象。反观女主角,虽然作者哈葛德在原文中,曾说明她跟男主角无论从眼珠、相貌、肤色、体格都极为相似,外人甚至会误认为他们为兄妹;但林纾在翻译时,仅以"女"作交代,且经常省略及匆匆带过,如:

> 少年大震,几仆女复力挽其臂
> Almost he fell, but this time it was Rachel who supported him

> 女见此少年可十七岁,状至雄伟……
> He was a handsome lad of about seventeen … curiously enough with a

singular resemblance to Rachel ...

> 女曰:胡不下其鎗,鎗为铁制,易于过电宜加慎重。
>
> <u>少年</u>曰:此鎗 ...
>
> "Hadn't you better leave your gun?" she suggested,
>
> "Certainly not," <u>he</u> answered,

事实上,《天女离魂记》的男主角 Richard Darrien 是 17 岁,女主角 Rachel Dove 是 15 岁,岁数相若的男女主角,林纾为什么在处理原文时,有如此惊人的差异? 我们甚至可见,女主角的身份年纪,在林译中完全被模糊了。不单如此,我们可以从这些例子中看到,本来指称年轻未成长、应包括两性的中性用语"少年",在林纾的理解中,只指涉男子,而女子则被排除在这使用范围之外。因此,我们可以明白,救亡图存的愿望,对林纾而言,只寄托在"少年男子"身上。对他而言,年轻中国女子,不单不能像少年男子一样,自主、自立、自发救国[1],而且更应该被忽略、被模糊、被简化,辅以突出少年男子的英雄救国主线。这种带有性别歧视的意识,事实上,正如英国研究中国社会文化学的研究者 Frank Dikötter 所言,中国近现代小说及文学研究中,指称中性的用语(如"儿童","青年"等),无论就文学作品的具体内容,还是在研究者的眼中及认知内,根本形同单一性别,而这单一性别,只是男性[2]。另一性别,就变成了可有可无,甚至,无端消失了[3]。

林纾通过翻译小说呼吁少年人救国之余,还在前序后跋中劝导少年,应谨守奉行的生活习惯,更语重心长地吩咐少男不要虚耗青春:"少年之言革命者,几于南北皆然。一经肯定,富贵利达之心一萌,往日勇气,等诸轻烟,逐风化矣,……独我国之少年,喜逸而恶劳,喜贵而恶贱"[4];更不要放浪形骸,要好好珍惜强健体魄,"盖劝告少年勿作浪游,身被隐疾,肾宫一败生子必不永年"[5]。这两点,可以说是与西欧各国"少年运动"的目标类同。而通过林纾直白地直接奉劝少年人,不要败坏肾机能,损害赳赳雄风之言论中,我们就更直接看到,在晚清社会,男性气概、男

---

[1] 这里指晚清社会无意培养年轻女子作为救国主体的意思,女性在晚清国族主义下,要不是去掉女人的主体身份,代入男人,才可以走上历史舞台(如秋瑾);或者是只能附属于男人,作为第二性或次等角色,如贤妻良母,才能肩负救国宏愿。前者看李奇志:《清末民初思想和文学中的"英雄"话语》(武汉:湖北教育出版社,2006);陈姃湲:《从东亚看近代中国妇女教育:知识分子对"贤妻良母"的改造》(台北:稻乡出版社,2005)。

[2] Frank Dikötter, Sex, *Culture and Modernity in China: Medical Science and the Construction of Sexual Identities in the Early Republican Period* (London: Hurst & Co., 1995), p. 146.

[3] 正如本文第一章所言,要细致讨论哈葛德小说中的大量女性角色,在中国受到特殊的看待及所产生的反应,待另文处理。

[4] 林纾:〈《离恨天》译余剩语〉(1913 年),页108。

[5] 林纾:〈《梅孽》发明〉(1921 年),页128。

性体质,以及男性生殖能力,事实上已是国家精神、国体、国力的象征了。必须指出,林纾这种实用救国思想,利用少男(他心目中的少年)实现救国之梦,其实自梁启超一脉相承而来。

我们知道,少年在晚清社会忽然成为救国主体,甚至是国家形象的转喻,并不是由林纾所开创的。正如夏晓虹、中村忠行及梅家玲所指出,带动晚清少年文学及少年文化的想象到中国,是梁启超,特别是他的〈少年中国说〉(1900)一文带来的巨大影响①。林纾在短短的二十年间翻译了大量哈葛德的小说,就是要在这种大气氛下推动、增加、制造晚清社会的少年英气,和应梁启超的"少年中国"说。这与林纾过去一直追随梁启超救国图谱,与梁启超形成一个理论与实践的组合是一致的。

梁启超从明治日本取得少年文学的概念,一方面从森田思轩〈十五少年(1896年)〉一文,翻译成〈十五小豪杰〉,森田思轩翻译的底本,则是翻自凡尔纳的 Jules Verne(1828—1905)(*Deux Ans de Vacances*; *Two Years' Vacation*[1880 年]),另一方面,又从他一直心仪的对象德富苏峰中取得撰写少年中国说的理论资源;而为了增加少年气吞山河的气势,除了撰写理论文章及翻译之外,梁启超同时撰写〈意大利建国三杰传〉(1902),以意大利各时期开国人物的英姿飒爽形象,当中包括玛志尼(G. Mazzini, 1805—1872)、加里波第(G. Garibaldi, 1807—1882)、加富尔(C. B. Cavour, 1801—1861)的生平合传,以形象化的人物传记,说明建国就好像少年成长的过程,需要艰辛苦斗,不畏磨炼,令晚清中国人看到,本来四分五裂的意大利,成为独立新兴民族国的建国过程,指待中国的将来,犹如意大利一样。梁启超的目的,是鼓动日暮途远的中国士大夫群,要他们看到中国并不是由盛转败,日薄西山之状况;相反,眼下的衰败晚清局面,只是"过渡时期"带来的必然动荡而已。事实上,在国际上,以少年阶段比喻新兴民族国的革命时代,本身就是一个常见及有效的喻像,这点,即如梁启超口中所说的意大利,在合并兼并的革命时代,也是以少年形象作一鲜活的文化符号,以激励国民情绪②。这喻象本身,是出自少年人本身热血热诚、充满干劲的形象,加上少年阶段稍纵即逝,充满万变的可

---

① 夏晓虹:《觉世与传世:梁启超的文学道路》(上海:上海人民出版社,1991);中村忠行:〈清末の文壇と明治の少年文学(一)——資料を中心として〉,《山邊道:國文學研究誌》(天理:天理大学国文学研究室,1964)第 9 号,页 48-63;以及中村忠行:〈清末の文壇と明治の少年文学(二)——資料を中心として〉,《山邊道:國文學研究誌》第 10 号,页 63-81;梅家玲:〈发现少年,想象中国——梁启超少年中国说的现代性;启蒙论述与国族想象〉,《汉学研究》第 19 卷第 1 期(2001 年 6 月),页 249-275。

② Laura Malvano, "The Myth of Youth in Images — Italian Fascism"; Luisa Passerini, "Youth as a Metaphor for Social Change-Fascist Italy and in the 1950s", in Giovanni Levi & Jean-Claude Schmitt, *A History of Young People in the West*. Volume 2, *Stormy Evolution to Modern Times*, translated by Carol Volk (Cambridge, MA: Belknap Press, 1997), pp. 281-340.

能,以此呼吁爱国之士抓紧当下,不要蹉跎岁月,同心奋勇向前①。

梁启超的文论为晚清注入新理论基础,加上他以人物传记、创作小说及翻译文学来具体化抽象论述,借此增加说服力。整个晚清社会,转眼出现覆天盖地的少年形象,志气高昂的少年英志。梁启超的文章,如何对晚清社会产生风从的影响力,如何对时人产生震撼人心的强大力量,已不用再多明言。再加上前述三位学者的深入讨论及分析,我们实在不用赘言多说了。只是,过去讨论到晚清由梁启超启导而来的少年文学现象,从来没有把林纾纳入讨论范畴,这不可以说是不可惜的,这固然也由于忽略哈葛德小说原语境而引起的问题。

必须指出,梁启超通过翻译森田思轩及作品,把"少年文学"概念从日本引入中国的1900年,日本少年文学已完全确立,而且应更准备地说,不单只确立了少年文学,更已从错误、混淆、模糊的阶段中改良过来。受西欧(英国、德国及法国)少年文学影响而来的日本明治"少年文学"②,在明治刚出现这崭新类型时,由于整个概念及类型是通过翻译而来,社会对译及使用这新词新概念时出现莫衷一是的情形,特别是性别概念上。在明治早年,"少年"文学只讨论到男性读者关心的三大内容:立志、英雄、冒险③。我们可以了解到,这固然是与当时明治日本的背景大有关系:少年文学出现在正值日本建国扩张时期,少年文学可以振奋少年读者的心志,激发他们的建国雄心,让他们以小说中的人物为学习目标,为国家建立功业,开拓版图。不过,到了明治二十年(1887年)左右,明治社会的知识人及读者,很快便意识到"少年文学"一词的讨论范围,无论从概念认识及应用上,由于都只指涉男性,很难再对应于西欧文学的 juvenile literature 下,各自针对少男及少女而产生的 boy literature 及 girl literature。于是,明治社会很快便达成共识,把"少年文学"的概念,应用于少男读物之上;而为少女而设的文学,则另辟新径,名为"少女文学",以弥补这偏颇的性别意识。固然,语言是约定俗成的,日本今天社会对"少年文学"的理解及性别指涉,就是继承明治文学而来,而在法律上,则自大正十一年(1922年)起,强调此应为指涉男女双方的用词④。问题是,于1900年才把少年文学概念,通过转译的方法传播到中国的梁启超,已是明治少年文学脱离混乱阶

---

① Giovanni Levi & Jean-Claude Schmitt, *A History of Young People in the West*. Volume 2, *Stormy Evolution to Modern Times*, translated by Carol Volk, p.5.

② 日本少年文学的内容,可看木村小舟:《明治少年文学史》(改订增补版明治篇)(东京:大空社,1995);福田清人:《明治少年文学集》(东京:筑摩书房,1970)。

③ 田嶋一:〈"少年"概念的成立与少年期的出现——雑誌《少年世界》的分析を通して——〉,《国学院雑志》第95号第7期(东京:国学院,1994),页10,特别见第2节第10页讨论这个概念在日本的衍生及规范过程。

④ 佐藤(佐久間)りか指出,在大正十一年定下来的"少年法"则与文学界表现不一样,指未成年男女。见佐藤(佐久間)りか:〈"少女"読者の誕生——性·年齢カテゴリーの近代〉,《メディア史研究》第19号(东京:ゆまに书房,2005年),页23。

段的时期,他对当中的性别问题毫不察觉,亦不关心,这固然与他一向重实业,急于找到最快最有效的救国良方,而先取折中方案大有关系。

梁启超无视"少年文学"的性别意识,故论者可能同时会认为,受梁启超影响甚深的林纾,看不到里面的性别问题,不单其理可原,其情更可悯。我们都可以说,林纾不懂原文,译文中的增译、误译、删译等改动,未必是他的意图或原意,他也许无必要为少年形象在中国大量出现负责,更无必要承受我们指责他有心忽略少女形象,因为他也许是受口译者误导或受人唆使的。这当然是合理的推测;而事实上,这亦是林纾在1924年去世后,一些有心人要为他平反(如郑振铎)而提出的脱罪辩辞。不过,只要我们对比另一些同为哈葛德原著、林纾翻译的小说,我们即可知道,林纾实在难辞其咎。特别是,只要我们考察文中翻译到的少年形象以及对少年形象的改写,对比现实生活中的林纾,我们不难看到,这些译作处处流露出林纾的身影和自身经历,甚至有些地方,他是通过小说人物宣之于口,把自己所感所想投射于他背景相似的人物身上,而译作上增添补加的成分,绝不容口译者陈家麟置喙之地,不可能由他口述、转述而来。

五、林纾对少年身份所产生的焦虑

我们都知道,林纾走上翻译小说的道路十分偶然。在甲午之役后,林纾本已有翻译拿破仑传记之心,只是这个想法一直没有实现。后来,与他同岁的妻子刘琼姿死后,46岁的林纾中年丧妻,愁懵悲恸,意志消沉,刚从法国归国的朋友王昌寿,劝他翻译感人至深的《巴黎茶花女遗事》,希望他有所寄托,亦能排遣压抑在心胸已久的牢愁①。林纾与王昌寿一边翻译,一边号啕痛哭,在翻译过程中,译者与阿猛一起穿梭故事人物的凄怨情怀,同悼马克(今译马格烈特)的早夭。在整个翻译过程后,林纾的郁结终于畅怀,而他的心扉亦再度打开,迎接了人生的另一个春天:林纾在元配夫人逝世一年多后(1899年)再婚,娶了当时24岁的继室杨郁。

过了几年,当林纾于53岁时与魏易合译哈葛德的《洪罕女郎传》(原文 *Colonel Quaritch*, *V. C.*)的时候,几年来的中年再婚感受,终于被哈葛德的小说再勾起,令他在带点距离中重审了自己的心路历程。

《洪罕女郎传》讲述已届中年的爪立支将军(Colonel Harold Quaritch),历经多年海外战役(印度、阿埃布尔、埃及)后退役回国。回国后,他继承了姨母的田园山庄,正要回归平淡新生活时,却重遇五年前自己心仪的对象亚达(与林纾五年前再娶相若)。爪立支将军虽其貌不扬,却是个不折不扣的典型英国绅士:为人踏实、

---

① 夏晓虹:〈林纾:发乎情,止乎礼义〉,《晚清文人妇女观》(北京:作家出版社,1995),页123-152。

有原则、行事说话上一丝不苟,但却因为性格拘谨,加上长年征战,多年来仍是孤家寡人。这次重遇亚达,令他燃起多年前的倾慕之情。亚达由于要照顾在战役中失去唯一儿子的老父,过了适婚年龄(已26岁)还云英未嫁。《洪罕女郎传》的主线描述中年的爪立支将军如何突破拘谨性格,向亚达示爱,副线则描述哈葛德小说一贯的寻宝内容。

从小说中可以看到,爪立支的背景与林纾有不少偶合的地方:爪立支与绰号"冷红生"的林纾一样,表面拘谨,内心热情澎湃,在国家大事上勇猛果敢,干脆爽快;在儿女私情上却带点迂回退避。具有这样性格的中年人,却腼腆地要在中年谈婚论嫁,可知是需要排除很多心理障碍和疑虑的。再加上结婚对象比自己年轻20多岁(林纾的续弦与亚达年龄相若),即将面对的恐惧及焦虑是可以理解的。人到中年,从某种角度看,固然是人生的顶峰,但从另一角度去看,也是即将从繁华的生活回落到返璞归真生活的时候,要为老年阶段作种种心理调整及做好安享晚年的安排。在这阶段,无论是爪立支还是林纾,又要重新面对激荡的新婚生活,心里的急躁,非笔墨可以形容。特别是,对于瞬间要从璀璨的花花世界回到淡泊的田园生活(像爪立支),不是每个人都能洒脱自在,而像林纾那样,有志未酬,就更不能处之泰然了。在《洪罕女郎传》中,特别是在第18章第99页的一段译文中,我们看到,林纾这种中年人的焦虑,不单是因为与爪立支相同的心境而被引出,而且可以说,正是因为有深刻体会,在翻译原文的时候,再也不能俯首贴近原文,而是按自己真正的思想及感受,重写(rewrite)哈葛德的原意:

> 【1】然安知天下有极大之事业,其肇端实自一分钟中者;况一黄昏中有二百数十秒之久,其中若生波澜者,为候当更永。【2】<u>爪立支</u>此时自知与<u>亚达</u>情款至深,惟人近中年,行事至复持重,<u>不类少年之冒昧请婚</u>;且亦不自料,即此黄昏中,有求凰之事,在已亦百思不到者,【3】方<u>爪立支</u>来时,更衣而出,空空洞洞,殊不审今夕即有佳兆,犹人之不自料,不去此衣而就枕也。【4】心爱<u>亚达</u>,固坚且挚,惟不为狂荡之容,盖<u>中年情爱之不同于少年者</u>;【5】<u>少年气盛</u>,血脉张王一受感情如积雪连山经山经春立化融为急湍入大河故势洪而声健。若<u>中年情感则沉深静肃犹长江千里溶溶不反此其别</u>也。夫山溜之下,固不可遏此,但言其气势……

原文句【1】,哈葛德本来的意思,是用作说明一刻千金,特别是指涉爪立支对亚达的衷情,已经到了不能压抑,即将爆发的时候(No one, as somebody once said with equal truth and profundity, knows what a minute may bring forth, much less, therefore, does anybody know what an evening of say two hundred and forty minutes may produce)。有趣的是,林纾却以"然安知天下有极大之事业"作模拟。这里,与其说是林纾误译,倒不如看成是林纾时刻不能放下的救国的心结,建立功业之

心的迫切。而其迫不及待的程度,从林纾把原文的 two hundred and forty minutes 译成"二百数十秒",可见一斑。他已不拘泥真实的数字时间——这固然是一种时间意识的表现,而不是口译者不懂把英语 forty 译成四十的意思。【2】"惟人近中年,行事至复持重",本来只是说明爪立支心情志忑不安,泛指中年情爱令人手足无措而已(which sometimes strikes a man or woman in <u>middle age</u>—);但林纾在这里以"行事至复持重,<u>不类少年之冒昧请婚</u>"译出,更用后句"不类少年之冒昧请婚",对比中年人的持重可靠。这里,只要我们一看原文,即会明白,这种指斥少年的冒昧猖狂,是林纾的增译,原文并无这样的意思。当然,翻译是要贯通上文下理,有时译文与原文会因应句子前后调动,中英语法不同,而有所调动。事实上,在哈葛德的原文中,的确有以少年对比中年人的地方。这就是:

> His love was deep enough and steady enough, but perhaps it did not possess that wild impetuosity which carries people so <u>far in their youth</u>, sometimes indeed a great deal further than their reason approves.

这里可看到,原文一段是用来指爪立支对亚达用情之深,即使没有年轻人般狂热激荡,但也是非常深刻的。哈葛德的原文,虽以少年作一模拟,却是正面地作模拟。而这句的对译,林纾则译作:

> 心爱<u>亚达</u>,固坚且鸷,惟不为狂荡之容,盖<u>中年</u>情爱之不同于<u>少年</u>者;<u>少年</u>气盛,血脉张王,一受感情,如积雪连山、经山、经春,立化融为急湍入大河,故势洪而声健……

这里,可以说,林纾"盖<u>中年</u>情爱之不同于<u>少年</u>者"前句,"惟不为狂荡之容",就足以道出 wild impetuosity 的意思。但林纾却稍嫌不够,在"盖<u>中年</u>情爱之不同于<u>少年</u>者"后,继续深化少年人狂妄轻狂,做事冲动的形象。事实上,如果我们看看整段原文,却会得出相反的理解。原文本意是希望指出,爪立支虽然已届中年,本来已应该老成稳重,但这次用情之深,就像年轻人一样爱得地动天惊,如山洪暴发一样,不能止歇:

> It was essentially <u>a middle-aged devotion</u>, and bore the same resemblance to the picturesque passion of <u>five-and-twenty</u> that a snow-fed torrent does to a navigable river。

整合全段来看,在这简单一节里,林纾先后以"<u>不类少年之冒昧请婚</u>"、"<u>少年</u>气盛,血脉张王"指斥少年,以此反证中年人行事小心慎重。事实上,我们很能体会到,林纾有着与爪立支相同的背景,引发了林纾年华老去,岁月不饶人的彷徨及恐惧;为了消解这些焦虑,平衡这种不安感,所以他渐渐突出"少年"的不成熟面与之对立。为了急于确立中年人的价值及道德观,他把少年人的好动看成冲动、狂荡、冒昧。林纾在这里,好像为了急于确立中年人比少年人成熟稳重的优点,已倒戈相向,指斥少年人了。本来,林纾翻译哈葛德的少年文学时所能体会到的应是少年人不怕挑战、勇者无惧的精神,他大量翻译少年文学到中国来的原意,也就是认同少年人的优点,欣赏他们热血热诚、充满干劲,以此鼓动国家士气,以及比喻晚清中国的生气勃勃,这本来是他的唯一目标;但正是同样通过翻译哈葛德的小说,令他无端产生了一种前所未有的危机感,而这种深重的危机感,就是由哈葛德小说中的哥特式的末世意识以及小说的叙事格局,令他体会到这种末世仓促的时间感觉。

　　哈葛德的小说,每本貌似独立发展,但同时亦是一个整合式的系列故事,小说情节的安排是随时间过渡,同一主人公会于不同故事重复出现,有时情节相关,如故事主人公 Allan Quatermain,就先后出现在不同小说中达 14 次之多,这样做的目的,是让故事人物与他的读者一起成长。《迦茵小传》中的 33 岁的亨利,一开始便回述十多年前的航海生涯,以呼应 23 岁时发生的青葱故事。但是,更多哈葛德的小说往往是从一个年华逝去,欲说还休的垂暮老人,通过追忆往事,回述过去。《所罗门王宝藏》的故事,是从戈德门将军 55 岁时,回忆年少时的种种冒险之旅,"而成为何史者起讫。咸不得其要。顾一生事业滋伙,在余自思,历世界至久,阅事亦多,或且否<u>少年</u>时已往事。" Queen Sheba's Ring(林译《炸鬼记》[1921 年]),则从 65 岁回忆 40 年前开罗的精彩往事。这些"老猎人"(鲁迅、周作人语)[1]的故事都在述说昨日浪迹江湖,今天却白了少年头,当中透露出不少精彩人生俱往矣的感慨,而现在只剩下空悲切的凄凉感谓。我们试想,作为译者的林纾,与这些小说人物的背景如此相若,焉能不以此自比自况,一边翻译,一边处处以自己的境况作参照?事实上,只要我们细心去看,即可发现林纾言及少年少男文学时,也是他发出年华逝去叹喟之处,以此证明"老少年"自况:"纾年已老,报国无日,故日为叫旦之鸡,冀吾同胞警醒"[2]。他一面表示:"余老而弗慧,日益顽固,然每闻青年人论变法,未尝不低首称善"[3],而可以说,到了翻译哈葛德的小说,这种本来悲不自胜,垂垂老矣的感叹,益发浓烈了:"居士且老,不能自造于寂照,顾尘义则微知之矣"[4]。林纾在翻哈葛德的小说时,通过耳受手追、默存细味的过程,以古文再诠释原文内容,这个文本内对小说内容体味的境况,本来已足够让他感怀身世。但一个更直接从文本之外而来的冲击,同时为他添重另一层由新世代力量带来的压

---

①　周启明:〈鲁迅与清末文坛〉,《林纾研究资料》(福建:福建人民出版社,1982),页 239。

②　林纾:《不如归》(1908 年),页 94。

③　林纾:〈美洲童子万里寻亲记·序〉(1904 年),页 18-19。

④　林纾:〈洪罕女郎传·序〉,页 38。

力。这无法不直面的冲击,正是来自他身旁的真正救国少年,把少年带入晚清中国的年轻人——梁启超。

林纾在梁启超面前,不单是一个忠诚的合作伙伴,更多时候,他是以一种崇拜英雄的态度去仰望梁启超。林纾不只一处公开仰慕并推举梁启超为新时代的英雄人物,在《古鬼遗金记(1912 年)》(*Benita, An African Romance*,哈葛德最典型的哥特式小说)序言中,就直接道"老友梁任公,英雄人也,为中国倡率新学之导师。"而有些时候,他会表现自愧不如的卑微心态:"嗟夫吾才不及任公,吾识不及任公,慷慨许国不及任公,备尝艰难不及任公,而任公独有取于驽朽,或且怜其丹心不死之故许之为国民乎。则吾书续续而上之任公者"①。所谓英雄出少年,梁启超在广东新会本来已有"神童"之名,戊戌政变百日维新之年,梁启超只有 25 岁;到了他发表影响中国深远的鸿文〈少年中国说〉(1900),正好 27 岁,而他写影响中国文学发展至巨至深的〈小说与群治的关系〉(1902),也只是区区 29 岁。而到了创办"觇我同胞"的《庸言报》之时,林纾称自己的文章是"上之任公,用附大文之后",处处以敬语尊称,可见他对梁启超的敬重。其实,当年梁启超也只不过 39 岁(1912 年),但林纾已是 60 岁的老人了!梁启超生于 1873 年、林纾生于 1852 年,他跟梁启超在岁数上相差 21 载,但论成就以及救国的能力,却有这么大的距离,面对如此英姿勃发的少年,林纾如何不自卑自叹?

林纾在翻译哈葛德的《古鬼遗金记》中,不断勾出自己与梁启超年龄和成就上的对比,这不能不说是与哈葛德小说中的时间意识有关。林纾除了称天将降大任于斯人"天相任公"外,对于梁启超以惊人的毅力,凌云的志气以及其通过译书、办报、周游列国拯救中国的壮举深感佩服,在林纾眼中,梁启超根本就是少年中国的形象化身,以及国家将来可寄托希望所在,因而对他敬重如山之情,跃然纸上。可是,当他回头一看自己,却只能闭门译书,更奈何不懂西文,翻译总要依赖合作者("予颇自恨不知西文,特朋友口述,而于西人文章妙处,尤不能曲绘其状"〈洪罕女郎传·跋语〉),最后只能自喻"叫旦之鸡",这不单是因为只能发出微弱嘶叫之声,更寓意只能在家门外叫嚣,以此映照自己无法远游,放眼世界,不能像哈葛德小说中的人物一样,浪迹天涯。于是,他在小说故事人物的映照中,在梁启超精彩斑斓的人生映照中,处处只体会到一切已有心无力,为时已晚,垂垂老态已现"纾年已老,报国无日"②。在种种复杂心态的折腾后,几经挣扎,林纾索性自称"畏庐老人",以自嘲、自认、自况自己的年老无用了③。

梁启超以自身影像有力地为中国注入了少年形象,加上林纾大量翻译哈葛德

---

① 林纾:〈古鬼遗金记·序〉,页 106-107。

② 林纾:《不如归》,页 94。

③ 从林纾《梅孽》(1921 年)及《深谷美人》(1914 年)序言都可见他以此自称。

小说,把少年人寓意的新时代、新时间认知、新价值鼓动了出来,而这些新意识一旦被鼓动了出来,就如脱缰野马、洪水猛兽般,冲击过去中国"吾从周,言必上古""言必称先王,语必道上古"的敬老尊古心态。加上随着新史学、新时间观念带进中国,以及严复传播的赫胥黎"物竞天择,适者生存"的演化观念进一步深化中国社会,古旧、过去、传统中国等,已不再是古朴芬芳的代名词;"新"已俨然成为新时代唯一值得追随的价值观念①。如果说写于1900年的〈少年中国说〉是中国少年文化文学的开端,中间经过《少年报》(1907年)、《少年丛刊》(1908年)、《少年杂志》(1911年)的不断探索及培养建立中国理想的少年青年人,而到了1915年,新一代的青年人最终在《青年杂志》及后来的《新青年》(1917年)中完全确立②,那么,清末最后的十多年,处于半新不旧、半中不西的时代,产生"老维新"、"老新党"、"老少年"等等的混沌形象,似乎是处于新旧交替的必然过渡用语。但是,时代是进步的,时代更是仓促的,新的出现,旧的不得不被清算,一切已急于被重新评估。可是,在早些时候以翻译小说来实践梁启超理想的林纾,却不能及时追上时代步伐,一心要自封为前朝遗老,最终逃不了时代的洗礼,最终为新潮的年轻新世代所唾弃咒骂,而讽刺的是,这些一心要建立少年中国的中国少年,其实都是在更年轻的时候仔细读过林译的每一篇哈葛德的小说,且深受其触动和影响的③。换言之,中国新青年的少年气概,是林纾所灌输甚至赋予的。

也许,以林纾的角度来看,这有点凄凉悲壮,因为他间接地成为了自己所倡议的少年文学的受害者;但另一方面,如果从整个中国的国家利益看,显然,林纾所译哈葛德的少年文学,却有重大的成果:一个垂垂老矣的林纾,单凭一支翻译的"秃笔",造就了一批"五四"少年,他们以自己的勇猛精进,最终建立了现代的少年中国来。凭此,我们又可以从另一个角度看出林纾对近代中国的贡献。然而,正如本文开头所指出:这些"五四"论述,却以所谓纯文学的视角来大力地抹杀和否定林译的哈葛德小说。这是历史的讽刺,是历史的盲点,还是心理学所言的,少年成长阶段必先通过俄狄浦斯杀父的过程,才能确立自己人格的手段呢?

---

① 过去已有很多学者指出晚清出现新的时间及历史观念,如李欧梵指出晚清的"新",其他研究晚清时新史观、新时间意识进入中国,如顾颉刚:《当代中国史学》(香港:龙门书店,1964);邹振环:《西方传教士与晚清西史东渐:以1815至1900年西方历史译著的传播与影响为中心》(上海:上海古籍出版社,2007)。

② 在明治日本,青年概念是延续自少年概念而来,青年指在新式课程受熏陶,特别是都市城市求学的年轻人。见木村直惠:《青年の誕生:明治日本における政治的実践の転換》(东京:新曜社,1998)。

③ 关诗珮:〈现代性与记忆:"五四"对林纾文学翻译的追忆与遗忘〉,页91-119。

清末女性空间开拓：
薛绍徽编译《外国列女传》的动机与目的[*]

钱南秀[**]

摘 要：《外国列女传》为中国第一部系统介绍西方妇女的译著，由清末女作家薛绍徽（1866—1911）与其夫陈寿彭（1857—1928？）合作编译出版。该书为戊戌百日维新失败后，清末男女知识分子坚持变法的成果之一，意在借鉴西方经验、发展妇女教育。妇女变法志士企求打破内外之别，而妇女进入公共空间，当如何自处自立？薛氏倡议编纂《外国列女传》，试图开拓妇女道德才艺空间，并指导妇女建立与家庭、社会、国家的新型关系。在这一探索过程中，《外国列女传》所载录的西方妇女生命经验，既为中国妇女教育提供了某些参照模式，也为探求理想妇女典范提供了论争场域。

关键词：薛绍徽；外国列女传；戊戌变法；妇女教育；男女平权

Space Expansion for Late Qing Women:
Xue Shaohui's Motivation and Purpose of Compiling the
Biographies of Foreign Women

Qian Nanxiu

Abstract：The *Biographies of Foreign Women* (*Waiguo lienü zhuan*, abbreviated as WGLNZ), the first systematic introduction of foreign women to the Chinese audience, was compiled by the late Qing woman writer Xue Shaohui (1866—1911) and her husband Chen Shoupeng (1857—1928?). This project represented a continuing

---

* 此文为笔者英文书稿 *Chronicling China's Reform*：*The Late Qing Woman Writer Xue Shaohui* (1866—1911) *and Her Intellectual Networks* 第 5 章的中文节译改写。此书研究计划曾获美国人文基金会（The US National Endowment for the Humanities）与美国学术委员会（American Council of Learned Societies）资助，著述过程蒙司马富（Richard J. Smith）教授及其他同事批评指教，此稿完成后又得夏晓虹教授匡正舛误多处，在此一并致谢。

** 钱南秀，工作单位：莱斯大学亚洲研究系，电邮地址：nanxiuq@rice.edu。

effort to advance the goals of the abortive 1898 reforms, a serious quest for the necessity and possibility to incorporate Western experiences into the education for Chinese women. This article will show that the WGLNZ has resulted from Xue and her fellow women reformers' desire to break the longstanding demarcation between the "inner" and "outer" domains and to reposition the ideal "woman" in an ideal space, at home and in society, within the intersecting frameworks of the family, the nation, and the world. In the process, foreign women's lives in the WGLNZ served not only as a model for use in educating contemporary Chinese women, but also as a collective site where different visions of ideal womanhood were contested.

Key words: Xue Shaohui; the *Biographies of Foreign Women* (*Waiguo lienü zhuan*); the 1898 Reform Movement; education for women; women's equal rights

薛绍徽(1866—1911),字秀玉,号男姒,福建侯官(今福州)人①,是"近代屈指可数的几位女翻译家之一"②。薛氏之翻译活动乃其参与晚清变法的重要组成部分。戊戌变法期间,薛氏与其夫陈寿彭(1857—1928?)③、夫兄陈季同(1852—1907)、陈季同的法国妻子赖妈懿④,均积极参与了 1897—1898 上海女学运动,创

---

① 薛氏名号年里据陈寿彭〈亡妻薛恭人传略〉,附陈所编薛氏《黛韵楼遗集》(福州:陈氏家刊本,1914)卷首;《黛韵楼遗集》包括《诗集》二卷、《词集》二卷、《文集》二卷,及陈所撰〈叙〉与薛氏〈传略〉,薛氏与陈寿彭子陈锵、陈莹、女陈荭所编薛氏〈年谱〉等。钱仲联主编《清诗纪事》误"男姒"为"男如",见钱仲联(编):《清诗纪事》(南京:江苏古籍出版社,1989),第 22 册,页 16009。

② 郭延礼:《中国近代翻译文学概论》(汉口:湖北教育出版社,1998),页 169。有论者谓薛为"中国近代第一位女翻译家"者,见罗列:〈女翻译家薛绍徽与《八十日环游记》中女性形象的重构〉,《外国语言文学》第 25 卷第 4 期(2008 年),页 262,此说尚待考证。

③ 陈寿彭,福建侯官人,1879 年毕业于福州船政学堂,曾留学日、欧,光绪二十八年壬寅(1902)举人,1907—1911 年间任邮传部主事,生平见其子陈锵等所撰薛氏《年谱》,卒年不详。病夫(曾朴[1872—1935])曾于 1928 年向陈寿彭征收其兄陈季同遗稿,见其为陈寿彭《绎如译丛》所作序,载于病夫主编刊物《真美善》第 2 卷第 6 期(1928),则陈寿彭 1928 年前后仍在世。

④ 陈季同为福州船政学堂第一届(1875)毕业生,1875 年至 1891 年留学欧洲并任中国驻欧外交官,前后凡 16 年,是第一位以西文写作向西方介绍中国的文人。有关陈季同生平,参阅 Catherine Vance Yeh, "The Life Style of Four *Wenren* in Late Qing Shanghai", *Harvard Journal of Asiatic Studies* 57:2(1997), pp. 435-449;黄兴涛:〈一个不该被遗忘的文化人——陈季同其人其事〉,黄兴涛、周迈、朱涛、刘云浩(译):《中国人自画像》(贵阳:贵州人民出版社,1998),页 I-XI;此书包括陈季同的两种法文著作 *Les Chinois peints par eux memes* 与 *Les plaisirs en Chine*,由英译本译出。桑兵:《国学与汉学:近代中外学界交往录》(杭州:浙江人民出版社,1999),页 78-108;李华川:《晚清一个外交官的文化历程》(北京:北京大学出版社,2004);及钱南秀为整理影印陈季同诗作手稿《学贾吟》所作〈前言〉,《学贾吟》(上海:上海古籍出版社,2005),页 1-34。有关陈季同法籍夫人赖妈懿及其他陈氏家族成员简介,亦见此文。

立中国第一个女学会、第一份女子刊物《女学报》和第一所女学堂①。薛氏且为《女学报》第一主笔。百日维新失败，薛氏不改初衷，与丈夫合作编译介绍西方文史科技著作，以为变法赓续。

薛氏自谓"不解西字"②，而陈寿彭则谓"自视所作古文字，弗若恭人远甚"③。故夫妇合作，乃由陈寿彭口译，薛氏笔录整理④，共成书4种。据各书序言，薛氏实为此数种翻译计划倡议者，志在为中国教育，尤其女学，借鉴西方经验。如《八十日环游记》⑤译自朱力士·房(Jules Verne，1828—1905，现通译作儒勒·凡尔纳)之 Eighty Days Around the World 英文版，是我国近代翻译文学史上第一部科学小说，薛氏夫妇且就主人公所经世界各地的人文景观加以详细批注，使其成为实际意义上的世界历史地理教科书。兼之译作文字精炼，忠实原著，"几乎无懈可击"，出版后大受欢迎，由1900至1906年3次重印⑥。《双线记》⑦译自英国女作家厄冷(Ellen Thorneycroft Fowler，1860—1929)的爱情小说 A Double Thread。薛氏倡议翻译此书，意在宣扬婚姻自主，并将家庭和谐纳入民主共和体制之中。《格致正轨》应为科学教科书(完成于1902年，出版与否不详)。《外国列女传》是中国第一部系统介绍西方妇女的著作，始作于1899年，完成于1903年，出版于1906年(金陵江楚编译官书总局)⑧。着手最早，却出版最晚，足显艰辛，亦可见薛氏夫妇对此

---

① 此为最早中国士绅所办女学堂，以别于西方教会在中国所办女学堂。第一所教会女校于1844年由英国女传教士 Miss Aldersey 建于宁波。见 Margaret E. Burton, *The Education of Women in China*(New York and Chicago: Fleming H. Revell Company, 1911), p. 35;夏晓虹:《晚清文人妇女观》(北京:作家出版社，1995)，页18。有关戊戌前后中国妇女生活及女权运动，参阅这两部著作。有关创办第一所中国女学堂的详细过程，参阅夏晓虹:〈中西合璧的上海"中国女学堂"〉一文，载《学人》第14期(1998)，页57-92。夏近作〈上海"中国女学堂"考实〉复就"学校名称"、"校区设置"、"教员的聘任与授课"、"经费的来源与使用"、"捐款人分析"五方面进行了考证(《中国文化》第32期[2010年春季号]，页120-130)。对有关妇女在1898年女学运动中的积极作用和她们与男性改革者的冲突互动，参阅 Nanxiu Qian, "Revitalizing the *Xianyuan*(Worthy Ladies) Tradition: Women in the 1898 Reforms", *Modern China: An International Quarterly of History and Social Science* 29:4(2003), pp.399-454.

② 薛绍徽〈金缕曲〉词题中语，《黛韵楼遗集·词集》，卷下，叶六上。此词作于1892年，可知薛氏至迟此时仍不懂西文，其后以其忙碌多病，学习外文可能性不大。郭延礼谓薛氏"亦通外文"，大约仅依薛氏有译作出版推断，参郭延礼:《中国近代翻译文学概论》，页168。

③ 陈寿彭:〈亡妻薛恭人传略〉，叶一上。

④ 夫妇合作方式据陈锵等所撰薛氏《年谱》，叶十一上。

⑤ 朱力士·房(著)、薛绍徽、陈寿彭(译):《八十日环游记》(上海:上海经世文社，1900)。

⑥ 郭延礼:《中国近代翻译文学概论》，页169-170。

⑦ 厄冷(著)、薛绍徽、陈寿彭(译):《双线记》(上海:上海中外日报馆，1903)。

⑧ 薛绍徽、陈寿彭:《外国列女传》(金陵:江楚编译官书总局，1906)。胡文楷:《历代妇女著作考》(上海:上海古籍出版社，1985)，页669-770，著录此书并附薛小传。所译各书书名及完成出版日期据陈寿彭所作薛氏《传略》叶一下，及笔者亲见已出版三书。

项目之重视。

前此笔者曾撰文,初步介绍薛氏夫妇编译《外国列女传》的过程及其意义①。此文拟深入探讨薛氏倡导编译《外国列女传》的动机与目的。笔者以为,戊戌变法期间,薛氏力倡妇女打破内言外言界限,而妇女走出闺房,当何以自处自立? 则是薛氏相当关注的问题。《外国列女传》便是因此而作。下文拟先述戊戌女学运动期间男女变法者为开拓妇女空间所起争议,及此争议如何导向薛氏编译《外国列女传》的计划。二、三两节通过细读《外国列女传》有关章节,分述薛氏如何借鉴西方,为中国妇女开拓道德与才艺空间。

一、戊戌女学运动中有关女性空间开拓的争议

1897—1898 年间上海女学运动标志着中国妇女首次以社会群体的姿态走出闺阃,进入公共空间。妇女如何在新环境里建立自我,处理自己与家庭、社会和国家的关系? 男女变法志士各自表述,争议蠭起。争议中心有二:一是办女学的目的,二是在打破传统内外分界之后,妇女如何进行道德自律。

女学之议,肇自梁启超发表于 1897 年春的〈论女学〉。开宗明义,梁便指出:"天下积弱之本,则必自妇人不学始。"②依据英国传教士李提摩太(Timothy Richard, 1845—1919)的〈生利分利之说〉③,梁提出:"凡一国之人,必当使人人各有职业,各能自养,则国大治。"而"学也者,业之母也。"如此,教育越发达,就业者越众,则国越强盛。反之,生利人少,分利人众,则国贫弱。"中国即以男子而论,分利之人将及生利之半……已不可为国矣。况女子二万万,全属分利,无一生利者。"故中国人人忧贫,妇人缺教无业,惰逸待哺,"实为最初之起点"④。以强国为前提,梁遂提出女教目的乃为"助其生计"⑤。在梁的直接指导下,女学运动的发起人等于同年 11 月 18 日发

---

① 钱南秀:〈清季女作家薛绍徽及其《外国列女传》〉,《文学评论丛刊》第 4 卷第 1 期(2001 年 3 月),页 102-126。

② 梁启超:〈论女学〉,《时务报》第 23 册,1897 年 4 月 12 日,叶一上。全文连载于《时务报》第 23 册,叶一上至四上;与第 25 册,1897 年 5 月 2 日,叶一上至二下;后由上海女学运动倡始人经元善收入《女学集议初编》(上海:经氏家刊本,1898),叶五十六下至六十三下。

③ 李提摩太:〈生利分利之说〉,《万国公报》第 51 册(1893 年 4 月),叶一上至三上。

④ 梁启超:〈论女学〉,《时务报》第 23 册(1897 年 4 月 12 日),叶一下。

⑤ 同上,叶二上。

表了〈女学堂试办略章〉,以西法为导向,以就职为目的①。与此同时,陈季同嘱其妻赖妈懿"拟日课章程"。当陈季同在沪上召开中国女学第二次会议(1897 年 11 月 21日)汇报赖氏进程,女学运动首倡者、上海电报总局总办经元善(1842—1903)提出应"中西合参"②。陈季同于是向薛绍徽征求意见。

薛氏随即于陈氏兄弟编辑出版的维新刊物《求是报》(英文标题: *The International Review*)上发表〈创设女学堂条议并序〉一文,对梁启超等开办女学宗旨提出异议③。薛氏严词拒绝中西男子的指控,否认二万万中国妇女为惰逸无用之辈,指出:"特以先王内言外言之戒,操守弥坚,贞洁其心,柔顺其道。故[中国妇女]于中馈内助而外,若无能为也者。"妇女外若无能而内承重任,且在完成先王所赋职责之外,又自觉进行自我道德修养,而代有杰出人物,"聪明难闷,发而为道韫之才,灵芸之艺"④。薛氏进而论曰:

> 才之与艺,是曰妇言,是曰妇工,固四德不能外。……今者,女学堂之设,深嘉诸君子惠及阴教,将使二万万弁钗绂簪者各得所学,而后出其才艺,以备国家有用之选,何快如之!⑤

薛氏此论,将女子才艺等同于四德中的妇言、妇工,一变明清以来"女子无才便是德"的成说,而为"女子有才便是德"的新论。此论更直接挑战梁启超等男性变法志士的"女学生计说",指出女学应将争取妇女权益置于强国之先,培养妇女才艺,使之能与男子并列而参与国事。薛氏并将才艺内容扩大为包容古今中外。薛氏此论,与此前于同年 12 月 6 日召开的第一届中国女学大会相表里,大得女性变法志士赞同,次年 7 月 24 日开始发行的《女学报》,参与的妇女或文或诗,进一步发展了薛氏的"女学才艺说",希冀通过女子教育,获得"中西兼美"之才艺,服务于国家人民⑥。

---

① 梁启超等:〈女学堂试办略章〉,《新闻报》,1897 年 11 月 18 日。发表时未署名。据经元善:〈女学集说附〉:"新会梁卓如[启超]孝廉《时务报》第二十三册、二十五册刊登〈女学论〉,有未经人道之处,读者咸服其精。详沪上女学之设,导源实肇于此。且撰公启、定章程、倡捐助,皆出孝廉大手笔"(《女学集议初编》,叶五十三上)。但梁日后未将〈女学堂试办略章〉收入集中,则〈略章〉当为女学发起人集体草拟而由梁点定者。草拟时间当为 1897 年 11 月 15 日沪上创办中国女学第一次会议召开时,与会者皆为男士(见《女学集议初编》,叶一上至三下)。

② 经元善:〈沪南桂墅里池上草堂会议第二集〉(1897 年 11 月 21 日),收经元善(编):《女学集议初编》,叶六下。

③ 薛绍徽:〈创设女学堂条议并序〉,连载于陈季同、陈寿彭(编):《求是报》第 9 册,1897 年 12 月 18 日,叶六上至七下,与第 10 册,1897 年 12 月 28 日,叶八上下。

④ 薛绍徽:〈创设女学堂条议并序〉,《求是报》第 9 册,1897 年 12 月 18 日,叶六上下。

⑤ 同上,叶六下。

⑥ 有关戊戌妇女对女子教育的诉求,参阅 Nanxiu Qian, "Revitalizing the *Xianyuan*(Worthy Ladies)Tradition: Women in the 1898 Reforms", pp. 399-454.

男性改革者倡言女学,作为宣扬男女平权、阶级平等的重要组成部分。如梁启超在与〈女学堂试办略章〉同日(1897 年 11 月 18 日)发表于《新闻报》的《倡设女学堂启》中提出:"圣人之教,男女平等;施教劝学,匪有歧矣!"然而妇女一旦自主,男性变法者又唯恐她们会滥用权利,而心有戚戚,故在实施中时作修正,〈女学堂试办略章〉中便有如下界定:

> 第二十二条、沪滨郑卫之风向盛,而租界中桑濮秽迹尤彰明昭著。今矧设女学,各得自有之权,不先从本根上讲究起,恐流弊较男学外孔内杨者更烈。公议凡真正节妇之女,即非醴泉芝草,亦宜破格栽培,勖以专伺师范一门,秉贞母之赋,昇先觉觉后觉。或冀形端表正,防微杜渐,其庶几乎!①

为免"桑濮秽迹"之流弊,在平权的名义下,变法士大夫重申"贞操"训条,以防微杜渐。

戊戌妇女变法者多为士绅闺秀,一向坚守贞操,自无异议。但她们起而争辩,谓社会道德行为,不能由妇女单方面负责,何况标准往往由男人订立。必须在提倡男女平权的前提下,重新据性别设立各自的道德责任。如此,则不但能纠正女子,亦能纠正男子的道德偏差。针对〈略章〉第二十二条,薛绍徽在其〈创设女学堂条议并序〉中指出:"世之愚妇,荡检逾闲,皆因不知官律之误。"②朝廷便有责任,给妇女学习法律的平等权利。如此,薛氏便将被男性曲解的男女平权问题推回讨论中心,并将社会道德问题移至法律层面进行考察,为妇女在其后有关讨论中另辟蹊径。

王春林的〈男女平等论〉,发表于《女学报》第 5 期(1898 年 8 月 27 日),则进一步揭示了法律对妇女的不公正,其论曰:

> 夫饮食男女,生人之大欲也;乃男可广置姬妾,而女则以再醮为耻。合则留,不合则去,天下之通义也;而律文云:"夫可听其离妇,妇不得听其离夫。"七尺之躯,其抚字于父母者不异也;而夫杀妻则止杖徒,妻杀夫则必凌迟⋯⋯(叶二上)

遵照男女平权的原则,王春林质疑"贞节,妇人之要道"的古训,问道:"而男何以不贞节? 不责之男而仅责之女,可乎?"王最后呼唤远古,描绘理想的男女平权世界:

> 许氏《说文》,网罗古义,而曰:"妻,齐也,夫妻判合也(言各以半相合也)。"以是观之,恶有尊卑贵贱之殊哉! 吾闻圣王之世,人人各遂其生,暨鸟兽鱼鳖咸若。若以今日之女子,陌于今日之风俗,可以遂其生乎?(叶二下)

---

① 梁启超等:〈女学堂试办略章〉,《新闻报》,1897 年 11 月 18 日。
② 薛绍徽:〈创设女学堂条议并序〉,《求是报》第 10 册(1897 年 12 月 28 日),叶八上。

这里,王春林以庄子"齐物"义解释男女平权,主张妇女解脱社会束缚,而领略生命的原始状态。如此,一切人为的道德训条自然失去意义。

发表于《女学报》第 8 期(1898 年 9 月)的〈修昏礼以端风化说〉(未署名),针对《略章》中指责"沪滨郑卫之风",提出此风往往因男子——包括外国人士——"诱拐强抢"所致。故宜设婚配衙门,保护妇女权益。作者最后借鉴西方,提出她对婚姻的理想:"泰西男女之别甚宽,而非礼之防独切。妇女身份极高,不能用财货诱。民间配合,准其自主。"(叶二下)

如何将戊戌妇女对"自主之权"的诉求推向更为具体的实施步骤,应是薛氏在女学运动期间的主要思虑。薛氏草拟〈创设女学堂条议并序〉,以"中西合参"为宗旨。因"既有西学女教习,必能选择精善,毋庸参喙",故而仅将传统学问加入女学教纲为己任①。但薛氏对西方女学于教育妇女成长之作用,仍望有长足了解,她问道:

> 西国虽男女并重,余不知其自古迄今,名媛贤女,成才者几何人,成艺者几何人,其数果能昌盛于中国否? 以余所闻,惟有法国若安一人而已。若安者,收拾余烬,攘臂一呼,英军披靡退避数十百里,迨至关门紧闭,功坠身焚,西史犹大书特书,令人缅想其风徽不置。然以较之六代之木兰,唐之四姑,明之秦良玉,讵得曰妇人在军,兵气不扬哉? 若安能以武勇闻一时,闻千古,闻四国者,非一弱女子也耶? 要其所造,而不必果由于才艺也。②

具有反讽意味的是,尽管变法士大夫一再以泰西女学为中国女教圭臬,所能提供的妇女榜样似只有若安(Joan of Arc)一人。无论中国历代不乏若安之类巾帼英雄,即若安之成就亦仅为武勇,且其能力乃由神授,并非"由于才艺",则士大夫等又如何能以若安为女学楷模?

应该是从撰写〈创设女学堂条议并序〉之时起,好学勤思之薛氏便已有自行梳理西方女史,以为中国女学借鉴之愿。这一思路,在其后发表于《女学报》创刊号上的〈女学报序〉中有更明确的表示:

> 第今日各国新学,灿然秀发,有出诸子百家外。吾辈日处闺阃,若仍守其内言外言之戒,自画其学,安足以讲致知,而合于新民之旨哉?③

可注意者,薛氏此处谓"新学",而非变法士大夫所津津乐道之"西学",显见她视人类求知活动本为因时顺变、兼容并蓄的过程,而非东西壁垒、此消彼长的势力

---

① 薛绍徽:〈创设女学堂条议并序〉,叶七上。
② 同上,叶六下。
③ 薛绍徽:〈女学报序〉,《女学报》创刊号,1898 年 7 月 24 日,叶三上。

抗衡。故“新学”乃其时各国共应努力之事，而非中国独家因“落后挨打”所作的悲情努力。值此世界趋势，妇女应打破内言外言之戒，将求知范畴扩展到诸子百家外。按此处所谓“内言外言之戒”，应指中国传统对妇女的社会与学识空间两种层面的界定。至此薛氏已确立从此两层面扩大妇女空间，而使妇女成为“新民”的最终目的。其后薛氏倡议翻译西方文化科技历史著作，正是她向诸子百家之外寻求新知的努力，尤其编译《外国列女传》，如陈寿彭指出，是薛氏“欲观西国女教而作”①。薛氏自〈叙〉谓：

> 迩来吾国士大夫，慨念时艰，振兴新学。本夫妇敌体之说②，演男女平权之文。绍徽间而疑焉。夫遐荒远服，道不相侔。闺范阃仪，事犹难见。登泰山而迷白马，奚翅摸盘③；游赤水而失元珠④，有如买椟⑤。绎如夫子载搜秘籍、博考史书。因瞩凡涉女史记载，递及里巷传闻，代为罗织，以备辑录⑥。

薛氏与其他戊戌妇女以西学为新知的重要组成，但并非照单全收，而是想首先厘清这远来之道是否符合中国的需要。故薛氏要求陈寿彭广作搜索，以对西方“闺范阃仪”作一全面考索。夫妇协力，“计功七百余日，综得二百余条。绍徽为分十端，厘成七卷。既而又将刈薙两目，列作附录一册。外国女事，于焉备矣”⑦。这七百余日跨1899至1902年，据薛氏夫妇子女日后所记，每夜“家严……与先妣谈外国列女事略……，先妣以笔记之”⑧。夫妇合作过程，辛苦而愉悦。

研究《外国列女传》的成书过程，一个重要问题是其资料来源，非如此不能了解薛氏夫妇在编译过程中的材料取舍，也就无法把握薛氏在拓展妇女空间的基础上对理想“新民”的建构。陈寿彭〈译例〉开始即谓：“是书虽译从西文，而西国无此专集。爰取英文各史传，以及谱录之类，采摘成之。”⑨由于薛氏夫妇并未附加参考书目，故笔者仅能做到：一、查阅薛氏夫妇时代已出版的有关西方妇女的英文著作；二、查阅薛氏夫妇在西方才艺妇女事略中所列的某人主要著作，尤其是其书前

---

① 陈寿彭：〈译例〉，《外国列女传》，叶一上。

② 《敌体》见杜预：《左传庄公四年》《注》：“内女唯诸侯夫人卒葬皆书，恩成于敌体”，阮元：《十三经注疏》（北京：中华书局影印1826年刊本，1979），卷8，第2册，页1763。

③ 苏轼（1037—1101）：《日喻》：“生而眇者不识日，问之有目者。或告之曰：‘日之状如铜盘。’扣盘而得其声。他日闻钟，以为日也”。《苏轼文集》（北京：中华书局，1986），卷64，第5册，页1980。

④ 《庄子·天地》：“黄帝游乎赤水之北，……还归，遗其玄珠”。郭庆藩（1845—1891）：《庄子集释》（北京：中华书局，1961），第2册，页414。

⑤ 《韩非子·外储说左上》：“楚人有卖其珠于郑者，为木兰之（柜）[椟]，熏以桂椒，缀以珠玉，饰以玫瑰，缉以（羽）[翡]翠”。王先慎：《韩非子集解》，《诸子集成本》（北京：中华书局，1954），卷11，页198-199。

⑥ 薛绍徽：〈叙〉，《外国列女传》，叶一上。

⑦ 同上，叶一上下。

⑧ 陈锵等：薛氏〈年谱〉，叶十一上。

⑨ 陈寿彭：〈译例〉，《外国列女传》，叶一上。

后所附本人或亲友所作的前言后缀、足可考镜其身世者。虽然所列书目往往仅有中文,但薛氏夫妇对每位传主的姓名、籍贯均用西文标出,并附上生卒年月,故笔者得以确定某些参考数据,足以进行一定比较研究。

比如薛氏夫妇必是从陈寿彭正在翻译的《万国史略》(Samuel G. Goodrich [1793—1860], *A History of All Nations*, *From the Earliest Periods to the Present Time; or, Universal history*)中选出第一批西方杰出妇女名单。《万国史略》共有三十余妇女,主要为女主、后妃、女官及一些著名女英豪等,全数收入《外国列女传》。又《大英百科全书》(*Encyclopaedia Britannica*)应提供了更为详尽的姓名引得。但大约是因两书叙述过于简略,薛氏夫妇并未从中摘译具体事例。

《外国列女传》中早期妇女故事,大多译自威廉·斯密司爵士(Sir William Smith [1813—1893])的权威巨著《希腊罗马事典》(*Dictionary of Greek and Roman Biography and Mythology*),但薛氏夫妇亦参考了其他资料以补足传主事迹(下详)。另一重要参考资料是《圣经》,但薛氏仅记作"懿蒲留(Hebrew)碎篇诗",似宁将《圣经》看作历史文化古籍而非宗教经典。对于文艺复兴以后的妇女,薛氏夫妇大多依赖由女作家撰写的妇女传记。如英国斯力克兰(Agnes Strickland, 1806 [1796]—1874)①所著《英后列传》(*Lives of the Queens of England, from the Norman Conquest* [London, Henry Colburn, 1840—1848])。安·艾尔乌德(Anne Katharine Elwood, 1796—1873)之《英国文媛实录》(*Memoirs of the Literary Ladies of England*)(London: Henry Colburn, 1843)亦为薛氏夫妇主要参考书②。更大量的参考书则是妇女著作本身以及所附作家传记。至于参考书来源,薛氏多次提及陈寿彭旅日(1883)、旅欧(1886—1889)带回"六百余部经典",虽或有夸张,数量亦当不少③。此外陈季同与他的两位欧籍夫人,一为"法国女学堂出身",一为"女博士",藏书亦当可观④。

薛氏夫妇的努力,成就了其时最为详尽系统的中文外国女传,即使与其时西

---

① 生卒年月据《外国列女传》,方括号内为依美国国会图书馆目录所示西方通常记录,下同。

② 《外国列女传》自 *Memoirs of the Literary Ladies of England* 所译传记包括莽他瞿(Mary Wortley Montagu, 1690[1689]—1762)、嘉题(Elizabeth Carter, 1717—1806)、杜林买(Sarah Trimmer, 1741—1810)、巴保尔(Anne Letitia Barbauld, 1743—1825)、姑莲(Anne Grant, 1755—1838)、乌勒力符(Ann Ward Radcliffe, 1764—1823)、阿斯登(Jane Austen, 1776 [1775]—1817)和希孟斯(Felicia Dorothea Hemans, 1793—1835)。

③ 薛绍徽有谓:"绎如夫子,穷经卅载,游展半球。扶桑东经,佛兰西渡。薄六百余部经典,收图籍于归装……"(《八十日环游记》序),《文集》,卷上,叶十四上。

④ 有关陈季同的两位欧籍夫人,参阅钱南秀:《学贾吟》前言,页12-14。

方同类著作相比,此书亦不遑多让①。全书共收传记 252 则,因部分为合传,人数应接近 300。其中有著名人物,亦有名不见经传、直至 20 世纪下半叶方为西方学者所发掘者②。薛氏夫妇书写每一传略,认真严格,如注出每一传主的生卒年月甚至精确到日、并人名地名的西文原文。夫妇俩对很多西方名词概念亦结合传略内容加以详细解释。如记英国女作家马利·哮母亦得(Mary Howitt[1799—1888])牵涉"honeymoon"一词,薛氏夫妇译为"蜜月",注曰:"西俗成婚一月以内之称"。而传略原文则为表现马利与其夫威廉·哮母亦得(William Howitt [1792—1879])"帷房韵友,为世艳称。成婚时于蜜月中合编《林际箫声》,联名书于卷首,世争重之"(卷四,叶十九上)③。如此便赋予"蜜月"一词以情侣之浪漫与诗人之多产,恰合其意。又介绍英国悲剧演员锡唐(Sarah Siddon[Siddons],1755—1831),引入与中国传统戏曲迥异的"悲哀口白",解释道:"西国之戏,体裁不一,有专用谈说,无须音乐歌曲者,尤宜于风化"。而悲哀口白之戏,"所著在色态,不在于歌声。其描拟悲欢情景,无不逼肖"(卷七,叶四下至五上)。如此既丰富了读者有关西方戏剧的常识,也使读者对锡唐的戏剧成就有更具体的了解。凡此种种,不一而足。在此严谨考究基础上,薛氏复缀以妙语韵事乃至复杂多样的人物性格描绘,加强了阅读的愉悦。

在具体分类过程中,薛氏原拟依刘向《列女传》模式;陈寿彭则以为刘向分目乃贞洁、节烈之类,而"西国所以强盛者,在于职业事实,非在于烦文礼节也"④。夫妇争论,可见陈寿彭仍沿变法士大夫"女学生计说"余绪,强调妇女就职;而薛氏既宥于文体模式,又着眼于妇女自身道德修养——不过是依照她自己的重新定义,下文可见分明。夫妇就分目以及编译此书遇到的其他问题所取的不同立场、态度和方法,分别在薛作序文和陈撰译例中加以阐明,具体而微,反映了戊戌时期男

---

① 就笔者所见,至 19 世纪末英文西方妇女传记一般每部只收数十人。与《外国列女传》规模相捋者大约只有 Sarah Josepha Buell Hale(1788—1879), *Woman's Record; or, Sketches of All Distinguished Women, From the Creation to A. D. 1854. Arranged in Four Eras*(New York: Harper, 1860)。该书收录 1 800 名条。《外国列女传》中有懿尔 Hale 传略,薛氏夫妇译此书名为《女谱》,称为传主"最要"著作之一,但并未用作资料。

② 例如 Lynn M. Osen 在其 *Women in Mathematics* 一书序言中指出:"有关妇女在政治经济领域的困难遭际已多有论述,而数学和'硬科学'领域中的妇女却很少有人注意"。(*Women in Mathematics*[Cambridge, Mass.: MIT Press, 1974], p. ix),然而 Osen 书中所述 8 位女数学家,《外国列女传》早为其中 5 位立传,对其成就高度评价。又如 Madeleine Mary Henry 在其专著 *Prisoner of History: Aspasia of Miletus and Her Biographical Tradition* 中宣称:有关古希腊女子 Aspasia 生平及传记"前此未有认真全面的研究……现在是时候了,让我们来记住 Aspasia 在妇女史和女性主义认识论史中的地位"(*Prisoner of History: Aspasia of Miletus and Her Biographical Tradition*[Oxford: Oxford University Press, 1995] p. 3),然而《外国列女传》对厄士巴沙(Aspasia)有详尽介绍,充盈女性主义意味。

③ 以下凡直接引述《外国列女传》者,均只于正文中注明卷数与叶数。

④ 陈寿彭:〈译例〉,《外国列女传》,叶一上。

女、中西、古今之间因变革而产生的冲突与对话。笔者前文对此已有介绍,兹不赘述。此处唯将夫妇求同存异的最后分类表列于下,以方便下文讨论:

刘向《列女传》、《外国列女传》与正史分目比较

	刘向《列女传》	《外国列女传》①	正史②
1	母仪	女主列传(15人)	本纪
2	贤明	后妃列传(27人)	后妃列传
3	仁智	女官列传(7人)	循吏列传
4	贞顺	闺媛列传(12人)	列女传
5	节义	文苑列传(67人)	文苑列传
6	辩通	艺林列传(11人)	艺林列传
7	孽嬖	义烈列传(8人)	忠义列传
8		教门列传(15人)	僧道列传
9		私宠列传(5人)	佞幸列传
10		优伎列传(18人)	伶官列传
附录一		妖妄列传(9节)	奸臣/叛臣列传
附录二		神异列传(58节)	异域列传

注:①〈总目〉,《外国列女传》,卷1。
②此表所列为二十四史中与《外国列女传》相对应之常见分类。〈本纪〉与〈佞幸列传〉始见于司马迁(约前145—约前87年)《史记》;〈后妃列传〉与〈循吏列传〉始见于班固(32—92)《汉书》;〈列女传〉、〈文苑列传〉、〈艺林列传〉、与〈异域/西域列传〉始见于范晔(398—445)《后汉书》;〈忠义列传〉始见于唐初所修官史如《晋书》与《南史》、《北史》等;僧道等正史中一般列入〈方伎〉,始见于刘昫(887—946)等《旧唐书》。〈奸臣/叛臣列传〉始见于欧阳修(1007—1072)、宋祁(998—1061)所修《新唐书》;〈伶官列传〉仅见于欧阳修、宋祁所修《新五代史》。

如上表所示,薛氏最后所取乃为中国正史分类,既满足了陈寿彭职业事实的要求,也保留了薛氏道德褒贬的初衷。更重要者,则在将西方妇女史纳入中国男性正史叙事框架,而给予女性与男性并列的社会历史地位,为其后薛氏借西方妇女故事拓展中国女性道德才艺空间作了有力铺垫。下文为行文方便,将先叙道德层面,再叙才艺层面。因薛氏为《外国列女传》倡议者与执笔人,本文将以薛氏为创作主体,以陈寿彭为辅,探索薛氏编译此书的目的和她的理想新民价值。

二、开拓女性道德空间

此节着重分析《外国列女传》中〈女主〉、〈闺媛〉、〈妖妄〉三章,通过薛氏对棘手话题如女性贞操与婚恋等的处理,以探索薛氏对女德和两性关系的重新界定。

经由薛氏改写文字与西文原文的对照,亦希望凸显薛氏平章中西文化冲突的努力,其间亦有出于无奈而作的曲解。

1. 辨正女主

传统中国史学每以女主为"牝鸡司晨"而大加挞伐,唐初武则天(624—705,684—704 在位)便被看作这类女主代表①。满清末年,中国陷入与西方的"非对等力量关系"(unequal power relation)②而被迫接受西方价值观念,包括其数量众多的女主。传统中国加于女主的种种非议,诸如男宠与擅权,均不适宜评价西方女主。盖因中国女主常受命于困危,如夫死子幼,而一旦局势平定,如仍恋栈不去,便被斥为专权,西方女主并不存在此种困境。又贞操虽关乎中国妇女大节,却不在西方道德考虑之列,薛氏所谓"纵玉关杨柳,或有冬青;奈西域葡萄,不名旌节"③。陈寿彭亦谓"西俗妇女离异再醮,皆律例所许,未可厚非。吾国古风,亦常有之"④。

既无须将西方女主置于中国传统道德观照之下,则薛氏便可将其与男性君主同等对待。值其时民族主义崛起,强国便成为主要品鉴标准。如称赞加沙渚(Carthage)女主台图(Elissa Dido,约纪元前 900 年在世)殉国(卷一,叶一上)⑤;英国女主依利沙伯司(Elizabeth I,1533—1603,1558—1603 在位)抵御外侮,平息宗教纷争,而使"英之国势大张"、"国中益治"(卷一,叶四下至五上)。而奥国女主司儿沙(Maria Theresa,1717—1780,1740—1780 在位),"在位先蹶后起,强毅之志,无异男人,使奥国势力,有加无已,较之往古尤盛也"(卷一,叶十二下)⑥。但薛仍注意到女主的性别特征,遂将中国传统观念"慈"输入对西方女主的品鉴。故而《外国列女传》中的伟大君主,往往是那些以慈爱作育文化与臣民,而使国家强大者。如谓英国女主安(Anne,1664—1714,1702—1714 在位):

> 安为人甚温雅,虽不大美,而修短合度,心慈意良,才德尚有可称。当其临朝之际,虽两教龃龉,党羽纷乱,而文学与格致之士,次第显露。文明渐转

① 语出《尚书·牧誓》:"牝鸡无晨,牝鸡之晨,唯家之索。"后演变成"牝鸡司晨"。刘昫:《旧唐书》〈则天皇后本纪〉以指武则天女后临朝([北京:中华书局,1975],卷6,第1册,页133)。

② Wang Zheng, *Women in the Chinese Enlightenment*(Berkeley: University of California Press, 1999), p.11.

③ 薛绍徽:〈叙〉,《外国列女传》,叶一下。

④ 陈寿彭:〈译例〉,《外国列女传》,叶一下。

⑤ 此条全据 Sir William Smith(1813—1893), *Dictionary of Greek and Roman Biography and Mythology*(Boston: Little, Brown, 1859), Vol. I, pp.1006-1007; s. v. "Dido". 参阅 Samuel Griswold Goodrich, *A History of All Nations*(Auburn, New York: The Auburn Publ. Co., 1860), Vol. I, p.221 & p.613.

⑥ 参阅 Samuel Griswold Goodrich, *A History of All Nations*, p.982, p.987; 及 Anna Jameson(1794—1860), *Memoirs of Celebrated Female Sovereigns*(London: H. Colburn & R. Bentley, 1831), Vol. II, pp.180-285; s. v. "Maria Theresa, Empress of Germany, and Queen of Hungary";《外国列女传》有齐麦孙(Anna Jameson)传略(卷四,叶十三上),薛氏夫妇撰写女主传记,很可能参阅了她的这部著作。

之期。谓非安之有造就哉?① (卷一,叶九下)

薛氏尤其强调女主慈爱在教育上的体现,特别以此褒扬英国女主维多利亚 (Victoria I,1819—1901,1837—1901 在位):

> 其才其智不亚于前女主依利沙伯司,而安内攘外,使三岛安然无兵革之惊,坐挫五洲权利,国民日富,国兵日强。治道之隆,微特出依利沙伯司之上,即古之雄主威廉第一何以过之? 其术则在于教育技艺,立国民学问之基,诚得治道之本者矣。② (卷一,叶十五上)

与女主的文功治道相比,她的私生活便无足轻重。复以台图为例,据其传记来源《希腊罗马事典》,台图本为抗婚而死,以矢对亡夫之忠诚③,正合中国古例,而薛氏弃之不录,目的是突出女主殉国,而非寡妇殉夫。同理,俄国女沙皇伯都洛那 (Elizabeth Petrovena,1709—1762,1741—1762 在位)"眷宠甚多",本是传统贬谪女主的借口,薛氏提及此事,则为强调其"虽有私胎子女,皆不得立",褒扬女沙皇事事出于公心。而最大的赞誉则在"伯本好学,立大学校于莫斯哥,立工艺学校于比得堡",且在位 20 年,"未杀一人",诚为一位秉公治国的善良君主(卷一,叶十一下)。

总体上对妇女贞节观念的低调处理,并不意味着忽视女性的性别特征。恰恰相反,作者可以从多种角度,检视女性生理特征与其他素质的互动和在妇女行为中的作用。作者笔下,贞节固然仍是美德之一,不贞亦情有可原,或竟成为某些女性的魅力所在。事实上,每则传记都有对传主的外貌和女性魅力的描写,特别是对那些集权力与美貌于一身的女人。其中俄国女沙皇加他邻第二(Catharine II, 1729—1796,1762—1796 在位,后通译作叶卡捷琳娜二世),最为引人注目:

> 论者谓加(加他邻第二)以一妇人僭帝位,励精图治,使其国得以兴盛,虽古之雄主,何以过之? 顾女德有亏,不无遗议。然其大将帅即拔于床第之欢,腹心股肱皆赖之,是又别操秘术,不可以拘墟之见律之。(卷一,叶十三上)

此传一方面将加他邻第二等列于其他男性君主,以突出她的非凡统治能力;一方面亦不讳言床第私事,以突出其女性君主的特殊魅力。赞其以色笼络将帅为兴盛国家的"秘术",则中国传统所谓妇人以色误国,自然成为"拘墟之见"。

既是贞操不复为品鉴女德的主要标准,违反"慈爱"之道便成为女主的最大弊

---

① Anna Jameson, *Memoirs of Celebrated Female Sovereigns*, Vol. II, pp. 116-179; s. v. "Anne, Queen of Great Britain"; 及 Samuel Griswold Goodrich, *A History of All Nations*, p. 921.

② Samuel Griswold Goodrich, *A History of All Nations*, p. 927.

③ Sir William Smith, *Dictionary of Greek and Roman Biography and Mythology*, Vol. I, p. 1007.

病。如薛氏评说拜占庭女主儿利尼(Irene,752—803,797—802 在位):"儿之智能强毅,为政亦勤。……儿之罪在于弑夫杀子、恋奸固位。死于荒岛,奚足以蔽其辜哉!"(卷一,叶三上)①。按"恋奸固位",与加他邻第二之"拔将帅于床第之欢"差可比挌,似无大碍。问题在于儿利尼的弑夫杀子。儿利尼此条本《希腊罗马事典》,薛氏与陈寿彭复据吉朋(Edward Gibbon)之《罗马帝国衰亡史》(*The History of the Decline and Fall of the Roman Empire*)②,细述儿利尼归政其子康斯登丁 7 年后,"忽执康,丧其两目,闭于狱,[康]未几薨。"按儿利尼与其夫其子的冲突肇因不同的宗教信仰,薛氏遂谓:"西国史学,往往以教为断,失之公理多矣"(卷一,叶三上)。薛之"公理",当指植根于母性"慈爱"的人性之理。

薛氏以慈为中心价值,区别女主于男性君王。理想之女主治国育民,应以礼乐文化,而非杀伐权谋。这一从性别出发对君主制的思考,亦体现了薛的整体政治观念和女子参政观。如薛在《女学报》第 3、4 两期(1898 年 8 月 15、20 日)连载发表〈女教与治道相关说〉,历数前代杰出女子的文治武功。卢翠《女学报》第 5 期(1898 年 8 月 27 日)发表〈女子爱国说〉,公开要求女子参政。同时,以女主行为为参照,亦有力地动摇了女子贞操观念。要言之,薛氏在《外国列女传》开宗明义,对女主的叙述,为开拓妇女社会道德空间奠定了基础。

2. 张大闺媛

"闺媛"一词,乃合"闺秀"、"贤媛"而成,二者均出自南朝宋临川王刘义庆(403—444)及其幕僚编著之《世说新语》。其〈贤媛〉门载:"谢遏[玄]绝重其姊,张玄常称其妹,欲与敌之。有济尼者,并游张、谢二家。人问其优劣,答曰:'王夫人神情散朗,故有林下风气。顾家妇清心玉映,自是闺房之秀。'"③中国妇女史上,二者均指士绅妇女,唯"贤媛"往往指称才德兼备且特立独行者,为魏晋时代产物,"林下风气"乃此类妇女风范标志。而"闺秀"则泛指恪守闺范者,为明清时期士绅妇女通称。戊戌期间,变法妇女则每以"贤媛"互称。薛氏本人于"林下风"更是身体力行。此处薛氏结合二者,说明她熟谙两者并存的历史根源,而又期待以西方士绅妇女故事的带入,扩大二者内涵。

早期〈闺媛〉故事中,姑力色打(Griselda,14 世纪时人)一则最能体现薛氏平章中西古今、以创立闺媛价值的努力。其事原出卜迦丘(Giovanni Boccaccio,1313—1375)(薛氏作"保嘉索")之《十日谈》(*Decameron*)(薛氏作《十四世纪故事记》):姑力色打为一村姑,美貌贤淑,为侯爵所喜,娶作夫人,条件是姑力色打须

---

① Sir William Smith, *Dictionary of Greek and Roman Biography and Mythology*, Vol. II, p. 621.

② Edward Gibbon, *The History of the Decline and Fall of the Roman Empire*(London: Methuen, 1896—1900), Vol. V, pp. 188-192, 198, 275-277, 294.

③ 刘义庆:《世说新语[笺疏]》,余嘉锡笺疏(北京:中华书局,1983),页 699。

保证对夫君的"绝对服从"。婚后姑力色打产下一子一女,都被侯爵抱走,据称是要将孩子杀死,以平息群臣因姑力色打"出身低微"所生怨言,姑力色打不敢违抗。12 年后,侯爵离弃姑力色打,且剥去衣饰,令其空身离家;然不久复令姑力色打回宫,帮助整理宫室,准备侯爵迎娶新娘。虽是伤心,姑力色打仍只得服从。至此,侯爵相信姑力色打确实恪守婚前协议,于是宣布:"前此种种,乃为教导你如何作人妇,教导百姓如何选妻室,以此保证我个人岁月安宁。"侯爵恢复了姑力色打侯夫人的位置,并宣告:所迎娶的新娘和她同来的兄弟,不过是当年强行抱走的婴儿①。

14 世纪后期,姑力色打故事经由翻译、改写、图解,在欧陆广泛流传②。下文译自 1619 年的一个英文版本标题,原文为法文,故可显示其时欧陆民间对这则故事的普遍看法:

> 古老的、真实的、令人艳羡的
> 善于忍耐的姑力色[打]的
> 经历
> 一位法国穷人家的女儿
> 以她为榜样,姑娘们行止合宜
> 便可嫁个有钱丈夫
> 同样,妻子们肯耐心顺从
> 便可获得荣耀③

这段标题分明是劝告女人委屈自己以交换金钱利禄,摧残人性,令人反感。故姑力色打故事早期或许流行一时,其后西方妇女平权呼声日高,便遭批判唾弃。1952 年美国哥伦比亚大学女研究生改写姑力色打故事,竟以姑力色打奋起反抗、阉割杀死侯爵作结④。

薛氏译述姑力色打故事,首先强调她在 14 到 16 世纪欧洲的"女教劝"作用:

> 本意大利人,贫家女,父业于烧炭。归沙辣素侯爵,侯爵颇轻之,难以数事,使顺从,姑皆能胜任,夫妇始和睦。古典相传,谓为妇德之最,盖以柔顺谦恭之道事夫也。宜乎世之敬仰耳。(卷三,叶五上)

---

① Judith Bronfman, *Chaucer's Clerk's Tale*(New York & London: Garland Publishing Inc., 1994), pp. 7-9.

② 有关 Griselda 故事流传参阅 Judith Bronfman, *Chaucer's Clerk's Tale*。

③ John Payne Collier(1789—1883), ed., *The History of Patient Grisel. Two Early Tracts in Black-letter. With an Introduction and Notes*. (London, printed for the Percy society by T. Richards, 1842), p. 1, frontispiece of the first tract.

④ Judith Bronfman, *Chaucer's Clerk's Tale*, pp. 3-4.

薛氏谓姑力色打"以柔顺谦恭之道事夫",与中国传统相通,是先让西方家庭妇女能为中国读者接受,而后就细节处多作修理,从而改变了原著的价值取向。薛氏将侯爵对姑力色打的种种考验尽行删除,盖因侯爵劫持婴儿,大悖中国慈爱传统。代之以"难以数事",则似对其智力测试,而姑力色打能"胜任"所难诸事,足显能力。如此便将其在原著中的被动忍耐以换取利禄变为主动努力以获得家庭和美,顺从的闺秀一变而为能干的贤媛。又柔顺本道家法则,是以自然之道克服非自然的暴力。

借助姑力色打,薛氏为闺媛叙事订立基调:妇女以其智力争取主动,保护自己,改造婚姻。薛氏随后更以毋莲(Catherine de Vivonne, Marquise de Rambouillet, 1588—1665)为例,谓妇女通过自我修养,即可"胜任"诸种难事,自强自立。毋莲亦为意大利女子,嫁为法国侯爵夫人。初时人称其粗率,与其夫君殊不相配。毋莲"微有所闻。幽居读书,遂有声于法史文苑":

> 毋莲既美而雅,举止有大家风。态温柔,性宽厚。交友笃信,人乐亲而敬之,同声称颂。毋莲周旋于贵爵名人之间,视如同等,无所轩轾。五年后,夫之客堂中所集多巴黎名人学士。递及一技一艺之能,亦皆依附之。其夫及设卢浮会,诸名人皆署名其中,是为十七世纪最著雅会,而毋莲内助之力居多①。厥后欧洲妇人咸择日待客,立为谈会,皆毋莲所开之风气焉。(卷三,叶五下)

薛氏以毋莲为她的理想闺媛。毋莲潜心向学、修炼身心,以其优雅敦厚,品行才学赢得世人尊重。至此毋莲经历,一如中国传统才女。但薛氏介绍毋莲,目的不止于此。她更描述毋莲如何开拓社会空间,将家中客堂设为文化聚会场所,不仅与丈夫比肩而立,且与贵爵名人同等交往,目的是作育文化学术,遂开欧洲学术文艺雅会之风。薛氏又推举法国妇女志呵福林(Marie Thérèse Geoffrin, 1699—1777),寡居后"嗜学弥专,其屋不久遂为巴黎文人及哲学之士文酒之所",异国人到此亦受接纳礼遇。

薛氏打破中国内外之别的古训,向中国读者介绍毋莲会所之类文艺雅会(音译即为沙龙[salon]),意在向读者展示一个知识分子——无论贵族平民、男性女性——可以平等交流的场所,提倡男女在文化学术上的公开而平等的沟通。薛氏此举应是延续闽才女传统及上海女学运动宗旨,同时也受到西方沙龙的启迪。与薛同时的西方学者如海伦·克勒格(Helen Clergue),在其《沙龙:十八世纪法国社会人物研究》(*The Salon; A Study of French Society and Personalities in the Eighteenth Century*)中,溯源沙龙于文艺复兴时期,其时杰出女性"聚伟人与智者于一堂",并"将学者地位提升至贵族"。当17世纪初叶,欧洲文化学术中心由意

---

① 薛氏夫妇此处似将毋莲会所(hôtel de Rambouillet)误作卢浮会(the Louvre Society)。

大利移向法国,沙龙的价值得到广泛承认。毋莲会馆的开办聚集了"各类社会成分",皆以"服从妇女意愿"为务,从而给予妇女"展示一种全新力量和独特影响的场所,占有和维持沙龙的不是女作家或男政客,而是智力、同情心……等女性特质"①。克勒格且对毋莲与志呵福林在法国文化发展的贡献有如下具体评述:

> 沙龙的正式历史,始于毋莲侯爵夫人亲自设计装潢的辉煌毋莲会馆。那里她聚集的一批会员对文学及社会风貌有决定性的正面影响;那里文人地位得到提高和确立;那里贵族转向学问和雅趣的追求,那里妇女被承认是男子的知识伴侣。

> 毋莲夫人永久性地提高了文人地位,而志呵福林夫人则对画家、雕刻家、音乐家作出同等贡献。当更多社团向公众开放以增益其知识范畴,志呵福林夫人,作为其时一位社会领袖,为扩展沙龙,吸收前此毫无身份地位的职业文人,以加强文学组合。至此文人逐步走向前台,甚至取代了那些除了出身别无所有的贵族人士。②

克勒格总结道:沙龙,特别是毋莲会所,"因其对两性社会关系的激烈改变"而"深刻影响了法国文学","因毋莲会所的开办,妇女于文学影响无可估量"③。中国并非贵族社会,文人地位也一向很高。薛氏重视西方沙龙妇女,当正因其对文化的总体作用。克勒格此书发表于1907年,在《外国列女传》后,但有关论述应是其时西方社会共识,为陈氏兄弟及陈季同的法国妻子熟知,自然影响到薛氏对沙龙妇女作用的评价。

多数闺媛故事系心于妇女掌控自身命运的祈求,和薛氏对此的同情。如英国妇女厄尔邦贰(Louise-Maria-Caroline, Countess Albany, 1752—1824),虽贵为王子之妻,"然所配非偶,夫癖乖张,嗜酒无赖,时殴辱之",厄尔邦贰只得避居尼庵,"一生困苦都无子息,惟私宠有亚尔非利(Alfieri)者为之立僵井卜坟葬之"(卷三,叶五下至六上)。薛氏同情厄尔邦贰的不幸,即私宠亦可容忍,意在宣扬妇女婚姻自主。这与其主笔《女学报》时意旨一致。《女学报》第5期,发表于1898年8月27日,有下述未署名评论一则:

> 中国婚姻一事,最为郑重。必待父母之命、媒妁之言。礼制固属谨严,然因此而贻害亦正无穷。凤鸦错配,抱恨终身……。若西国则不然,男女年至

---

① Helen Clergue, *The Salon; A Study of French Society and Personalities in the Eighteenth Century*(New York & London: G. P. Putnam, 1907), pp. 2-3.

② Ibid., p. 303.

③ Ibid., p. 7.

二十一岁,凡事皆可自主。父母之权,亦不能抑制。是以男女择偶,无烦月
老。如或两情契合,遂尔永结同心。禀命父母,亦祇等告朔之虚文。事虽有
类踰墙钻穴,不免贤者所讥,观其并肩共乘,携手同行,百年偕老,相敬如宾,
亦差胜于薄情怨偶。(叶三下)

薛氏在此似为《女学报》拾遗补缺,意谓即西方亦不免"薄情怨偶",妇女唯有靠
自强自立,方能改变自身处境。这点在下文讨论妇女开拓才艺空间时再行详述。

3. 重订妖妄

尽管陈寿彭建议薛氏勿对西方妇女轻作道德判读,薛氏仍然保持了〈妖妄〉一
章。引述刘向作《列女传》"不删嬖孽",薛氏争论道:"若必文以德藻,黜其淫哇;
微特纠错元黄,抑且消沉芜肴。何以见彤管之阳秋,补史家之外乘乎?"[①]

刘向《列女传·嬖孽》,专记"妇女有才智却与道德规范不相容者"[②],如妹喜、
妲己、褒姒之流[③]。薛氏既已为女主正名,则陷妇女于不义的传统罪名如擅权、淫
逸等均不复成立,则"妖妄"当包含何种内容? 按〈妖妄〉章共九节,分三类,即弑
父、巫蛊、乱伦。弑父有违孝道,巫蛊或与薛氏和陈寿彭当时极力提倡的现代科学
相左。至于乱伦,薛氏间有容忍,如〈闺媛〉记英国女子斯登何皮(Hester Lucy
Stanhope, 1776—1839)"与其舅碧得 William Pitt 同居,俨若夫妇"(卷六,叶六上
至七下)。然对乱伦而致乱国者,薛氏断难宽容。

〈妖妄〉三类,薛氏显然以弑父为最,其严苛乃至不问情由。即以希腊神话所
述邓那(Danaë)为例。邓那与众神之神宙斯产下一子,其子后偶然失手杀死外公,
即邓那之父。按说邓那于此毫不知情,但薛氏仍列其为〈妖妄〉之流(卷八,叶一上
下)。另一则弑父案例,事关意大利少女森氏(1577—1599),同样令人困扰。将薛
氏所述与几则西方版本细作对照,可以看到薛氏虽苦心协调中西文化,有时也会
陷入困境。薛氏叙述如下:

> 森氏……艳如桃李,心同枭獍,殊异事也。据买利托利《杂录》云,罗马富
> 贵人家福兰西哥女。福娶两妻,森氏乃嫡妻所出。后因避乱,托子女于嫡妻。
> 乃从西班牙归,二子已为匪徒所杀。森氏自恃其色,宣淫无度。弗择贵贱,皆
> 与交。父以秽声可丑,时备责焉。于是启其反噬之念,恳所欢控于教王克礼
> 孟第(七)[八],教王置不理。森氏乃合庶母与其兄者康莽设谋杀其父母。案
> 发,执森氏与者康莽严讯之。者康莽供,森氏执言不知。后以证佐,无分首

---

① 薛绍徽:〈叙〉,《外国列女传》,叶一上。

② Lisa Raphals, *Sharing the Light: Representations of Women and Virtue in Early China* (Albany: State University of New York Press, 1998), p. 22.

③ 刘向:《列女传·嬖孽》,《丛书集成新编》本(台北:新文丰出版公司,1986),第 101 册,卷7,页696-699。

从,悉置之法,一千五百九十年八月骈戮之。森氏死时年才二十一云。(卷八,叶二上下)

森氏故事在西方广泛流传。英国作家雪莱(Percy Bysshe Shelley,1792—1822)1819 年出版了他的五幕悲剧《森氏》,该剧于 1886 年 5 月 7 日在伊斯灵敦(Islington)首演①。法国作家司汤达(Stendhal,pen name of Marie Henri Beyle,1783—1842)于 1837 年发表了他对事件的重述②。19 世纪出版的几种妇女作家作品集也包括了有关森氏的作品。如朱诺夫人(Mme. Junot)之《各国名妇实录》(*Memoirs of Celebrated Women of All Countries*)与懿尔(Sarah Josepha Hale,1795—1879)之《女谱》(*Women's Record*)。这些著作所述森氏故事约略相同,却与薛氏大相径庭。据雪莱等,森氏父福兰西哥为人暴戾,虐待其五子且性侵二女。长女隐忍,幼女森氏企求教皇帮助无效。忍无可忍之际,森氏设计杀父,并得到后母与长兄的帮助,如此则森氏之弑父实为自卫。

即薛氏与陈寿彭所据意大利历史学家买利托利(Lodovico Antonio Muratori,1672—1750)之《杂录》(*Annali d'Italia*)③,所述与雪莱等并无二致,且对森氏同情更甚,如买利托利记述其时大律师费理纳丘(Farinaccio)为森氏辩护,"与教皇 4 小时会谈,亟言福兰西哥对子女种种恶行"。买利托利复引费理纳丘之言作结,谓:"倘能证明福兰西哥确曾对其女施暴,森氏应可得救。盖如此,父已非父。"④由此看来,薛氏和陈寿彭是有意曲译森氏故事。按薛氏与陈寿彭熟知雪莱等作家作品,《外国列女传》有雪莱夫人玛利传记,提到雪莱经历(卷四,十三下至十四上),而朱诺夫人之《各国名妇实录》与懿尔之《女谱》更为《外国列女传》主要参考资料,薛氏且为懿尔立传,列《女谱》为其主要著作之一(卷四,叶十三上)。薛氏夫妇回避这些近期著作,反引更早的买利托利为据,或因《杂录》为意大利文,一般人无从阅读,无法核实真伪?薛氏夫妇一生,治学极严,缘何因区区森氏,违背《外国列女传》卷首"据事直书"的承诺⑤?

森氏一案,确将薛氏夫妇推向中西冲突极致。儒家传统视弑父为人伦大逆,

① Percy Bysshe Shelley, *The Cenci* (London: Reeves & Turner, 1886), p. 92, note to Appendix, and xv, "Names of Actors."

② 见司汤达《意大利三遗事》英文版(*Three Italian Chronicles*)(New York: New Directions Pub. Corp., 1991)。此书从司汤达八则意大利遗事中选出 3 则,原著法文,由 C. K. Scott-Moncrieff 译为英文,森氏(*The Cenci*)一事见页 1-41。亦请参阅理查德·豪华德(Richard Howard)为此书所作前言,viii。

③ Lodovico Antonio Muratori(1672—1750), *Annali d'Italia*, dal principio dell'era volgare sino all'anno 1750, e continuati sino a'giorni nostri, Ed. Nuovissima, 66 v. (Venezia, G. Antonelli, 1830—1836), Vol. 50, pp. 82-88(此节承 Ombretta Frau 女士帮助译成英文).

④ Ibid., Vol. 50, pp. 87-88.

⑤ 薛绍徽:〈叙〉,《外国列女传》,叶一上;陈寿彭:〈译例〉,《外国列女传》,叶一上。

森氏杀父,无论动机若何,总是事实。而亲父辱女尚需证据,买利托利最后也徒唤奈何①,何况此类事例在中国士绅社会闻所未闻。故从中国社会文化观出发,薛氏夫妇只能认定森氏有罪。那么,又如何解释森氏的犯罪动机?

〈妖妄〉所载第三则弑父案例似为薛氏夫妇提供了森氏杀父动机。巴黎女子蒲林非礼(Madeleine Gobelin, Marquise de Brinvilliers, 1630—1676)之父阻止她的婚外私情,并将她的情人送入巴士底监狱。情人在狱中与同犯学会制毒,出狱后乃与蒲林非礼合谋弑父。薛氏之森氏叙事,明显比附了蒲林非礼犯罪逻辑——严父力阻其女淫乱,招致恶女奸夫骈手杀戮——遂为这一奇案提供合乎中国传统道德伦理的解释。

三、开拓女性才艺空间

《外国列女传》注重表现知识妇女,计〈文苑〉67 人、〈艺林〉11 人、〈优伎〉18 人,共约百人之众。其他尚有散见各章者,计有才艺者总数约占全书之半,足见重视。陈寿彭〈译例〉于此有如下解释:

> 西国女教,以文字之学为重。文字之中,又以诗歌为上品。更有所谓骈体者,强半声韵之文,如《文选》所录是已。递如传奇院本,则如词曲之类。西人视此,综谓之国文,未尝或废,文明焕发,盖在此也。计自十八世纪而后,各国女学校兴,人才辈出,故"文苑"所录为尤多。②

对薛氏而言,才艺标志妇女教育的最高成就。中国妇女以才艺为世承认,进入公共空间,史不乏先例。如《晋书·列女传》载谢道韫事:

> 凝之弟献之尝与宾客谈议,词理将屈,道韫遣婢白献之曰:"欲为小郎解围。"乃施青绫步障自蔽,申献之前议,客不能屈。③

王凝之为道韫夫,凝之、献之均为王羲之(303—361)子。谈议应指清谈,是魏晋玄学的主要学术活动,精深玄远,非一般士人能够驾驭。道韫打破内外界限,为妇女身心均进入男性公共空间,一开先例。明清时,随着女作家诗人的急速增长及其著作的广泛印行,妇女以才艺进入公共空间便更为普遍。正如高彦颐指出:"'内'的意义的扩张,部分是由于公共空间对妇女才能的认可。"④当然,此时女性

---

① Lodovico Antonio Muratori, *Annali d'Italia*, Vol. 50, p. 88.
② 陈寿彭:〈译例〉,《外国列女传》,叶一下。
③ 房玄龄(578—648)等,《晋书》(北京:中华书局,1974),卷96,第8册,页2516。
④ Dorothy Ko, *Teachers of the Inner Chambers: Women and Culture in Seventeenth-Century China* (Stanford: Stanford University Press, 1994), p. 123.

的进入,仍主要停留在书面文字层面。戊戌变法时期,妇女才开始经由公共媒体集体发声,且身体力行,参与公共活动。薛氏立足中国才女传统,借镜西方妇女经验,系统介绍西方妇女如何以才艺创立自我空间,意在准备中国妇女进入尚不熟悉的公共领域,并从中获得精神自由与两性关系的平等。但薛氏亦提醒妇女空间仍不可避免受到西方神权、王权与父权的威胁,遂通过想象,以女神世界创立妇女的理想空间。

1. 享有空间

据薛氏描绘,西方妇女每每通过才艺,创造自己的知识精神空间,无论是文字中的理想境界、书房课堂的具体区域,抑或历史与社会位置。薛氏在〈文苑〉以希腊女子柯林那(Corinna,前五世纪在世)为例,展示西方妇女在这方面的努力与成就:

> 希腊女子,善箜篌之歌……既有才,复艳于色,同时五会之人,皆逊让钦仰如望天上人然。屏题(Pindar,亦善箜篌歌之士)自叹弗及;波生尼士(Pausanias,希腊将军而能诗者)则谓:"吾诗虽雄强,究不免于粗豪,不若柯之秀媚,袅娜生姿、遥然意远"。……又名描亚(Mvía),盖取飘然若飞之意。其卒也,国人肖其像,抱箜篌立于大学校之前,以为后学瞻仰。① (卷四,叶一上下)

柯林那集西方妇女才艺之大成:其独特诗风超过同时期的男性诗人;其遗世独立赢得后世仰慕。她自我创立的空间给以她精神乃至行动自由,故能人若其名,飘然若飞。

《外国列女传》中,才艺妇女似在每一领域享受自由。就学习和创作动机而言,是为自娱(卷四,叶二上),为寄情(卷四,叶六下、二十下),为消遣幽寂(卷四,叶九下、十二上),或竟是为生计(卷四,叶三下、五下、七下)。这种颇为自我的目的,与传统中国男性的宏大写作志愿,如曹丕(187—226)所谓"文章经国之大业,不朽之盛事"颇不相侔②。正因如此,西方才艺妇女得以自在游弋于各种学术与文学艺术创作领域。

《外国列女传》中,妇女的专业宽广。人文有史学家、诗人、小说家、剧作家、哲学家、语言学家和记者;社会科学有经济学家、社会学家和政治学家;艺术有画家、作曲家、歌唱家、舞蹈家以及演员;科学则可见天文学家、数学家、物理学家和医生。很多妇女跨疆越界,驰骋于多种领域。无论她们从事何种专业,教育始终是

---

① 柯林那传略明显译自 Sir William Smith,如此段:"Statues were erected to Corinna in different parts of Greece, and she was ranked as the first and most significant of the nine lyrical muses. She was surnamed *Mvía* (the Fly)"(*Dictionary of Greek and Roman Biography and Mythology*, Vol. I, p. 852).

② 曹丕(187—226):《典论·论文》,收萧统(501—531)(编):《文选》(北京:中华书局,1977),卷52,第3册,页720。

她们自我设立的使命。为证实西方才艺妇女的博学与创造力,薛氏详列〈文苑〉、
〈艺林〉诸家以及部分〈女官〉、〈优伎〉的著作。除书题和内容简介,薛氏有时还会
加上出版社和出版日期的有关信息。虽多为中文音译,按图索骥,仍可大略确定
这些资料的原文形态。由这些书目可以看到西方妇女学者、作家以各类文体涵盖
了大量人文活动,历史从多卷本的编年史到轻松有趣的人物性格素描,文学则从
诗歌、小说、戏剧到书信日记。她们还出版了哲学、经济、政治和各种自然科学的
书籍和论文。

西方妇女著作,通常涵盖为主流男性忽视的范畴,薛氏特别赞赏其中关怀妇
孺之作。如记英国学者杜林买(Sarah Trimmer, 1741—1810):

> 又刊《赈济之治法》,具一片婆心,照耀孤寒世界,其意尤为可嘉。……后
> 则创《女学报》,著《保卫教育法》,其首篇曰〈教学古事记〉,探本穷原,尤有益
> 于世。其说虽重于风教,其意实崇于根底。卓见如此,较之后辈谈学,愈说愈
> 纷,贻误于教育者,固已高出万万矣。(卷四,叶五上)

此处"婆心"一词,应是薛氏自造,是对儒家传统概念"公心"的女性化[①]。薛
氏显然认为男性往往忽视妇孺需要,未能达到平等公正的"公心"本义。故主张妇
女起而以婆心代之,自为自立。其他具有类似婆心的作家尚有英国巴保尔(Anne
Letitia Barbauld, 1743—1825),以浅易文字含高骞命意,为学童编写教科书(卷四,
叶五下至六上);爱尔兰厄渚孟司(Maria Edgeworth, 1767—1849),著《青年道德
故事》(*Moral tales for young people*)(卷四,叶八下至九上);法国姑丁(Sophie
Cottin, 1770—1807),文词尤为少年人传诵(卷四,叶九下)。又,德国胡尔素符
(Annette Elizabeth Droste-Hülshoff, 1797—1848)"思深语实,有功于女教者良多。
又尝与妇女结会,讲求女学"(卷四,叶十四上下)。英国嘉邦题(Mary Carpenter,
1807—1877),"其学术善于感悟小儿女,所著雄辩外,所掌红篱感化院感悟小女子
颇有成效……刊有罪人一书[*Our convicts*],尤足以劝化少年"(卷四,叶十九下)。
还有美国伯勒克孟尔(Elizabeth Blackwell, 1821—[1910]),"乃妇女中第一个得
有医生文凭者……所著书曰《生命例》[*The laws of life: with special reference to
the physical education of girls*,1852 版]盖以医学教授小女子也,分赠妇女小儿以诱
之"(卷五,叶五上)。

妇女作家也帮助传播男性作家的有益妇孺之作。如法国何尔斯田(Anne-
Louise-Germaine Stael-Holstein, 1766—1817)"刊毋路斯([Jean-Jacques] Rousseau
[1712—1778])字说[*Discourses*],小女儿颇喜焉"(卷四,叶七下至八下)。英国

---

① 《荀子·正名》:"以仁心说,以学心听,以公心辨"。王先谦:《荀子集解》,《诸子集成本》(北京:中华书
局,1954),卷 16,页 282。

嘉题(Elizabeth Carter, 1717—1806)"译意国人亚齐路地([Francesco] Algarotti, 1712—[1764])所解纽唐([Isaac]Newton,英之哲学家,1642[1643—1727])《哲学可用于妇女说》(*Le Newtonianisme pour les dames*, *ou*, *Entretiens sur la lumiere*, *sur les couleurs*, *et sur l'attraction*, into English, titled *Sir Isaac Newton's philosophy explained*, *for the use of the Ladies*, *in six dialogues*, *on light and colours*)"(卷四,叶四下)。

文学方面,薛氏继续她在女学运动中的主张,以诗教为女教基础①。夫妇共同强调西方妇女"以诗歌为上品",大力赞扬妇女诗歌成就。如谓苏格兰诗人姑莲(Anne Grant, 1755—1838):"诗情清远,如荒山穷谷,遥闻野哭之声……使苏格兰山景悉出于字里行间,虽画工之妙,亦不过如此"(卷四,叶六下)。但具体描写女作家生平,薛氏似更注重西方妇女小说戏剧方面的成就,应是由于其时变法者们日益认识到小说戏剧的社会政治作用。诚然,中国翻译介绍外国小说早在 1870 年代便已开始,但真正繁盛是在 1890 年代,是为维新变法重要组成部分。例如严复(1584—1921)与夏曾佑(1863—1924)于 1897 年 11 月在维新报纸《国闻报》发表〈本馆附印说部缘起〉,谓:"闻欧、美、东瀛,其开化之时,往往得小说之助"②。陈氏兄弟也是最早译介西方小说者,从 1897 年 11 月至 1898 年 3 月在其主编变法刊物《求是报》连载陈季同所译法国作家贾雨(Théodore Cahu, 1854—1928)之时事小说《卓舒与马格利小说》(*Georges et Marguerite*),李华川称之为"中国人翻译的第一部法文长篇小说"③。陈季同且激励年青小说家曾朴(1871—1935),改变中国以"诗古文词几种体格做发抒思想的正鹄"这一定式,大规模翻译西著并创作自己的小说戏曲,以"参加世界的文学"④。受此激励,曾朴"发了文学狂",最终创作了《孽海花》⑤。薛氏与陈寿彭无疑也受到陈季同的启迪而突出了西方妇女的小说创作。

自班固(32—92)《汉书·艺文志》,小说便被视为"小道","街谈巷语,道听途说者之所造也",难与所属〈子部〉其他各家地位相侔⑥。宋代以后,小说方被用以

---

① Nanxiu Qian, "Revitalizing the *Xianyuan*(Worthy Ladies)Tradition:Women in the 1898 Reforms", pp. 425-427.
② 严复、夏曾佑:〈本馆附印说部缘起〉,连载于《国闻报》1897 年 11 月 16 日至 12 月 11 日,录自陈平原、夏晓虹编:《二十世纪中国小说理论资料》(北京:北京大学出版社,1997),第 1 卷,页 27。参阅郭延礼:《中国近代翻译文学概论》,页 28。
③ 李华川:《晚清一个外交官的文化历程》,页 116。
④ 曾朴:〈曾先生答书〉,为胡适(1891—1962)〈论翻译〉附件,收《胡适文存》,影印 1930 年版(上海:上海书店,1989),卷 8,第 3 册,页 1131。
⑤ 同上,页 1128。
⑥ 班固:《汉书》(北京:中华书局,1962),卷 30,第 6 册,页 1745。

指称虚构的长短篇文学故事,地位仍居诗文之下①。为提高小说地位,薛氏以英国作家亚符拉(Aphra Behn,[1640]—1689)为例,指出亚符拉深受读者喜爱,正因"其奢诞之处,令人舌掉汗下,欲怯走矣"(卷三,叶一上下)。

正因她们的杰出文艺学术成就,西方才艺妇女受到广泛赞扬。比曾汀[拜占庭]公主康尼那(Anna Comnena,1083—1148)所著比曾汀历史"为世所贵"(卷四,叶一下至二上)。意大利女诗人康朗那(Vittoria Colona,1490—1547),"其诗多思夫之作,使读者怜而敬焉"(卷四,叶二上)。苏格兰女诗人姑莲作品"世皆喜之"(卷四,叶六下)。薛氏每将妇女成就与同领域最杰出男子相比,如谓古希腊女诗人儿凌那(Erinna),"其诗长于箜篌歌,微含讥刺,不亚于何买(Homer)焉"(卷四,叶一上)。"法国能诗女士"博嘉渚(Marie Anne Boccage,1710—1802),"其语殊多灵爽,不亚于和尔泰儿(Voltaire,法国著述家,1694—1778),方登尼尔([Bernard Le Bovier de]Fontenelle,法之著述家,1657—1757),克礼母罗德([Alexis-Claude]Clairaut,法国文人,1713—1765)诸家也"(卷四,叶四上)。若论学问,法国古典学者打玺(Anne Dacier,1651—1720)翻译古希腊诗人学者如萨符(Sappho,今译作萨福)、亚力斯多板(Aristophanes,今译作阿里斯托芬)及何买(Homer,今译作荷马)等著作。"其夫亦好译希腊文,夫妇二人,功力悉敌"(卷四,叶二下至三上)。至于写史,英史家斯力克兰之多卷本《英后列传》(*Lives of the Queens of England from the Norman Conquest*),文笔"多涉趣,较以哲学成笨史者,实高万万矣!"(卷四,叶十八上)。而德国碧次礼(Karoline Pichler,1769—1843)著《亚加素克勒》(*Agathokles*)"其文心则恣力于级旁(Gibbon)[与碧同时史学大名家],即取级旁罗马史一节而演之,陶写形容,笔曲而达,足与级旁原书媲美"(卷四,叶九上)。此类比较品鉴,最具说服力者,莫若薛氏直接引述斯确特(Sir Walter Scott,1771—1832)之与阿斯登(Jane Austen,1775—1817)自比:

> 斯确特曰,"此女之英华内敛,余初见之,即知其有异。余尝自赞无有不能,然所摸着书皮,犹是寻常笨物,奚及阿之进境良确哉!"②(卷四,叶十上)

才艺妇女似在个人关系中也能获得较多自由。如薛氏描绘希腊神话中的亚

---

① 有关中国古代小说概念的演变,参阅王齐洲:〈中国小说起源探迹〉,《文学遗产》1985年第1期(1985年3月),页12-23;Laura Hua Wu, "From *Xiaoshuo* to Fiction: Hu Yinglin's Genre Study of *Xiaoshuo*", *Harvard Journal of Asiatic Studies* 55.2(1995),pp.339-371.

② 薛氏此节译自 Elwood 之 *Memoirs of the Literary Ladies of England*: "The young lady had a talent for describing the involvements and feelings, and characters of ordinary life, which is to me the most wonderful I ever met with. The big bow-wow strain I can do myself like any now going; but the exquisite touch, which renders commonplace things and characters interesting from the truth of the description and the sentiment, is denied to me"(Vol. II. p. 185). 参阅 Sir Walter Scott(1771-1832), "Miss Austen's Novels", *The Miscellaneous Prose Works of Sir Walter Scott*, *Bart*, 30 vols. (Edinburgh: Robert Cadell; London & Whittaker, 1834—1836), Vol. 18, pp.209-249.

他连他(Atalante)便是这样一位自由精灵。她出没深山,射杀怪兽,本无心婚配,后虽嫁麦连囊(Meilanion),"亦不为麦所拘束"。此事薛氏夫妇节译自《希腊罗马事典》,但结尾薛氏让亚他连他"飘然远引而去",似暗示亚他连他所嫁非偶,故选择离去。以亚他连他为前导,薛氏表现西方妇女有相对自由且对自身生活生命有一定自主性。一部分西方妇女终身不嫁,女子终身自守,潜在原因似是怕所适非偶,有负自身才智。同理,如有理想良人,则再晚结婚亦不妨。理想婚姻既以夫妻恩爱、志同道合为基础,则"夫妇相处,不大快乐"、"不相爱好"之类,在薛氏夫妇笔下,便成为离婚的正当理由。离婚的时机,是在妻子觉得经济上可以独立,有能力照顾家庭,抚养孩子的时候。而离婚后的妻子则是身心愉快,以写作与教育子女为乐①。总之,薛氏夫妇介绍西方的离婚案例,往往以妇女为主体,从妻子角度出发,是妻子主动摆脱无爱的婚姻关系,而非如中国传统所习见的那样,丈夫以"七出"之条赶走妻子。这在当时妇女要求离婚根本不可能的情况下,对妇女大有启迪。同时,薛氏夫妇强调妇女在离婚后继续承担家庭责任,抚养子女,这又在道义上置离婚女子于不败之地,较易为中国读者接受。

2. 扩展空间

传统空间之外,薛氏夫妇又向中国读者介绍了沙龙和舞台,两者皆为跨越阶级和性别的非传统空间。薛氏虽以上述毋莲与志呵福林隶属〈闺媛〉,却将大多数沙龙女主人,如氏非尼(Marie de Rabutin-Chantal, Marquise de Sévigné, 1626—1696)、德矾(Marie de Vichy Chamrond, Marquise du Deffand, 1697—1780)、厄斯屏那士(Julie de L'Espinasse, 1732—1776)等,与女伶人一起归类〈优伎〉。按"优伎"于中国传统本属社会底层,此处所列氏非尼等身份未必低贱,如德矾且为"世家子"(卷七,叶三下至四上)。如此擘分,薛氏似是有意突出沙龙女主人的不同侧面:于〈闺媛〉强调她们自我修养与作育文艺的作用;于〈优伎〉则极力铺排这类妇女的美丽、优雅、机智迷人的谈吐,及其自由自在的生活方式。正是在此个人魅力与生活方式相似的基础上,薛氏将大多数沙龙女主人与女伶人同列〈优伎〉,同时又因后者的舞台成就,将其提升为才女,与士绅阶层的"文苑"、"艺林"妇女地位相捋。如此,薛氏不仅拓展了妇女的才艺空间,且对传统妇女生活方式提出了挑战。

薛氏以雅典女子厄士巴沙(Aspasia,纪元前五世纪在世)置〈优伎〉之首。据薛氏,厄士巴沙乃"上古奇女子":

> 惟其性同娼妓,厌居雅典坤范之严,悉脱婚嫁流俗迂见,与牌毋利克尔(Pericles)胖合。牌弃元配而就厄士,厄士之家竟为雅典名人学士燕集之所。

---

① 见法国作家何尔斯田(Lousie Germanine Necker Staek-Holstein, 1766—1817)写德国作家厄斯唐(Luise Iston, 1820 [1818—1871])事(《外国列女传·文苑》,卷四,叶七下至八上,二十四下)。

素库勒得(Socrates,希腊大哲学家,生于纪元前四百六十九年)恒至与谈笑。厄士口才明辩,慧论环生。故文人雅爱之。牌欲禁制之,要以雅典婚例。厄士辞不可,惟慕朱囊(天后也)神女之事,自以朱囊为号(女人既嫁,则从夫姓,此中西之例同也。厄士独出己意,以朱囊为氏)。(卷七,叶一上下)

厄士巴沙既以其家"为雅典名人学士燕集之所",则已开沙龙先河。薛氏遂将沙龙起源推向古希腊时期,并变"娼妓"这一"最古老职业"而为沟通阶级与性别、建构新型知识社会关系的中介。对沙龙来源的追述无疑促使薛氏重思中国传统社会中妓女的作用,反映在她一系列描写明末秦淮歌伎以及清末名妓如赛金花的诗歌中。她们与文人交往唱和,不也正是中国传统社会的沙龙女主人?

薛氏之消弭阶级界限,亦表现在她等同女伶人与女作家的见识与作用。她宣称"西国之戏体裁不一,有专用谈说,无须音乐歌曲者,尤宜于风化"(卷七,叶五上),而女伶亦有"心高意广,洞察一切"者而能对社会施加正面影响(卷七,叶五下至六上)。如写瑞士出生的法国歌唱家毋拉西尔(Eliza Rachel,1820—1858):

> 少时家计窘涩,赖其姊色拉沿街唱莲花落,演花鼓曲,博蝇头以度日。……四十八年,巴黎变革作乱,群推毋拉唱马西苣士(*Marseillaise*,激人心为乱曲)之歌,沿途宣响,闻者皆悲泣,荷戈纷起,与政府为难。而毋拉之名得列于法史者,亦出于此。……五十五年,忽有意国女伶乌勒斯多利至,夺其艳帜。……毋拉之歌声实不亚于乌勒,而乌勒之媚态实卒以胜之,故半生艳名,竟为所掩。毋拉貌庄重,不喜随俗俯仰,与人交久而乃密。其视眷属之情亦重,……呜呼!毋拉虽优伶,固亦西国妇女之贤能者。晚年名为乌勒所掩,足见世人好色重于好德矣!(卷七,叶六下至七下)

同时,薛氏亦常用舞台语汇描写女作家。如借斯确特之语评论英国女作家乌勒力符(Ann Ward Radcliffe,1764—1823)之突然退出写作生涯,斯确特原文谓乌勒力符"有如一位女伶,具倾倒众生之魔力,却在声望如日中天之际,选择退出舞台"(like an actress in full possession of applauded powers, she chose to retreat from the stage in the blaze of her fame)[1]。薛改此段为:"是时乌已三十三岁矣,乃停其业。世谓有如善唱之女伶,虽已下卸妆,余响犹存人耳,鼓掌击节而喝彩之声不绝也"(卷四,叶七上下)。对薛氏来说,舞台之于女伶恰如书本之于女作家。中国传统虽早已将戏剧与其他文学文体视为具同等教化作用,却鲜有如此高度评价女伶者。薛氏将优伶与作家并列,无疑为妇女开拓了另一创作空间。

3. 空间危机

虽对妇女以其才艺享受并开拓空间抱有整体的乐观,薛氏仍清醒认识到妇女

---

[1] Sir Walter Scott, "Mrs. Ann Radcliffe", *The Miscellaneous Prose Works of Sir Walter Scott*, Vol. III, p. 355.

空间在男性占统治地位的社会中,仍不免时时处处受到父权、夫权、王权,乃至神权的威胁。如薛氏描绘亚历山大女数学家懿巴他(Hypatia,[370]—415):

> 懿巴他(Hypatia),司恩(Theon)女也。亚历山大(Alexandria,埃及北一水埠)算学家又天文学家,为是地奴巴拉唐尼(Neo-Platonic)学堂之著,生世系在第四纪之末。其美其才与其惨死,皆异事也。懿稚年奇敏,父为是时博学士,以哲学之课课懿。懿在是地即袭其父哲学师之职,且善讲解,声名大彰。东方诸部落之生徒,咸负笈拜列门墙内。即希腊智慧之士,亦甘拜下风,师事之。懿拥皋比,巍然坐,生徒列次,屏息受教。一时之间,如春风溥化然,咸称得未曾有,绝非纯盗虚声之比。唯是地风俗腐败已久,里党视懿之严重,反若怪物。于是不言其学可以笼盖众士,谓众皆慕色而来;不言其才德根于天性而成,谓有异端邪术故能惑众。污蔑之词既布,一唱百和。群执之付于公堂。有司又欲邀功,扬厉铺张,视懿如同要犯。全城之中,与懿亲切者,仅阿力斯宅(Orestes)一人而已。是地之牧师曰西力尔(Cyril,是时耶教初兴,教权最重),最恶象教异端之事。阿力非虔信耶教者,亦在牧师所恶之中。阿力具辞为懿申辩,语侵牧师,牧师益迁怒于懿。阿力又托一老妇为之说情,竟不理。又托教中长老议减懿罪,终无济事。急以车载懿至氏沙林(Caesarian)教堂,裸而凌迟之,醢为肉糜,挂其四肢于琛那郎(Cinaron,地名)处……(卷五,叶一下至二上)

此则显然参照了 John Toland(1670—1722)的历史著作 *Hypatia*[①]。与原作相比,薛氏描述懿巴他,添加了诸多中国传统色彩。她写懿巴他为才德表率,且"其才德根于天性而成";她描绘懿巴他教授生徒,其尊严才学,一如儒家宗师;而其教学成效,如"春风溥化然,咸称得未曾有",直堪与孔子相比。以懿巴他为例,薛氏从本质上论证了妇女之堪为人师且善为人师。如此之慈、学兼备的绝世才女与美人,竟惨死于一帮野蛮残忍、狭隘无知的教徒之手! 这一传记表现薛氏的忧虑,即使妇女能够以其才学建立起自我空间,也难免外界的攻击。

同样的焦虑也反映在薛氏对法国大革命期间妇女遭遇的两则描写。愤慨于戊戌变法的失败与庚子事变清廷的丧权辱国,晚清男性革命志士乃鼓吹暴力排满,号召妇女由闺秀转向侠女。夏晓虹指出,因外国女杰的事迹贴近晚清国情,"在以新思想自豪的新人物中,充盈笔下的便尽多西方女英。甚至尚未明了其人身世,也照样称说,畅言无忌。"[②]其中最为时人乐道者为法国罗兰夫人(Marie-

---

① John Toland, *Hypatia*(London:M. Cooper, W. Reeve & C. Simpson, 1753);参阅 Sir William Smith, *Dictionary of Greek and Roman Biography and Mythology*, Vol. II, p.537; s. v. "Hypatia".

② 夏晓虹:〈英雌女杰勤揣摩:晚清女性的人格理想〉,《文艺研究》1995 年第 6 期(1995 年 11 月),页88。

Jeanne Roland, 1754—1793)。据奥斯汀·道博森(Austin Dobson, 1840—1921)
出版于 1895 年的《四位法国妇女》(*Four Frenchwomen*),罗兰夫人与其夫在法国
大革命时期属于温和的吉伦特派(Girondin faction)。"他们大声抗议 1793 年 9 月
的血腥屠杀无效,却为山岳派(Montagne)所仇视",罗兰夫人最终更被激烈的雅各
宾(Jacobins)党人送上断头台[1]。这位法国大革命的受害者,在梁启超笔下却成为
"法国大革命之母"。梁启超发表于 1902 年的〈罗兰夫人传〉谓:

> 罗兰夫人何人也? 彼生于自由,死于自由。罗兰夫人何人也? 自由由彼
> 而生,彼由自由而死。罗兰夫人何人也? 彼拿破仑之母也,彼梅特涅之母也,
> 彼玛志尼、噶苏士、俾士麦、加富尔之母也。质而言之,则十九世纪欧洲大陆
> 一切之人物,不可不母罗兰夫人;十九世纪欧洲大陆一切之文明,不可不母罗
> 兰夫人。何以故? 法国大革命为欧洲十九世纪之母故,罗兰夫人为法国大革
> 命之母故。[2]

比之于梁《传》,《外国列女传》所载〈罗兰夫人事略〉以其为法国大革命之受
害者而非倡导人,更接近 Austin Dobson 的版本。薛氏描述罗兰夫人[薛作"乌露
兰"]为一"聪颖善悟"的勤勉女学者,无辜卷入男性政治之争,虽"在监仍为学":

> 演《政策记》未成,十一月初付之于乱党,刑官断以死罪,九日杀焉。乌之
> 死,既无告案,又无与于党会事。祇以匪徒逞一时病狂之势,欲杀竟杀矣! 乌
> 既至行刑架上,容色不变,呼纸笔至,将欲书遗嘱而匪徒已吆喝动刑。(卷五,
> 叶八下至九上)

这结尾细节,为罗兰夫人的临终遗言,"噢自由,他们如何滥用了你!"(*O Liberté,
comme on t'a jouée!*)[3],无疑添加了最有力的注脚。滥用自由名义所行罪恶,其最
甚者,莫过于屠戮女性的美丽与文才,最娇艳的人类文明之花。

薛氏又述亚宁(Marie Anne Charlotte Corday d'Armans, 1768—1793)"早年嗜
学术,误信变革之理"。作为吉伦特派的同情者,亚宁刺杀了雅各宾领袖马拉
(Jean-Paul Marat, 1743—1793),遂为革命政府逮捕处死。薛氏叹道:"亚本美貌
弱女子,祇以热血无可发泄,视断头如儿戏。新党中遂以女烈士称之。悲夫!"(卷
五,叶九上下)。薛氏视法国大革命为男权社会的动乱产物,无辜妇女或遭吞没摧
残,或沦为杀手。当中国男性革命者每以浪漫情怀看待女烈士,所谓"我爱英雄尤

---

[1] Austin Dobson, *Four Frenchwomen*(New York: Dodd, Mead, & Co., 1895), pp. 35-36.
[2] 梁启超:〈罗兰夫人传〉,《新民丛报》第 17 号,1902 年 10 月;转引自夏晓虹:〈英雌女杰勤揣摩〉,页 89。
[3] Austin Dobson, *Four Frenchwomen*, p. 59;更为通行的版本为:"自由自由,天下古今几多之罪恶,假汝之名以行"(*O Liberté, que de crimes on commet en ton nom!* [Oh Liberty, what crimes are committed in thy name!])。

爱色,红颜要带血光看"①,薛氏却视其牺牲为悲剧,是美丽与文化的夭折。

4. 理想空间

有鉴于妇女在历史现实中经受的戕害,薛氏启动想象,以女神世界为妇女建构理想空间。薛氏从希腊罗马神话搜集 58 条资料(仅次于《文苑》),归为一类,曰〈神异〉,是薛氏最为挥洒自如的一章。显然这是因材料来源毕竟是神话不是历史,故可着意改写。但薛编写时并不改变原本故事情节结构,只在措辞命意上引申发挥,结果既如实传播了原作的本事,又添上作者的新解。为使这一陌生世界为中国读者,尤其是女性读者所接受,薛综合多种现实的或理想的社会文化体系,对之进行诠释:以儒家和道家思想阐述古希腊罗马泛神论,以美、法共和修琢中国帝制,以东方标准审视西方美学理想,驰骋丰富想象,把古代希腊罗马文学中的女神世界变化为一个理想的女性国度。

首先,薛氏取共和为其妇女国制,故设有一位女总统,罗马女神朱囊(Juno),"以卫其类之端庄贞淑,故加以徽号曰'裴井那力'(Virginalis),言淑德也;曰'马都郎那'(Matrona),言母道也"(卷八,叶十三上)。这个女性国度亦由无数家庭组成,各有主妇,希腊女神懿拉(Hera)是她们的代表。懿拉慈颜霁色,保佑人间婚姻子嗣,却常受她的丈夫,众神之神苏士(Zeus)虐待:"苏士多詈懿、责懿。尝缚懿手,悬吊于云端。"在其他〈神异〉故事里,薛氏提到苏士的无数风流韵事,则懿拉与其夫不睦,事出有因。相形之下,苏士则显得霸道不讲理(卷八,叶十二下至十三上)②。在女总统和女主妇之间,薛氏介绍了另外一系列女神,其地位约略等同于政府官员、地方长官、文人学士等,各司其职,各专其事。如希腊女神司密氏(Themis)司法律,"甚愿人世公平行事"(卷八,叶五上)。罗马女神铭奶华(Minewa)司工商之业,"诗人、画工、师儒、医士以及各匠作皆归其统辖"(卷八,叶十二下)。希腊女神儿拉那(Urania)司天文,"执一天球,并一小苇管指点之"(卷八,叶七上)。希腊女神尼媚色(Nemesis)为博物学家,"通人物之理,谒诸神,说而胜之"(卷八,叶十一上)等等,不一而足。其中薛描绘希腊女神亚陕(Athena,后通译"雅典娜")为一女儒者,集庄严、智慧、道德、才艺于一身,"能以热肠任神、人诸事"(卷八,叶十二上),诚为理想才女之代表。

---

① 么凤:〈咏史八首〉之七,《中国新女界杂志》第 3 期(1907 年 4 月),转引自夏晓虹:〈英雌女杰勤揣摩〉,页 90。

② 虽然斯密斯《希腊罗马事典》载,"罗马人早期曾以其朱囊即为[希腊之]懿拉"("The Romans identified at an early time their Juno with [the Greek] Hera"),但斯氏亦指出朱囊自有其罗马渊源(Smith, *Dictionary of Greek and Roman Biography and Mythology*, Vol. II, p. 658, s. v. "Juno"),薛承斯说,坚称二者"固不同也"(juan 8, 13a),显然为给女性共和国以更为完整的社会结构。而介绍其他罗马女神,薛总会指明她们的希腊原型,如谓礬纳斯(Venus)即亚符洛(曾)[台](Aphrodite)(卷八,叶五下),而铭乃华(Minerva)之于罗马一如亚陕(Athena)之于希腊(卷八,叶十二下)。

在介绍宁夫(Nymphs)故事时,薛氏将其过人的想象、综合多种传统的能力、波谲云诡的修辞功夫发挥到了极致:

> 宁夫,著名经籍中为上品之女神,主大海、溪涧、丛林、原泽、洞穴、池沼、山峦、谷峡、树木等。……凡此诸神女,皆盛于湿气,培养滋润,遂生婴儿。嗜田猎之乐,群雌合居,以跳舞为事。艳丽之中,有温柔敦厚意。良为古希腊人幻想不等之奇象趣味也——海波之掀腾,流泉之奔突,日光之炫烁,落叶之缤纷,岩壑之阒寂,画景也,诗景也,神之所注,遂以为有所主宰其间者,而诸神女之说于是出矣。(卷八,叶十下至十一上)

薛氏这段对希腊神女宁夫的解读,糅合了相当的道家旨意:女神世界,以阴为主,处处为低洼水泽,行行入草木丛林。"小姑居处本无郎",仅靠湿气滋润,便可造育婴儿。这一段铺陈,立意修辞,使人自然联想到《老子》:"谷神不死,是谓玄牝"①,和"专气致柔,能婴儿乎?"②当然,老子说的是控制气息,修炼自身,以回复到人生最初的婴儿状态,自然单纯。然而当女性孕育婴儿,她不也在"专气致柔",凝炼自己的气息,将之注入于新的生命之中? 正是基于中国的道家观念,薛氏将这些希腊罗马神话中的普通精灵,提升为"上品之女神"——生命和自然的主宰③。薛氏继而将女性的生命孕育等同于女性的艺术创造,以宁夫"艳丽"的形态,拥抱儒家"温柔敦厚"的诗教④,从而建立起她的独特诗学。对她来说,诗歌、神话、艺术,产生在人与自然接触的那一瞬间:目光与自然的肌肤相触,呼吸与自然的韵律相合,思绪与自然的理趣相通。如此,自然的任一变化,便会引起诗人、艺术家想象的奔腾,而文学、艺术的创造,遂"于是出矣"!

通过描写外国女神的故事,薛氏创立了一个女性自己的国度。它非中非西,亦中亦西,是一个女性自治的,和平、快乐和有创造力的世界。在这一世界里,妇女独立生育子女,培养美——诗歌、音乐、艺术和她们自身体态的美丽尊严。此外,它还为受虐妇女提供了避难场所。在那里她可以养息创伤,表达对暴虐丈夫的愤慨,即使这位丈夫是众神之神苏士。

编译于 20 世纪初的《外国列女传》代表了中国知识阶层介绍外国妇女事迹的早期尝试。女翻译家薛绍徽,作为清末维新变法的积极参与者,在其夫陈寿彭的

---

① 《老子》第 6 章;录自楼宇烈:《王弼集校释》:《老子道德经注》(北京:中华书局,1980)第 1 册,页 16。

② 《老子》第 10 章;同上,页 23。

③ *The Compact Edition of The Oxford English Dictionary*(1971)(Oxford[England]:New York:Oxford University Press, 1971); s. v. "Nymph": "*Myth.* One of a numerous class of semi-divine beings, imagined as beautiful maidens inhabiting the sea, rivers, fountains, hills, woods, or trees, and frequently introduced by the poets as attendants on a superior deity."

④ 《礼记正义·经解》:"其为人也,温柔敦厚,诗教也",《十三经注疏》,卷50,第 2 册,页 1609。

帮助下,毕七百余日之功,完成了这一重要著作,目的是继续戊戌上海女学运动,为妇女进入公共空间提供行动借鉴。编译过程中,薛氏立足妇女自身需要,平章中西经验,从道德、才艺两方面为妇女开拓自立空间。而其间一以贯之,则是慈、学二字,盖无慈则学问、才能无所附丽,无学则慈不过空言。而薛氏的终极目的,即在〈《外国列女传》叙〉结尾:"所望静女其姝,善心为窈。永毕永讫,维持内则仪容;如友如宾,特立中闺品望。四德表幽闲之藻,自然风教宏施。万国咸袷衽而来,岂果河清难俟也哉!"河清海晏,本是中国传统士大夫平定天下的最高政治理想。薛氏则将"天下"扩展为万国,期待中国妇女以其文化人格魅力,吸引各国妇女,共同建立清明世界。此愿虽曰邈远,针对其时男性社会弱肉强食的现实,无疑更具人性化的长远目光。

译 学 新 芽

家与国的抉择：晚清 *Robinson Crusoe* 诸译本中的伦理困境*

崔文东**

摘　要：在晚清域外小说的翻译大潮中，*Robinson Crusoe* 备受关注，译本迭出。诸译者翻译该书，均旨在宣传冒险精神，改造国民性，以救亡图存。但是鲁滨孙的冒险经历本身与救国并无关系，鲁滨孙不从父命，冒险远游，对父母缺乏思念之情，又与传统孝道矛盾。译者的伦理观或保守或激进，但是为了启蒙大众，都不得不妥善处理冒险、救国与尽孝的关系。总的说来，他们的翻译方式大同小异，倡导救国高于一切，赞同弃父离家，冲击了传统孝道，反映了晚清伦理变迁的一般趋势，参与了晚清思想的变革。

关键词：*Robinson Crusoe*；中译本；冒险精神；救国；孝道

Family or State？The Ethical Dilemma in Chinese Translations of *Robinson Crusoe* in Late Qing

Cui Wendong

Abstract：In late Qing，*Robinson Crusoe*，probably one of the best－known adventure novels，was translated into Chinese by at least five translators. Interestingly they all looked to the novel for national salvation，believing that their renditions would be able to arouse adventurous spirit among Chinese people. However，in the original，Crusoe's adventure has no relation with national salvation，and his disobedience to his father and his lack of filial affection conflict with Confucian ethics. In order to fulfill the task of enlightening the readers，the translators，holding different ethical ideas，adopted different translation strategies to，on the one hand，link Crusoe's adventure

---

* 感谢王爱和博士的指导。论文写作过程中，沈国威教授、邓小虎博士、童庆生博士、岩尾龙太郎教授不吝赐教，匿名审稿人提出修改意见，在此敬致谢悃。
** 崔文东，工作单位：香港大学中文学院，电邮地址：chuanqiliuyan@ yahoo. com. cn。

with national salvation and on the other, to defend Crusoe's disobedience, either intentionally or reluctantly.

Key words: *Robinson Crusoe*; adventurous spirit; national salvation; filial piety

一

在晚清域外小说翻译大潮中，"冒险小说"是颇受注目的一类，*Robinson Crusoe* 被视为冒险小说第一名著①，更是译本迭出。十年左右时间，先后涌现了沈祖芬(1879—1910)译《绝岛漂流记》(1898)，秦力山(1877—1906)译《鲁宾孙漂流记》(1902—1903)，林纾(1852—1924)、曾宗巩(1870—?)合译《鲁滨孙飘流记》(1905)、《鲁滨孙飘流续记》(1906)，汤红绂译《无人岛大王》(1909)，袁妙娟译《荒岛英雄》(1909)②。

晚清译者为何如此青睐 *Robinson Crusoe* 之类的冒险小说？对此，梁启超(1873—1929)的论述最具代表性，影响极广。戊戌变法失败，梁启超流亡日本，开始从事启蒙宣传，试图通过改造国民性来达成救亡图存的目的。在他看来，中国积弱不振，根源之一就是国民素质低下，缺乏"公德"。他于是借鉴欧美与日本学说，提出"新民"理想，提倡"公德"，以提升国民的精神素质③。"进取冒险"也是"公德"之一种，体现了西方民族百折不挠，征服世界的精神。梁启超认为，"欧洲民族所以优强于中国者，原因非一，而其富于进取冒险之精神，殆其尤要者也"④，而中国人学习之下，足以救亡图存⑤。不久，梁启超发起"小说界革命"，以小说为教育国民的工具，"冒险小说"也是其中一类，"如《鲁敏逊漂流记》(日译名)之流，

① *Robinson Crusoe* 通常专指 *The Life and Strange Surprising Adventures of Robinson Crusoe*(以下简称《飘流记》)，但该书尚有续集 *The Farther Adventures of Robinson Crusoe*(以下简称《续记》)与 *Serious Reflections of Robinson Crusoe*，远不及第一部流行。本文论述的译本，有的也包括《续记》内容。该书主人公中译名众多，本文一律以"鲁滨孙"指代 Robinson Crusoe。

② 关于晚清 *Robinson Crusoe* 诸译本的考证，见崔文东：〈晚清 *Robinson Crusoe* 中译本考略〉，《清末小说から》第98期(2010年7月)，页19-25。此外，尚有一传教士译本，见姚达兑：〈*Robinson Crusoe* 粤语译本《辜苏历程》考略〉，《清末小说から》第100期(2011年1月)，页10-13。由于传教士没有意识到伦理困境，故本文不作论述。

③ 参见狭间直树：〈《新民说》略论〉，收狭间直树(编)：《梁启超·明治日本·西方：日本京都大学人文科学研究所共同研究报告》(北京：社会科学文献出版社，2001)，页69-94；Chang Hao, *Liang Ch'i-ch'ao and Intellectual Transition in China, 1890-1907*(Cambridge, Mass.: Harvard University Press, 1971), pp. 149-219。

④ 梁启超：〈论进取冒险〉，《新民丛报》第5号，1902年4月8日，收梁启超：《饮冰室专集之四》(上海：中华书局，1936)，页23。

⑤ Chang Hao, *Liang Ch'i-ch'ao and Intellectual Transition in China, 1890-1907*, pp. 177-189.

以激励国民远游冒险精神为主"①。一言以蔽之,翻译此类小说,旨在宣扬冒险精神,改造国民性,以抵御外侮。

但是,中国人为何缺乏冒险精神? 梁启超指出,中国传统思想中的命定主义是罪魁祸首,道家思想为其根源,庸俗化的儒家思想也难辞其咎②。"而所称诵法孔子者,又往往遗其大体,撷其偏言",如"孝子不登高,不临深也"③;又如《孝经》曰:'身体发肤,受之父母,不敢毁伤。'《孟子》曰:'好勇斗狠,以危父母,不孝也'",这些思想"降及末流,误用斯言,遂浸成痼疾,以冒险为大戒,以柔弱为善人"④。可见,传统孝道阻碍了冒险精神的滋长,换言之,冒险与孝道构成冲突。

晚清译者翻译 Robinson Crusoe,与梁启超目的一致(详见下文),是为了激发爱国之思,倡导救亡图存。但是鲁滨孙的冒险经历本身与救国并无关系,鲁滨孙也缺乏爱国情怀⑤,译者则必须向读者证明,冒险与救国息息相关。此外,正如梁启超所说,孝道阻碍冒险,而鲁滨孙为了冒险远游,不从父命,私自离家,对双亲生不能养,死不能葬,葬不能祭,而且缺乏思念之情,完全不符合中国传统伦理的标准,可谓不孝之子。译者旨在教育大众,而当时传统孝道依然影响广泛,他们必须向读者证明,鲁滨孙的行为合情合理。换言之,译者在翻译时直接面对冒险故事与中国传统及现实的冲突,必须妥善处理冒险、救国与尽孝的关系。

本文所论及的译本,虽然问世的时间相距不远,而诸位译者的伦理观不尽相

---

① 新小说报社:〈中国唯一之文学报《新小说》〉,《新民丛报》第 14 号,1902 年 8 月 18 日,收陈平原、夏晓虹(编):《二十世纪中国小说理论资料(第一卷)》(下文简称《理论资料》,北京:北京大学出版社,1997),页 62。梁启超显然受到日译本的影响。*Robinson Crusoe* 在江户及明治时代极为流行,就目前所知,共有 17 种日译本及注释本:黑田行元(麴廬)《漂荒紀事》,嘉永元年(1848);横山由清《魯敏遜漂行紀略》,安政四年(1857);斉藤了庵《魯敏孫全伝》,明治五年(1872);山田正隆《回生美談》,明治十年(1877);橘園迂史《魯敏孫島物語》,明治十二年(1879);井上勤《魯敏孫漂流記》,明治十六年(1883);牛山鶴堂《魯敏孫漂流記》,明治二十年(1887);高橋雄峰《ロビンソンクルーソー絶島漂流記》,明治二十七年(1894);松尾豊文《ロビンソンクルーソー直訳註釈》,明治三十一年(1898);巌谷小波《無人島大王》,明治三十二年(1899);鈴木虎市郎《ろびんそんくるーそー》,明治三十五年(1902);河島敬蔵訳釈《漂流者と野蛮人》,明治三十五年(1902);菅野徳助、奈倉次郎註釈《無人島日記》,明治四十年(1907);百島冷泉《ロビンソン漂流記》,明治四十一年(1908);学窓余談社《ろびんそんくるーそー奮闘の生涯》,明治四十二年(1909);鈴木正士訳注《ロビンソンクルーソーの話》,明治四十二年(1909);高橋五郎、加藤教栄共訳《漂流物語ロビンソン・クルーソー》,明治四十四年(1911)。见岩尾龍太郎:《ロビンソン変形譚小史:物語の漂流》(东京:みすず書房,2000),页 13。梁启超阅读的可能是井上勤或牛山鶴堂的译本。

② Chang Hao, *Liang Ch'i-ch'ao and Intellectual Transition in China*, 1890-1907, p.178.

③ 梁启超:〈论进取冒险〉,页 29。

④ 梁启超:〈中国积弱溯源论〉,《清议报》第 77 册至第 80 册,1901 年 4 月 29 日至 5 月 28 日,收梁启超:《饮冰室文集之五》,页 24-25。

⑤ Ian Watt, *The Rise of the Novel: Studies in Defoe, Richardson, and Fielding* (London: Chatto & Windus, 1957), p.73.

同,甚至大相径庭,但是他们面对的是基本相同的政治、文化语境,处理冒险、救国与尽孝三者关系的方式大同小异。"小异"之处为我们展示了晚清伦理思想的不同面向,而"大同"之处则代表了晚清伦理思想变迁的一般趋势,以及晚清译者对中西文化的共同态度。下文就逐一分析几位译者对于冒险、救国、尽孝关系的看法,以及在译文中处理冒险、救国、尽孝三者关系的方式。

二

沈祖芬的《绝岛漂流记》为《飘流记》与《续记》两书文言缩译本,共 20 章,完成于 1898 年 11 月。该书就英文原著译出,袭用日译本译名①,曾就正于嶀城夏子弹八。经沈祖芬兄长(沈祖緜,1878—1969)多方奔走,1902 年该书方由杭州惠兰学堂印刷,上海开明书店发行,并请得高凤谦(1870—1936)作序②。

沈祖芬从事翻译,其动机就是为了救国③。他早年接受儒家传统教育,因自幼患有足疾,无意于仕途,转而学习传统医术。1895 年,其父执汤寿潜(1856—1917)路经上海,与沈祖芬谈及甲午之败,痛心疾首,认为"我国偾事,失在不知外情,欲知之,必先知其文字尔"④,沈祖芬大受震动,"愤国耻,尽弃所学,肆力于英文"⑤,"六阅寒暑而学成,迻译著述甚富,于是远近交聘,先后为上海、苏州、扬州诸学堂教习,成就者甚众"⑥。

沈祖芬翻译《飘流记》与《续记》,自然是救国事业的一部分。为了说明这一点,他与高凤谦分别在〈译者志〉与序言中论述冒险与救国的关系。沈祖芬认为,原著在海外闻名遐迩,极受推崇,"在西书中久已脍炙人口,莫不家置一编,法人卢骚谓教科书中能实施教育者,首推是书"。言下之意,欧美之强盛,与该书的教育

① 高橋雄峰《ロビンソンクルーソー絶島漂流記》(1894)。

② 关于该译本详尽的论述,参见崔文东:〈政治与文学的角力:论晚清《鲁滨孙飘流记》中译本〉,《翻译学报》第 11 卷第 2 期(2008),页 101-103;李今:〈晚清语境中汉译鲁滨孙的文化改写与抵抗:鲁滨孙汉译系列研究之一〉,《外国文学研究》第 31 卷第 2 期(2009 年 4 月),页 99-109。

③ 沈祖芬的生平,见沈祖緜(飚民):〈先弟诵先事略〉,收沈绍勋(辑),沈祖緜(增辑):《钱塘沈氏家乘》(杭州:西泠印社,1919),卷 2,页 38 上-39 下;包梦华:〈沈跛公传〉,同上,卷 2,页 39 下-41 下;洪铨:〈沈先生传〉,同上,卷 2,页 41 下-43 下;钱景棠:〈沈君诵先诔〉,同上,卷 5,页 60 下-62 下;鲍奎:〈沈君诵先诔〉,同上,卷 5,页 62 下-63 下;沈飚民:〈高山忆旧录之十四:鲁滨孙漂流记我国最早的译文〉,收政协江苏省苏州市委员会文史资料研究委员会(编):《文史资料选辑:第十一辑》(内部发行:1983),页 67-70。

④ 洪铨:〈沈先生传〉,页 42 下。

⑤ 包梦华:〈沈跛公传〉,页 40 上。

⑥ 沈祖緜:〈先弟诵先事略〉,页 39 上。沈祖芬的译作,除《绝岛漂流记》,尚有《香山乐府》(译英)、《戈登传》(译本)、《华盛顿传》(译本)(见《钱塘沈氏家乘》,卷 7,页 19 上)、《希腊罗马史》(见《绝岛漂流记》封底《实学社发行各书》广告,署钱唐跛公),译者显然青睐具有教育功能的史传类作品。但是除《绝岛漂流记》外,其余译作均未见留存。

功能难以分割,而通过翻译,译作也能够"用以激励少年"(页 1 上)①。这段文字写于 1898 年 11 月,此时,梁启超尚未开始宣传冒险精神,倡导翻译冒险小说,不过沈祖芬的思路与其基本一致,这预示着"小说界革命"已具有思想基础。高凤谦作序时,已是 1902 年 6 月 25 日。他首先转述沈祖緜的意见,称沈祖芬译书乃是"藉以药吾国人"。此时高凤谦已经受到梁启超启蒙宣传的影响,故而宣称原著者著书是为了"激发其国人冒险进取之志气",赞赏译者译书是为了教育国民,"觉吾四万万之众"②。从"药"、"觉"之类字眼,可以看出译者及亲友与梁启超类似,将中国衰败之原因归咎于中国人精神之堕落,希望借译书医治国人,激励国人冒险进取,改造国民性。

译者将冒险视为救国的药方,则冒险与尽孝的矛盾,也就转化成了救国与尽孝的冲突。对此,沈祖芬与家人有着切身体会。其兄长沈祖緜 1897 年以浙江省公费生身份赴日本留学,服膺于康、梁思想,戊戌变法期间回上海宣传救国思想,被清政府通缉,亡命日本。不久投身革命,往来日本、上海、朝鲜,广结革命志士,奔走于国内各地,从事反清活动③。译本出版之前,沈祖芬也已开始辗转各地,教书育人。沈氏兄弟戮力报国,为此离乡背井,均不能长期在家侍奉父亲沈绍勋(1849—1906)。面对救国与守亲的抉择,沈氏兄弟显然以国家大义为重,已经不再拘泥于传统孝道。

既然沈祖芬认定冒险精神有助于救国,而弃父离家又是鲁滨孙冒险的前提,倡导救国的译者自然对此举抱有理解之同情。虽然他大量删节,但是基本保留了此内容。沈祖芬深知这一举动违背了"父母在,不远游","身体发肤,受之父母,不敢毁伤"之类教条,他甚至借书中人之口指出这点:

> 船主遽变色曰:"缘何而我船遭此厄哉? 皆因汝不孝所致耳。……今而后虽与我千金我亦不汝伴也。"继又严责余曰:"汝宜速回家以尽孝道,免致上天震怒。"俄又慰余曰:"年少人不惯作客,汝不归家,将来必无佳处。倘有意外之虞,将何以报汝父乎?"(页 2 上、下)

原著中鲁滨孙初次出海遇险得救后,船主指责他带来厄运,译文中则指责其不孝。但是鲁滨孙即使背负"不孝"的罪名,依然继续冒险,"不听其言,因由陆至伦敦,意中似不以背父命为罪,惟恐不能偿余之愿也"(页 2 下)。沈祖芬显然希望借此鼓励读者,不顾流俗的意见,冲击传统孝道。

---

① 本节引用译文时,直接在正文中标注页码。
② 高凤谦:〈序〉,收狄福(Daniel Defoe)(著),沈祖芬(译):《绝岛漂流记》(上海:开明书店,1902)。
③ 沈延国:〈沈瓞民先生传略〉,收苏州市地方志编纂委员会办公室,苏州市档案局(编):《苏州史志资料选辑》第三辑(内部发行,1986),页 24-39。

不过，就其传记来看，沈祖芬非常重视亲情，孝敬亲长。其友人在诔文里也称赞他，"子之承亲，孝齐闵参"①。虽然沈祖芬没有如曾参（前505—前435）一样一直在家侍奉亲长，但是在友人眼中依然符合孝子的标准。原著中鲁滨孙对父母缺乏思念之情，双亲去世也仅仅一笔带过，毫无哀恸之声，译者无法接受这薄情的形象，故而加以修饰，也免得读者质疑。

一方面，译者将鲁滨孙塑造得重视亲情。原著中鲁滨孙不辞而别，背父私逃，译者则将鲁滨孙离家时的心态改造为依依不舍：

> 自知屡违父命，行将获罪于天。幸余年方富，暂离膝下，罔极之恩，图报将来，犹为未晚。惟亲年垂老，恝置远游，悲从中来，不觉流涕，父亦黯然。而行期迫近，数礼拜后，即拟束装就道，不能聆父母训矣，静言思之，不觉抚膺浩叹。（页1下）

沈祖芬笔下的鲁滨孙虽然行为上违背孝道，但是富有孝心，许诺将来回报父母，而且不断自责，伤心欲绝。父亲最终似乎也默许他去冒险，虽然违背了父命，但是至少算不得叛父了。

再如鲁滨孙离开巴西，继续冒险，发现"是日适值八年前在和耳叩别膝下之日"，鲁滨孙本来只是感叹自己违背了父母的权威，损害了自己的利益，沈祖芬则添加了"回念及此，心殊歉然"的心态（页5下）。《续记》原著中鲁滨孙重返海岛，星期五与父亲团聚，鲁滨孙只是感动而已，沈祖芬则踵事增华，形容星期五见到父亲之前"转喜为悲，流涕满面"，"似忽忆其父，触发孝思"，鲁滨孙"视其忧戚之状，惶急万分"。不久，星期五父子团聚，"依依膝下，共叙离衷"，鲁滨孙"顿触旧志，犹忆还乡之日，双亲已逝，骨肉分离，反不如勿赖代［即星期五］之尚能聚首也，悲哉"（页22下）。星期五中箭身亡后，鲁滨孙又加以缅怀，"虽彼在奴仆之列，而能事亲孝，待主忠"（页23上、下），一直对尽孝念念不忘。

另一方面，译者还不失时机地添加情节，令鲁滨孙履行"罔极之恩，图报将来"的承诺，尽可能抓住尽孝的机会。鲁滨孙初次贸易获利，沈祖芬增添了"以金砂五镑九两寄家，藉慰父母之心"（页2下）。而且译著中鲁滨孙还乡，见到父母均去世，痛不欲生，"自思前欲图报将来，今则已归泉下，一念及此，不觉流涕满面，抢地呼天，百身莫赎，遂往墓上供献花圈，略展孝忱，以报万一"（页16）。虽然鲁滨孙在父母生时冒险远游，不符合传统伦理的要求，但这一番祭奠，也算是尽了人子的孝心；虽然鲁滨孙对父母生不能养，死不能葬，但是毕竟善于补过，追孝奉先，情真意切，也算履行了人子的义务。

总的说来，沈祖芬以救国为己任，并不拘泥于传统孝道，赞同为救国、为冒险

---

① 钱景棠：〈沈君诵先诔〉，页62上。

而弃父离家。传统孝道要求人子无条件地服从父亲的权威,沈祖芬则认可为救国而违背父权,长期放弃奉养双亲的责任。但是沈祖芬富有孝心,认为即使不在父母身边,也应心怀父母,设法尽孝。换言之,他不强调作为礼教的孝道,而是重视发自内心的情感,对父母的孝心。

三

1902 年 12 月至 1903 年 10 月,上海《大陆报》第 1 至 4 期及第 7 至 12 期小说栏连载了秦力山翻译的《鲁宾孙漂流记》,涵盖《飘流记》、《续记》两书内容,白话章回体,共 20 回。译文第 1 至 4 回节译自原著,之后译者开始抄袭沈译,翻成白话,加以增删,《续记》部分未连载完①。

秦力山一生致力于救国事业,可谓职业革命家②。他早年追随康、梁,投身于政治改良,参与自立军起义,失败后,逐渐转向革命。他一面从事革命活动,一面开展革命宣传。1901 年 5 月至 8 月,秦力山与戢翼翚(1878—1908)、杨廷栋(1878—1950)、雷奋(1871—1919)等革命派知识分子在东京主办《国民报》,"大倡革命仇满学说","开留学界革命新闻之先河"③。1902 年 12 月,秦力山赴上海助戢翼翚等创办《大陆报》,"鼓吹改革,排斥保皇"④,极力批判中国人的奴性、专制制度与儒家伦理。但由于该报在上海发行,总体而言,言论相对温和⑤。《大陆报》创刊伊始,秦力山即翻译《飘流记》、《续记》刊载其上,并标为"冒险小说",显然受到其师梁启超与"小说界革命"的影响。这可能是第一部由革命派知识分子翻译的域外小说,也是他们救国与革命宣传的一部分。通读译文可以发现,秦力山视翻译小说为表达政治观点的工具,直接在译文中大量添加议论,借翻译小说宣传"新民"理想,并抨击清政府,倡导排满革命⑥。

译者在处理冒险与救国的关系时也是如此。鲁滨孙被塑造成时时刻刻不忘爱国、爱种、爱群的英国国民,无论离家冒险、漂流荒岛、大战蛮族,都是为了履行

---

① 与该杂志其他文章一样,该译本未署译者,译者为秦力山出自笔者的考证,见崔文东:〈晚清 *Robinson Crusoe* 中译本考略〉,页 21。

② 秦力山之著作及传记,见彭国兴、刘晴波(编):《秦力山集》(北京:中华书局,1987);其生平及思想,参见王德昭:《从改革到革命》(北京:中华书局,1987),页 171-203。

③ 冯自由:《革命逸史初集》(北京:中华书局,1981),页 96。

④ 同上。

⑤ 参见黄沫:〈大陆报〉,收丁守和(编):〈辛亥革命时期期刊介绍(第二集)》(北京:人民出版社,1982),页 115-144。但是黄沫认为该刊没有明确主张赞成革命,显然错误。

⑥ 这部分内容的论述,见崔文东:〈政治与文学的角力:论晚清《鲁滨孙飘流记》中译本〉,页 104-106;李今:〈晚清语境中的鲁滨孙汉译:《大陆报》本《鲁滨孙飘流记》的革命化改写〉,《中国现代文学研究丛刊》第 127 期(2009 年 4 月),页 1-14。

国民义务。在译者笔下,鲁滨孙"生平以爱群为志,凡有益于国民之事,即把我这斗大的头颅送他,也是甘愿的"(第 5 回)①。在荒岛上,他看到野蛮人食人的场面,"不知不觉眼眶中涌出爱群的万斛英雄泪,大哭一场"(第 8 回),决心"抵死也要报复这仇,以达我爱群之目的"。为了履行"救同胞的义务,即是被野蛮夹活吃下肚子里,我也不怕"(第 10 回)。而营救了白人同胞之后,"素常爱种"的鲁滨孙则因为"得尽义务,心里不知不觉发起快乐来"(第 11 回)。他一向以国家为重,即使娶妻,也是为了"使英国人种,生息蕃滋起来"(第 17 回)。总的说来,秦力山笔下的鲁滨孙是集冒险精神、英雄气概、爱国主义、民族主义于一身的革命者。

那么,秦力山如何看待冒险与和尽孝的矛盾?首先,他与同仁视孝道为中国人奴性的根源。他们认为孔子"以孝道为设教之本","不主独立平等之说",所以"养成支那人奴隶之性,诈伪之性及怯懦之性"②;秦力山本人也宣称,"三纲之说之中于人心也,已至于不可救药。以君为臣纲,而奴隶著于政治;以父为子纲,而奴隶见于家庭;以夫为妻纲,而奴隶伏于床第"③。而中国人要摆脱奴性,必须"以欧洲大陆为师"④,其中一项,就是学习英国人冒险殖民。但是"如固守家长主义,而恒为家族之羁轭所束缚,则亦不得望殖民事业之发达者也"。要冒险殖民,就"必兴自由之权于新起之家,轻离故乡,不以为羞,各人有随处成家之材,而不甘仅以一身为一家之奴隶"⑤。而秦力山不仅仅倡导"欲脱奴隶,必先平等,平等无他,必先破三纲之说"⑥,本人更是身体力行,19 岁投身救国事业,"不告其父而出,奔走扬子江上下",直到 29 岁去世。十年中,"一以光复为任务,并未忆及家事"⑦。

秦力山面对原著中鲁滨孙叛父冒险的情节,自然会大加赞赏,借此批判孝道。他将第 1 回的回目标为:违慈训少年作远游,遇大风孤舟发虚想,在译文中完全保留了违背父命,不辞而别等情节。鲁滨孙理直气壮地背父私逃,没有像沈译中那样伤感,含糊其辞。但是,当时传统孝道依然影响深广,译者显然觉得需要向读者证明鲁滨孙弃父离家的正当性:

> 从伦理学上讲来,大凡一个人在世界上,有对自己的义务,有对家庭的义

---

① 本节引用译文时,直接标注回目。

② 佚名:〈论都兰人种之思想及与他人种思想之异同(甲·儒家之思想)〉,《大陆报》第 1 期,1902 年 12 月 9 日,论说栏。

③ 秦力山:〈说奴隶〉,《清议报》第 80 册,1901 年 5 月 28 日,收彭国兴、刘晴波(编):《秦力山集》,页 55。不过秦力山明确指出三纲之说并非出自孔子本意,"吾不知何物贱儒为此谬说,且诬为圣人之制作,以蛊惑天下,以实奴隶之木本水源也"。同上。

④ 佚名:〈《大陆》发刊词〉,《大陆报》第 1 期,1902 年 12 月 9 日。

⑤ 佚名:〈教育及殖民〉,《大陆报》第 12 期,1903 年 10 月 29 日,论说栏。

⑥ 秦力山:〈说奴隶〉,页 56。

⑦ 居正、陈仲赫:〈祭秦先生力山文并序〉,收彭国兴、刘晴波(编):《秦力山集》,页 189-190。

务,有对社会的义务,有对国家的义务。人生幼时,受父母的教育,自然有孝
顺感谢的义务,但是对国家上,自己便是一个国民,对社会上,自己便是一部
机关。大凡年纪已长的人,便要挺身做国家社会上的公事,要使我的国家,为
堂堂正正不受侵害的独立国家,要使我的社会,为完完全全不受破坏的自由
社会,这才算得个人。若终身守住父母,不出门庭,嚣嚣然以为尽孝道,一任
自己的国家,被别国侵害,失了独立也不管,一任自己的社会,被别种破坏,失
了自由也不管,虽然父母二人说我好,一二无知识的邻里乡党说我能尽孝道,
也是无味。这等脾气,是那东方病夫国中人民的脾气,是世界上第一等坏脾
气,我盎格鲁萨克逊民族,是以这等脾气为最下流的。(第 1 回)

译者在此复述了梁启超《新民说》的相关内容,中国旧道德中私德发达,以服
从为特征,而公德付之阙如,造成国势衰弱的现状①。他进一步指出,拘泥于传统
孝道,导致中国人缺乏冒险精神,沦为东方病夫。为了救国,必须学习西方,鲁滨
孙正是可资学习的榜样,他是为了履行对国家的义务,维护国家的独立自由而冒
险远游,遵循的是以家族、社会、国家为核心的新道德。译者认为,个人必须以国
家、社会为重,放弃以"三纲"为代表的旧道德,放弃传统孝道。

不过,秦力山与同仁虽然批判孝道,违背孝道,但是并不完全否定孔子学说,
依然重视父子亲情。他们认为"孔子所教之主义,通于世界各国,适于人性之自
然","今日支那之风俗,如敬父母,爱家族,重秩序,礼贤者,敬文士,皆孔子感化之
力使然也"②。所以译者并不希望读者以为鲁滨孙对父母无情:

我闻此言大喜,便只身下船,也不和我父亲母亲商量,也不送一字的信与
他。我岂是这等忍心的吗?盖凡事皆当审度轻重,我的志向在冒险,自以达
我的志向为重,我的志向不错,其余小节,就可以不拘了。若要告诉了二老,
他必定阻我远游,那时若不听他的言语,心中反觉难过,方寸一乱,尚能干得
什么事来,这沾滞犹豫的毛病,无论干什么事,都当痛戒,况冒险的事吗?(第
1 回)

鲁滨孙选择背父私逃,并非因为自己是铁石心肠,而是因为对父母充满深情,
害怕父母劝阻自己放弃志向。因为相对于孝心,爱国之心更重要。

至于沈译中添加的尽孝情节,并不妨碍救国,秦力山完全认同,不仅保留,还
加以渲染。鲁滨孙回到家中,姊妹告知父母已去世,"当时大哭起来","那时悲伤
之极,午饭也懒得吃了"。午后"与姊妹同到坟上献了花圈,却又伤心,眼眶里的
泪,一滴一滴吊将下来,又哭了一回,回家去了"(第 12 回)。回目也题为"遇大舰

---

① 参梁启超:〈论公德〉,《新民丛报》第 3 号,1902 年 3 月 10 日,收梁启超:《饮冰室专集之四》,页 12-16。
② 佚名:〈论都兰人种之思想及与他人种思想之异同(甲·儒家之思想)〉。

脱身归故国，上孤坟洒泪哭双亲"。后来鲁滨孙重返孤岛，看到星期五怀念父亲，称其"极有孝心"，"孝思又触发"（第 18 回），对此大加赞赏。

概言之，秦力山借译著宣传"新民"思想，激励大众学习英国人，以国家利益为重，赞赏发自内心的同胞之情、爱国之情。在他看来，孝道阻碍冒险进取，塑造奴性，必须放弃孝道，哪怕违背父命。不过，虽然译者于孝道有亏，但是认同发自内心的父子之情，赞美孝心。

四

1905 年，林纾、曾宗巩根据英文原著合译《鲁滨孙飘流记》，次年，又合译了《鲁滨孙飘流续记》，均由上海商务印书馆印行，标为"冒险小说"①。与其他译者不同，林纾译书较为忠于原著。在《鲁滨孙飘流记》序言中，他就声称，"译书非著书比也，著作之家，可以抒吾所见，乘虚逐微，靡所不可；若译书，则述其已成之事迹，焉能参以己见"②。在林纾的口译者中，曾宗巩也更为注重字句层面的对应③。

林纾的翻译事业，也是他的救国之实业，历来论者述之甚详④，翻译《飘流记》、《续记》也不例外。那么，林纾是如何建立鲁滨孙冒险与救国的关系？他并没有在《飘流记》的序言中论及此点，也没有在译文中添油加醋。不过，在翻译《飘流记》之前，林纾已译成多部"冒险小说"，他在序言中多次论及冒险精神有助于救国，屡屡批判中国人的奴性与懦弱；而翻译此类"壮侠之传"，正是为了倡导西方人的"贼性"，"用以振作积弱之社会，颇足鼓动其死气"⑤，"振吾国民尚武精神"⑥。《续记》译毕不久，林纾也特意论及鲁滨孙，说西方人"奉为探险之渠魁"，争相效仿，劫掠中国。他强调自己翻译"冒险小说"是为了警醒国人，"备灭种之盗"，"学盗之所学，不为盗而但备盗"⑦。此外，由于梁启超的巨大影响，加之沈译、秦译的流传，

---

① 本节主要探讨林译《鲁滨孙飘流记》，林译《鲁滨孙飘流续记》中，冒险与孝道的矛盾并不突出。由于资料限制，难以了解口译者在翻译过程中的具体作用，本节讨论时主要以林纾为着眼点。

② 林纾：《〈鲁滨孙飘流记〉序》，收陈平原、夏晓虹（编）：《理论资料》，页 163。

③ Robert Compton, "A Study of the Translations of Lin Shu: 1852-1924" (Unpublished PhD Dissertation, Stanford University, 1971), pp. 231-242, 267.

④ 参林薇：《百年沉浮：林纾研究综述》（天津：天津教育出版社，1991），页 170-174；张俊才：《林纾评传》（北京：中华书局，2007），页 86-94。

⑤ 林纾：《〈鬼山狼侠传〉叙》，收陈平原、夏晓虹（编）：《理论资料》，页 159。

⑥ 林纾：《〈埃及金塔剖尸记〉译余剩语》，收阿英（编）：《晚清文学丛钞·小说戏曲研究卷》（北京：中华书局，1960），页 212。

⑦ 林纾：《〈雾中人〉叙》，收阿英（编）：《晚清文学丛钞·小说戏曲研究卷》，页 185。此时林纾对鲁滨孙的态度与翻译《飘流记》时有所不同，虽然同样强调学习其冒险进取，但是视之为殖民主义的先锋。这一转变，主要是因为在《续记》中，鲁滨孙游历至中国，刻意丑化中国与中国人。

鲁滨孙此时已是读者眼中"冒险精神，伟大国民"的代表①，即使林纾不加以解释，出版商、读者也会自动对号入座。正如商务印书馆为《鲁滨孙飘流记》所作广告中所说："振冒险之精神，勖争存之道力，直不啻探险家之教科书，不仅当作小说读"②。

所以，林纾在翻译《飘流记》时着力解决的是冒险与尽孝的矛盾。与沈祖芬、秦力山相比，林纾可谓完全合乎儒家伦理的标准，克尽孝道③。例如，林纾长期在家奉养母亲，其母去世时，他"居丧六十日，夜必哭祭"④。不过，这类行为早已超出了礼教的要求，完全是林纾发自内心的感情流露，可以说是至情至性的表现⑤。在译书生涯中，他也经常强调孝道的重要性。一方面，林纾用孝道诠释多部译著⑥，试图证明"父子天性，中西初不能异"⑦，"西人不尽不孝，西学可以学矣"⑧；同时驳斥秦力山之类的革命派青年学习西方，"废黜三纲，夷君臣，平父子"的议论，坚决反对"父子可以无恩"⑨。另一方面，在原著内容不符合林纾的伦理观与传统孝道时，他常常会加以改动⑩。但总的看来，林纾对父子之伦的理解已不如传统那样严格，他认为中国伦常并不僵化，"'大杖则逃'，中国圣人固未尝许人之虐子也。且'父子之间不责善'，何尝无自由之权"⑪。

而原著中鲁滨孙叛父离家并非由于父亲虐待，依据林纾一贯的看法，应该属于叛子之列。但是，冒险精神有助于救国，救国与尽孝发生冲突，对林纾而言，也就是忠孝之矛盾的变奏。此前，林纾无论是在生活中还是译书时都未曾面临忠孝难两全的困境，所以他认为"忠孝之道一也，知行孝而复母仇，则必知矢忠以报国耻"⑫。翻译《飘流记》，直接将忠孝之矛盾推到林纾面前。以救国为己任的译者

---

① 小说林社：〈谨告小说林社最近之趣意〉，收陈平原、夏晓虹（编）：《理论资料》，页 173。
② 周振鹤（编）：《晚清营业书目》（上海：上海书店出版社，2005），页 367。
③ 张俊才：《林纾评传》（北京：中华书局，2007），页 42。
④ 朱羲胄：《贞文先生年谱》，卷 1，收朱羲胄：《林琴南先生学行谱记四种》（台北：世界书局，1965），页 17。
⑤ Leo Ou-fan Lee, *The Romantic Generation of Modern Chinese Writers*（Cambridge, Mass. : Harvard University Press, 1973), pp. 42, 44.
⑥ 王宏志：《重释"信、达、雅"：20 世纪中国翻译研究》（北京：清华大学出版社，2007），页 179-180；Leo Ou-fan Lee, *The Romantic Generation of Modern Chinese Writers*, pp. 47-51.
⑦ 林纾：〈《美洲孝子万里寻亲记》序〉，1905，收陈平原、夏晓虹（编）：《理论资料》，页 157。
⑧ 林纾：〈《英孝子火山报仇录》序〉，1905，同上，页 156。
⑨ 林纾：〈《美洲孝子万里寻亲记》序〉，页 156-157。
⑩ 在林译《英孝子火山报仇记》（*Montezuma's Daughter*）与《海外轩渠录》（*Gulliver's Travels*）中，林纾就删改了不合孝道的内容。分别参见 Robert Compton, "A Study of the Translations of Lin Shu, 1852-1924", p. 214；Patrick Hanan, *Chinese Fiction of the Nineteenth and Early Twentieth Centuries：Essays*（New York：Columbia University Press, 2004), p. 121.
⑪ 林纾：〈《美洲孝子万里寻亲记》序〉，页 157。
⑫ 林纾：〈《英孝子火山报仇录》序〉，页 156。

必然将为国尽忠放在首位,只得认同鲁滨孙弃父离家。加之林纾忠于原著,所以他将鲁滨孙叛父冒险的情节完全保留,也没有添加报答父母之类情节。林纾知道鲁滨孙于孝道有亏,喜欢谈论孝道的林纾在《飘流记》译本中刻意避免提及"孝"字①,免得读者虑及这一点。当鲁滨孙的行为违背了林纾的伦理观时,他不得不证明鲁滨孙弃父离家的正当性,既是为了说服读者,也是为了说服自己。林纾在此给出的理由是,鲁滨孙叛父冒险,符合圣人实践的中庸之道。

首先,林纾在《鲁滨孙飘流记》序言中以中庸之道来阐释鲁滨孙的冒险经历:

> 吾国圣人,以中庸立人之极。于是训者,以中为不偏,以庸为不易。不偏云者,凡过中失正,皆偏也。不易云者,夷犹巧避,皆易也。据义而争,当义而发,抱义而死,中也,亦庸也。若夫洞洞属属,自恤其命,无所可否,日对妻子娱乐,处人未尝有过,是云中庸,特中人之中,庸人之庸耳。英国鲁滨孙者,惟不为中人之中,庸人之庸,故单舸狎出,侮狎风涛,濒绝地而处,独行独坐,兼羲、轩、巢、燧诸氏之所为而为之,独居二十七年始返,其事盖亘古所不经见者也。然其父之诏之也,则固愿其为中人之中,庸人之庸。而鲁滨孙乃大悖其旨,而成此奇诡之事业,因之天下探险之夫,几以性命与鲨鳄狎,则皆鲁滨孙有以启之耳。……迨二十七年后,鲁滨孙归英,散财发粟,赒赡亲故,未尝靳惜,部署家政,动合天理,较其父当日命彼为中庸者,若大进焉。盖其父之言,望子之保有其产,犹吾国宦途之秘诀,所谓"不求有功,但求无过"者也。鲁滨孙功既成矣,又所阅所历,极人世不堪之遇,因之益知人情之不可处于不堪之遇中,故每事称情而施,则真得其中与庸矣②。

林纾在此区分了两种"中庸"。一种是圣人实践的"中庸",其本义是"不偏"、"不易"。而"不偏"的标准是不失正,"不易"的标准是合义,行为只要合乎"正"、"义",即为"中庸"。另一种则是庸庸碌碌、贪生怕死的"中人之中,庸人之庸",是对圣人之道庸俗化的理解,如同晚清官场的教条。鲁滨孙父亲赞同的是后者,鲁滨孙则反对这种庸俗的"中庸","大悖其旨",冒险进取。林纾完全认同鲁滨孙的选择,并将他与中国上古圣人,三皇五帝的业绩相提并论。鲁滨孙历经艰险,最后功成名就,人情练达,"赒赡亲故","每事称情而施",展示了儒家中庸之道的精髓,在道德上胜出一筹。鲁滨孙为了实践圣人的"中庸之道"而违背父命,离家远游,"从道不从君,从义不从父"(《荀子·子道》),成就"奇诡之事业",开启了冒险潮

---

① 在《鲁滨孙飘流续记》中,林纾就没有回避"孝"了。如星期五与父亲团聚,鲁滨孙感慨系之,"凡此孝感之心,若在耶稣教中,则人将曰,人人果如是者,耶稣之第五诫可免矣"。见达孚(Daniel Defoe)(著),林纾、曾宗巩(译):《鲁滨孙飘流续记》(上海:商务印书馆,1914),下册,页29。

② 林纾:〈《鲁滨孙飘流记》序〉,收陈平原、夏晓虹(编):《理论资料》,页162-163。

流,名正言顺。鲁滨孙的冒险符合中庸之道,证明中西同理,冒险可学。

相应地,林纾对译文加以改造,以证明鲁滨孙父亲认同的是"中人之中,庸人之庸"。不同于沈祖芬的踵事增华与秦力山的直抒胸臆,林纾的改动琐碎而细微:

"……以余相汝,殆为中材,胡不据中以图存? 既不攀高,又不猥贱,足以全汝矣。且吾老而更事,凡能为中人者,必安逸而无祸,而尤于人中得和平之乐,与悲惨之事,相距尤远,而艰巨既莫之任,发肤亦可全归,不骄不狂,于世无忤,一切贪嗔怓克之事,若上流社会之陋习,均不足扰吾天君,汝宜自加审量,趣味可以自得。然尚有要诀焉,凡此种人举动,名曰中庸,俗人咸莫审其奥妙,或入之而不能居,居之而不能久,良足慨叹。余尝闻古昔之君,有自恨胡以生身帝王之家,膺此艰巨之局,恒思降格处于中人,不被奇福,亦不罹巨祸。是言一出,而智慧之士,恒奉为明哲保身之标的,默谢上帝,处彼以不贫不富之间,为趣至永,今汝试寻绎吾言,后必能知其况味。凡人命中乖蹇之事,非高明者当之,即下愚躬受其咎,而中人处世庸庸,恒不一罹其害。……"（页 2-3）[1]

... that mine was the middle State, or what might be called the upper station of *Low Life*, which he had found by long Experience was the best State in the World, the most suited to human Happiness, not exposed to the Miseries and Hardships, the Labour and sufferings of the mechanic Part of Mankind, and not embarass'd with the Pride, Luxury, Ambition and Envy of the upper Part of mankind. He told me, I might judge of the Happiness of this State, by this one thing, *viz.* That this was the State of Life which all other people envied, that Kings have frequently lamented the miserable Consequences of being born to great things, and wish'd they had been placed in the Middle of the two Extremes, between the Mean and the Great; that the wise Man gave his Testimony to this as the just Standard of true Felicity, when he pray to have neither Poverty or Riches.

He bid me observe it, and I should always find, that the Calamities of Life were shared among the upper and lower Part of Mankind; but that the middle Station had the fewest Disasters, and was not expos'd to so many vicissitudes as the higher or lower Part of Mankind; ...[2]

---

[1] 本节引用译文时,直接在正文中标注页码,林译多次再版,本文所据版本为达孚（Daniel Defoe）（著）,林纾、曾宗巩（译）:《鲁滨孙飘流记》（上海:商务印书馆,1933）。

[2] Defoe, Daniel, *The Life and Strange Surprising Adventures of Robinson Crusoe*（Oxford: Oxford University Press, 1972）, pp. 4.

　　原著中鲁滨孙之父劝说儿子放弃冒险念头,强调老守田园获利更多。除了将间接引语改为直接引语及误译①,林纾几乎逐句对译。但是关键的几处都偏离了原著。父亲所说 middle State 原指英国中产阶级,译者翻译为"中材"、"中人",并添加了"发肤亦可全归","凡此种人举动,名曰中庸","中人处世庸庸"等说法,true Felicity 也翻译为"明哲保身",传达的都是序言中批判的道德观念。两者相对应,足以证明鲁滨孙父亲赞成的是庸俗道德观,鲁滨孙则不以为然,"非乘风破浪不为功,且抗志于艰险之途以自磨砺"(页 2,译者添加),因此而弃父离家。

　　总的说来,林译传达的观念是,父亲有错,人子完全可以不认同,"从道不从君,从义不从父",孝道有亏也无关紧要②。何况冒险远出,是为了救国,即使违背父命,也理由正当。虽然林纾在翻译其他作品时大力张扬孝道,赞美孝心,但是在此为了救国,他等于认可、鼓励自己一向反对的家庭革命。在本文论及的译本中,林译最为畅销③,甚至被列为学部审定宣讲用书④,林译传达的伦理观,不仅广为传播,也得到清政府认可。

五

　　汤红绂的《无人岛大王》连载于《民呼日报》第 30 至 44 号图画版(1909 年 6 月 13 日至 27 日),每期配一插图。与前几部译本不同,汤红绂所据原文为岩谷小波(1870—1933)节译的《无人岛大王》,系面向少年读者的日文缩译本,配有插图。日译本仅仅保留《飘流记》故事梗概,不过开篇的情节依然是鲁滨孙叛父离家,只是结尾改为父子团聚。

　　汤红绂是晚清较为活跃的女性作家,翻译家⑤。她的译作,也多是救亡图存的产物。例如《旅顺土牢之勇士》,讲述日俄战争中日本佐贺大尉冒险深入俄营,被俘后不屈不挠。又如《女露兵》,叙述日俄战争中俄国女子哈拉冬赴战场寻夫,投

---

① 此类改动主要归因于口译者,可参考龙惠珠的讨论,Rachel Lung, "The Oral Translator's 'Visibilities': The Chinese Translation of *David Copperfield* by Lin Shu and Wei Yi", *TTR*: traduction, terminologie, redaction, 17:2(2006), pp.161-184.

② 虽然于父子之伦有亏,在朋友之伦上,鲁滨孙则颇有所得。在他与葡萄牙船长的交往时,林纾用"仁"、"忠"、"恕"等儒家道德来阐释两人的关系,将商业信用关系,调整为君子之交。见崔文东:〈政治与文学的角力:论晚清《鲁滨孙飘流记》中译本〉,页 108-110。

③ 参樽本照雄(编):《新编增补清末民初小说目录》(济南:齐鲁书社,2002),页 432;崔文东:〈政治与文学的角力〉,页 108-110。

④ 见周振鹤(编):《晚清营业书目》(上海:上海书店出版社,2005),页 265,367。

⑤ 汤红绂之生平难以考证,目前仅知她是杭州仁和人,通日文。汤红绂著译之详情,参见崔文东:〈晚清 *Robinson Crusoe* 中译本考略〉,页 23-24;郭延礼:《文学经典的翻译与解读》(济南:山东教育出版社,2007),页 177-181;沈燕:〈20 世纪初中国女性小说作家研究〉(上海师范大学硕士论文,2004),页 71-74。

身行伍,战死疆场。译者希望以日人、俄人为榜样,宣扬"尽国民义务","力战以报国"①,倡导"欲建功,必冒险;欲报国,必舍身","欲使顽夫廉,懦夫立,举天下而风闻兴起也"②。概言之,译者希望借爱国英雄的形象激励国人,改变中国人怯懦、文弱的性格。翻译《无人岛大王》,目的与两者相同,汤红绂开篇即盛赞航海家"携罗盘,冒百险,精神事业灿灿焉,垂史册赫赫然"(页214)③,旨在借英国国民鲁滨孙的冒险事迹激励中国读者。

与秦力山类似,汤红绂在译文中直接让鲁滨孙宣称冒险乃是国民义务,将冒险与救国直接联系起来。日译中鲁滨孙只是因为爱好航海而冒险远游④,汤红绂则在此基础上大加渲染:

> 彼性机警,优胆略。五六龄时,最喜读冒险小说,或有巨贾自海外归,彼必与之谈海国奇闻。年十一二,胆益壮,有时闲游来海边,每欲驾一舟以达其航海之志,顾因年齿幼,不获习驾驶以偿所愿,其父母又复衰耄,溺爱备至,审克之喜冒险也,故为严词以羁束之,使不至以轻率蹈危险,以故其志不遽伸,居恒常郁郁。然克[即鲁滨孙,译者译为克禄苏]之志愿之精神万万不可夺,彼时语人曰:"吾视飓风若新空气,视帆樯为试验品,外人幸目我同胞为海国民,设果蛰伏不敢出,势且滋人笑。"(页214)

在汤红绂笔下,英国人富有冒险传统,鲁滨孙自幼熟读冒险小说,又与冒险家交往,耳濡目染,胸怀大志。外国人都将英国人视为海国民,冒险远游可谓英国人的国民义务,如果不履行,则会被人耻笑。

在后文中,汤红绂继续塑造鲁滨孙的"海国民"形象,着重增添了国旗这一意象。例如,鲁滨孙初至巴西,在海边"忽见有悬双帆,飘祖国旗,疾驶于南太平洋者,乃触动其乘风破浪之志愿"(页233);在荒岛上,鲁滨孙制造木船,"船之桅,悬国旗一,系克所特制者"(页287);不久,"复有一大帆船接踵来,而船上旗帜复为英式,克一见之后,乃跃然大呼曰:英国旗! 英国船! 吾见是船,若见吾祖国"(页287);待鲁滨孙返国,又在港口看见"万樯林立,风景依稀,万楹洋楼矗立云表","一睹之后,觉此身几经百险,二三十年来尚有重莅祖国之一日,耳目所触,悲喜交

---

① 龙水斋贞一(著),汤红绂(译):《女露兵》,1909,收王灏州(编):《爱国英雄小史下编》(上海:交通图书馆,1918),页84。

② 押川春浪(著),汤红绂(译):《旅顺土牢之勇士》,1909,同上,页56,62。

③ 本节引用译文时,直接在正文中标注页码。所据版本为黄季陆(主编):《中华民国史料丛编·民呼日报(影印本)第一册》(台北:中国国民党中央委员会党史史料编纂委员会,1969)。

④ 原文为:此人は幼いい時分から、船に乗つて遊ぶのが、何より好きでありましたから、何卒自分は航海者に成つて、一生船に乗つて暮らし度いと、此事斗り考へて居ましたが、阿父さんや阿母さんは、そんな浮雲い事はするなと云つて、如何しても許しもせんので。大江(巖谷)小波:《無人島大王》,收巖谷小波:《世界お伽噺(第1集)》(東京:博文館,1908),页1-2。

集"（页308）。鲁滨孙远离祖国，但是时时刻刻念念不忘，茫茫大洋之中，荒岛之上，国旗就是祖国的象征，给他以勇气和动力。

不过汤红绂不仅仅描绘鲁滨孙对于国家的热爱之情，同时也强调国家、社会对于冒险的认可、鼓励与回报。为此她增添了一个结尾，鲁滨孙回到英国，其冒险经历，不仅受到各方关注，而且得到国家的奖励：

> 伦敦喧传克禄苏事迹，亲友来贺，邻人来谒，报馆访事来晤谈，采其事编为游记，逐日登载。克复以亲历之迹，自著一书，上之文部，文部取其事足为国民砺精神，振志气，乃特广为传播于全国。而各国闻之，竞相翻译，阅数百年，即东亚大陆亦莫不称颂克禄苏为大航海家云。（页308）

于是，汤红绂也将冒险与尽孝的矛盾转化为了救国与尽孝的冲突。由于资料缺乏，很难了解译者对孝道的看法。不过在《女露兵》中，有"哈拉冬常苦伯父压制，与哈露氏东来"之情节[1]，可见汤红绂赞成"大杖则逃"，并不拘泥于传统孝道，何况译者热烈地提倡冒险精神，自然完全赞同鲁滨孙离家冒险，所以保留了此情节。

不过，汤红绂也非常重视亲情，在《女露兵》中，她曾感叹，"悲莫悲于生别离，背乡井，离父母，别妻子，人孰无情？其谁能遣此耶？"[2]。在她看来，鲁滨孙违背父命，私自离家，显得无情，读者会加以责难，于是改为"夙夜恬二老，阴为譬曲为喻，务欲达其平日之目的而后已。曾不数日，而父母果为所动"（页214）[3]。父母不同意其冒险是因为溺爱，最后在鲁滨孙的劝说下，为之所动。这样一来，鲁滨孙就不再是不辞而别的叛父之子。

日译与原著一样，鲁滨孙离乡多年，并未思念父母，情淡意薄。重视亲情的汤红绂于是在父子之情上做文章。鲁滨孙在准备返国时，汤红绂令其思念故土，心怀老父，"我克禄苏故乡之敝庐果绝无损坏乎？我父无恙乎？"（页287）日译本中，译者已将结局改为父子团聚[4]，汤红绂顺水推舟，大力渲染了父子重逢，重续天伦之乐的场面：

> 先人敝庐幸而无恙，一入门，童仆不相识，笑问何处来。克禄苏不暇叩答，直奔内闼，时有一老翁，发苍苍，体倦龙钟，依榻观书，一见克禄苏，忽而惊，忽而疑，忽而握手相庆，莫可名状者，非他人，即克禄苏之老父也。相见

---

① 龙水斋贞一（著），汤红绂（译）：《女露兵》，页85。

② 同上，页71。

③ 原文为：とうく遂には、両親に内證で自家を出て、航海者の仲間に入つてしまひました。大江（巖谷）小波：《無人島大王》，收巖谷小波：《世界お伽噺（第1集）》（东京：博文館，1908），页2。

④ 原文为："丁度三十五年目に、英吉利の自家へ歸りまして、久しぶりで阿父さんに會ひ、手を執り合つて、お互ひに無事を賀びましたとさ。"大江（巖谷）小波（编）：《無人島大王》，页83-84。

后，问别后状况，故人代谢，良朋星散，感慨之心，不释于怀矣。（页308）

在最后一次连载中，《民呼日报》的插图画家也特地补充描绘了上述场景，"依榻观书"的老父与阔别多年的鲁滨孙终于团聚，令人动容。汤译中，鲁滨孙冒险得到父母、社会、国家的认可，功成名就。国家以之为国民的榜样，大力宣传，流风余韵，遍布各国。总之，该译本认为，冒险与国家命运息息相关，政府、社会、家庭都应鼓励冒险。鲁滨孙离家，最终得到了父母许可；未能在家奉养父母，乃是履行国民义务的需要；而且富有孝心，最终父子团圆，可以弥补之前不能尽孝的遗憾。

六

袁妙娟的《荒岛英雄》译成于1909年7月之前，内容为《飘流记》故事梗概，应该译自英文原著或缩写本，为白话体裁。译者译成后，请赵韦侠删润译文，并作序，赵韦侠又请得汉光校对。随后赵韦侠之兄弟赵韦军请有虞为之作序。该译本原定自《祖国文明报》第81期（1909年7月2日）开始连载，但是该刊一直未履行承诺，仅刊登了3篇序言：赵韦侠〈冒险白话小说《荒岛英雄》序〉、东亚散人张弼臣〈《荒岛英雄》小说序〉、有虞〈《荒岛英雄》序〉。虽然译文未能留存，不过三篇序言对该译本的内容，翻译目的等有详细介绍。《祖国文明报》也屡屡论及救国与尽孝，本节即据此来考察译者与同仁如何看待并处理冒险、救国与尽孝的关系。

《祖国文明报》1906年2月于广州创刊，总撰述与编辑人为李不懈，撰稿人主要是省港一带的知识分子。该刊以"传教保种保国"为宗旨，"凡撰述均以发明孔教为目的"①，视宣传孔教为救国的重要手段。在该刊同仁看来，孔子之道，就是救国之道，"夫孔子之道，人道也；其义，则救国主义也"②。一方面，他们提倡的孔教以"四书为正"，大力批判"俗儒淤滞之见"③。另一方面，他们融入了梁启超等人的启蒙宣传，将忠孝节义与公德、国民义务、救国结合起来。此外，他们反对迷信，批判包办婚姻，挞伐缠足，倡导移风易俗。小说也是该刊同仁用来宣传救国的工具，他们代售《白话民族小说醒国魂》，"发种族之观念，增进取之思想"④，计划增刊《近事小说女杰冤》，试图"戒除预定婚姻之弊，虐待媳儿之习"⑤。

译者袁妙娟是《祖国文明报》的投稿作者，发表过〈欲强种必先放足〉（第80

---

① 佚名：〈本报宗旨〉，《祖国文明报》第80册，1909年7月2日，页1。
② 李不懈：〈敬告华人〉，《祖国文明报》第87册，1909年9月24日，页4。
③ 佚名：〈本报宗旨〉，页1。
④ 佚名：〈《白话民族小说醒国魂》出世广告〉，《祖国文明报》第75册，1909年4月20日，页35。
⑤ 佚名：〈本报增刊《近事小说女杰冤》广告〉，《祖国文明报》第82册，1909年7月31日，页27。但是该小说也一直未能刊登。

期)一文,倡导女子放足,种族改良,并由赵韦君作按语①。译者显然是富有爱国情怀、倡导救国的晚清知识女性。序作者赵韦侠在《祖国文明报》发表有〈论国民亟宜多结小团体〉(第84期)等文章,赵韦君则是《祖国文明报》主要撰稿人之一,均是致力于"传教保种保国"事业的知识分子。总的说来,译者与同仁认同孔教会的救国宗旨,并翻译冒险小说以启发民智。

由于《荒岛英雄》译本已经湮没,无法看到译者袁妙娟的论述,不过,就3篇序言来看,袁妙娟的同仁与前述译者相同,设法证明冒险精神有助于救国。首先,他们认为鲁滨孙的冒险经历不仅展示了自主之心、英雄气概,与国民义务、振兴国家也息息相关:

> 经历二十八载之苦况,不稍变其初志,灭异种,救同胞之责任,亦不放弃厘毫,经之营之,卒成国度。②

> 遂带妻子同往,既已产育相继,复将无人至之荒岛,辟地造楼,而成国度,历尽二十八载之苦况,卒为开国之英雄。……不论其为士,为农,为工,为商,必有自主之心,然后有远游之志,始能振兴国家。③

"灭异种,救同胞之责任"之类说法,与秦力山的翻译非常相似。根据"卒成国度","卒为开国之英雄"之类描述,可以推测袁妙娟在翻译时可能已将鲁滨孙冒险与国民义务、爱国主义、民族主义相联系。

与此同时,在论者看来,鲁滨孙的冒险经历具有不可思议的感化力,直接刺激了西方人冒险进取:

> 故彼邦人士,男男女女,少少壮壮,贵者富者,长者幼者,一览是书描巧记宴之笔,探险探奇之事,知六洲之中,五洋之外,有无限之佳境,其灵魂儿,几尽为摄导而去,均特具有一种壮游万里之志,超绝尘寰之想,勇敢之慧力,聪颖之脑质,眼光大,胸次开,精神振,神经旺,勃勃欲动,一若身亲其境而后快者,皆赖是略转移鼓吹之吸电力所致,故至今西人莫不津津乐道者,是书价值,亦可知矣。④

西方人阅读原著,为鲁滨孙所激励,为异域佳境所吸引,勇气勃勃,远游万里,所以"泰西各国多转译本国文字,奉为教科书之圭臬,屡刊屡罄,群争购阅"⑤。

但是,正如有虞所说,中国人则"向乏冒险性质,历史所载,如张骞、玄奘、徐霞

---

① 关于袁妙娟的生平,尚未发现其他材料。
② 赵韦侠:〈冒险白话小说《荒岛英雄序》〉,《祖国文明报》第80册,1909年7月2日,页17。
③ 东亚散人张弼臣:〈《荒岛英雄》小说序〉,同上,页18。
④ 赵韦侠:〈冒险白话小说《荒岛英雄序》〉,页17。
⑤ 同上。

客诸人杰外,大多不出户庭",与西方人形成强烈对照,所以他"每读外邦探险小说,未尝不壮其志,而思被其风于吾国,良于吾国丁此恇怯风气",深感"丈夫寡远征之志,非多得冒险男儿,不足以资宏济也"①。而袁妙娟的译本,正好可以用来宣传冒险风尚,驱除中国人的恇怯风气,改造国民性,以救亡图存。

那么,译者与同仁如何看待救国与孝道的矛盾?由于资料缺乏,在此仅能借《祖国文明报》的文章推断他们的态度。总的说来,该刊大力张扬孝道,尤其赞赏岳飞、文天祥等忠孝两全的爱国英雄,但是反对割肉侍亲之类的"愚孝"行为。该刊同仁与林纾一样,坚决反对"父子可以无恩",认为"凡富于私情者,必富于公德","天下断未有不孝之人,而真能爱国者"②,将对父母的孝心视为爱国的基础。而救国与尽孝的关系,实为《祖国文明报》关注的焦点。该刊的同仁认为,尽忠即尽孝,实质上是赞同忠大于孝。这是因为救国乃国民之责任,"我当尽责于国,我亲亦当尽责于国","我捐躯以报国,是以己之身荣君亲之劳也";不救国,则国破家亡,"捐躯报国,实尽力以保亲";"兼亲之劳,继亲之志,保亲之身,此三者孝之至也"③。即使战死沙场,导致无后,但是"古人之所以重夫后嗣者","盖欲繁衍其国民,以为御外侮计耳"④,倘若国民繁衍,一姓香烟断绝,并不重要。由此可见,该刊提倡的尽忠对象,已经不是传统的国君,而是民族国家。

译者对于救国与孝道矛盾的看法,应该与此相同。所以译者赞同鲁滨孙弃父离家,忠实地传达这一情节:

> 盖以书中人,一旦遽离乡井,别父母,孤身远飘,屡濒于危,几沦于死,犹不畏惧,仍冒险锐进。⑤
>
> 飘流二十八载,旋梓而高堂已故。⑥

根据"遽离乡井"来看,译者很可能将违背父命、不辞而别的内容也传达了出来。一方面,译者赞同离家远游,不在乎是否能够在家承欢膝下,奉养父母,另一方面,译者也没有添加鲁滨孙上坟尽孝,父子团聚之类内容,而是依据原著翻译成回国时父母双亡。不过,由于译文付之阙如,我们无法了解译者是否令鲁滨孙思念父母,是否将孝心渲染成爱国之心的基础。

不过,序言作者张弼臣意识到"遽离乡井,别父母"的情节不合于传统孝道,故而在其序言里努力证明鲁滨孙的选择合情合理:

① 有虞:〈《荒岛英雄》序〉,《祖国文明报》第81册,1909年7月17日,页27。
② 胡亚禹、李不懈:〈人亦知岳飞固孝子耶〉,同上,页16-17。
③ 郑纯一:〈尽忠即尽孝说〉,《祖国文明报》第84册,1909年8月26日,页14。
④ 同上,页15。
⑤ 赵韦侠:〈冒险白话小说《荒岛英雄》序〉,页17。
⑥ 东亚散人张弼臣:〈《荒岛英雄》小说序〉,页18。

环球者,万物之逆旅也。夫人生若梦,寄托蜉蝣于天地,数十载之光阴,岂可虚度于一乡一邑之间耶? 故圣人尚有乘桴之叹,苏子亦有扁舟之游,古今志士,无不乐之,欲以览万物于环球,广一生之见闻也。今我中国之士,多好逸而恶劳,无不日居家胜远游,诚可谓愚夫愚妇之言,窃自谓远游者,人生之乐事也,……岂可株守林泉,而与妇人女子比耶?①

张弼臣与林纾类似,避免提及孝道,而是将鲁滨孙冒险比作孔子"乘桴浮于海",苏轼"泛舟赤壁",既然圣人、文豪也赞成冒险远游,鲁滨孙所作所为,符合传统,不违圣人之道。"居家胜远游"之类则是愚夫愚妇之言,妇人女子的见识,不值一提。

总的说来,虽然《祖国文明报》旨在宣扬孔教,但是孔教伦理已不同于传统儒家伦理。译者翻译《荒岛英雄》,赞同为救国而弃父离家,评者也一致赞赏,可见面对亡国灭种的危险,即使试图光大儒家学说的知识分子,也不能够拘泥于孝道,开始"破俗儒迂滞之见",宣传忠大于孝,离家冒险。

七

晚清时期,救亡图存可谓全社会的政治任务,本文论及的译者虽然伦理观不同,但是在为救国而译书这一点上完全一致。译者关注的主要是原著的教育功能,而不是文学价值,并不在乎是否转译,甚至直接抄袭②。原著本身与爱国、救亡并无关系,但在译者看来,鲁滨孙的冒险故事与救国息息相关。他们或是在序言中证明冒险精神有助于国家强盛(沈译、林译、袁译),或者在译文中直接令鲁滨孙宣称自己冒险乃是为了救国,为了尽国民义务(秦译、汤译),从而将冒险与救国紧密联系在一起,冒险与尽孝的矛盾,也就转化成了救国与尽孝的矛盾。

当时,传统伦理依然影响广泛,孝道作为伦理规范,依然具有很强的约束力。译者的伦理观或保守或激进,但为了启蒙大众,都不得不对鲁滨孙离家冒险的情节加以调整或解释。要解决冒险与孝道的矛盾,最简单的方式就是删除鲁滨孙不顾父母,离家远游的情节,但是所有译者均不同程度加以保留。直接的原因在于弃父离家是冒险的前提,不抛下父母,怎能冒险远游? 传统孝道阻碍冒险,也就是妨害救国。中国的知识分子向来以天下为己任,关心国事民瘼③,本文论及的译者直接面对亡国灭种的危机,不同程度地受到梁启超等精英思想的影响,在传统伦理和国家命运之间,必然以后者为重。即使译者倾向于传统伦理,都不得不学习

---

① 东亚散人张弼臣:〈《荒岛英雄》小说序〉,页18。
② 相对而言,林纾较为看重原著的文学价值,参崔文东:〈政治与文学的角力:论晚清《鲁滨孙飘流记》中译本〉,页107-108。
③ 李泽厚:《中国现代思想史论》(合肥:安徽文艺出版社,1999),页828。

西方,肯定鲁滨孙的选择。可以说,伦理的改造,乃是救国迫不得已的手段①,读者只要致力于救国,也很难对此提出异议。

总的说来,各译本处理救国与尽孝矛盾的方式大同小异。对于弃父离家,译者都赞同,否认"父母在,不远游"的正当性;至于违背父命一节,沈译、秦译、林译、袁译均加以传达,汤译改为说服父母,译者大多认同"从义不从父",理由正当即可违背父命,反对无条件地服从父权。虽然多数译者并不拘泥于传统孝道,但是他们都重视父子之情与孝心,所以均不认可鲁滨孙对父母缺乏感情,何况心念父母与救国大业并无冲突,为此沈译、汤译均加以弥补,秦译沿袭沈译,都将其塑造得重视亲情,富有孝心。林纾、《祖国文明报》均倡导尽孝,但是林纾因忠于原著而难以在译文中添加尽孝情节,袁译则无法考察,不过两者均试图证明鲁滨孙的行为并未违背儒家伦理,依然符合中庸之道或笼统的圣人之道。总的说来,译者都没有试图彻底推翻传统伦理,而是不同程度地对传统伦理加以改造与补充。

此时,康有为(1858—1927)、梁启超、谭嗣同(1865—1898)、章太炎(1869—1936)、刘师培(1884—1919)等思想家也都开始批判三纲学说,冲击传统伦理②。*Robinson Crusoe* 的中译本与此潮流息息相关,几位译者借助译本,实际也投入了这场道德革命。他们的思想虽然不够系统,但是比精英论述更直观,更真切。与晚清其他小说译者一样,他们有的更倾向于直接冲击传统,有的则试图小心翼翼地调和传统与西方的冲突③,但是他们都旨在塑造新国民,倡导救国高于一切,改造传统孝道,突破以服从为特征的"父为子纲",同时又重视亲情。虽然与晚清诸多"国民"论述相同,他们更关心的是国家的命运,而非个人的解放④,但是既然他们鼓励不顾父母,脱离家庭,自主自立,也就塑造、传播了新的伦理观,冲击了主流伦理规范⑤。当时许多年轻人已经在思想上、生活上冲击着名教纲常,实行"家庭革命",晚清 *Robinson Crusoe* 的中译本潜移默化地为上述行为建立合法性。而随着时势的推移,年轻的读者更进一步,领导、参与新文化运动,最终彻底推翻传统伦理规范。可以说,在此过程中,这些中译本既是晚清伦理思想变迁的坐标,自身也参与了思想的变革。

---

① 黄进兴:〈追求伦理的现代性——从梁启超的"道德革命"谈起〉,《新史学》第 19 卷第 4 期(2008),页 77-120。

② 参见 Chang, Hao, *Chinese Intellectuals in Crisis: Search for Order and Meaning(1890—1911)*(Berkeley: University of California Press, 1987);黄进兴:〈追求伦理的现代性——从梁启超的"道德革命"谈起〉;李文海、刘仰东:〈近代中国"孝"的观念的变化〉,收《中华文化的过去,现在和未来:中华书局八十周年纪念论文集》(香港:中华书局,1992),页 212-231;张岂之、陈国庆:《近代伦理思想的变迁》(北京:中华书局,1993)。

③ 王宏志:《重释"信、达、雅":20 世纪中国翻译研究》,页 159-195。

④ 沈松侨:〈国权与民权:晚清的"国民"论述〉,《台湾中研院历史语言研究所集刊》,第 73 本第 4 分(2002),页 685-734。

⑤ 余英时:《现代儒学的回顾与展望》(北京:三联书店,2005),页 103-125。

滇缅战役中的军事翻译

罗 天[*]

摘 要：作为一场发生在日军与中美英盟军间的战争，滇缅战役必然涉及军事翻译。然而，我们还需回答诸多问题：滇缅战役在多大程度上需要翻译？军事译员是如何被征调和培训的？他们对滇缅战役作出了怎样的贡献？本文分析后发现：由于国际军事合作，滇缅战役急切需要大量译员；外事局、教育部、战时大学等赞助者成功地征调并培训了 4 000 余名译员；这些军事译员克服种种困难，在制空权、军事情报、武器装备、协同作战等领域发挥了不可替代的作用，作出了不可或缺的贡献。

关键词：滇缅战役；军事翻译；翻译官；翻译史

Interpreting Officers at the Burma Campaign During the Second World War

Luo Tian

Abstract：As a war fought against Japan by the Alliance of China, America and Britain, Burma Campaign inevitably involved military translation and interpretation. There are many questions that deserve great attention. To what extent did the war need translation and interpretation? How were the interpreters recruited and trained? What contributions did the military interpreters make to Burma Campaign? This paper argues that in view of the urgent demand for large number of interpreters generated by the military cooperation, patrons such as the Foreign Affairs Bureau of Military Council, War Area Service Corps, colleges organized successful recruiting and training programs for interpreting officers. These officers, overcoming immense difficulties of different kinds, played an indispensable role in the war. This paper

* 罗天，工作单位：四川外语学院成都学院英语翻译系翻译研究中心，电邮地址：kevinlord2001@ yahoo. com. cn。

concludes that the outstanding military translation and interpretation service was one of the key reasons for the victory against Japan in the Burma Campaign.

Key words：Burma Campaign；military translation and interpretation；interpreting officers；translation history

一、引言

1. 滇缅战役及其胜利之原因

1941 年太平洋战争爆发以后,日军相继攻陷香港,进逼缅甸。滇缅公路——当时中国能够取得对外援助及联系的唯一国际陆上通道,岌岌可危。为了援助正在缅甸对日作战的英军,保卫滇缅公路,1942 年中国组建了远征军入缅与美英盟军共同作战。从中国远征军 1942 年初参加缅甸防御战,到 1945 年初中国远征军、驻印军反攻作战胜利,在长达 3 年多的时间里,中国先后出动了 40 万大军在滇缅战场上与美英盟军并肩作战,并取得了最后的胜利①。

滇缅战役在中国抗战史上具有极其重要的地位②。中国驻印军和中国远征军,从日军手上收复缅甸领土 8 万余平方公里及滇西失地 8.3 万平方公里,毙伤日军 4.8 万余人,俘 600 余人,缴获步枪 1.1 万余支、火炮 160 门、坦克 12 辆、汽车 600 余辆,击退占领滇西、缅北两年多的日军③。这次战役的胜利,打通了国际战略运输线——中印公路,改善了中国正面战场的补给状况,确保了抗战大后方特别是中国西南的安全。不仅如此,滇缅战役的胜利也支持了英军,配合了美军在太平洋战场上的反攻,为美英盟军在中缅印战区的胜利奠定了基础,为第二次世界大战的胜利作出了重要贡献。

对于滇缅战役胜利的原因,学者已有种种分析。刘咏涛认为,其主要原因有:(1)将士们爱国热情高,作战勇敢顽强;(2)将士素质较好,军官指挥有方;(3)装

---

① 方世凤:〈第二次世界大战全局中的中国远征军入缅作战〉,《民国档案》2004 年第 1 期(2004 年 2 月),页 76。

② 中国方面习惯于称中国远征军、驻印军经历的这场战役为滇缅战役,或按阶段划分为第一次入缅作战、第二次入缅作战。而美英方面则将发生在中国、缅甸、印度的对日作战称为 China-Burma-India Theater,或 CBI。在多数情况下 CBI 被译为"中缅印战区",也有译为"中印缅战区"的。应该指出,滇缅战役是中缅印战区极其重要的一部分,而中缅印战区又是二战中的重要一环。我们不能割裂历史,孤立地看待这场战役,所以下文在重点讨论滇缅战役中的译员时,偶尔也会延伸到整个中缅印战区,涉及 1941 年的译员活动。

③ 刘咏涛:〈中国驻印军、远征军反攻缅北滇西胜利的原因〉,《成都大学学报(社会科学版)》2008 年第 2 期(2008 年 5 月),页 41。

备精良、火力强大;(4)后勤保障能力大为改善;(5)美英盟军协调一致;(6)国内民众与华侨的积极支持等①。倪乐雄对比滇缅战役两个阶段的作战情况后,认为:绝对制空权是滇缅战役最终胜利的一个重要原因②。

2. 问题的提出

上述滇缅战役胜利的原因大多显而易见,且已被认真探讨过,本文希望能够研究一个十分重要却又长期被忽视的因素:军事翻译。

我们知道,任何战争,只要存在于不同民族、不同国家之间,几乎都离不开军事翻译,如宣战、缔约、媾和等过程无不与翻译息息相关。蒙娜·贝克(Mona Baker)在《翻译与冲突:叙述性解释》一书中指出:口、笔译是战争得以实现的因素之一。翻译在各方(包括战争贩子以及和平运动者)控制冲突的过程中扮演了主要作用,它影响了军事冲突的发展过程。首先,宣战就是一种语言行为。现代战争不仅要告知国内民众,还得向国际民众宣传。因而翻译就成为影响这种话语流通及其合法化过程的一个主要因素。一旦战争开始,要想结束战争,就不得不在秘密协商之外,进行磋商、召开会议和开展研讨,而这也需要翻译从中调停③。

而历史上的实例可以说明:拙劣的军事译员、未经组织的军事翻译活动,会对战争的结果产生不利的影响。

鸦片战争之前,一些思想家已经认识到了翻译对于制敌的重要性。林则徐在广州禁烟期间,曾组织了一些人员翻译外文书报,借以收集有关西方国家的资料,积极向西方学习,探求富国强兵之路④。然而,清代朝野上下一直以来无人认真地组织译员培训和军事翻译活动,等到鸦片战争爆发,却找不到可以胜任翻译工作的人员。王宏志在《中英鸦片战争中的译者(1839—1842)》⑤一文中指出,第一次鸦片战争中,有着巨大文化和语言差异的中英双方,不得不依赖于极少的几个人从事翻译和口译。英军阵营招募了来自本国的官员和传教士用作译员。他们不仅收集、分析一些资料,而且积极参与战争。英军深知翻译人员能够提供不可或缺的军事情报,高度重视他们,奖励他们,为他们安排了重要岗位。战后,这些译

① 刘咏涛:〈中国驻印军、远征军反攻缅北滇西胜利的原因〉,《成都大学学报(社会科学版)》2008 年第 2 期(2008 年 5 月),页 41-43。

② 参见倪乐雄:〈再论中国远征军成败及对第二次世界大战战局的影响——兼从制空权的角度分析缅甸战局〉,《军事历史研究》2007 年第 2 期(2007 年 6 月),页 48-65,及其在上海大学的讲演〈中国远征军对二次大战战局的影响〉,见网页 http://www.china.com.cn/chinese/OP-c/941542.htm(2009 年 10 月 20 日)。

③ Mona Baker, "Introduction", in Mona Baker (ed.), *Translation and Conflict. A Narrative Account* (London & New York: Routledge, 2006), p.5.

④ 邵雪萍、林本椿:〈林则徐和他的翻译班子〉,《上海科技翻译》2002 年第 4 期(2004 年 11 月),页 47。

⑤ Lawrence Wang-chi Wong, "Translators and Interpreters During the Opium War Between Britain and China (1839-1842)", in Myriam Salama-Carr (ed.), *Translating and Interpreting Conflict* (Amsterdam & New York: Rodopi, 2007), pp.41-57.

员还在香港的行政部门担任要职。与之形成鲜明对照的是,中方雇用了"通事"。然而,其中一些人并不精通两种语言,至少有些人是不可靠的。这些译员的悲剧不仅在于语言的不娴熟,而且在于中国社会与文化中这种职业所处的卑微的地位。他们几乎被定义为叛国者、坏人,任何通夷之人都被当作"汉奸"受到谴责。他们在战争中很少能发挥应有的作用。如果中方意识到培训合格译员的重要性,那么第一次鸦片战争的结果可能大为不同①。

与之形成强烈对比的是,二战期间的美国军方,高度重视军事翻译,他们卓有成效地培训译员,组织翻译活动,为战争的胜利赢得了先机。

早在太平洋战争开始之前,美军就着手开始解决可能出现的语言问题。先后有超过 6 000 名第二代日裔美国人(Nisei)在军事情报处语言学校(Military Intelligence Service Language School)经过六个月的严格训练后,被送往太平洋战场,服役于军事情报处(Military Intelligence Service)下属的"盟军笔译与口译服务部"(Allied Translator and Interpreter Service)以及其他部门,有些被借调到海军。他们翻译敌军档案、从事口译、审讯日本战俘、劝说日军投降、密码破解等工作。根据 1945 年的一份报告,到战争结束之时,翻译的档案已达 2 000 万页以上②。经由翻译获取的军事情报帮助美军在战场上赢得重大胜利,如马里亚纳海战(Battle of the Philippine Sea)以及菲律宾莱特湾海战(Battle of Leyte Gulf)③。这些二代日裔美国翻译员(Nisei linguists)作出的贡献受到了广泛认可。盟军笔译与口译服务部的指挥官马士比尔上校(Colonel Mashibir)写道:"要是没有这些忠诚尽职、爱国能干的二代日裔美国人,太平洋战争就会变得更加危险,时间会拖延得更长,因为这场战争的胜利依赖于翻译员从战俘那里收集而来的情报。"④麦克阿瑟将军(General Douglas MacArthur)的情报长官查尔斯·威洛比将军(General Charles Willoughby)也说:"二代日裔美国人拯救了无数的盟军,将战争进程缩短了两年。"⑤

无论在理论上还是从历史实例中,我们都可以看到,翻译不仅可为战争创造外部条件(如战前的对敌宣传、战时文化舆论的准备等),还可成为一种有效的武

① Lawrence Wang-chi Wong, "Translators and Interpreters During the Opium War Between Britain and China (1839-1842)", p. 54.

② Kayoko Takeda, "Nisei Linguists during WWII and the Occupation of Japan", *The ATA Chronicle* 36:1 (2007), pp. 14-17.

③ "Nisei Japanese American - American-born citizens of the United States of Japanese ancestry", http://www.japan-101.com/history/nisei_japanese_american.htm(2009-5-20).

④ Kayoko Takeda, "Nisei Linguists during WWII and the Occupation of Japan", p. 15.

⑤ Bill Hosokawa, *Nisei: "The Quiet Americans"* (Boulder, Colorado: University of Colorado Press, 1969/2002), p. 397.

器,直接服务于战争,制敌于疆场,影响战争的进程,在军事冲突中发挥举足轻重的作用。

滇缅战役发生在日军和中美英盟军之间,自然也会存在军事翻译活动。例如,日军会试图翻译有关盟军的资料,而盟军也会努力破译日军的军事情报,这是与外敌作战时翻译必然要发挥的作用。然而,滇缅战役的特殊性在于:中国军队与美英军队在武器装备、军队整训、协同作战等方面存在着密切的合作,而且如此规模的合作在中国历史上极其罕见,那么军事翻译无论对于外部的与日作战,还是盟军内部之间的合作,都具有极其重要的作用。因此,本文试图研究这场战役中的军事翻译活动,并回答以下一些问题:滇缅战役在多大程度上需要翻译? 军事翻译的规模如何? 这种翻译活动是如何组织的? 征调和培训的效果如何? 军事译员对这场战役究竟产生了何种影响? 历史又是如何评价他们在战争中的作用?

二、滇缅战役对军事译员的需求

1. 语言鸿沟的存在

为配合远征军入缅作战,美方通过"租借法案"向中国抗日部队提供了大量的新式武器、弹药、车辆以及通讯、医疗等器材设备,还先后派出了"飞虎队"(Flying Tigers)、修建中印公路的工程兵部队、美军麦支队(Merrill's Marauders)等。这样,中缅印战场的美军人数大增。根据美国军方的统计,1945 年 8 月 15 日,在华美国空军为 34 726 人,陆军 22 151 人,其他人员 5 492,共 60 369 人①。为了保证盟军之间沟通的有效性,在中国部队营以上的军事单位中,都设有美军联络官(Liaison Officer)。

然而一个突出的问题是,当时中国的军官大多不懂英语,中缅印战区英美盟军的高级将领、美军联络官也很少有人会说汉语。要让盟军在防空、运输、训练中国军队、协同远征军作战等方面充分发挥作用,必须跨越语言差异的鸿沟。为此,中美双方采取了种种措施。

2. 解决语言问题的措施

1943 年 12 月,美国战争部(United States War Department)曾经印制了《中文

---

① Charles F. Romanus and Riley Sunderland, " *Time Runs out in CBI* (*United States Army in World War II* : *China-Burma-India Theater*)", Office of the Chief of Military History, Department of the Army (Washington, D. C. : 1959), p.258.

短语手册》(Chinese Phrase Book)①和《广东话指南》(Cantonese Language Guide)②。前者介绍了中国北方方言(North Chinese),分为紧急用语、一般用语和道路标志几类。编排体例为:左边一栏为英语句子,右边一栏为汉语句子,中间两栏配有发音,一为英语字母标注的发言,一为威妥码汉语拼音。《广东话指南》为中印缅战区中国东南地区的美国士兵使用,针对广东话。

1943年,美国驻中印缅华军训练总处编写了《英汉对照军语词典草编》(*Dictionary of Common Military Terms English-Chinese*),1944年出了第二版。可是这仅仅是一部词典而已,远远满足不了战场上及时有效的语言交流之需要。

中国方面,战地服务团(War Area Service Corps)为中印缅战区的美国空军人员印制了手册《指头谈话》(Pointie Talkie)③。如果飞机坠落,这本书就可以作为美军飞行员与中国当地人交流沟通的工具。该书设计简单,打开书页,左页为日常英语会话,右页为对应的汉语。盟军飞行员可以指着左页的英语会话,中国人就可在右页读到对应的汉语从而理解飞行员的需求,并可从所提供的汉语回答项中用指头选定一个,如此往复,飞行员就可同当地中国人进行书面的指头交流。然而,在使用手册的过程中,却存在另一个问题:在当时的中国农村,飞行员必须足够幸运才能遇到一个识字的中国人。后期版本的《指头谈话》附加了一些图片以帮助交流。可是,这种手册针对性较强,主要供空军人员使用,不能广泛运用到其他兵种。另外就是篇幅有限,使用起来存在诸多不便,不能满足快速变化的战场上的各种语言服务要求。

3. 军事译员缺乏带来的后果

从以上分析可以看出,词典和手册可以作为中美军队的应急工具,译员的参考书籍,但却不能有效满足盟军在战场上长期而多样的军事活动的需求,这项语言沟通的任务最终还是得由军事译员来承担。然而,最初由于译员的缺乏,美军只得住在招待所,无法展开工作;作战器材则在仓库中堆着,派不上用场④。时任翻译官的王士忠对此情形有比较详细的回忆:

> [民国]三三年春季,大量的美方教官及军火武器源源运到,然因为缺乏通译人员,美方教官无法教练,中国士兵也无法使用新式武器。我们只见美

---

① 译名为笔者所加,参见网页 Carl Warren Weidenburner, "Chinese Phrase Book", http://cbi-theater-2. home. comcast. net/ ~ cbi-theater-2/booklet/china-phrase. html(2009-10-7).

② Carl Warren Weidenburner, "Cantonese Language Guide", http://cbi-theater-2. home. comcast. net/booklet/cantonese. html(2009-10-7).

③ Carl Warren Weidenburner, "China-Burma-India Theater 'Pointie Talkie'", http://cbi-theater-3. home. comcast. net/ ~ cbi-theater-3/pointie/pointie. html(2009-10-7).

④ 王瑞福:〈飞越"驼峰"之后——一个随军译员的报告〉,收邓贤(编):《在同一面战旗下》(北京:五洲传播出版社,2005),页187-198。

方官兵整日成群地在昆明的大街小巷游来游去,又无法工作,不只是浪费了国家金钱,而且会拖延抗战时间①……

可以设想,如果译员缺乏的情况长久持续下去,中国军队与美军教官之间的沟通存在问题,整训无法进行,士兵不会使用新式武器,军队的战斗力得不到提高,而且中国军队与美英盟军之间不能协同作战;那么,中国军队能否战胜训练有素、装备精良的日军就将成为一个问题。因此,当时国民政府及军方不得不想方设法,召集到足够多的军事译员,以满足中国军队与盟军军事联络的需求。于是,一场大规模的译员征调活动登上了历史舞台。

三、军事译员的大规模征调

1. 译员征调的措施

需要说明的是,在当时的历史条件下,解决翻译问题并非易事。首先,所需译员人数众多;其次,时间紧迫,新征译员最好能够立即奔赴前线,或者具备相当的外语基础,经过短期培训之后即能担此重任。国民政府"最初由航空委员会从社会上招聘,但质量不够理想,人数也远远不能满足需要"②。能同时满足人数和外语基础两个要求的只有当时的在校大学生了,于是大学生成为新征译员的主流,译员征调工作的重心就落在了高校。

上文提到,美军在太平洋战争期间十分重视军事翻译工作。而在中缅印战区,美方同样重视译员的征调和培训工作。在美国军方 1945 年 1 月发布的一幅中国战区美军部队组织机构图中③,我们可以看到中国部队作战指挥部(Chinese Combat Command)的下属单位有美军联络团(US Liaison Units)的存在。而译员培训学校(Interpreter School)与步兵培训学校(Infantry School)、驾驶员培训学校(Driver School)、指挥参谋培训学校(Command and General Staff School)等同是中国训练中心(Chinese Training Center)的直接下属机构。这幅图中,联络团的存在意味着对军事译员的需求。译员培训学校的设立一方面证明了军事译员已经被列为重要的军事人员,另一方面证明了对译员人数的需求是巨大的。

中国方面,国民政府为征调、培训译员,也作出了周密的部署和系统的安排,采取了种种措施,主要体现在机构设置、法律规定、经济保障等方面。参与译员征调培训工作的赞助者不仅有社会名流、军政人员、大学教师及校长等个人,还有战

---

① 王士忠:〈报告翻译官〉,《西风》第 80 期(1945 年 3 月),页 147。
② 国立西南联合大学校友会(编):《国立西南联合大学校史》(北京:北京大学出版社,2006),页 65。
③ Charles F. Romanus and Riley Sunderland, *Time Runs out in CBI*, p. 20.

地服务团、军事委员会外事局、中央训练团、教育部等组织机构。

1941 年美国志愿航空队抵达昆明时,教育部即号召全国各大学外文系高年级的男学生服役一年①。此后,国民党教育部、军事委员会等机构发布多次法令、指示,进行译员征调。其中,以 1944 年补充修订的〈军事委员会征调各专科以上学校学生充任译员办法〉较为典型,下面是其主要内容:(1)为同盟国间军事联络之需要,特征调国内各公私专科以上学校学生经短期训练后,担任翻译工作。(2)专科以上学校学生、除师范及医科外,均有被征调之义务。(3)此番翻译人员,由本会外事局或战地服务团会商教育部,令饬全国各公私立专科以上学校遴选,各该校男生应征之。(4)专科以上学校,均有被征调之义务,一经征调到会,即作服任辅助作战勤务,不再另作动员征集,原校必须保留其学籍。(5)被征调各专科以上学校学生,充任随军通译人员,其服务期规定为二年。(6)学生经征调后,由译员训练班施以短期训练,训练期间两个月(必要得变更之)。训练期间,除由训练班供给膳宿外,并给生活津贴(包括文具、纸张、费用),每名每月 300 元。(7)学生受训期满,由外事局分派:①干部训练团;②盟军联部;③本国远征军;④航委会等机关服务。(8)服务期间待遇及津贴:①译员阶级分为五级,除有特殊能力者外,均应比照同军佐阶级如下:一级同中校,二级同少校,三级同少校或上尉,四级五级同上尉。但在空军服务者,比照前面规定低两级。②薪俸生活补助费分五级支给:一级月支国币 1 090 元,二级月支国币 980 元,三级月支国币 930 元,四级月支国币 800 元,五级月支国币 750 元。③普通津贴:眷属米照规定按年龄报领,在国内之译员不分等级,每人月支勤务津贴 1 000 元。并另给副食津贴按当地市价八斗米价折发。在印度服务者,伙食由公家供给,出照军政部支给印币津贴外,加发勤务津贴,不分等级每人每月印币 50 卢比。④译员服装规定发给夏季军便服两套,军常服两套,冬服一套。(9)战事结束后,得择优报送国外留学(名额以不超过译员总数十分之一为限)。(10)学生于服务期间必须遵守各服务机关之规则,如有因过失经服务机构开除或擅自离职者,取消其学籍②。

可以看到,该办法不仅明确规定了征调对象、工作时间和地点、译员培训等具体事项,还确定了征调目的、译员社会地位、经济报酬以及责任义务等。译员在军中任职时经济报酬比较优厚,也可以享受到较高的社会地位,其军阶已超越了普通的士兵,而被视为军官。

此外,有的大学为组织学生应征译员,根据教育部及国民政府的法令,结合时局的需求,专门颁布了译员征调的办法,这是中国翻译史上的一大创举。

---

① 许渊冲:《追忆逝水年华》(北京:三联书店,1996),页 116。

② 〈军事委员会征调各专科以上学校学生充任译员办法〉,《中央日报》,1944 年 3 月 7 日,版 3。

1943 年秋,国立西南联合大学公布了〈西南联大学生征调充任译员办法〉①,"指定四年级男生于第一学期期考完毕后,一律前往翻译人员训练班受训"。该办法还规定给应征学生以若干优待,如四年级学生"较规定毕业所须学分所差不逾32 学分者,于服务期满后发给毕业证书,仍作为原毕业年度毕业";"一、二、三年级学生志愿应征服务者,于服务期满返校时,由各系酌定免修 32 学分";"服务学生概予免修军训、体育"等。而对于符合征调条件的应届毕业生,"不服征调两年兵役者,不发毕业文凭"。随着时局的发展,西南联大对于学生从军的支持、动员、鼓励和优待,有渐渐加强之势。

当然,译员征调并不限于学生。1945 年 7 月,国民政府还饬令四川省政府,在各机关、团体、学校中征调 100 名擅长英语的 20 至 40 岁男性现职人员,赴外事局任盟军译员,并规定若干优遇办法:保留原职原薪;由外事局办理考绩升迁事宜;服务成绩优异者资送出国深造等②。

可以看出,当时的国民政府以及教育部门都非常重视军事译员的征调,一方面从社会地位、经济报酬等方面为译员提供了优厚的待遇,另一方面在征调时也带有一定的强制性(如合格的应届毕业生"不服征调两年兵役者,不发毕业文凭"③),充分显示了代表权力机构的赞助者(如国民党教育部、军事委员会等)对翻译活动的影响。

2. 译员征调的结果

在教育部、军事委员会、高校等纷纷出台措施的情况下,符合条件的学生是如何响应译员征调的呢?

据陈立夫回忆:"战时征调服务人员最多的是翻译人员……受征学员,都是踊跃应征,不避艰险,完成任务,没有一个临征而规避的。"④

左和金这样描述当时学生积极应征译员的情况:

> 那是 1944 年年初,松林坡环校路上忽然贴出了遵照征兵法令征召中大、西南联大、交大、复旦四所国立大学应届毕业男生入伍参加中国远征军(滇缅和印缅战区)充任随军译员的命令公告。这爆炸性消息立即传遍了沙磁区……大家对自己原来的打算赶紧另作安排,已定婚期的毅然推迟婚期,本省籍的同学放弃返家与亲人告别,可以免征的独子坚决要求参军……无论来自何校,无论是学理工,还是学文法的,无论是流亡学生,还是本省籍学生,大家

① 〈西南联大学生征调充任译员办法〉,《国立西南联合大学史料(五,学生卷)》(昆明:云南教育出版社,1998),页 668-669。
② 四川地方志编纂委员会:《四川省志·外事志》(成都:巴蜀书社,2001),页 294。
③ 国立西南联合大学校友会(编):《国立西南联合大学校史》(北京:北京大学出版社,2006),页 79。
④ 陈立夫:《陈立夫回忆录:成败之鉴》(台北:正中书局,1995),页 291。

只有一个义无反顾的目的：抗日！①

西南联大校长梅贻琦的独子梅祖彦，本不在应征之列，却也应征做了翻译官。据许渊冲回忆，罗宗明本来已经在英国领事馆兼任英文秘书，待遇比军人优厚；但他放弃高薪，投身抗日②。

学生积极响应的情况可从应征译员的人数上得到验证。关于征调学生译员的人数，目前有三种说法，一说3 000余人，一说4 000余人，还有的说5 000人。时任国民党教育部部长的陈立夫回忆："总计抗战时期征调任译员之学生共三千二百七十一人。其在校学生自动参加军佐工作或译员工作者尚不在内。"③这是目前见到的最为具体的数字统计，出自当时的教育部部长之书，应该可以信赖。《四川省志·外事志》记载：1945年1月，在各处工作的译员约有2 000人，受训者300余人；而到8月15日日本无条件投降之时，在训译员为2 000名④；可见当时征调的译员人数超过4 000人。这一数字，也得到了《国立西南联合大学校史》及梅祖彦等译员回忆的印证⑤。目前，以征调译员4 000余人这一说法较为多见。

从掌握的资料来看，征调学生主要来自四川、云南、贵州等各省大学，包括一些因为战乱而内迁的大学。在昆明的学校中，有西南联大和云南大学，西南联大应征学生人数最多，达400余人；在重庆，有中央大学、重大、复旦、交大和中华职业专科学校；在四川，有四川大学、华西协和医科大学、齐鲁大学；此外还有武汉大学、东吴大学、浙江大学、湖南师范学院等等⑥。

除此之外，还有大学教师（如西南联大的穆旦等）、政府机关职员、港籍人士（如来自香港的潘士敦）等均积极响应征调⑦。1945年7月，国民政府还饬令四川省政府，在各机关团体中征调100名男性现职人员，赴外事局任盟军译员。

以当时的历史条件，在短时间内征调到如此众多的译员，实在来之不易，此次成功的译员征调活动是征调机构以及应征学生共同努力的结果。

---

① 左和金：〈大后方文化区散忆〉，《红岩春秋》1998年1期（1998年2月），页39。

② 许渊冲：《追忆逝水年华》，页113-123。

③ 陈立夫：《陈立夫回忆录：成败之鉴》，页291。

④ 四川地方志编纂委员会：《四川省志·外事志》，页294-295。

⑤ 参见梅祖彦：〈军事翻译员经历追忆（1943—1946）〉，《晚年随笔》，（北京：清华大学出版社，2004），页52；孙玉芹：〈抗战末期知识青年从军动机考论〉，《安庆师范学院学报（社会科学版）》2007年第1期（2007年1月），页94；李凌：〈西南联大学生和美军翻译官〉，《纵横》2004年第8期（2004年8月），页48。

⑥ 参见〈"蒋匪军事委员会译员训练班"概况〉（中华人民共和国公安部二十一局印，1956年9月），四川地方志编纂委员会《四川省志·外事志》页294-295，以及《中央日报》1943年至1945年间对译员征调的新闻报道。

⑦ 卢国维：〈驻印抗日远征军译员生活回忆〉，《北京观察》2005年第9期（2005年9月），页52。

四、军事译员的培训

1. 对译员培训的重视

尽管在战乱年代,书籍、物质短缺,人手紧张,"当时大学生外语水平都比较高且大多数为外文系学生,但国民政府军委会仍命战地服务团设译员训练班训练译员"[1]。可以看出,国民政府已经认识到了军事译员培训的重要性,或者说至少考虑到了军事翻译的特殊性,考虑到了当时的大学生多数对军事术语知之甚少这一情况。

国民政府对于军事译员培训工作极为重视,先后有蒋介石、陈诚、商震、何浩若等国民政府要员及中国战区美军司令魏德迈中将(Lt. Gen. A. C. Wedemeyer)到译员培训班讲话[2]。陈诚曾经"集合译员讲话,勉以注意国格及人格"[3]。蒋介石曾到昆明检阅过译训班。1945 年 4 月 2 日,蒋介石又在重庆对译训班学员发表了〈军队译员之使命〉的讲话,指出:军队译员与政工人员之职责,在为军队服务;译员应该认识到平时受民众供养,战时受士兵保护,应知恩图报,多替士兵服务;军队是一个伟大进步的学校,译员对于外语与军事学术,应乘机专心学习,力求进步;对于国军和盟军,应了解双方的优长特点,善尽传译与联络的责任;应加强盟邦对国军的信赖,促成盟邦与我国的圆满合作,更要介绍中西文化思想,传播我国的主义精神与道德。蒋介石认为国家地位之提高,国军荣誉之发扬,均有赖于译员工作之进步,与任务之达成,希望译员要自爱自重,奋勉自强,善尽职责,无负期望[4]。

不仅如此,国民政府还安排了以西南联合大学为主的专家教授担任教师队伍,对培训的时间、课程、内容等都作了十分详细周到、较为科学的安排,以此保证培训的质量,体现出对培训质量的高度重视。下文对此将有详述。由于当时形势所迫,少数译员培训尚未期满,便开赴前线。

从 1941 到 1945 年,在昆明、重庆两地共举办了多期译员培训班,期间有调整变迁,情况较为复杂。

2. 战地服务团译训班

1941 年 10 月,以黄仁霖为主任的战地服务团在昆明第一招待所(昆华农校

---

[1] 陈祖亮:〈从戎抗战未投笔——江天骥教授在抗日战争中〉,http://www1. ihns. ac. cn/news/jiangtianji/1. htm(2009 年 10 月 7 日)。

[2] 〈译员结业宴欢宴魏德迈、何浩若等均兴奋致词,愿"中国大道"永维世界和平〉,《中央日报》,1945 年 2 月 2 日,版 3。

[3] 陈诚:《陈诚先生回忆录——抗日战争》(台北:国史馆,1981),页 473。

[4] 蒋介石:〈军队译员之使命〉,《蒋介石全集(卷二十一)》(台北:中国文化大学出版社,1984),页 56-60。

内)举办了第一期译员训练班,到1942年9月,共训六期,毕业的译员有320多人①。

班主任黄仁霖,副主任联大教授吴泽霖,为具体负责人。授课者主要是西南联大水平很高的教授。班中主要课程及授课教师有:《美国史地》,历史系皮名举教授;《人类学》,社会系吴泽霖教授;《气象学》,气象系赵九章教授;《英文词汇学》,外文系温德教授;《英语会话》,外文系主任陈福田教授;《体育》,马约翰;《社交礼节》,班主任黄仁霖;《航空常识》,美国志愿空军第一大队机要秘书林文奎少校;《航空翻译常识》,通译长舒伯炎少校等等②。另有两名军官负责学员的军事化生活管理,并担任步兵操典课的讲授。一般都是上午学习,下午进行军训、体育锻炼或自习。

战地服务团译训班的学员培训结束后,大多为"飞虎队"担任翻译。我们看到,《气象学》、《航空常识》、《航空翻译常识》等课程的开设,考虑到了学员的实际需求,具有明显的针对性。

从培训过程来看,先介绍美国历史地理概况、人文背景、风土乡情、生活习惯,然后在此基础上学习简单的军事术语、国际交往基本知识和日常会话。语言训练着重口语练习,让大家熟悉听懂"杂牌"的英语语音;同时改掉学员"湖南英语"、"浙江英语"、"重庆英语"的地方特色发音③。培训循序渐进,重点比较突出,考虑到了培训对象的真实水平。

培训过程中,同时还注意到了中西文化知识在翻译中的重要作用,开设了《美国史地》、《社交礼节》等课程。培训还包括国际法、儒家社会思想等内容④。班主任黄仁霖在译训班毕业前还会教导学员如何吃西餐。这些举措,一方面可以增强学员的语言表达能力,另一方面,拓展了学员的知识,锻炼了社交能力,便于他们更好地开展翻译服务工作。

1942年8月27日,译训班学员和美国空军官兵联欢,黄仁霖用中文向美国官兵讲孔子的故事,并现场从学员名册中指定学生逐句地译成英语。这种即兴的现场口译不失为一种切实有效的训练方式。杨先健回忆,"这件事在我以后的翻译生涯中曾助我解脱困难。"⑤

3. 军委会外事局译训班

1943年以后,昆明译员训练班改为军委会外事局主办,地点仍在昆华农校,共

---

① 辛学毅:〈中国青年在译员训练班〉,《中国青年》第10卷第3期(1944年3月),页64。

② 许渊冲:《追忆逝水年华》,页113-123。

③ 程君礼、曹庞沛:〈抗战时期昆明亲历记〉,《文史春秋》2005年第1期(2005年1月),页33。

④ 陈祖亮:〈从戎抗战未投笔——江天骥教授在抗日战争中〉(2009年10月7日)。

⑤ 何宇:〈西南联合大学八百学子从军记——1944届从军学生的译员生涯〉,收社会科学院近代史研究所《近代史数据》编辑部(编):《近代史资料(总109号)》(北京:中国社会科学出版社,2004),页212-259。

举办了 11 期①。11 月 14 日,第一期译员训练班(后称"预一期")开学,12 月 25 日
结业②。1944 年 3 月 5 日,第二期正式开学,报到译员近 400 人③。7 月 26 日,第
三期结束④。11 月 5 日,第四期结业⑤。

梅祖彦当时参加的是第一期译训班,据其回忆,译员训练班主任是黄仁霖,实
际负责的是 3 位西南联大教授:吴泽霖为副主任;樊际昌为教导主任;戴世光主管
业务训练。还有一位少校教官管军训及纪律。进入训练班的学生都称学员,每人
发灰布棉制服一套,戴圆形领章,上有"译训"二字。学员分七队,每队 20 多人。
每天上业务课 8 小时,内容大致有四类:(1)语言训练,约占时间总量的 40%,笔译
和口译并重。常任的教师有位 Mrs. Baker 和华侨王老师,也有不少美军军官来上
课。有位 Col. Fiskin 是个中国通,中国话极为地道。(2)军事知识,约占 35%。
主要讲各种步兵武器的结构和功能,由已任职的译员作教学示范,并去步兵学校
和炮兵学校观摩教学过程。(3)社会知识,约占 15%。训练班曾请过很多西南联
大教授和美国人来讲中美文化传统、社会习俗及国际形势等。来做过演讲的有蔡
维藩、王荣、鲍觉民、杨业志、王赣愚、刘崇宏、姚从武、查良钊、葛邦福、孙毓棠、沈
昌焕、陈序经、莫泮芹、陈雪屏、罗辛田等西南联大教授。(4)军事训练,约占 10%,
包括早晚集合跑步、简单步兵操练,没有武器训练⑥。

可以看出,该轮培训班在课程设置上已有明显的比例划分,坚持"以军事英语
为主的听、讲、读、写突击训练"⑦,显示出组织培训者的精心准备。其次,教员们对
于口译的特性已有相当的认识,并且贯穿在教学之中,凸现了该培训的科学性。
受训学员的练习重点在于数字互译。因在英语中,数字以三位分段,即以"千"计。
而中文则以"万"计,即以四位数分段。在互译一长串数字时,要很快翻译过来,往
往有些困难,多多练习确有必要⑧。

4. 重庆译训班

1943 年,在重庆沙坪坝(当时中央大学所在地)、北碚(当时复旦大学所在地)
等处办起了译员训练班⑨。1944 年 2 月 14 日,沙磁区译员训练班正式上课。该训
练班所有教官,除敦请中大、重大教授担任外,并聘请有外籍人士。训练科目中,

① 西南联合大学校友会(编):《国立西南联合大学校史》,页 65。
② 同上,页 533。
③ 〈滇译员训练班第二期已开学,报到学员近四百人〉,《中央日报》,1944 年 3 月 9 日,版 3。
④ 西南联合大学校友会(编):《国立西南联合大学校史》,页 539。
⑤ 同上,页 542。
⑥ 梅祖彦:〈军事翻译员经历追忆(1943—1946)〉,页 52-54。
⑦ 刘兴育:〈黉宫投却班超笔 胜利偿君不朽名〉,http://www.news.ynu.edu.cn/dlgc/2007-03-30/0-12-1765.html(2007 年 3 月 30 日)。
⑧ 王瑞福:〈飞越"驼峰"之后——一个随军译员的报告〉,页 187-198。
⑨ 杨宝煌:〈我为美军当译员〉,《纵横》1996 年第 5 期(1996 年 5 月),页 54。

以英文类为主,内容包括读书、汉英互译、作文、会话、口译等科目。其他技术类、文化类各有 30 余小时。军训、体育及政训等课程共有 76 小时,各学员受训两月后,即分发服役①。根据笔者查证的资料——《国立重庆大学三十二年度年第二学期应征译员学生名册》,1943 年 2 月,重庆大学有 60 名学生进入军事委员会沙磁译员训练班;1944 年 2 月,有 96 名学生进入该译训班②。

此外,在重庆举行了复兴关青年远征军军政工人员训练班译员训练组。1945年 1 月,该训练组第一期训练结束,2 月全体送由美军总部分发昆明等地工作。此次训练,计日授一课,以日常生活为主,周末举行考试一次,学生活动及纪律方面,较前期尤有进步。学生编有英文报,并经常举行英语演讲大会③。从 1945 年 2 月9 日以后,该译员训练组奉命改隶中央训练团,扩大范围,易名译员训练班。并派何浩若为主任,向理润为副主任,毕范宇主持英语训练事宜。该班地址征用嘉陵新村四联总处银行人员训练所,定于 17 日正式上课④。

目前所知,中央训练团译员训练班共办五期,第二期 205 人,第三期 258 人,第四期 158 人,二、三、四期译训班各下设三个中队⑤。第五期招生之后,尚未开班即与第四期学员一起获知日本投降。训练班从而完成了它的历史使命,学员领到 3个月的遣散费后各奔前程⑥。

中央训练团译训班第二期教师 29 人,师生比为 1∶7;第三期教师 33 人,师生比约为 1∶8;第四期教师 29 人,师生比低至 1∶6;应该说教师的配备在数量上能够满足培训的需要,有利于师生交流互动。此外,译训班还配有职员,第二期 62 人,第三期 68 人,第四期 76 人,主要为指导员、司书、中队长、医师等,可见国民政府对于译训班管理机构的建设已渐成体系。我们再来看看培训教师的质量。二、三、四期译训班的首席美国教师毕范宇(Dr. Frank Wilson Price)为美国耶鲁大学博士,是孙中山《三民主义》的英译者。毕范宇精通母语英语语言文字和英文文学,讲授的大课常常引人入胜,妙趣横生,全堂欢笑⑦。此外还有至少 9 名外国教师。中国教师也都来历不凡,从英美留学归来的占绝大多数,且大多毕业于名校。例

① 〈沙磁译员训练情形〉,《中央日报》,1944 年 2 月 17 日,版 3。

② 该资料为《国立重庆大学三十二年度年第二学期应征译员学生名册》,现存于重庆市档案馆。

③ 〈译员组首期结业,美军总部分发工作〉,《中央日报》,1945 年 1 月 23 日,版 3。

④ 〈译员训练班改隶中央训练团,定本月中旬报到〉,《中央日报》,1945 年 2 月 9 日,版 3。

⑤ 参见《"蒋匪军事委员会译员训练班"概况》,以及《中央训练团译员培训班同学录》(该书现存于重庆市档案馆)。以下关于中央训练团二、三、四期译训班的情况,除另加注释外,均源于两书。

⑥ 严嘉瑞:〈二战译训班受训回顾和感想〉,http://www.gz-translate.com/centres.asp? BigClass_id = 1&SmallClass_id = 1(2008 年 8 月 8 日)。

⑦ 同上。

如王锡钧,哈佛大学硕士毕业,曾任蒋介石的翻译①;赵仁村、陈谭韵均毕业于英国剑桥大学;刘志宏为美国斯坦福大学硕士;严文祥为美国耶鲁大学硕士。总体来看,这支具有较高学历背景的中外教师队伍,保证了译训班的教学培训质量。

中央训练团译训班采用的是强化训练方式,实行军事化管理,班排建制。培训时间为六周。以毕范宇为首的美方人员编写了《翻译官必读 40 课》(*Forty English Lessons for Interpreting Officers*),于 1945 年印发使用,开始了以教材为基础的,系统性、目的性更强的强化训练②。

课本的主要内容有:(1)个人生活方面,如购物、劳动、合同、财务、健康、法律事务等;(2)军队生活方面,如军队组织机构、军衔、纪律安全、军队礼仪、医疗与急救、军队卫生、交通运输、通讯、地图与绘图、维修、供给等;(3)战争相关的内容,如军事设施、装备、武器与火药、空战、游击战、化学战、海军、骑兵、军事情报、军队培训等;(4)中美文化方面,如中国餐馆、食物与娱乐、中美历史、中美政府、三民主义、西方礼仪、中国传统与社会生活、农业、经济与工业发展等;(5)与译员工作直接相关的内容:办公室工作、文件报告与翻译工作、军事缩略语等。该书几乎涵盖了军事翻译人员工作中可能涉及的方方面面,考虑周详而又简明扼要,对于军事翻译工作有极大的帮助。在此之前,还很少见到如此系统而具有针对性的口译培训教材。

在该教材的〈致师生之前言〉(Forward to Teachers and Students)中,还详细介绍了教材的目的、内容及使用方法。首先,教材为教师指导译员进行英语口语训练之用,其中一些课堂会话和个人训练的素材,亦可供学生研读和复习之用。其次,每篇课文包括两节:(1)词汇和句子练习;(2)情景会话,供美军军官与中国译员使用新词汇进行模拟会话。在教材的附录中,配有英语会话的补充材料、常见美国成语、专门话题的阅读材料以及课堂练习的歌曲。

在学习课文的时候,要先耳听,后目读,再口述,以提高听说能力。在口语练习、课堂操练中,使用直接法引入短语、句型以及日常对话。新的词汇短语要与实物、照片、图表、地图、装备等联系起来,或者实地观察等。学员复习课文时以 2 到 4 人的小组进行,分角色扮演美国军官、中国军官、平民以及译员,以便更有效。学员被要求尽可能牢记情景对话,根据各种情况灵活运用,并利用各种机会练习英语口语和口译,努力用英语思维。如果不理解某个句子或短语,应请求复述。学员还要勇于纠正自己的错误,不断地进行听说练习,并练习快速地进行英汉互译,

---

① 张良皋:〈抢救记忆:抗战中的 5000 翻译员〉,http://www.ycwb.com:80/gb/content/2006-03/17/content_1088221.htm(2006 年 3 月 17 日)。

② 有关该书的情况,参见严嘉瑞:〈二战译训班受训回顾和感想〉,(2008 年 8 月 8 日),下文关于重庆译训班教材的情况均源于该文。

教师可以提供标准译文。课文中的词组短语,特别是美国俚语、军队行话必须不断听辨才能理解,因此需要不断使用才能掌握。可以看出,这些教学方法简单实用,具有针对性。尤其是教学过程中的角色扮演,能让学员快速进入状态,在实践操作中提高翻译能力。

值得一提的是,《前言》还提出了口译的标准:口译应该快速、准确、清晰而宜于会话交际(Interpretation from one language into another should be rapid, accurate, clear and in good conversational style.)。这对于大多数初次接触口译的学生而言,无疑具有很强的指导作用。《前言》认为,通过这些课程,译员还要培养公民道德、爱国主义,推动国际合作和中美相互了解。译员应该守纪律、有礼貌、勤奋、坚持不懈、恪尽职守等。这些道德品格方面的要求当然有利于译员今后顺利完成工作任务。

据严嘉瑞回忆,这 40 篇课文的安排是:每天学 1 课,一周学 6 课,限期 6 周学完。训练按大课、自习(下午、晚上)、晨读、课余活动进行。大课:每天上午各班集中大礼堂听毕范宇讲课,下午、晚上自习主要是复习,查生字,消化和记忆当天上午大课讲授内容。经考核成绩合格后,即飞昆明接受武器训练,然后分配战地工作。

对于译员训练班的教学情况,美国军方的战时报纸也时有报道。The China Lantern 是一份为二战中国战区的美军部队而开办的英文周报①。该报曾登有一则图片新闻:〈美军训练译员研习现代战争〉("Yank Trained Interpreters Schooled in Modern Warfare"),照片下配有简短文字说明,生动地展示了当时译员训练班的教学内容和教学方法。

5. 译员培训班的意义

译员培训结束后,大多数能够通过考核,按照考核结果,分别授予上、中、少尉军衔,分配到急需翻译的各部,开始紧张艰苦的译员生活。

总体而言,在昆明、重庆开设的多期译员培训班,师资力量雄厚,课程安排渐趋合理,后期还编写了较为系统的教材。译训班注重基础,培训课程包含了中西文化,强调了实用性。培训课程特色鲜明,突出了军事知识,考虑到了军事翻译的实际需求,具有较强的针对性。此外,译员培训过程中,以听说为主,注意了数字互译练习,指定学员现场口译、角色扮演,这些都凸显了口译培训的独特性。译训班虽然不能解决所有问题,但是对绝大部分未经军营生活、不懂军事术语的学生译员而言,这种系统实用、颇具针对性的培训是必不可少的。从他们此后的工作情况来判断,这种培训十分有益,起到了应有的效果,为滇缅战役中军事翻译工作

---

① *The China Lantern - China-Burnma-India Theater of World War II*, http://cbi-theater-1. home. comcast. net/ ~ cbi-theater-1/lantern/lantern-home. html(2009-10-17).

的顺利展开创造了条件。

抗战时期的军事译员培训是个新鲜事物,历史上少有成功的经验可循。在军方机构、教育部、大学以及学员的共同努力下,译训班在很多方面有了开拓性的创举,具有很多鲜明的特点,成为"中国系统培养高级翻译人员的首次尝试"①。

五、军事译员在滇缅战役中的作用

1. 军事译员与"飞虎队"的制空权

早在 1941 年 8 月,陈纳德(Claire Lee Chennault)来到昆明,组建美国航空志愿队(American Volunteer Group)帮助中国抗战。志愿航空队飞机的机头漆成鲨鱼头,其队徽为带翼的小老虎,被称为"飞虎队"。1942 年 7 月,"飞虎队"撤销,改编为第 23 战斗机大队。1943 年 3 月又扩编为美国陆军第 14 航空队,陈纳德任司令官,司令部继续设在昆明,作战范围遍及中国战区和东南亚战区。航空志愿队、第 23 战斗机大队和第 14 航空队一直由陈纳德将军指挥,始终保持飞虎队的队徽、机徽和队风、战术,因此这 3 支具有继承关系的队伍都被称为"飞虎队"②。

"飞虎队"英勇善战,为中国的抗日战争作出了重要贡献。从 1941 年 8 月成立到 1942 年 7 月,作战 50 余次,击落敌机 299 架,消灭大量敌军坦克、车辆、舰船和地面部队,粉碎了日本空军不可战胜的神话。到了战争后期,"飞虎队"取得了绝对的优势,夺回了中国战场的制空权。至战争结束,"飞虎队"共击落敌机 2 600 余架,击沉或重创 223 万吨敌商船、44 艘军舰、1.3 万艘内河船只,击毙日军官兵 6.67 万名③,支援中国驻印军和中国远征军收复了缅北、滇西失地,有力地配合了美军在太平洋战场的反攻④。除了协助中国组建空军、对日作战外,"飞虎队"还担负起"驼峰航线"(Hump Flight)运送战略物资和作战人员的任务。"驼峰航线"西起印度,横跨喜马拉雅山脉,抵达中国昆明、重庆。通过这条航线,中国向印度运送派往境外对日作战的远征军士兵,再从印度运回汽油、器械等战争物资,为中国

---

① 南开大学经济研究所:〈鲍觉民〉,http://ces.nankai.edu.cn/nkie/xueren/baojuemin.html(2009 年 7 月 8 日)。

② 徐康明:〈援华抗日的美国"飞虎队"〉,《云南大学学报(社会科学版)》2004 年第 3 期(2004 年 6 月),页 62-73。

③ 魏岳江:〈威震日寇的美国空军"飞虎队"——纪念抗日战争胜利 60 周年〉,《国防科技》2005 年第 10 期(2005 年 10 月),页 88-92。

④ 徐康明:〈援华抗日的美国"飞虎队"〉,页 62-73。

驻印军和中国远征军在缅北、滇西进行反攻提供了可靠有力的后勤保障①。

"飞虎队"能够在滇缅战役中发挥如此重要的作用,其中少不了语言服务的支持。那么,军事译员给了"飞虎队"怎样的支持呢?

首先,军事译员服务于"飞虎队"官兵的日常生活需要。如黎成德曾经担任过陈纳德将军的贴身翻译②。王清曾在美空军志愿队任职,从事口头翻译和书面翻译,其主要服务对象为陈纳德,常为他翻译公开演讲。后来,王清在"飞虎队"的昆明空军后勤部做随军翻译,军衔为少校③。

其次,军事译员翻译战争情报,参与了作战计划等军事活动。空军作战以快速机动为特点,而军事情报的掌握,对空战的胜负就至关重要了。据任职于中美空军混合团的译员孙荫柏回忆,当时美中双方各有一套情报网,那么,军事情报的交流就有赖于译员了④。服役于美国第 14 航空队的空军中尉译员舒寿祺,每天的工作就是翻译所有与敌机动态相关的情报,并把它们提供给中队指挥官,同时也把美方的要求回馈给中方。舒寿祺认为译员的工作尽管没有飞行员那么惊险,但如果没有及时的信息,自己的战友就可能输掉一场战斗⑤。

1941 年 12 月 20 日,10 架日机向云南方向飞来。得到这一重要情报之后,译员黎成德迅速将情报翻译成英文交给翻译科科长舒伯炎,舒伯炎即刻将之汇报给了陈纳德。及时的翻译为战斗赢得了准备时间,结果,10 架日机被击落 6 架,击伤 3 架,而志愿队无一损失⑥。许渊冲回忆,有一则情报说:日本军舰 1 艘到达海防,登陆士兵有若干人;日本飞机有若干架,进驻河内机场。4 个空军上尉参谋研究情报后认为日军很有可能会对昆明进行空袭。许渊冲把情报火速译成英文,送到陈纳德将军指挥部。陈纳德调整了作战计划和兵力部署。第二天,日本飞机袭击昆明,但"飞虎队"早有准备,此役大获全胜⑦。1944 年 4 月,林光民在空军第 5 路司令部编译股工作,股长戴芳沂是北大生物系讲师。股内另有 2 名翻译:江天骥和李俊清,来自联大外语系。分工为:李俊清担任司令晏玉琼的口译工作,林光民和戴芳沂、江天骥则负责笔译,主要负责送给 14 航空队的每日情报和来往公文的翻

---

① 徐康明:〈二次大战中的"驼峰"航线〉,《云南大学学报(社会科学版)》2003 年第 3 期(2003 年 6 月),页 91。

② 陈文欣:〈黎成德:"飞虎队"陈纳德将军贴身翻译传奇经历〉,《文史春秋》2003 年第 5 期(2003 年 9 月),页 42-47。

③ 黄恒、党琦、明星:〈飞虎之歌:陈纳德翻译官的深情回忆〉,http://news.xinhuanet.com/newscenter/2005-08/10/content_3334829.htm(2009 年 8 月 10 日)。

④ 九歌:〈历史见证人—孙荫柏老师忆当年〉http://www.szxy.org/special/teach--/sunyinbai/sunyinbai.html(2008 年 8 月 11 日)。

⑤ 王佳:〈飞虎队里的中国老兵〉,《环球时报》,2006 年 6 月 2 日,版 22。

⑥ 陈文欣:〈黎成德:"飞虎队"陈纳德将军贴身翻译传奇经历〉,页 45。

⑦ 许渊冲:《追忆逝水年华》,页 113-123。

译,以及处理他们每天送来的英文战报。林光民曾翻译了一条情报:"敌万吨军火轮一艘联号,当日驶抵汉口码头,正准备卸货中。"次日,美军送来每日战报,随后报纸登载了新闻,报导"该敌万吨轮已在汉口码头被盟军飞机炸沉,军火全部被毁"①。

可以看到,"飞虎队"的正常运转,极大地依赖于翻译。一是在日常生活、机场维护、军事情报、作战指挥等各方面都离不开译员的沟通;二是由于空战的特殊性,要求译员反应迅速,翻译准确无误。事实上,军事译员的工作极大地帮助了"飞虎队"取得制空权。

2. 军事译员与武器装备

滇缅战役第二阶段开始之前,美方通过"租借法案"(Lend-Lease Act)向中国抗日部队提供了大量的新式武器、弹药、车辆以及通讯、医疗等器材设备,对驻印军和滇西远征军进行了装备。远征军实施美械装备的部队共约 12 个军。驻印军单兵装备全系美式,每人都配备有军装、头盔、靴子、背包、步枪、刺刀,接受了机枪、摩托车、火箭发射器、反坦克炮及其他新式武器装备训练与丛林战训练、武装泅渡训练。驻印军的新编第一军,辖新编第 22、30、38 师。每师 1.5 万人,各种车辆 300 余辆,炮 200 多门,轻重机枪 300 余挺,冲锋枪卡宾枪 400 余支,还有火焰喷射器、携带式火箭筒。可见,驻印军和远征军的火力、通信能力、机动保障能力均明显增强,官兵体质、战术素养和战斗技能大为提高②。

然而,这些新式的作战装备和军援物资,最初由于没有军事翻译的参与,只得堆在仓库中,派不上用场。后来,大量翻译人员参与接收、分配、训练、使用的各个环节,才使得这一情况得到改观。我们看看军事译员为此作出的贡献。

首先,这些美式武器装备的说明书需要译为汉语,才能为中国部队广泛使用。梅祖彦在译员训练班结束后,被分到昆明美军总部译员室。第一件工作是 G-3(作战系统)交来的部队编制表(T/O)的翻译,另一件事是随 G-4(军械系统)的军官和中国兵工署联系在昆明生产美式武器(如步枪和机关枪等)的问题。当时美军在中国战场试用喷火器,这是一种杀伤力很强的武器,能造成很大的烧伤,梅祖彦等翻译了喷火器全部文档③。卢国维,重庆中央大学机械工程系毕业班学生,于1944 年 5 月被分到美军作战参谋部,主要是翻译步兵武器使用说明书、武器训练和野战训练教材等④。

其次,军需物品的补给也得依靠译员的沟通。时任驻印军 50 师翻译官王瑞

---

① 何宇:〈西南联合大学八百学子从军记——1944 届从军学生的译员生涯〉,页 253-254。
② 刘咏涛:〈中国驻印军、远征军反攻缅北滇西胜利的原因〉,页 42。
③ 梅祖彦:〈军事翻译员经历追忆(1943—1946)〉,页 55。
④ 卢国维:〈驻印抗日远征军译员生活回忆〉,页 52。

福回忆,为了提供中国驻印军的后勤补给,在 50 师的师、团、营部均派驻了美军联络官。而当时中国部队军官的英语水平一般都比较差,与美军的业务联系都得通过译员。中国军队驻在缅北丛林地带,后勤补给基本上靠空投。部队所需物资通过翻译开具清单,送交美军联络组,由译员电告后勤部门,用飞机来空投场分批投下①。梅祖彦回忆,当时美军总部每周都要派出一个汽车队往滇西各驻扎点运送日常补给,也由译员轮流随车以便交流②。左和金,1944 年 5 月渡过怒江,来到 76 师 226 团联络组开始战地翻译工作,平时任务是参与战前讨论,为中国军队申请空援、武器和给养补充,到所属各营、连、排去直接调查了解情况以向中方提出建议,向美方上级联络官汇报。联络组美军少尉艾学门(Lieutenant Ashman)在部队的一切活动,几乎都少不了左和金在场翻译③。

3. 军事译员与军队整训

滇缅战役期间,美军在昆明、桂林、重庆等地设立步兵、炮兵学校等各种训练班,帮助中国官兵掌握美式先进的武器,提高作战技能。从 1942 年 8 月开始,史迪威将军在印度兰姆迦训练中心开始培训中国军队④。1942 年底,受训中国军人达到了 3.2 万人⑤。由于训练按美国军事教官的要求和标准进行,因而各地急需翻译人员⑥。

我们先以昆明的炮兵学校为例,了解译员的工作情况。当时昆明有 3 个训练学校,炮兵学校、步兵学校、汽车驾驶学校。1943 年初,复旦大学文学院外文系曹越华连同其他大学学生共约 20 余人应征译员,被分配到炮兵学校。该校大部分行政及教学事务均由美军主持,担任翻译工作的,绝大部分来自外事局招收的译员,多为西南联大的学生。如华德士将军的前后两任翻译秘书王佐良和杨周瀚,以及参加教学翻译的冯振中等。当时成立了一个译员队,队长潘志良,副队长曹越华,队员有吴经、熊秧宝、何汉华,还有谢怀祖、唐宗炎、杜葵等。炮校共设有 4 个教学组,即战炮组、通讯组、驮载组、兽医组。上课时,由美军讲课并作操行示范,译员当场翻译。从 1943 年春到 1944 年夏,炮兵学校开办了 5 期。曹越华自始至终一直在驮载组,参加了全部教学内容的翻译工作。在后几期的翻译中,对新来教官的忽略之处,曹越华还时常进行补充,让学员们能真正掌握完整的知识和技能,取得较好的学习效果⑦。可以看到,在军队培训过程

---

① 王瑞福:〈飞越"驼峰"之后——一个随军译员的报告〉,页 187-198。
② 梅祖彦:〈军事翻译员经历追忆(1943—1946)〉,页 55。
③ 左和金:〈滇缅远征军译员纪实〉,《红岩春秋》1994 年第 4 期(1994 年 8 月),页 20-27。
④ 李凌:〈西南联大学生和美军翻译官〉,页 46-48。
⑤ 苑鲁:《中国战区参谋长史迪威将军》(重庆:重庆出版社,2005),页 68-76。
⑥ 冯嘉琳:《史迪威将军》(北京:中国和平出版社,2000),页 206-215。
⑦ 曹越华:〈中印缅战场亲历记〉,《文史精华》2004 年第 8 期(2004 年 8 月),页 53-56。

中,译员负责达成教学双方的交流沟通,使得军队整训工作得以顺利进行,保证了军队战斗力的提升。

在印度兰姆迦训练中,同样可以看到军事翻译的身影。"成百上千的中国学生译员与美国教官一起,培训中国士兵。培训内容丰富,包括如何修补轮胎、如何给骡马装载驮载炮等。"①

再看军事译员在汽车驾驶学校的作用。1945 年 4 月 12 日,《新闻综述》(Roundup)刊登了题为〈中国翻译官为美军联络官充当代言人〉的报导。文中写道:"在汽车修配厂,中国士兵被传授开动和维修吉普、卡车以及指挥车的基本知识,此时翻译官不可或缺。"②《新闻综述》是美军报纸,它以翻译服务对象的身份,较为客观地评价了译员在军队整训中所起的作用。

4. 军事译员与军事情报

军事情报对于战争胜负的影响已毋庸多言。从上述"飞虎队"的翻译黎成德、许渊冲、舒寿祺、林光民等人的回忆中已经可以清楚地看出军事译员在空军军事情报获取、迅速传达过程中所起的作用。而参与军事情报工作的译员数量远不止此,涉及的领域也不限于空军。

除了完成部队补给任务的译述外,译员有时也参与军事情报的译述工作,告知部队领导有关日军兵力分布情况、军用地图的阅读、航拍地图的识别等③。

1942 年 9 月,江天骥被调到"国民空军第五路司令部"编译股任翻译,主要从事笔译工作。笔译的内容一方面是陆军、空军的情报等,另一方面是公函或信件④。

程耀德,1944 年 3 月应征进译员训练班学习,两周后即被分配到航委会编译室。主要任务是把参谋处每日送来的日军活动情报译成英文,送发给后方美军总部。这些情报主要有:日军在平汉路沿线的调动情况,机场、军营、仓库所在方位及长江军运情况,以便后方基地派飞机去轰炸⑤。

1944 年 5 月远征军司令部由楚雄前移到保山马王屯,随行的也有翻译员梅祖

① Carl Warren Weidenburner, *Ramgarh Training Center*, http://cbi-theater-5.home.comcast.net/~cbi-theater-5/ramgarh/ramgarh.html (2009-5-18).

② 该新闻报道来自"Chinese Fan-i-Kuan Mouthpieces for American Liaison Officers", *Roundup*, Vol. III No. 31 (12 April 1945),参见网页 http://cbi-theater-1.home.comcast.net/~cbi-theater-1/roundup/roundup041245.html(2008-2-9)。下文将有几处提及该新闻报道,不再注出。《新闻综述》(Roundup)是一份专为二战期间中印缅战区的美国军队而出版的周报,其稿件来源为新闻记者、战地记者、专门新闻机构以及军队和战争部的新闻处。该报对于了解当时的战争情况具有重要的史料价值。参见网页 *CBI Roundup - China-Burma-India Theater of World War II*, http://cbi-theater-5.home.comcast.net/~cbi-theater-5/roundup/roundup.html(2008 年 2 月 9 日)。

③ 王瑞福:〈飞越"驼峰"之后——一个随军译员的报告〉,页 193。

④ 陈祖亮:〈从戎抗战未投笔——江天骥教授在抗日战争中〉(2009 年 10 月 7 日)。

⑤ 何宇:〈西南联合大学八百学子从军记——1944 届从军学生的译员生涯〉,页 249-251。

彦、钟安民、凌瑞麟、卫世忠等,后来调来孙原(会日文)、井上文、蔡国模等。在战
事紧张时期,每天晚上中美双方举行高层碰头会,交换情报,研究作战方案。翻译
任务主要由钟安民担任,其他人在侧室轮流值班。每天双方的 G-2 军官要交换敌
方情报,美方的数据要很快翻译成中文①。

5. 军事译员与协同作战

中国远征军的滇缅反攻作战充分体现了同盟国间的国际合作。首先,中国远
征军是在同盟国的统一部署下进行的,从作战指挥体系上看,蒋介石为中国战区
的总司令,负责指挥中、越、泰、缅等在该地区作战的多国军队;美国驻华军事代表
史迪威将军任中国远征军的司令官;同时影响中国远征军的还有英印缅军队司令
韦维尔(Archibald P. Wavell),盟军东南亚战区统帅蒙巴顿(Mombaton,1900—
1979)。而蒋介石与盟军将领之间的联系,盟军军队与中国军队之间的交流都有
赖于翻译。

1943 年春,史迪威派出美国陆军 209、236 工兵团和中国方面的 10、12 工兵独
立团,组成中美工兵部队,开始修筑具战略意义的中印公路。后来陆续有多支美
军工兵部队前来参与筑路②,中国军队负责掩护,中、美、英三国的工程技术人员以
及中国、尼泊尔、印度的民工也参与修筑,到 1945 年 3 月中印公路全线贯通,中印
输油管道接通输油。此后,美国的援华物资和武器便源源不断地运到了中国,这
大大增强了中国远征军及美国第 14 航空队的作战能力。中印公路是在多国部
队、技术人员及民工的共同努力下完成,如果缺少翻译,工程的进度和质量都将受
到极大影响。有鉴于此,在修筑中印公路时,"为了联系顺畅,军队里从营、团到师
部都配有美军联络官,中方则配有译员,称为翻译官。"③

在中缅印战场上,还活跃着美英军作战部队,他们与中国军队协同作战。缅
北反攻开始后,美军派出有山林战经验的第 5307 混合支队,又称"美军麦支队"
(5307th Composite Unit, or Merrill's Marauder),共 2 500 人,由麦瑞尔准将(Frank
D. Merrill)率领。史迪威命令这支部队进入密林,渗透敌人防线,偷袭指定目标,
配合中国正面作战部队的进攻。第 5307 混合支队与国民党孙立人将军所率领的
新 38 师、新 22 师、新 30 师和 50 师等单位并肩作战④。第 14 航空队也在缅北取得
制空权。滇西松山攻坚战中,美机低空投掷 500 甚至 1 000 磅的重型炸弹,将日军
不少极其坚固的据点逐一摧毁。龙陵、腾冲攻坚战中也有这类例子。1944 年 3

---

① 梅祖彦:〈军事翻译员经历追忆(1943—1946)〉,页 54-59。
② Gary Goldblatt,Corps of Engineers Units,http://www.cbi-history.com/part_iv_eng.html(2010-6-11)。
③ 王伯惠:〈我在印缅工兵营〉,收邓贤(编):《在同一面战旗下》,页 183。
④ Merrill's Marauders, http://en.wikipedia.org/wiki/Merrill's_Marauders(2010-4-7),以及丁涤勋、王伯惠:
《中国驻印军印缅抗战(第二部分)》(北京:团结出版社,2009)。

月，英军运来3个旅的"钦迪特部队"（Chindits）。该部队实行远程突破战术，切断了日军第18师团的补给线，支持了缅北作战①。密支那、八莫、南坎等战斗的胜利，很大程度上也依赖于中美英盟军之间的协调配合②。

为更好地协调作战，中美盟军还组成了混合部队。1943年10月，在印度兰姆迦成立了"中美联军坦克暂编第一支队"（Joint Chinese-American 1st Provisional Tank Group）③，中方多称其为"远征军装甲兵团"。这是一支中美联合部队，它的编制和军衔都独树一帜。其中方总指挥为赵振宇上校，美方总指挥为罗斯韦尔·H·布朗上校（Rothwell H. Brown），全队下辖6个营。在装甲兵团中，中方人员总计约1 800人；美军有一个231人的庞大顾问团。这支坦克部队要发挥战斗力，中美人员间的沟通必不可少；而军事译员必然会参与到军事情报分析、作战指挥、后勤供应等各个军事环节中，为部队的统一行动，协同作战创造条件。

《新闻综述》对于军事译员的工作效果有较高的评价。坦克部队的联络官娄尔·格古森少校（Maj. W. Loar Gerguson）描述：中国坦克兵有能力按照美军联络官的要求竭尽全力完成操作；如果在军事行动中出现了灾难或失误，那一定是由于误解所致；一旦翻译官到场了解情况，他们就能确切地传达指令。麦克菲尔森·里默尼中尉（Lt. Col. McPherson LeMoyne）认为：没有译员，他们将在迷雾中摸索。这些在坦克部队里与他们并肩作战的译员必须非常优秀。所有传到部队的信息都必须通过译员，他们必须思维敏捷，聪明智慧。为了胜任工作，他们必须掌握机械工程知识。翻译需要传情达意。理想的翻译官能够翻译、建议，甚至像美国人那样思考④。

显而易见，无论是中美混合部队内部的协调沟通，还是不同作战单位之间的协同作战，都离不开军事翻译的强力支持。《新闻综述》写道：很多翻译官在前线与作战部队并肩战斗数月之久；在中国步兵队伍、战神特种部队、美军坦克部队随处可见翻译官的身影；他们坐在美国军人指挥、中国军人操纵的坦克里，翻译命令，提出操作和维修坦克的建议；没有翻译官，由美国军人指挥、中国军人操纵的大炮便发挥不了威力⑤。

在协助作战之外，军事译员还是优雅的外交官。他们在礼仪和处事策略方面为美国军官提供建议。大多数的译员知道其翻译职责的重要性，并理解中美军人

---

① Chindits Special Force Burma 1943-1944, http://www.chindits.info/（2010-6-5），以及刘咏涛:〈中国驻印军、远征军反攻缅北滇西胜利的原因〉，页43。

② 刘咏涛:〈中国驻印军、远征军反攻缅北滇西胜利的原因〉，页43。

③ Carl Warren Weidenburner, "1st Provisional Tank Group, China-Burma-India Theater of World War II", http://cbi-theater-6.home.comcast.net/~cbi-theater-6/1ptg/1ptg.html（2008-9-29）.

④ "Chinese Fan-i-Kuan Mouthpieces for American Liaison Officers", *Roundup*, Vol. III No. 31（12 April 1945）.

⑤ Ibid.

之间发展良好友谊、协同一致以及合作的重要性。他们都以增强合作精神为己任。他们团结盟军,解决困难,驱散疑云,树立信任。中尉威乐斯·罗德(Lt. Col. Wellus A. Rhodes)曾说:"要是没有出色的翻译官把我们的意思翻译给中国士兵,我们会不知所措。"①可见,军事译员在滇缅战役中,不仅担负了语言转换、传达信息的任务,而且促进了军队的团结、友谊与信任;而这种团结与信任,对于多国盟军部队参战的滇缅战役而言,尤为重要。

6. 克服重重困难,完成翻译任务

滇缅战役中,军事译员在多个领域发挥了不可替代的作用。那么,这种军事翻译有哪些特点? 工作中是否存在困难? 译员又是如何完成任务的呢?

首先,译员工作地点随军流动,居无定所,环境险恶。洪鹫洲回忆②,在印缅战场两年多的时间里,他大部分时间都是随部队驻屯在海拔高、人烟稀少的野人山,为美军教官当翻译,对中国军官进行丛林作战训练。这里古树参天,藤蔓遍野,环境极为恶劣。罗达仁写到:"在那里,瘴气弥漫、恶疾流行、猛兽潜伏、巨蚁蚂蟥遍野,危机四伏。"③在密支那战役中,有翻译官在雨季的战壕里蜷伏了将近100天,非常艰苦④。在这样的条件下,译员工作的困难可想而知。由于随军工作的高度危险,有很多译员受伤,也有译员黄维、缪弘、杨大雄、董宏林等因事故牺牲,或在战斗中殉职⑤。

第二个特点是时间紧迫,工作繁重。军事译员有时要连续工作很长时间,有时一个译员要为多个美军联络官服务。当时中国的军官大多不懂英语,而发给的军用地图又全是英语版本,翻译官的工作自然繁重⑥。林光民回忆,在空军第5路司令部编译股,当晚收到的情报译员必须立即翻译,并亲送至14航空队司令部。有时电话记录的情报内容较长,等到译出、送去,回来已是午夜十一二点了⑦。

第三个特点是:虽然名为翻译官,他们经常身兼数职,成为前线的战士、教官、司机、医生,或者工程师。译员云镇在军械处还主管通讯器材的工作;蒋大宗、云镇和吴铭绩等很多翻译,曾担任教官,为训练班上课⑧。密支那战役后,王伯惠在

---

① "Chinese Fan-i-Kuan Mouthpieces for American Liaison Officers", *Roundup*, 1945, Vol. Ⅲ No. 31(12 April 1945).

② 洪鹫洲:〈远征印缅战场〉,http://www.fjql.org/qszl/a25.htm(2009 年 8 月 3 日)。

③ 罗达仁:《亲历中印缅抗日战场》(北京:中国文联出版社,2005),页 1。

④ 王伯惠:〈我在印缅工兵营〉,页 184。

⑤ 参见西南联合大学校友会(编):《国立西南联合大学校史》,页 66;章玲苓:〈抗战烽火下的交通大学〉,《档案春秋》2005 年第 4 期(2005 年 4 月),页 40;〈我译员英勇事迹,董宏林成仁〉,《中央日报》,1945 年 1 月 21 日,版 2。

⑥ 汤毅强:〈翻译:盟军桥梁〉,收邓贤(编):《在同一面战旗下》页 175。

⑦ 何宇:〈西南联合大学八百学子从军记——1944 届从军学生的译员生涯〉,页 253-254。

⑧ 蒋大宗:〈抗日从军回忆〉,《医疗保健器具》2007 年第 4 期(2007 年 4 月),页 72。

新一军军部翻译室,每天都和卡瑞上尉及美工兵少校营长一起,参与施工并探讨贝雷桥的有关问题①。少校翻译官梁家佑,在军中主要负责接收和翻译美军指令,并用计算仪测算弹道射程。美方通联军官重伤之后,梁家佑接替其职务,只身往来传递指令甚至运送伤员②。

第四个特点:军事译员责任重大。由于翻译结果往往对战斗形势产生影响,译员提供的语言服务必须高度准确、及时可靠。如果翻译错误,将出现惨重损失,甚至付出生命的代价。有实例可以说明这一点。据汤毅强回忆,我军在密支那有一个团遭遇"围困"(surrounded),等待支援,却被翻译官错译为"投降"(surrendered),以致竟未前去支持,该译员因而遭受严惩③。

第五个特点是:军事翻译范围广,口笔译兼顾,英汉双向,难度较大。笔译的材料包括公函档、部队编制表、敌我陆军空军情报、作战简报、武器使用说明书、武器训练和野战训练教材等,不一而足。口译则涉及生活随同口译、军事会议口译、课堂翻译、军事训练口译、医务翻译等。很多译员在此之前未能触这些领域,必须努力适应。而且,由于战争的特殊性,译员没有选材的自由,无论遇到何种难题,必须想办法破解。

上述军事翻译的特点其实也显示出军事译员工作时面临的重重困难。面对困难,译员们团结一致,互相帮助。翁心钧,在曲靖汽车训练中心开始工作时,对汽车结构一窍不通,从未接触过汽车零件和修理工具的词汇,加上美国人讲话的发音和英语老师迥异,很难听懂,所以窘迫不堪。通过老译员的帮助和自身的努力才逐渐适应工作。后来,他买到一本翻印的美戴克汽车百科全书,和同学们一起研读,收益极大④。在50师中,来自浙大的译员有14人,他们每天聚会,交流学到的新字新词,丰富知识。军事译员还采用其他办法化解困难。一是词汇量不济时,直接查证各种军械、军需品的实物;二是与美军联络官建立融洽的关系,遇到一些不懂的美国俚语、专用语、缩略语等,就向联络官求教。经过一段时间的适应,译员便能顺利地展开工作了⑤。

7. 对军事译员工作的肯定与褒扬

中美双方在滇缅战役过程中以及战后不久,对于抗战时期学生译员的工作和贡献,都进行了肯定和表扬。译员们莫不以为自豪。

王瑞福回忆,工作一年之后(即1944年),杨宣诚任命他们为三级译员,对他

---

① 王伯惠:〈我在印缅工兵营〉,页186。

② 周震:〈浴血异域净倭尘〉,http://bbs. thmz. com/thread-240759-1-1. html(2009年10月3日)。

③ 汤毅强:〈翻译:盟军桥梁〉,页175。

④ 何宇:〈西南联合大学八百学子从军记——1944届从军学生的译员生涯〉,页241。

⑤ 王瑞福:〈飞越"驼峰"之后——一个随军译员的报告〉,页191。

们传令嘉奖,这说明上级对译员的工作成绩给予了肯定①。1945 年 6 月,翻译官黄维牺牲,两月以后,西南联大学生外文系发黄维讣告及追悼会启事。追悼会在译员训练班举行,联大著名教授吴宓在会上致辞,还为学生撰写挽联②。此事既反映出当年联大的校风、师生的情谊,更展现了联大师生对军事翻译工作的高度认同。

美军报纸《新闻综述》对军事译员作出的贡献进行了高度赞美:翻译官为美军联络官充当代言人,他们是印缅战场上盟军军事行动的"费加罗",是中美部队间的媒介,是总管,是 20 世纪具有传奇色彩的"塞维利亚的理发师"。他们无处不在,无时不在,思维敏捷,工作高效,团结人们,解决困难,驱散疑云,树立信任,被美军部队称为天赐之物。在中美军队合作的领域,无论是战斗、联络、管理、还是补给,都有翻译官在场解决难题,帮助双方更好地沟通,更亲密地合作③。因此,无论在管理工作,还是在战场上,他们都必不可少。

第二次世界大战胜利以后,美国政府曾表彰了很多与美军共同作战的盟军人员。1946 年 5 月表彰了一批中国军事人员,共 82 人,各授以铜质自由勋章(Medal of Freedom, Bronze Palm),其中有译员 56 人④。如此高的比例更是表现了美军对军事译员的重视,对他们工作的认可。西南联大的学生译员中有 16 位获得该项勋章⑤。

可见,这批军事译员以自己的爱国热忱、牺牲精神和工作成绩,普遍赢得了本国部队的信任和尊重,与英美盟军建立了珍贵的友谊,在英美盟军中树立了良好的声誉⑥。进一步讲,军事译员的工作符合当时全球反法西斯主义的社会浪潮,他们的贡献理应得到尊重。

六、结　　论

战争需要翻译的介入,翻译也会影响战争的进程,这是一个不争的事实。鸦片战争和二战中太平洋战场上的情况已经证明了这一点,并主要体现在翻译帮助获取敌军军事情报这方面。然而,与这两场战争相比,滇缅战役对军事翻译的需求更为紧迫;不仅体现在对外与敌斗争获取情报方面,而且还体现在对内与英美盟军协同作战等方面,几乎覆盖到了这场战争的各个层面。

为了满足滇缅战役对于军事翻译的需求,战地服务团、军事委员会外事局、教

---

① 王瑞福:〈飞越"驼峰"之后——一个随军译员的报告〉,页 198。
② 余斌:〈投笔从戎为中华〉,http://www.cflac.org.cn/chinaartnews/2005-09/05/content_5051978.htm(2005 年 9 月 5 日)。
③ "Chinese Fan-i-Kuan Mouthpieces for American Liaison Officers", *Roundup*, April 12, 1945, Vol. III No. 31.
④ 梅祖彦:〈军事翻译员经历追忆(1943—1946)〉,页 62。
⑤ 西南联合大学校友会(编):《国立西南联合大学校史》,页 67。
⑥ 左和金:〈滇缅远征军译员纪实〉,页 20-27。

育部以及内地各大学等翻译赞助者,认真组织了规模宏大、历时 4 年的译员征调工作,征调译员 4 000 余人。教育部和一些大学为征调译员而特别颁布法令规定,作出了中国翻译史上的一大创举。

为了帮助译员更好地开展工作,战地服务团、军事委员会外事局等机构举办了多期译员培训班。译训班师资力量雄厚,教学方法较为实际,后期形成了较为系统的培训教材,强调了培训内容的实用性,坚持了军事翻译的针对性,凸显了口译的独特性。这种集中、有效的培训为军事翻译在滇缅战役中发挥作用创造了条件。译训班这些具有开拓性的举措,对今后的军事翻译培训起到了借鉴作用。

军事译员分配到工作单位以后,克服了翻译材料范围广、时间紧、强度大、任务重、工作环境险恶等重重困难,顺利完成了翻译任务。军事译员的工作地点分布广泛,工作的部门涉及战斗、联络、管理、补给等各个层面,活跃在中国步兵队伍、"飞虎队"、美军坦克部队、中美混合部队等作战部队,担任起语言沟通等多重任务。他们至少在五个领域发挥了重大作用。一是为"飞虎队"的日常生活、机场维护、作战指挥等各方面服务,极大地帮助了"飞虎队"取得制空权;二是参与武器装备的接收、分配、训练、使用的各个环节,翻译美式武器装备的说明书,帮助补给战场上的军需物品;三是进入炮兵学校等各种训练学校,协助美军整训中国部队,帮助中国官兵掌握美式先进武器,训练作战技巧,提高军队战斗力;四是参与军事情报的编译工作,了解日军兵力分布情况、制定作战计划;五是强力支持中美混合部队内部的协调沟通以及不同作战单位之间的协同作战。

前面提到,滇缅战役胜利的主要原因有:(1)将士素质较好,军官指挥有方;(2)装备精良、火力强大;(3)后勤保障能力大为改善;(4)美英盟军协调一致;(5)绝对制空权;(6)将士们爱国热情高,作战勇敢顽强;(7)国内民众与华侨的积极支持等。通过对比,不难发现前五个原因皆与军事翻译息息相关。

由此看来,译员的成功征调,培训的有效组织,军事译员的努力工作,促进了中国军队与美英盟军的军事联络,增强了中国军队的战斗力,使滇缅战役朝着有利的方向发展。因此,我们有充分的理由相信数量众多的军事译员在滇缅战役中发挥了不可替代的作用,作出了不可或缺的贡献;卓有成效的军事翻译也是滇缅战役最终胜利的重要原因之一。

本文从较为宏观的角度回顾了这场大规模的军事翻译活动,探索其译员征调、培训、工作等过程,揭示了军事翻译在滇缅战役中的重大作用。当然,我们还需找到更多档案资料,收集译员的原始工作记录,以进一步丰富和补充本文的研究。

"日丹诺夫主义"与 1950 年代
上半期的中国文坛

——以《译文》为例（1953 年 7 月号—1956 年 3 月号）

崔　峰[*]

摘　要：1950 年上半期，在苏联文坛发生重大变革之时，受到苏联文坛批判的"日丹诺夫主义"却在中国文坛大行其道。本文将以当时中国大陆唯一一份公开发行的专门刊载外国文学的期刊《译文》为例，结合"日丹诺夫主义"对《译文》在文章刊载、方针调整上的影响，观察和思考如下现象和问题：为何《译文》要坚守苏联文坛开始放弃的文艺观念？ 它对《译文》的办刊方针产生了怎样重大的影响？为什么在"日丹诺夫主义"式的文学作品在《译文》"一统天下"的情况下，会有少量苏联的"解冻文学"被译介进来？ 两种文学思潮的并存又说明了怎样的问题？通过这些问题的解决，深入观察 1950 年代上半期，政治环境、时代发展如何影响了当时中国文坛对外国文学的介绍与翻译。

关键词：《译文》；日丹诺夫主义；解冻文学；民族国家意识；意识形态

Zhdanovism and Chinese Literature
in the First Half of the 1950s
—— Using *Yi Wen* as an Example（Vol. 7, 1953-Vol. 3 1956）

Cui Feng

Abstract：Developed by the Soviet Central Committee secretary Andrei Zhdanov, Zhdanovism, a Soviet cultural doctrine prevalent in the 1930s – 1950s, advocates that literature should serve politics. In the first half of the 1950s, great changes took place in the Soviet literature with Zhdanovism becoming the locus of criticism. As the only literary journal officially approved to publish foreign literature

---

* 崔峰，工作单位：南洋理工大学中文系，电邮地址：dannycui_2000@ hotmail. com。

in Mainland China, *Yi Wen*, however, published a number of literary works and theoretical articles advocating Zhdanovism, at a time when the central policy was "Leaning-to-one-side(the Soviet Union)". Why did *Yi Wen* choose to adhere to the literary concept that had already been abandoned by the Soviet? How did the approach impact *Yi Wen*'s vision of itself? Why did the Thaw Literature, works produced since the softening of official attitudes in Soviet Russia towards literature and the arts in 1953, appear in *Yi Wen* when the journal was predominated by the literature of Zhdanovism? What can we infer from the co-existence of these two diametrically different literary trends in *Yi Wen*? By exploring these questions, we get an extensive in-depth look into how the political and social elements affect the translation and introduction of foreign literature in the first half of the 1950s China.

Key words: *Yi Wen*; Zhdanovism; Thaw Literature; Nation-state consciousness; Ideology

1953 年 7 月,《译文》创刊(1959 年更名为《世界文学》)。至 1966 年"文革"前夕停刊,其间一共出版了 139 期;里面发表的译作选自多达 114 个国家和民族的 1197 位作家的作品;文学体裁涉及小说、诗歌、戏剧、散文、报告文学、特写、文学评论等,还包括了论文、政论等非文学体裁;其间共有 849 位译者在《译文》(《世界文学》)上发表作品。在当时,能囊括如此众多的翻译家及外国文学研究者,且得到了中国当时几乎所有最优秀的翻译家及外国文学研究者的鼎力支持,仅《译文》(《世界文学》)而已。作为 20 世纪 50—70 年代中国大陆唯一公开发行的专门译介外国文学作品的期刊,它成为当时中国国民了解和认识外国文学作品、文艺动态的最主要的渠道之一①。《世界文学》前主编高莽(1926—　　)就回忆说:"当时《世界文学》是全国唯一一种介绍外国文学的刊物,它的最高发行量曾达到数万,甚至更多。"②

---

① 其他的渠道包括:《文艺报》、《翻译通讯》会经常刊载有关外国文学理论方面的文章、外国文学活动动态;另外,在 1950 年代对出版社进行大整顿之后,翻译文学作品的出版要归新建立的国营出版机构出版,如人民出版社(含作家出版社,成立于 1951 年 3 月)、上海文艺出版社(1958)、中国青年出版社(1950)、中国戏剧出版社(1957)、中国电影出版社(1956)、少年儿童出版社(1952)。以英美文学作品的出版为例,据有关学者统计,"十七年"间出版的 460 种英美文学译作,是由 53 家出版社出版的。人民文学(含作家)和上海文艺(包括其前身上海文艺联合和新文艺)两家大出版社出版的英美文学译作,恰好占出版总数的一半,而另有 35 家出版社,总共只出版了约 70 种。参见孙致礼:《1949—1966:我国英美文学翻译概论》(南京:译林出版社,1996),页 185-186。

② 高莽:〈新时期《世界文学》杂志散忆〉,《世界文学》2003 年第 4 期(2003 年 8 月),页 14。

《译文》(《世界文学》)是一份由中国作家协会主办的国家级外国文学刊物,时任国家文化部部长的茅盾(1896—1981)担任首任主编(1953—1959)。通过对这份期刊的研究,我们可以深入探讨当时中国文坛以及文学翻译如何受到政治及时代社会因素所影响。可是,长久以来,有关1949年以后翻译如何受政治干预的探研显得十分薄弱,相关论文多流于表面论述,而缺乏深入的个案研究①。对《译文》(《世界文学》)这一重要期刊的研究更是非常有限②。本文将以《译文》发展的第一阶段(1953年7月号—1956年3月号)③为例,探讨"日丹诺夫主义"与1950年代上半期中国文坛间的关系。

一、何为"日丹诺夫主义"?

1934年,苏联"第一次苏联作家代表大会"召开。这次会议持续达两周之久,设立了至少26个会场。多达377名正式代表,220名列席代表和40名外国参观者出席了会议。代表们来自52个民族,其中60%是共产党员、预备党员或共青团员④。它的召开是全苏作家实现"团结"的标识,也是作家这个团体依附于"党"的标识⑤。这次会议对苏联文学的发展产生了深远影响:在1932年苏联作家协会成

---

① 目前,无论是从文学研究的角度还是翻译研究的角度,还没有一部论著系统深入地研究《世界文学》,相关论文也很少见。对《世界文学》的关注还多是停留在介绍、回忆及简要分析几个层面:介绍层面主要是介绍该刊出版发行、编辑部工作的一些基本情况、过去与今后的办刊方针、围绕该刊召开的庆祝会或研讨会情况等。回忆性的文章主要出自一些《世界文学》的老编辑、老翻译家、读者之手,大多以叙述的方式回忆他们当年与《世界文学》结下的不解之缘、围绕着它发生的故事等。这类文章具有相当高的史料价值,为我们研究《世界文学》提供了宝贵的参考资料。此外,也有少量对这一期刊从不同角度做出简要分析的作品,相关文章主要有:程巍:〈《世界文学》的存在理由——纪念《世界文学》创刊五十周年〉,《北京日报》,2003年10月19日,版6;王友贵:〈共和国首30年外国文学期刊在特别环境下的作用〉,《中华读书报》,2006年5月23日;何云波:〈换一种眼光看世界〉,《世界文学》2005年第3期(2005年6月),页139-143;杨义:〈《世界文学》创刊五十周年感言〉,《世界文学》2003年第5期(2003年10月),页5-9;方长安:〈论外国文学译介在十七年语境中的嬗变〉,《文学评论》2002年第6期(2002年11月),页78-84;朱世达:〈普罗米修斯之火〉,《世界文学》1994年第4期(1994年8月),页292-294,等。

② 目前有关《译文》(《世界文学》)研究的论文可参考:Cui Feng: "Translation and ideology: An analysis of Western literary translation in China (1949-1966), using World Literature as an example", in Stefania Cavagnoli, Elena Di Giovanni & Raffaela Merlini, *La ricerca nella comunicazione interlinguistica. Modelli teorici e metodologici*(Milan, Italy: Franco Angeli, 2009), pp. 302-316. 及崔峰:〈为《译文》溯源——从茅盾的〈译文·发刊词〉说起〉,《中国比较文学》2009年第4期,页80-88。

③ 之所以将此阶段定为译文发展的第一阶段,主要是考虑到这一阶段《译文》译介的主要对象是苏俄文学作品,格外强调文学作品在意识形态上的社会主义特性。从1956年4月号起,由于政治环境发生变化,中国当时内政外交政策出现调整,中国文坛的发展受到影响。《译文》也随即调整办刊方针,开始从文学审美的角度译介资本主义文学作品。

④ Andrew Baruch Wachtel & Ilya Vinitsky, *Russian Literauture*(Cambridge: Polity, 2009), p. 224.

⑤ Ibid, p. 223.

立及 1934 年"第一次全苏作家代表大会"召开前后,曾在 1920 年代充满生机的文
学创作活动被压制,所有的文学团体被取缔,取而代之的则是要求所有作家都要
加入的苏联作协这一庞大机构。在这一机构中,作协成员们享有多种特权,而一
旦被开除出作协,则意味着该作家文学生命的终结①。一种简单、近乎粗暴的意识
形态的模式被用以控制新作协成员们。作家们逐渐失去自我发挥、个性发展的可
能,被有效地纳入国家控制的范围内,任何试图挑战官方意识形态的行为被打
压②。就是在这一规模庞大、影响深远的大会上,作为共产主义意识形态的理念
家③——日丹诺夫(Andrei Aleksandrovich Zhdanov, 1896—1948)代表苏共官方阐
发了苏联文艺创作的原则,为今后苏联文学发展指明了方向。在讲演中,他将苏
联文学视作"社会主义建设所产生的亲骨肉"④,以"资本主义制度的衰颓与腐朽"
产生"资产阶级文学的衰颓与腐朽"⑤这一逻辑,将文学相对于社会政治的依附地
位表露无遗。并要求作家们在斯大林(Joseph Stalin, 1879—1953)及苏维埃政权
和党的领导下,开展文学活动。文学为政治服务的原则成为日后日丹诺夫制订文
艺政策、开展文学活动的根本标准,也因而成为"日丹诺夫主义"的核心观念。

　　需要指出的是,我们所理解的"日丹诺夫主义"是 20 世纪 20 年代到 50 年代
苏联社会政治发展的产物。它的提出、产生的背景及围绕其出现的种种文学现
象、其产生的影响,是苏联政治对文学文化影响的高度体现。由于日丹诺夫长期
处于苏联文坛之要津,在斯大林的支持下负责苏联文学文化政策的制订和推动,
因而他在诸多重要文学活动及重要场合所阐发的文艺观念或理论,具有格外重要
的意义和巨大的影响力。"日丹诺夫主义"也因此成为苏联文艺政策的集中体现。
值得我们注意的是,在"第一次苏联作家代表大会"中,斯大林实际扮演了一个"缺
席的在场者"(absent presence)的角色。这位被称作"伟大领袖"和"苏联人民的父
亲"的斯大林虽然没有直接与会,但是发言者们却反复地称颂其为"党的智慧的化
身"、"列宁合格的继承人";不断引用斯大林的论述,包括反复提及其所言的作家
应该做"人类灵魂的工程师"⑥。有学者明确指出,日丹诺夫实质上是在替斯大林
"代言"⑦。而实际情况也确实如此,日丹诺夫在报告中始终将斯大林的"教导"作
为其阐发文艺政策的根本出发点,以及作家们理解和贯彻文艺方针的依据。他将

---

① Andrew Baruch Wachtel & Ilya Vinitsky, *Russian Literauture*, p.459.
② Ibid, p.224.
③ Ibid, p.225.
④ 日丹诺夫(著)、戈宝权(译):〈在第一次苏联作家代表大会上的讲演〉,收人民文学出版社编辑部(编):
　《苏联文学艺术问题》(北京:人民文学出版社,1959),页23。
⑤ 同上,页24。
⑥ Andrew Baruch Wachtel & Ilya Vinitsky, *Russian Literauture*, p.225.
⑦ Ibid.

苏联文艺成果的取得归功于斯大林的领导,指出"人类灵魂的工程师"的责任,是坚持社会主义现实主义文学创作和文学批评的基本方法,进而提出文学的非阶级性,以及苏联文学的倾向性,即"把劳动人民——全人类从资本主义奴役制度的束缚下解放出来"①。在这里,日丹诺夫扮演了一个将政治上的"斯大林主义"贯彻到文化文艺领域的角色,让我们看到了一个从属、依附于政治上的"斯大林主义"的文艺上的"日丹诺夫主义"。

　　1946 年 2 月,斯大林明确指出:苏联恢复其"战前"的立场,继续奉行与西方"不可调和的意识形态的对立"②。受此影响,1946—1949 年间,苏共为了整顿战后文艺界的"混乱"与"错误",采用行政命令的方式,批判那些被认为存在于文艺界内部的资产阶级悲观颓废的、个人主义的、形式主义的作风与非政治化的倾向,及没有从教育人民和改造社会的需要出发进行创作和批评的问题。这场整顿的肇始者就是日丹诺夫:40 年代后期,苏共以联共(布)中央决议的形式对《星》和《列宁格勒》两杂志所犯的"错误"进行通报。日丹诺夫在"列宁格勒党积极分子会议和作家会议上的报告"(即〈关于《星》和《列宁格勒》两杂志的报告〉)中,将左琴科(Mixail Zoscenko,1895—1958)和阿赫玛托娃(Anna Akhmatova,1889—1966)等作家称为"市侩"、"荡妇"、"为艺术而艺术的谬论的典型"③。他甚至把文学从属于政治的观点,推进到文学家应"以政策为指针"的层面,明确要求"我们的文学领导同志和作家同志都以苏维埃制度赖以生存的东西为指针,即以政策为指针,我们不要以放任主义和无思想性的精神来教育青年,而要以生气勃勃和革命的精神来教育青年。"④日丹诺夫直接勒令《列宁格勒》杂志停办,《星》杂志编委会改组;左琴科与阿赫玛托娃被开除出苏联作家协会,作品不予刊登,甚至苏联作协的领导人吉洪诺夫(Nikolay Semyonovich Tikhonov,1896—1979)也因此受到批评,并由法捷耶夫(Aleksandr Aleksandrovich Fadeyev,1901—1956)取代其成为作协的新领导人⑤。

　　我们需要注意到:日丹诺夫这种谩骂式的"阐释模式",虽由其个人提出,但却不是其个人心血来潮、随心所欲的产物。这种现象产生的背后势必有着深厚的"政治土壤"及其所赋予的政治权力。更确切地说,它源自于与斯大林专制社会模

---

① 日丹诺夫(著)、戈宝权(译):〈在第一次苏联作家代表大会上的讲演〉,页 27。

② Victor Terras, "The Twentieth Century: the Era of Socialist Realism, 1925-53", in Charles A. Moser(ed.), *The Cambridge History of Russian Literature*(New York: the Press Syndicate of the University of Cambridge, 1992), p. 510.

③ 日丹诺夫在报告中多处使用这类谩骂式的词汇。参见:日丹诺夫(著)、曹葆华(译):〈关于《星》和《列宁格勒》两杂志的报告〉,收《日丹诺夫论文学与艺术》(北京:人民文学出版社,1959),页 30。

④ 同上。

⑤ Victor Terras, "The Twentieth Century: the Era of Socialist Realism, 1925-53", p. 510.

式相适应的占绝对统治地位的一元化意识形态的要求。正是凭借这套充分意识形态化了的文艺理论,日丹诺夫才可以如此对左琴科、阿赫玛托娃进行人身攻击式的政治宣判。正如有学者所言:"日丹诺夫主义"意味着一种文化专制。它不过是"斯大林主义"在文艺和文化上的具体体现。日丹诺夫本人也不过是政治机器上的一颗螺钉。这颗螺钉叫不叫日丹诺夫,并不很重要,并不会有什么本质差别。苏联当时的情况是,需要有人把政治上的"斯大林主义"贯彻到文艺和文化领域,没有日丹诺夫也会有别人来担负这一使命①。

在1925年至1953年间,苏俄文坛与政治的紧密结合程度超过了俄罗斯文学史上的任何一个时期②。我们可以看出,当时苏共的一系列文艺政策,实质上仍属于"冷战思维"的产物:对一些文学现象和作家无限"上纲上线"的指责、对某些敢于揭露社会弊端和真实表现人物感情的作品的干涉、把西方文艺理论和现代文学艺术统统称之为"资产阶级没落颓废货色"③,都是在以意识形态的二分法来干预文学的发展。尤其在斯大林统治末期,苏联开展的反对"向西方磕头"(kowtowing before the West)及"无根的世界主义"(rootless cosmopolitans)运动更是深刻地打上了"冷战"的烙印。受此影响,在苏联文学界,涉及西方文学在苏联影响的比较研究直接受到抑制④,坚定鲜明的阶级立场成为学者研究、作家创作的基本准则。因而,在"二战"后到1953年"这段苏联当代文学史上最黑暗的时期内"⑤,一方面苏联境内的许多城镇在战后成为废墟,大量乡村人口处于赤贫状态,上百万人死于战俘营;而另一方面,苏联共产党则宣扬社会主义已经在苏联彻底实现,全国正在向共产主义道路迈进——在文学上,作为这种荒谬境地的必然结果——"无冲突论"成为苏联文学的主流:文学作品必须要歌颂斯大林和苏共的"成就",以此产生了苏联文坛的"波将金村"⑥(literary Potemkin villages)现象⑦。

---

① 王彬彬:〈也谈日丹诺夫主义〉,《东方艺术》1996年第2期,页7。

② Victor Terras, "The Twentieth Century: the Era of Socialist Realism, 1925-53", p. 458.

③ 陈建华:《二十世纪中俄文学关系》(北京:高等教育出版社,2002),页167。

④ Victor Terras, "The Twentieth Century: The Era of Socialist Realism, 1925-53", p. 508.

⑤ Ibid, p. 507.

⑥ 波将金(Grigori Aleksandrovich Potemkin, 1739—1791):俄国陆军军官。1755年参加骑兵卫队,帮助叶卡捷琳娜二世当权(1762)。他在俄土战争(1768—1774)中英勇奋战,后成为叶卡捷琳娜二世(Catherine II, 1762—1796)的情夫(1774—1776),并被任命为"新俄罗斯"(乌克兰南部)的总督。1783年,叶卡捷琳娜二世封他为陶里斯亲王。波将金从1784年起担任陆军元帅,在军队中进行了一些改革,建立了塞瓦斯托波尔港,并在黑海建立了一支舰队。他试图将乌克兰平原变为殖民地未遂,并低估了所需费用,使许多工程未能完工。他成功地掩饰了他在管理上的弱点,使人们认为是他建立了"波将金村",并在叶卡捷琳娜二世经过该地区时向其展示。(关于波将金与叶卡捷琳娜二世的史料可参考 Douglas Smith [edited and translated], *Love and Conquest: Personal Correspondence of Catherine the Great and Prince Grigory Potemkin*(DeKalb: Northern Illinois University Press, 2004。)

⑦ Victor Terras, "The Twentieth Century: the Era of Socialist Realism, 1925-53", pp. 507-508.

二、"日丹诺夫主义"在《译文》的出现——以相关论文、文学作品的译介为考察中心

不谋而合的是,在中国,自 1942 年毛泽东(1893—1976)发表〈在延安文艺座谈会上的讲话〉后,文艺为工农兵服务①被确立为文学活动、文艺创作的指导方针,中国"左翼"文坛及 1949 年后的中国文艺界开始宣传并贯彻文艺为政治服务的思想。1948 年,在延安创刊的《群众文艺》第 4 期发表了〈日丹诺夫语录〉。1949 年 7 月,周扬(1908—1989)在"中华全国文学艺术工作者代表大会"上的报告,对日丹诺夫的说法做出了回应。周扬当时就强调文艺工作者学习各种基本政策的重要性,要求大家"站在正确的政策观点上"②。其后,邵荃麟(1906—1971)更是清楚直接地对日丹诺夫关于"以政治为指针"的论断做出解释:"一个作家如果离开政治观点,而企图去描写人民的现实生活,他就不可能获得充分的现实性。……创作与政策相结合,不仅仅是由于政治的要求,而且是由于创作本身上的现实主义的要求。"③可以说,这一时期内,中国共产党的文艺指导思想与"日丹诺夫主义"所倡导的原则颇有异曲同工之妙。

1949 年 6 月 30 日,毛泽东为纪念中国共产党成立 28 周年,发表署名文章〈论人民民主专政〉。文中立场鲜明地阐述了即将诞生的"新中国"对内对外政策,并以十分坚定的语气写道:"'你们一边倒'。正是这样。一边倒,是孙中山的四十年经验和共产党的二十八年经验教给我们的,深知欲达到胜利和巩固胜利,必须一边倒。积四十年和二十八年的经验,中国人不是倒向帝国主义一边,就是倒向社会主义一边,绝无例外。骑墙是不行的,第三条道路是没有的。我们反对倒向帝国主义一边的蒋介石反动派,我们也反对第三条道的幻想。……我们在国际上是属于以苏联为首的反帝国主义战线一方面的,真正的友谊的援助只能向这一方面去找,而不能向帝国主义战线一方面去找。"④这就是著名的"一边倒"政策。

此后,在中共领导人的不断号召之下,"向苏联学习"成为建设、发展国家的主要方针之一和席卷中国大陆的热潮。1953 年,随着"新中国"开始大规模进行社会主义建设,毛泽东更加强调"要在全国范围内掀起学习苏联的高潮,来建设我们

---

① 毛泽东:〈在延安文艺座谈会上的讲话〉,《毛泽东选集》(北京:人民出版社,1967),第 3 卷,页 816。
② 周扬:〈新的人民的文艺〉,《周扬文集》(一)(北京:人民文学出版社,1984),页 531。
③ 邵荃麟:〈论文艺创作与政策和任务相结合〉,收冯牧(编):《中国新文学大系(1949—1976)》(第 2 集)(上海:上海文艺出版社,1997),页 30。
④ 毛泽东:〈论人民民主专政〉,《毛泽东选集》(北京:人民出版社,1991),第 4 卷,页 1472-1473。

的国家"①;1954年9月,刘少奇(1898—1969)在〈关于中华人民共和国宪法草案的报告〉中指出:"在我们的宪法草案中宣布的我国所走的道路,'就是苏联所走过的道路'。是的,我们所走的道路就是苏联走过的道路,这在我们是一点疑问也没有的。苏联的道路是按照历史发展规律为人类社会必然要走的道路。要想避开这条路不走,是不可能的。"②1954年12月,周恩来(1898—1976)也在苏联驻华大使尤金(Paul Fedorovich Yudin, 1899—1968)为赫鲁晓夫(Nikita Khrushchev, 1894—1971)一行访华而进行的招待会上说:"中国人民目前正在努力进行第一个五年建设计划。为了保证这种建设的成功,必须如毛泽东同志所经常号召的那样,老老实实,勤勤恳恳,学习苏联的社会主义建设的先进经验。苏联的今天就是我们的明天。五年来的无数事实都表明了伟大的苏联社会主义建设的光辉榜样,正照耀着我们前进的道路,我们一定要很好地完成向苏联学习的光荣任务。"③当时,各行各业都在通过各种途径介绍苏联社会主义建设的成绩和学习各方面的经验,这其中也自然包括了中国文坛。

1940年代末50年代初,苏联文坛正处在日丹诺夫式的以政治宣判的方式解决文学问题的阶段中,用反资产阶级意识形态的口号鼓吹文学创作中的"无冲突论"④。其间,日丹诺夫关于文艺政策的多次报告和讲话被迅速译介到中国。在40年代末期,他的名字以及他就文学、艺术乃至哲学问题发表的基本言论,已经为中国文学界所广泛知晓,"日丹诺夫"主义的精髓,即强调文学艺术为政治斗争服务,以及断言作家的政治倾向、作品的阶级性具有头等重要的意义等观念,已经多次出现在中国文坛:在上海出版的《苏联文艺》杂志,从1946年10月第24期起开辟"文献"专栏,最早将反映战后苏联文艺政策的文件译介至中国,其中包括了法捷耶夫的〈日丹诺夫的报告与我们当前的任务〉,及日丹诺夫本人的〈论文学、艺术与哲学诸问题〉等文件。在1947—1949年间,这些文件被及时地汇编成多种不同形式的小册子,在中国广泛印行⑤。进入50年代,1953年人民文学出版社出版的《苏联文学与艺术》一书中就收录了日丹诺夫在第一次苏联作家代表大会上的讲演,以及1946—1948年关于文学艺术的三次报告和演说。

---

① 毛泽东:〈在政协一届四次会议上的讲话(一九五三年二月七日)〉,《建国以来毛泽东文稿》(北京:中央文献出版社,1990),第4册,页46。

② 刘少奇:〈关于中华人民共和国宪法草案的报告〉,《刘少奇选集》(下)(北京:人民出版社,1985),页154-155。

③ 周恩来:〈周恩来总理在苏联驻我国大使尤金举行的招待会上的讲话〉,《新华月报》1954年第11号,页36。

④ Victor Terras, "The Twentieth Century: the Era of Socialist Realism, 1925-53", pp. 515-516.

⑤ 有关40年代末,日丹诺夫关于文艺政策的主张被中国文坛所译介、接受的情况可参考汪介之:《回望与沉思——俄苏文论在20世纪中国文坛》(北京:北京大学出版社,2005),页197-198。

我们再把目光由广泛的中国文坛缩小至翻译界。以《译文》为主要观察对象，我们可以看出当时的中国译坛在对外国文学的译介择取、批评的标准和目的等方面，与在中国文坛广泛传播的"日丹诺夫主义"亦形成了共鸣。

《译文》在1953年7月的创刊号上发表了一篇与当时苏联文艺"气候"很不"合拍"①的论文:〈苏联文学的基本特征〉。此文是杰明季耶夫②等三人合著的《俄罗斯苏维埃文学》一书的绪论。此书出版于1951年，恰恰是"日丹诺夫主义"在苏联大行其道之时。

该文首先强调了社会主义文学的基本内容，即超阶级的非党的文学和艺术是不存在的;"文学应该成为为社会主义而进行的总的斗争的一个组成部分，应该成为党的工作的一个组成部分"③。作者一再强调在文学中贯彻"党性"、文艺为国家和政治服务的原则;因而，在文学创作中，社会主义苏联的作品应该"表现出苏联人民在列宁和斯大林党的领导下，怎样完成了世界上最伟大的革命;在国内战争的年代中，怎样捍卫了社会主义祖国和十月革命的成果，……苏联人民怎样把曾经是落后的俄国，变成了拥有大工业和集体农业的社会主义强国;苏联人民怎样在跟法西斯主义进行决死的战斗中，赢得了胜利。……怎样在布尔什维克党的领导下，建设着共产主义社会……"④，苏联文学中的主要人物应该是"建设着共产主义社会的工人、集体农庄庄员和知识分子"⑤，及"党员、工程师、共青团员、少年先锋队员、经济工作人员"⑥等"新生活的积极建设者"⑦和"正面人物"⑧。同时，"还要为反对生活中的一切恶劣现象、为反对敌视我们的、与我们格格不入的事物进行积极斗争。"⑨该文多处更是直接引用日丹诺夫的"指示"，称"革命的浪漫主义应当作为一个组成部分列入文学的创作里去，因为我们党的全部生活、工人阶级的全部生活及其斗争，就在于把最严肃的、最沉着的实际工作跟最伟大的英雄气概和辉煌壮丽的远景结合起来。"⑩因此，苏联文学成为与资产阶级的"下流文

---

① 1953年，苏联文坛开始展开大规模的反对"日丹诺夫主义"及"无冲突论"的斗争，苏共新领导人加快了文艺政策的调整步伐，详见下文分析。
② 该论文中出现的部分作者暂无法查出其原名及生卒年份。
③ 杰明季耶夫等(著)、方土人(译):〈苏联文学的基本特征〉，《译文》1953年7月号，页213。
④ 同上，页216。
⑤ 同上。
⑥ 同上。
⑦ 同上。
⑧ 同上，页222。
⑨ 同上。
⑩ 同上，页223。

章"①相对立的"最有思想、最先进和最革命的文学"②。

不久，即在《译文》1953年8月号上的"译作广告介绍"一栏中，编辑部又向读者推荐了1949年斯大林文学奖获奖作品——巴巴耶夫斯基（S. P. Babayevsky, 1909—2000）的《阳光普照大地》。这部作品是斯大林时期，苏联文坛在"无冲突论"导引下的代表作之一③。

我们再观察发表在《译文》1953年7月号到1956年3月号上的文学作品，从题材的择取、人物形象的塑造，再到故事情节突显的教育意义和主题思想等方面，日丹诺夫式的文学特征无处不在。其间，《译文》发表的文学作品主要译自苏联，这些作品的题材集中在两个方面。一是反映社会主义国家建设的译作，其主人公的身份涉及了建筑工人、轮船舵手、电焊女工、修桥工、农民、儿童、党员等各阶层，作品极力塑造了他们正面、高大的人物形象。如刊载在创刊号上的鲍列斯·波列伏依（B. Polevoi, 1908—1981）的小说〈幸福的航程〉，以一种浓重地粉饰现实的气氛塑造了一群"生活在这样幸福的时代，有这么多光荣事业的时代"④中的水手、舵手、伏尔加—顿河运河的建筑者，一群与"伟大斯大林的同时代人"⑤。有学者称这种表现形式的文学为"节日文学"——只会写先进与落后，或者"好与更好之间的冲突"，这种冲突发展的结果必然是矛盾顺利解决，生活变得更加美好⑥。作品创作遵循的是一种人为的公式化、概念化的模式，而鲜见鲜活的生活与丰富的人物形象的刻画⑦。另一方面是以战争为题材的作品，它们以苏联及其他社会主义国家国内革命、反法西斯战争时期为背景，多是直接刻画了一批在革命战争中英勇无畏、形象光辉的英雄人物，如犹利·纳吉宾（Yuryj Markovich Nagibin, 1924—1994）的〈瓦甘诺夫〉。一些诗歌更是以"颂歌"的形式，歌颂革命英雄和斯大林对反法西斯战争的领导。对国家建设和革命战争这两类题材的译介就占了该阶段

---

① 杰明季耶夫等（著）、方土人（译）：〈苏联文学的基本特征〉，《译文》1953年7月号，页232。

② 同上。

③ 在1954年底召开的苏联第二次作家代表大会上，这部作品因为"对生活中各种现实的矛盾"视而不见，"主要关心他的人物怎样获得日新月异的成就"而受到批判。陈建华：《二十世纪中俄文学关系》，页174。

④ 鲍列斯·波列伏依（著）、刘辽逸（译）：〈幸福的航程〉，《译文》1953年7月号，页6。

⑤ 同上，页16。

⑥ 陈建华：《二十世纪中俄文学关系》，页170。

⑦ 特瓦尔多夫斯基所写的一首讽刺诗很能说明在"日丹诺夫主义"及"无冲突论"的影响下，这种"节日文学"的特点：长篇小说事先已经写好，挟着原稿上工地号两口灰，再用棍子捅捅混凝土，把作品和生活作一番校对。一转眼，第一卷已经脱稿，里面要啥有啥，面面俱到：有革新了的砌砖操作法，保守的副主任，先进的他和她；有成长过程中的主席和第一次试转的发动机；有惊险的情节，有大风雪，有共产主义风格的老大爷；有党小组长率领突击队，有部长下车间，还有跳舞会……参见特瓦尔朵夫斯基（著）、飞白、罗昕等（译）：《山外青山天外天》（北京：作家出版社，1961），页61，录自陈建华：《二十世纪中俄文学关系》，页170。

文学作品译介总数的三分之二。

以1953年9月号接连刊载的安东诺夫(Sergey Antonov, 1915—1995)的3篇短篇小说为例。在该期的"后记"中,"编者"对此三文做了简评。首先值得一提的是,在《译文》每期的"后记"中,常常会由"编者"或译者本人对译作进行思想、内容的概括或评论,从一些特定角度对原作者的生平、文学成就及主要作品进行介绍。这些文学评论不仅仅反映了编者或译者个人对作品及作家的态度或喜好,更反映出当时的文艺思潮对文学作品择取发表时的标准。这些标准究竟是出于文学欣赏的需要,还是和政治对文艺的影响与干预有关? 为什么一些作家的作品可以在《译文》上发表,可以在中国的文化政治语境中得以传播? 这是与这些作家在本国或他国的文学"名声"有关吗? 他们的文学名声是如何在译入语文化语境中"建构"起来的? 对编者后记的分析成为解决这些问题的一种途径。

对安东诺夫这3部作品的简评看似是对文章内容及中心思想的概括,实质上说明了在当时的政治文化语境中,相类似的文章何以受到《译文》青睐的主要原因。〈电车上〉描写了一个青年小伙对待共产主义建设的态度发展过程。当他的一些"孩子式的天真想法",与他刚开始不久的独立的劳动生活发生"矛盾"的时候,通过对其他劳动者的观察和学习,他终于有了"和成年人的世界相一致的感情,对自己的工作与行为应当负责的感情"。〈舍格洛沃车站〉则通过车站站长伊凡诺维奇对于幸福"狭窄而渺小"的观念,与对"建设和新人""感兴趣"的娜嘉之间的对比,突出了"新旧事物之间的斗争",并且"新的战胜了旧的"。小说结尾伊凡诺维奇所说的一句话:"你就这样把青春坐过去吗? 你想我就会这样一辈子来照顾你们吗?"①预示着"伊凡诺维奇不会站在伟大的建设生活外面。"〈雨〉则通过建桥等事件,表现了一群"积极进行建设的普通的苏维埃人"和他们的"高贵品德";同时也刻画了"旧思想残余非常浓厚的瓦林金娜·盖奥尔李也夫娜……在这种前进着的生活中慢慢也改变了过来,生活带着她前进了。"②这3篇小说的情节安排和人物刻画的技巧其实十分简单。作者截取了诸如"铁路"、"车站"、"桥"等可以体现"社会主义建设"的"时代符号",或作为主人公交谈的话题,或成为他们的工作背景,以此突显情节发展和人物身处的时代背景。而情节的展开更是单一地采用了对比法,即群体间"先进"与"落后"的对比,或是个人思想中"新"与"旧"的对比。对比的结果是使情节非常顺利地发展到先进战胜了落后,并带动落后变为先进;新思想克服了旧观念的结局。这种非常程式化的写作,连《译文》的编者也不得不承认安东诺夫的作品"没有尖锐的戏剧性冲突,也没有曲折的情节"③。

---

① 安东诺夫(著)、亚克(译):〈舍格洛沃车站〉,《译文》1953年9月号,页21。
② 〈后记〉,《译文》1953年9月号,页212-213。
③ 同上,页212。

但恰恰是因为它们"在平凡的日常生活当中,却能表现意义重大的典型现象,并且以诗一般的手法来描写具有崇高理想与高贵道德品质的共产主义建设者"①,而倍受当时苏联文坛的青睐:〈在电车上〉和〈舍格洛沃车站〉获得了1950年的斯大林文艺奖金;〈雨〉则被当时苏联批评界认为是安东诺夫最优秀的作品之一。

除了上文所出现的"新"与"旧"、"先进"与"落后"两对矛盾外,第三类对比就是通过对社会主义事业及其人物的称颂和对资本主义/帝国主义"反动"行为的抨击,直接把资本主义社会"建构"成一种劳动者受到剥削、警察等国家机器肆意施暴的"人间地狱"。我们不乏看到作者、"后记"编者或译者,把作家何塞·马蒂(José Martí, 1853—1895)称为"伟大的爱国志士,民族解放思想的热烈的宣扬者,美帝毫不妥协的劲敌"②;称梅里美(Prosper Mérimée, 1803—1870)笔下卡门的形象"受资产阶级文化毒害","暴露市侩道德"③;马尔兹(A. Albert Maltz, 1908—1985)的小说"揭露美国虐待黑人的事实,淋漓尽致地刻画出美国资产阶级的丑态和罪行"④;就连艺术在"资本主义社会"也难逃"厄运",艺术家更是遭际"凄惨"⑤……对这类文学作品的译介,实质上是在通过对资本主义"暴力"与"堕落"社会形象的"想象"和"建构",来塑造与突显社会主义国家的新形象。而其背后则表现了在意识形态的摆布下,译介域外文学作品时,"冷战"思维反映到文学现象后的择取标准。正如日丹诺夫所言:"沉湎于神秘主义和僧侣主义,迷醉于色情文学和春宫画片——这就是资产阶级文化衰颓和腐朽的特征。资产阶级文学,把自己的笔出卖给了资本家的资产阶级文学,它的'著名人物'现在是盗贼、侦探、娼妓和流氓了。"⑥

综上分析,我们可以看到贯穿于该阶段《译文》诸篇文学作品中的三种对比形式,实则都离不开以意识形态作为择取译作的标准来区分作品的所谓"优秀"与否、衡量作家的"成绩"大小。作品的"思想性"、为政治与时代服务的紧密性取代了文学作品本身的"文学性"和审美因素,而成为《译文》在选择作品发表时的首要考虑标准。

面对这样的文学现象,需要我们注意的是:从1952、1953年开始,苏联文艺界发生重大转折——1952年底,苏共第19次代表大会号召作家艺术家"无情地抨击社会中仍然存在的恶习、缺点和不健康的现象","大胆地表现生活的矛盾和冲

---

① 〈后记〉,《译文》1953年9月号,页212。
② 同上,页131。
③ 〈后记〉,《译文》1953年10月号,页227。
④ 〈后记〉,《译文》1953年11月号,页205。
⑤ 〈后记〉,《译文》1954年5月号,页216。
⑥ 日丹诺夫(著)、戈宝权(译):〈在第一次苏联作家代表大会上的讲演〉,页24。

突"①;1954 年底,在苏联第二次作家代表大会上,爱伦堡(Allenburg,1981—1967)针对作家创作的"不真诚"(insincerity),作家和批评家以"非白即黑"的观念看待世界的现象作了批评②。尤其值得注意的是,苏共中央委员会在给这次大会的祝词中明确指出:"在一些作品中表现出了有些粉饰现实、对发展过程中的矛盾和生长过程中的困难默不作声的倾向,这种倾向对我国文学的发展起了不良的影响。"③在这种明确的政治方针的指引下,长期统治苏联文坛的教条主义理论在这次会议上得以清算④。那么,为何《译文》仍要坚守苏联文坛开始放弃的"阵地"?

三、日丹诺夫式的政治宣判——以"胡风事件" 与《译文》的关系为考察中心

1951—1953 年间,中国文艺界也同样进行了一次"整风学习",主要目的就是为了确定文艺工作者必须拥有马克思主义,尤其是毛泽东思想的立场,与人民相结合。而正在近乎"全盘苏化"地接受苏联文艺政策和文艺观念的中国文艺界,要求在"向苏联文学的社会主义现实主义学习"的过程中,"最重要的,就是学习如何描写生活中新的和旧的力量的矛盾和斗争,学习如何创造体现了共产主义高尚道德和品质的新的人物的性格"⑤。周扬更是直接称"……日丹诺夫同志的关于文艺问题的讲演""给与了我们以最正确、最重要的指南"⑥。在"整风"过程中,北京文艺界"整风学习委员会"规定的 6 个学习文件中,联共(布)中央关于文艺问题的 4 个决议和日丹诺夫的报告⑦赫然在列。而日丹诺夫式的以行政宣判干预文艺事件,并上升到政治批判的层面,无疑对当时中国文坛在受政治领导人的直接干预下所进行的"武训传"、《红楼梦》研究、《文艺报》的批判起到了借镜作用。而发生于 1955 年的"胡风事件"更是把这种"冷战"思维下,从意识形态的层面展开对文学活动的批判发挥到了极致。

1955 年,中国大陆正在如火如荼地批判"胡风反革命集团"。6 月 13 日,《人

---

① 吴元迈(编):《20 世纪外国文学史》(四)(南京:译林出版社,2004),页 497。

② Andrew Baruch Wachtel & Ilya Vinitsky, *Russian Literauture*, p. 235.

③ 马林科夫(著)、人民文学出版社编辑部(译):〈在第十九次党代表大会上关于苏共(布)中央工作的总结报告(摘录)〉,收人民文学出版社编辑部(编):《苏联文学艺术问题》,页 137。

④ Victor Terras, "The Twentieth Century: the Era of Socialist Realism, 1925-53", p. 516.

⑤ 周扬:〈社会主义现实主义——中国文学前进的道路〉,《人民日报》,1953 年 1 月 11 日,版 3。

⑥ 同上。

⑦ 这 4 个决议和报告分别是:〈关于《星》和《列宁格勒》两杂志〉、〈关于剧场上演节目及其改进办法〉、〈关于影片《灿烂的生活》〉、〈关于穆拉杰里的歌剧"伟大的友谊"〉和〈关于《星》和《列宁格勒》两杂志的报告〉,收人民文学出版社编辑部(编):《苏联文学艺术问题》。

民日报》以通栏标题号召"坚决肃清胡风反革命集团和一切暗藏的反革命分子"。
一场由文艺界开始的关于文艺理论的争论,终于演变成一场全国规模的肃清"反
革命分子"的运动。《译文》亦紧跟形势,于当年第 7 期,在介绍完一系列文学作品
之后,在"坚决肃清胡风集团和一切暗藏的反革命分子"的粗体大字的标语之下,
连发 10 篇文章,主要集中批判"胡风反革命集团"对文学翻译的毒害。最具代表
性的就是排在第一篇署名适夷的〈惊心动魄的教训〉一文。虽然此文是以个人名
义发表,但楼适夷(1905—2001)作为当时《译文》副主编,并在茅盾"挂名不办
事"①的情况下,具体负责《译文》的日常出版工作。相比较而言,其他 9 篇文章的
作者②并不具备与《译文》直接相关的政治身份;因而,楼适夷的身份突显了这篇短
文带有明显的《译文》编辑部的"官方立场"。该文首先将胡风(1902—1985)等人
的活动定性为"在文艺工作的幌子底下进行的""反革命的阴谋暗害活动"。接着,
再联系到具体的文学翻译中,指出"(吕荧、满涛等胡风分子)翻译普希金、果戈理
这样伟大的现实主义作家的作品,翻译革命的民主主义理论家别林斯基、车尔尼
雪夫斯基的著作,⋯⋯翻译苏联先进的文学理论,⋯⋯并不是为了要丰富我们祖
国的文学财富,并不是为了要给我们社会主义现实主义的文学艺术建设工作取得
一个借鉴,增加一份力量,而是要歪曲和篡改原作来宣扬他们的反革命论调,散布
和扩大胡风的反动的文学理论的毒素,并借此对党和人民文学事业,进行猛烈的
射击。"③

其实,我们很明显地可以看到这些批判性的文字在内容和逻辑上的空洞和牵
强。胡风的文艺观念对文学翻译的"反革命性"究竟是什么? 在普希金(Alexander
Pushkin, 1799—1837)、果戈理(Nikolai Gogol, 1809—1852)的现实主义作品,及
别林斯基(Vissarion Belinsky, 1811—1848)、车尔尼雪夫斯基(Nikolay Gavrilovich
Chernyshevsky, 1828—1889)的文学理论在当时得到诸多翻译家广泛译介的同时,
为什么偏偏吕荧(1915—1969)和满涛(1916—1978)的翻译就被视作"反革命"行
为? 他们究竟在怎样散播胡风思想? 文中都没有,恐怕也无法给出直接的、令人
信服的回答。当一个文学现象被上纲至政治批判层面后,一切解释都已显得多
余。就像楼适夷在后文中"揭露"吕荧的"罪状",只因他在翻译《叶夫盖尼·奥涅
金》时"保留了三节胡风从日译本译出来的译文,而且特地在后记中声明,这使他
的译文添了光彩。"④

与此同时,《译文》又在该期发表了史高莫洛霍夫的论文〈苏联文学中的警惕

① 茅盾:〈致作协办公室〉,收《茅盾全集(第三十六卷)》(北京:人民文学出版社,1997),页 424。
② 其他 9 位作者是丽尼、何家槐、冯亦代、林陵、汝龙、孙玮、移模、张友松和朱梅俊。
③ 适夷:〈惊心动魄的教训〉,《译文》1955 年 7 月号,页 210。
④ 同上,页 209-210。

性主题〉。在 1953 年斯大林逝世之后的苏联文坛开始逐步摆脱斯大林文艺思想的影响之时,此文开篇仍然在提醒读者:"伟大的斯大林教导说,培养苏联人民高度的政治警惕性、培养他们在跟内外敌人斗争中的不妥协和坚韧精神,是我们最重要的任务之一。"①"编者"在"后记"中明确指出,这篇论文对"肃清胡风集团和一切暗藏的反革命派分子……是具有极其重要的意义的"②。同期发表的其他论文,如西蒙诺夫(Konstantin Mikhailovich Simonov, 1915—1979)的〈我们文学的战斗队伍〉再次强调了"我们文学的党性原则,文学抱着明确的目标参加为共产主义的斗争这个原则,对于我们说来,是丝毫没有争论的余地的"③。莫蒂廖娃的〈资本主义国家的进步文学和社会主义现实主义〉则指出了"资本主义国家社会主义现实主义文学的许多优秀作品,它们主人公都是劳动人民中的先进人物,人民战士,共产党和工人党的活动家。这一铁的事实又说明了胡风反革命集团的反动的所谓的'五把刀子'的'理论'的完全破产。"④

紧接着的 1955 年 8 月,《译文》在该期开篇又再次打出"坚决肃清胡风集团和一切暗藏的反革命分子"的标题,并连发 5 篇批判性政论文。这 5 篇文章中有 4 篇直接把矛头指向"胡风分子"满涛在文学翻译中的"阴谋"。4 篇文章中还包括了 1 篇以"编辑部"的名义发表的〈胡风分子满涛是怎样进攻《译文》的〉。

那么,满涛为什么在此时成为了《译文》编辑部的"主攻"对象? 编辑部的这一态度又对《译文》后来的发展产生了怎样的影响?

观察这 4 篇文章中的前 3 篇,即〈坚决肃清别有用心的翻译走私贩〉、〈满涛在"文学的战斗传统"中偷运私货〉和〈揭穿胡风分子满涛在文学翻译中的阴谋〉,与《译文》前一期发表的几篇批判性的论文,及当时社会上流行的批判文章,并没有多大的区别和特色,无非就是突显他的文学观念与当时主流文学观念间的冲突,并从他的作品、译作和活动中找出"罪证"。问题就出现在那篇在《译文》批判"胡风事件"的过程中,唯一以"编辑部"的名义发表的文章〈胡风分子满涛是怎样进攻《译文》的〉。这篇文章的不同之处就在于,它采用的不是当时流行的、直接从满涛文艺观念入手的批判方式,实际目的则是要处理满涛与《译文》的关系。那么,编辑部是怎样处理这二者间的关系的? 这样做的原因究竟何在?

如果我们查阅当时受到批判的"胡风分子"名录,便可以发现,满涛是其中唯一一位在《译文》创刊至"胡风事件"事发前,在《译文》上发表过译作的翻译家。这对向来以意识形态为导向的《译文》编辑部而言,无疑成了其不可饶恕的"错

---

① 史高莫洛霍夫(著)、林予(译):〈苏联文学中的警惕性主题〉,《译文》1955 年 7 月号,页 126。
② 〈后记〉,《译文》1955 年 7 月号,页 242。
③ 西蒙诺夫(著)、松若(译):〈我们文学的战斗队伍〉,《译文》1955 年 7 月号,页 121。
④ 〈后记〉,《译文》1955 年 7 月号,页 243。

误"。在当时的批判大潮中，与"胡风分子"的通信都可能成为"罪证"的形势下，《译文》编辑部所要做的就是要立刻澄清问题、摆正立场，以免受到牵连。

所以很有意思的是，《译文》编辑部在梳理满涛与其之间的关系时，是从1953年7月和11月份间，满涛写给编辑部的两份信开始的。这两封信成为满涛"攻击"《译文》的主要"罪证"。也就是说，自《译文》创刊之始，满涛就"用胡风反革命集团的惯技——所谓'提意见'的'战术'——向'译文'进行袭击了。"①编辑部一开文首先要澄清的是，自己从一开始就是一个"受害者"，这也就为其后来刊载满涛译文的"错误"留下了可供辩解与回旋的余地。

而文中编辑部为自己"辩护"的方式更为有趣。它主要搬出满涛在信中提到的两个问题，即"'捧'出鲁迅"②和"介绍苏联的革命文学"③，认为满涛提出这两个问题现在看来是别有用心的。编辑部的做法其实非常巧妙，因为"'捧'出鲁迅"和"介绍苏联的革命文学"在当时都是非常正确的政治方向。也就是说字面上观察满涛给《译文》编辑部的信件内容，本身看不出什么政治上的错误来，只是编辑部一时没有理解出满涛这样"'捧'出鲁迅"实际上是要"诬蔑我们文艺界"，认为"鲁迅的时代已经过去"；而提倡"介绍苏联的革命文学"本来是"十分应该的"，但是满涛在骨子里"一向是从阶级本能上否定甚至仇视苏联的革命文学的"④。这种辩解方式实际上是在说，如果从表面上理解满涛的观念，编辑部自身根本没有错，相反是在坚定地执行正确的政治方针。编辑部巧妙地把自己定位在始终是个"受害者"的位置上，它受到满涛"逼迫"，要求"放弃马克思列宁主义的文艺理论和党的文艺政策，而接受胡风反革命集团'自己的文艺主张'"⑤。对于想方设法摆脱与"胡风事件"相关联的编辑部，在"承认"自己唯一犯下的错误是"麻痹大意，警惕不够，我们始终以为这不过是文艺思想上的问题，而没有警觉到这是胡风反革命集团整个有组织的阴谋破坏活动的一部分，甚至也没有对满涛个人作一般的批判的答复"⑥的同时，也不忘为自己开脱一句："当'译文'编辑部接到满涛这两封挑战信的时候，我们认识到他'自己的文艺主张'是错误的，所以根本没有接受他的'主张'。"⑦

但是，就是这篇讲满涛"攻击"《译文》的文章，始终没有提及他曾在《译文》上发表过3篇译作这一情况。并非孤立的是，1955年7月号刊载的那篇楼适夷的

---

① 《译文》编辑部：〈胡风分子满涛是怎样进攻《译文》的〉，页19。
② 同上，页20。
③ 同上，页21。
④ 同上。
⑤ 同上，页22。
⑥ 同上，页24。
⑦ 同上。

〈惊心动魄的教训〉一文,在揭露满涛翻译果戈理的真正用意是在"歪曲和篡改原作来宣扬他们的反革命论调"①时,也只字未提满涛发表在《译文》上的3篇译作均是果戈理的作品。难道是因为编辑部并不将满涛在《译文》上发表这些译作的行为视为"反革命罪证"?当然不是。否则楼适夷也不会论断满涛在宣扬"反革命论调"。事实上,我们在观察编辑部如何梳理满涛怎样"攻击《译文》"时,就可以看出,编辑部没有也无法对刊载满涛译作这一行为提供合理的解释。即便编辑部一再强调是受到满涛的"逼迫",但他们毕竟无法提供直接的证据证明他们的论断。我们观察到编辑部自始就把自己置于被动的"受害者"这一位置,但刊载满涛译作却恰恰是一种主动性的迎合行为。而同时,编辑部在文中已然承认在创刊之初收到满涛信件之时,就认识到他的"错误","根本没有接受他的'主张'"②。既然如此,何来又出现了其后刊载在《译文》上的3篇译作呢?对于急于摆脱干系的编辑部来说,这样自相矛盾的说法,只能置其于更为被动的局面。由此我们可以看到,本来纯粹属于文学现象的问题,被需要通过政治宣判的方式来解决时,政治话语根本无法对文学现象的发生、发展提供一个理性的解释——文学与政治之间的悖论关系莫过于此。这也是编辑部没有,也无法在"揭露"满涛"罪行"时,提及其在《译文》上3篇译作的实质原因。

《译文》编辑部唯恐因为满涛问题而牵连自己,并非毫无缘由的"庸人自扰"。除了上文提及的"胡风案件"涉及面很广,稍有关联的就可能被牵涉进去外,更是因为在当时中国文坛、政界,常以"日丹诺夫式"政治宣判的方式来裁决一个文学现象的所谓"对、错",决定一种文学期刊的发展方向及其编辑部成员的前途命运。比如俞平伯(1900—1990)、《文艺报》及丁玲(1904—1986)等事件和人物的"前车之鉴"③,就不可能不引起《译文》编辑部的担忧与重视。

在对待满涛问题上的"错误"表现,成为编辑部急于摆脱窘境的主要原因,因此,采取变被动为主动的补救措施成为编辑部亟需考虑的方式。果然,在1955年7月号的《译文》上,编辑部就以"告读者"的形式对出版方针首先做了自我批评:"刊物的缺点显然还很严重,主要的就是缺乏明确的战斗方向和生气勃勃的作风","忽略了结合当前政治经济生活来选择作品","编辑部对于刊物在我们人民生活中应起的战斗作用没有足够的认识"④。

---

① 适夷:〈惊心动魄的教训〉,页210。
② 《译文》编辑部:〈胡风分子满涛是怎样进攻《译文》的〉,《译文》1955年8月号,页24。
③ 1950年代初,在一系列的文艺整风运动中,诸多重要的作家、机关刊物,由于政治上的"不正确"而受到"政治批判"。这些事件牵涉面广泛,影响巨大。已有不少有关的论文论著面世。如孙玉明:《红学:1954》(北京:北京图书馆出版社,2003);杨桂欣:《丁玲与周扬的恩怨》(武汉:湖北人民出版社,2006),等。
④ 《译文》编辑部:〈告读者〉,《译文》1955年7月号,页247-248。

我们可以观察到一个很有意思的现象,在当时受意识形态主导的中国文坛,因为经常受到政治运动的影响,且波及了个人及期刊杂志的前途命运,而使得一种对政治过分操控文艺的"慌恐"情绪弥漫在办刊过程中。最鲜明的体现就是编辑部会经常性地作"自我检讨",唯恐跟不上政治形势发展的需要。比如在1951年备受冲击的《文艺报》编辑部,在其后的办刊过程中更加小心地处理文学与政治的关系。一有读者对其报上发表的某些作品不满,就如同"惊弓之鸟"般迅速做出回应和主动进行自我批评,以免在将来不可预知的政治运动中处于被动地位①。而被"胡风事件"所波及的《译文》编辑部,此时也同样弥漫着这种"慌恐"的办刊心理——从其〈告读者〉中的反复自我批评就可见一斑。《译文》在其后的办刊过程中,也会经常性地以"没有满足读者要求"来进行自我批评,甚至因此调整办刊方针。从表面来看,这种"慌恐"来自于读者的批评与不满,但实质上不然。需要我们注意的是,1949年前,出版社多系私营,自负盈亏,读者对市场的反映是出版社利益攸关的参考因素,出版与读者通过市场紧密关联。而一旦出版事业国有化、计划化之后,传统意义上的出版与读者通过市场紧密相连的关系已经不存在了。在市场导向下,"读者反馈"这一曾对出版社利益(主要是经济利益)攸关的因素不再具有决定性作用。而1949年之后,在出版机构的大整顿中,私有化的出版机构逐渐被公有化的出版机构所替代②。在公有制条件下,出版社的盈亏由国家承担,利润高低不影响编辑部工作人员的工资收入③与政绩考核,工资标准统一,出版与发行分开,政治标准成为职员晋升的主要考量指标。在这样的情况下,所谓"读者来信"中读者们提到的对文学出版的要求恰恰是国家政治和主流意识形态操控下的媒介对他们宣传与灌输的结果。与其说编辑部、出版社重视"读者来信",不如说是他们出于政治上自我保护的意识而防患于未然,主动趋附"读者"背后的意识形态。

---

① 可以参考康濯:〈评《〈不能走那一条路〉及其批评》〉一文及其注脚部分。参见冯牧主(编):《中国新文学大系(1949—1976)》(第1集)(上海:上海文艺出版社,1997),页567。

② 1950年4月,《关于统一全国新华书店的决定》的文件公布,要求全国的新华书店迅速走向统一、集中,加强专业化、企业化,以担任国家的出版发行任务,发展人民的出版事业,着重出版的内容包括马列主义毛泽东思想的各种译著。(邹振环:〈绪论〉,《20世纪上海翻译出版与文化变迁》[南宁:广西教育出版社,2001],页17。)9月,国家出版总署要求公私出版社逐步实现出版与发行分离、出版与印刷分离和出版专业化方针。12月,商务印书馆、中华书局、开明书局、三联书店和联营书店这5家最有影响的民营出版社的发行机构以及在全国80多个分支店,被重组为中国图书发行公司,成为新华书店以外的第二个全国性发行系统。1954年,中国图书发行公司撤销,并入新华书店。至此,中国建立起了统一的发行渠道。

③ 正如有学者所言,当时社长、总编和编辑的工资收入"财务上要求很低,有时也有利润指标,但不严格要求。各出版社实行统一的工资标准,不与利润挂钩"。王益:〈出版、发行的分与合〉,《中国出版》1997年第1期,页14。

随即,《译文》编辑部对办刊的一些具体措施进行了调整,主要包括:"加强外国先进的文艺理论和文艺批评的介绍,以配合我们文艺战线上的反对资产阶级唯心主义思想的斗争和帮助我们文学创作的思想艺术水平的提高";"为了帮助克服文学翻译界的非政治倾向和粗制滥造现象,特别是为了肃清胡风反革命集团在外国文学翻译和介绍工作中的阴谋活动……我们从本期起分出一定的篇幅,刊载关于文学翻译理论和批评的文章";"为了帮助我们的读者经常了解世界各国文艺界的活动,他们在创作和理论上的最新成就,他们为了和平建设、保卫和平反对战争所进行的斗争,我们决定从本期起恢复'世界文艺动态'栏"[1]。从调整的这些方针中可以明显看出,编辑部显然加强了文学翻译与时代的联系,更加强调文学为政治,尤其是当前的政治形势服务的功能。另外值得一提的是,编辑部出于"目前国家出版社已有大量出版或者正在计划出版"的原因,而决定酌量减少刊载世界各国的古典文学作品。其实,在编辑部决定调整《译文》办刊方针后,古典文学刊载数量的减少是必然趋势。一方面,对已经决定加强翻译文学的时代性与政治性的《译文》而言,古典文学显然在"先天"上就缺少时代感;而翻译理论和批评文章的出现,又将势必占据《译文》在篇幅安排上的一部分,"不合时宜"的古典文学自是首当其冲地受到冲击。

在办刊方针的调整之下,一批强调文学创作和理论研究中需掌握"正确"的政治方向的论文不断在《译文》刊载。1955年8月号刊载的沙莫达的〈论艺术形象的若干特点和艺术性的概念〉,根据列宁(Vladimir Lenin,1870—1924)的文学党性原则和唯物反映论对艺术形象的几个特点和艺术性问题作了说明,强调文学作品的艺术性取决于作家的思想高度,形式的完美取决于文学所宣传的是怎样的思想,它为怎样的内容服务[2]。1955年9月号上,几位中国作家又对"胡风分子"吕荧、绿原(1922—2009)等展开批判,紧锣密鼓地配合当时的政治运动[3]。1955年11月号上,更是在开篇连发6篇国外"进步作家"[4]的论文,纪念"伟大十月社会主

---

[1] 编辑部:〈告读者〉,《译文》1955年7月号,页247—250。

[2] 沙莫达:〈论艺术形象的若干特点和艺术性的概念〉,《译文》1955年8月号,页189。

[3] 包括了谷鹰:〈揭发胡风分子吕荧窜改经典著作的阴谋〉,《译文》1955年9月号,页75-81。余振:〈吕荧怎样歪曲和诬蔑普希金〉,同上,页81-85。丽尼:〈胡风分子绿原在文学翻译中的破坏活动〉,同上,页86-95。叶君健:〈胡风分子绿原在文学翻译中的破坏活动〉,同上,页100-102。汝龙:〈不许歪曲契诃夫〉,同上,页95-100。

[4] 所谓"进步作家"在《译文》中体现为具备共产党身份或与共产党关系密切的"左翼文学"作家,他们因为阶级立场、意识形态的趋同性,而使其作品成为译入语环境中最为可靠的译介对象。

义革命三十八周年"①。在这一期中,政论文达到了 10 篇,在数量和篇幅上远远超过了同期发表的文学作品的数量。这种情况相对于还在〈发刊词〉中倡导"迫切地需要"借鉴外国文学作品,及在"胡风"事件前,还是以刊载文学作品(包括古典文学作品)为主导的《译文》而言,随着"胡风事件"的爆发、办刊方针的调整,能够直接体现时代性、加强政治性的文学理论、文学批评和世界文艺动态,开始在数量上和篇幅上与外国文学作品一起各自占据《译文》的"半壁江山"。

而在 1955 年 12 月号上刊载的〈一九〇五年布尔什维克报刊为现实主义斗争的史实〉一文,更是通过回顾苏联办刊的历史,直接提醒我们"党的报刊为文学与艺术的高度思想性和现实主义进行斗争的历史,是共产党经常关怀人民的根本利益的最光辉的表现之一。"直接突显了作为党的报刊在处理文学与政治的关系时,文学应该"服从党在革命斗争的这一个或那一个阶段所面临的最重大的任务"②。这篇文章实质上为《译文》作为共产党领导下的重要期刊,如何在新的政治环境中加强为政治服务、突出以主流意识形态为导向的功能,做出了诠释。

当我们审视"胡风事件"与《译文》的关系时可以发现,以《译文》为主要阵地的中国翻译界在对待满涛、吕荧等文艺界的"胡风分子"时,与日丹诺夫在处理左琴科与阿赫玛托娃的方式与态度上有相当一致的趋同性。从本质上说,作家及其相关的文学活动都被置于政治的绝对领导之下。文学作品要突出"党性"、"人民性"原则,文学要为政治服务,成为中苏社会主义文学发展所需要遵循的共同原则。当政治相对于文学的关系处于绝对的强势与领导地位时,用政治宣判的形式来决定文学活动的性质、文学家的命运,即成为题中应有之义。在此基础上,需要我们思考的是,"胡风事件"发生的根本原因是什么? 为什么会对《译文》,及相关作家、翻译家产生如此大的冲击和影响?

四、问题的解决(之一)
——1950 年代初文学翻译活动的体制化

上文主要从两方面考察了出现在 1950 年代上半期《译文》上的"日丹诺夫主

---

① 这几部作品分别为:罗曼·罗兰(著)、苏牧、盛澄华(译):〈真正人民的革命〉,《译文》1955 年 11 月号,页 1-8。阿那托尔·法郎士(著)、李光中(译):〈社会主义是人类的良心〉,同上,页 8-11。亨利·巴比塞(著)、高名凯(译):〈巨人的步伐〉,同上,页 12-18。鲁达尔·葛立格(著)、伊信(译):〈先进的和平战士,新人类的创造者〉,同上,页 23-27。西奥陀·德莱塞(著)、严敏(译):〈普遍平等、社会幸福的榜样〉,同上,页 23-29。马丁·安德逊·尼克索(著)、严敏(译):〈像磐石一样巩固地屹立着〉,同上,页 29-30。

② 尤菲特(著)、张正(译):〈一九〇五年布尔什维克报刊为现实主义斗争的史实〉,《译文》1955 年 12 月号,页 180。

义"文学现象。一方面,这一时期《译文》译介的文学作品、文论都带有明显的"日丹诺夫主义"的烙印;另一方面,《译文》紧跟当时中国国内政治形势,以日丹诺夫式的政治宣判的形式批判翻译界的"胡风分子"满涛等人。在此两方面考察的基础上需要思考和解决的相关问题是:在同一时期(即1950年代上半期)的苏联文坛、政坛开始清算"日丹诺夫主义"时,一向提倡"向苏联学习"的中国文坛/翻译界为什么要在此时极力宣扬"日丹诺夫主义"? 或者说当我们透过《译文》,可以看到中国文坛的相关文学活动及其表现与"日丹诺夫主义"形成共鸣时,这些文学现象发生的根本原因是什么? 为什么会对《译文》产生如此大的影响?《译文》这份文学杂志为什么需要紧密配合当时中国自身的方针政策?

这一问题的解答,首先要从1949年后作家、翻译家的文学活动,及他们所隶属的相关"单位"被纳入"体制",文学作品成为"国家话语"建构的一部分等现象分析起。

1949年7月,中华全国第一次文艺工作者代表大会召开。这次会议的一个直接成果就是在周恩来的提议下成立了全国性的文艺组织"中华全国文学艺术界联合会"(简称"文联")。有学者称它的突出意义在于"为中华人民共和国绘制了一个对日后文学实践产生重大影响的文学体制"[1]。1953年创刊的《译文》及其编委会就直接隶属于"中华全国文学工作者协会"(简称"文协"),而"文协"就是在"文联"成立后,随即成立的"文联"下属的一个重要组织机构。会上,代表着新政权意志的周扬指出,"解放区文艺工作者学习了马列主义毛泽东思想,参加了各种群众斗争和实际工作,并从斗争中和工作中开始学习了体验了中国共产党、中国人民解放军与人民政府的各项政策,这就是解放区文艺所以获得健康成长的最根本的原因","今后要对新解放区的群众首先做普及工作"。并且斩钉截铁、毫不含糊地确认:"毛主席的《在延安文艺座谈会上的讲话》规定了新中国的文艺的方向,解放区文艺工作者自觉地坚决地实践了这个方向,并以自己的全部经验证明了这个方向的完全正确,深信除此之外再没有第二个方向了,如果有,那就是错误的方向。"[2]显然"解放区"的文艺发展模式(或如洪子诚所称的"以延安文学作为主要构成的左翼文学"[3])此时已然成为"正统"。

在大会将毛泽东《在延安文艺座谈会上的讲话》(以下简称〈讲话〉)的文艺方针及"工农兵"文学成功确定为中国文艺界未来发展的原则和方向后,如何确保该

---

① 斯炎伟:〈在焦灼与兴奋中趋于大同:"十七年"作家体制心理的生成〉,收吴秀明(编):《"十七年"文学历史评价与人文阐释》(杭州:浙江大学出版社,2007),页220。

② 〈周扬同志在文代大会报告解放区文艺运动 解放区文艺工作的全部经验证明毛主席新方向完全正确〉,《人民日报》,1949年7月6日,版2。

③ 洪子诚:《中国当代文学史》(北京大学出版社,1999),页3。

原则的顺利实施,便是共产党下一步需要考虑的方案了。而动用国家机器,以具体组织机构的形式,达到对文艺家的统一规训、对文艺政策的统一调控和实施,无疑可以将共产党的文艺原则从"纸上谈兵"转化到具体落实。会议的最后一天,全国性的文艺组织"中华全国文学艺术界联合会"宣告成立。随即,"文联"旗下的各种协会陆续成立。最早的就有在7月24日成立的"中华全国文学工作者协会"。不久,"文联"属下的各种相关文艺团体与组织在全国范围内相继成立。"文联"、"文协"等机构成立之后,各地文艺工作者纷纷加入相应的文艺协会与组织,开始接受"党的领导",并进行符合主流意识形态的文学实践,这里面就包括了文学创作和文学翻译。

我们可以注意到,"胡风事件"的高潮源自于胡风本人向中央递交的〈三十万言书〉。胡风本人写"万言书"的初衷不仅在于保持与"四中全会决议精神"的一致,以"打痛""身上的自由主义因素"来"解放我自己"①;究其全文的重点与核心——理论部分,我们仍可以于表面上看出其讨论的范围并没有脱离共产主义文艺方向:(1)"作家要从事创作实践,非得先有完美无缺的共产主义世界观不可";(2)"只有工农兵的生活才算生活";(3)"只有思想改造好了才能创作";(4)"只有过去的形式才算民族形式";(5)"题材有重要与否之分,题材能决定作品的价值"②。甚至有学者如是论断:胡风对现实主义的理解更接近马克思恩格斯论述现实主义的原旨③。但是,当这种观念与以〈讲话〉为代表的毛泽东文艺思想——这种已被活学活用的马克思主义文艺理论相冲突时④,胡风及其同仁们的悲剧命运也就不可避免了。毛泽东通过〈讲话〉所确立的文艺方向,从本质意义上说,是意识形态导向的根本转变,是配合中国共产党在国内政治地位的改变而对文艺根本方向的重新设计,即要求文艺从以揭露旧统治政权的黑暗、颠覆国民党统治为主的否定文学向歌颂已在解放区初具雏形的新政权、并为新的政权提供意识形态合法化的肯定方向实行战略性的转变⑤。而胡风的批判者们也正是严格准确地按照意识形态合法化要求的逻辑来给胡风定罪的——"看不到旧现实主义和社会主义现实主义的根本区别"⑥,与〈讲话〉所确立的"革命文艺的新方向"⑦对抗。

此外,又如"胡风事件"的当事人之一贾植芳(1915—2008)在论及胡风一案发

---

① 胡风:《胡风三十万言书》(武汉:湖北人民出版社,2003),页34。
② 同上,页24。
③ 王丽丽:《在文艺与意识形态之间》(北京:中国人民大学出版社,2003),页196。
④ 胡风的文艺观念究竟在哪些方面与毛泽东文艺思想相冲突? 目前关于这方面的研究成果可参考王丽丽:《在文艺与意识形态之间》。
⑤ 王丽丽:《在文艺与意识形态之间》,页195。
⑥ 林默涵:〈胡风的反马克思主义的文艺思想〉,《文艺报》1953年第2号,页3。
⑦ 何其芳:〈现实主义的路,还是反现实主义的路?〉,《文艺报》1953年第3号,页14。

生的必然性时所说明的:("胡风事件"的发生)一是知识分子与新权威的冲突。胡风等人"几乎是吮吸着五四新文化的营养成长,又在抗战的炮火中练就,从小就知道独立人格的宝贵,有一种蔑视一切权威,反抗一切压迫的个人主义冲动"①。因此,"到一九四九年以后,新的政权、新的权威开始发生作用的时候,这一代知识分子与生俱来的个人主义热情与冲动,则成为生在门槛上的芝兰,不能不被锄掉"②;第二,新权威下组织上的大一统与知识分子松散圈子的冲突。1949年后,象征着解放区和国统区大一统的第一次"文代会"开过后,所谓"胡风派"这个松散的小圈子就势必与统一组织下的中国文联发生一些牴牾。他们或是自觉地纳入到这个新威权组织下,或者被摈弃于这个组织之外,此外别无选择③。

作为执政党的中国共产党,通过设立中共中央宣传部及下属的文艺处,对自中央及地方的各文艺组织实行自上而下的"一元化"管理。以"作协"为例,中国作协在各省和大城市都有分会,并相应地设立了党小组;分会的主席和文学刊物的编委,由设在北京的总会和地方党委的宣传部任命④。这样,"党"与各文艺团体之间就建立起了组织或称行政关系。而对于广大文艺工作者而言,加入了这些组织,从某种意义上讲,就意味着拥护、服从共产党及其宣扬的"主流意识形态"的领导,并在文学创作和翻译中体现主流意识形态的导向特征⑤。

自一次"文代会"正式将"文艺为工农兵服务"确定为中国文艺今后发展的指导方针,在包括翻译家在内的文艺工作者被纳入"体制"之内,接受共产党的领导之后;在一系列政府机构、文艺单位建立起来之后;在文学翻译、出版等一系列活动被组织、计划化之后,翻译文学作为服务于政治意识形态的工具性地位得以加

---

① 徐庆全:〈胡风案的必然性〉,页84。
② 同上。
③ 徐庆全:〈胡风案的必然性〉,页84。事实上,在1948年,中国共产党开展整风运动之时,文艺界的领导者周扬等人对当时的胡风集团批判的重点就是个人主义、主观情况,以使他们能够被驯服于工人阶级集体主义的思维之下。Merle Goldman, *Literary Dissent in Communist China* (Cambridge, MA: Harvard University Press, 1967), p. 69.
④ 魏承思:《中国知识分子的浮沉》(香港:Oxford University Press (China) Ltd,2004),页58。
⑤ 社会主义文学生态往往显示出惊人的一致性。1917年,布尔什维克革命的胜利即意味着俄国文学传统的断裂。俄国作家开始了"痛苦而缓慢"的转型。新国家开始试图改变作家对其作品的观念。由具有独立性的和对权威挑战的知识分子和作家所创造的19世纪俄国文学,开始被倡导集体主义精神和为国家服务的"苏联文学"所取代。苏联作协成立以后,大批苏联作家被纳入体制,接受党和国家的规训。文学作品的美学欣赏让步于作品所需体现出来的共产主义思想。Edisard J. Brown, *Russian Literature Since the Revolution Revised and Enlarged Edition* (Cambridge: Harved University Press, 1982), pp. 5-6, 13-14.

强。对内,翻译(外语)"本身就是政治斗争的工具"①,同时要"适应""新政治"、"新经济"、"新文化"②;对外,翻译要一面做"'一边倒'的带路人",一面做"反帝的前卫"③。翻译工作变成了"一个政治任务"④。

1954年8月,中国作协召开了"全国文学翻译工作会议"。会议的主要内容体现在讨论的两大问题上,一是如何把全国的文学翻译工作者,在发展文学翻译工作的任务之下,更加团结地组织起来,更加有计划地让他们进行翻译工作。同时不仅注意潜在翻译力量的发掘和组织,还要注意翻译后继力量的培养;二是提高文学翻译质量问题⑤。茅盾的纲领性报告〈为发展文学翻译事业和提高翻译质量而奋斗〉主要就是围绕这两方面展开的。在谈到"文学翻译工作必须有组织有计划地进行"⑥时,茅盾说:"翻译工作中存在着不少的问题和缺点,而首先是工作的无组织无计划状态。"⑦对过去那种由"译者个人主观好恶"⑧、"私营出版商"⑨来决定翻译什么作品的现象需要改变。在"国家已进入社会主义建设和社会主义改造时期,一切经济、文化事业已逐渐纳入组织化计划化的轨道,文学翻译工作的这种混乱状态,决不能允许继续存在。文学翻译必须在党和政府的领导下由主管机关和各有关方面,统一拟订计划,组织力量,有方法、有步骤的来进行。"⑩为此,茅盾提出了将文学翻译进一步计划化的几项措施:"首先我们必须有一个全国文学翻译工作者共同拟订的统一的翻译计划,然后由国家及公私合营的文学出版社和专门介绍的《译文》杂志,根据现有的力量和可能发掘的潜在力量,分别依照需要的缓急、人力的情况,和译者的专长、素养和志愿,有步骤地组织翻译、校订和编审出版的工作。"⑪其次"进一步解决组织力量的问题"⑫,"文学翻译工作者的极大部分是在业余从事翻译的……这一些业余的力量,如果组织得好,也仍有可能发挥较大的作用。例如高等学校的许多外国语文与外国文学的教育工作者,有很大的

---

① 1962年,陈毅对外语院系的学生作过一次讲话,讲道:"不要把外语工作看得太简单,不要把外语工作看作技术工作。外语本身就是政治斗争的工具。"参见陈福康:《中国译学理论史稿》(上海:上海外语教育出版社,2000),页383。

② 沈志远:〈发刊词〉,《翻译通报》1950年第1期(1950年7月),页2。

③ 孙思定:〈翻译工作的新方向〉,《翻译月刊》1949年第1卷第1期(1949年9月),页3。

④ 金人:〈论翻译工作的思想性〉,《翻译通报》1951年第2卷第1期(1951年1月),页9。

⑤ 孟昭毅、李载道(编):《中国翻译文学史》(北京:北京大学出版社,2005),页288。

⑥ 茅盾:〈为发展文学翻译事业和提高翻译质量而奋斗〉,《译文》1954年10月号,页5。

⑦ 同上。

⑧ 同上,页6。

⑨ 同上。

⑩ 同上,页8。

⑪ 同上。

⑫ 同上,页9。

可能把外国语文与外国文学的研究工作与翻译工作结合起来。此外,各机关及各团体内业余的文学翻译工作者,亦复不少……我们希望通过出席这次会议的全体同志进一步了解和组织全国的力量,把许多翻译工作者的个人计划,集合而组成一个统一的计划,把分散的力量,组织成一个步调一致的广大的队伍。"①完成这一任务的办法需要"在中央人民政府文化部、出版总署领导下,由作家协会、有关的文学研究机关、文学出版机关、刊物编辑部和全体文学翻译工作者共同来执行"②。这次会议把翻译工作的重要性上升到事关"社会主义建设"的政治高度;对翻译工作的计划化、加强组织和领导成为"党和国家"紧抓不懈的地方。同时,针对具体的文学翻译,茅盾的报告指出了其发展的方向和目标。"在这次会议的推动下,我国的外国文学翻译工作真正走上了计划化的道路。"③

这样,在翻译活动被计划化、组织化之后,多数情况之下,翻译文学的话语只有规避在政治意识形态的话语中才能得到言说的权力。翻译失去了那种把各色各样的意识形态及诗学引进来的重要功能,翻译工作成为可以利用来巩固"一元化"意识形态下的文学、文化系统的工具,诸多无助于建构主流意识形态及从"诗学"、审美层面能够丰富译入语文学话语的外国文学作品被抛弃在文学翻译的视野之外。政治意识形态成为文学翻译择取的首要标准。

一些著名翻译家因为受到意识形态的影响和操控,而在翻译活动上出现了明显的转向。比如50年代后,傅雷(1908—1966)把译介对象主要集中到巴尔扎克(Honoré de Balzac,1799—1850)的文学作品上,一个重要原因就是因为巴尔扎克是曾受到马克思(Karl Heinrich Marx,1818—1883)、恩格斯(Friedrich Engels,1820—1895)推崇的作家。即使傅雷可以因其作为著名翻译家的声望而能够不领"作协"工资,仅靠翻译稿酬谋生,但这并不是说他完全可以按照自己的审美倾向、个人喜好来选择作品翻译。50年代初,随着国家对出版机构实施整顿和改造,私营出版社逐渐被取缔,若想仅凭翻译稿酬谋生④,译者的翻译活动(包括译什么,怎

① 茅盾:〈为发展文学翻译事业和提高翻译质量而奋斗〉,《译文》1954年10月号,页9-10。
② 同上,页10。
③ 孙致礼:《1949—1966:我国英美文学翻译概论》,页192。
④ 1949年以后,中国稿酬制度的正式制定是在1950年9月25日第一届全国出版会议之时。但当时各出版社的稿酬标准尚未统一。就人民教育出版社而言,据叶圣陶日记所记载:"一般书稿每千字7万元至11万元定额自1万册起至8万册,视印数之多少而定。教科书稿自15万至30万元,一次付讫,不计印数。翻译科拟定定额译费,超额另致稿费。"1958年7月,文化部颁发的〈书籍稿酬暂行规定草案〉才算是正式制定了统一的稿酬标准。当时的标准为:著作稿每千字为4元、6元、8元、10元、12元、15元。翻译稿为每千字3元、4元、5元、6元、8元、10元。(参见马嘶:《百年冷暖:20世纪中国知识分子生活状况》[北京:北京图书馆出版社,2003],页373。)包括傅雷等翻译家对稿酬偏低有意见。1957年9月27日的《文汇报》上刊载了姚文元〈论稿费〉一文,特地点了傅雷的名,说:"自命'清高'的傅雷,在争稿费上就是一员猛将,有些人以'按劳付酬'为自己的'创作原则',不以为耻,反以为荣。"

么译)就得符合当时的翻译规范,当然首先是翻译选择的规范(Norm),个人的审美因素受到压抑是必然的。傅雷自己就曾说过:"至于罗曼·罗兰那一套新浪漫气息,我早已头疼。此次重译,大半是为了吃饭,不是为了爱好。"①而当时负责出版傅雷全部译作的人民文学出版社②,包括也曾发表过傅雷译作的杂志《译文》均属于国家级、"体制"内的出版发行机构——当时人民文学出版社先后隶属于国家出版总署、文化部等部门③,《译文》编辑部则是由中国"作协"直接领导——从狭义讲,这些出版发行机构、杂志社即是傅雷通过翻译活动以谋求经济来源的直接"赞助人"(Patronage)。作为翻译家的傅雷在选择译本时所享有的权利,也只能局限于在"赞助人"所提供的译品来源中进行筛选④。

1950年代初期,当文学翻译活动被纳入"体制"后,文学翻译工作者比较普遍地将翻译与政治直接联系起来。正如著名翻译家金人(1910—1971)所言:"翻译工作是一个政治任务。而且从来的翻译工作都是一个政治任务。不过有时是有意识地为政治服务,有时是无意识地为政治服了务。"⑤

综上所述,我们已经看出共产党高层充分认识到文艺工作,包括翻译对国家政治工作的重要性。在翻译工作已等同于政治任务而担当起工具性的角色时,对外国文学的翻译与介绍也必然要配合宣传主流意识形态的需要。1950年3月26日《人民日报》刊发的〈用严肃的态度对待翻译工作〉就是极好的例证。这篇文章虽然冠以"翻译工作"之名,但实际针对的即是具体的文学翻译。该文名义上以"广大读者迫切要求阅读苏联优秀文艺作品"而要求在翻译外国文学作品主要是苏联作品时,要注重翻译质量和计划性,但它的实际目的已在此文开篇显露无遗:"翻译介绍苏联文艺作品,是当前文艺工作上重大任务之一。"⑥——文学翻译同样

---

① 傅雷:〈翻译书札·致宋淇〉,怒安:《傅雷谈翻译》(沈阳:辽宁教育出版社,2005),页43。

② 1952年起,人民文学出版社与傅雷签约,其译作全部归该社,出版社则预支稿费以维持其生活。1958年傅雷被打成右派,当局同意他继续翻译,但不能用真名出书,被傅雷拒绝。人民文学出版社同意继续支付稿费,但把他的译稿压下,直到傅雷摘去右派帽子后才陆续出版。(魏承思:《中国知识分子的浮沉》,页69。)

③ 人民文学出版社的营业执照由当时的政务院财政委员颁发(1951年6月23日)。

④ 当然,一些体制外的翻译家也许可以按照自己的个人审美爱好做翻译选择,但他们的译作在当时就不可能出版。比如查良铮(1918—1977)在1958年被"打成历史反革命",被剥夺了教职,受到管制、批判。其后他赋闲在家,专事文学翻译,花了8年时间翻译拜伦的《唐璜》。"文革"后期,他又翻译了苏联现代主义诗人丘特切夫以及英国现代主义诗人艾略特、奥登等人的诗。查良铮此时是"体制"外的翻译家、诗人,可以在自己的个人空间里翻译自己真正喜爱的作品,但其翻译作品在当时不可能获得出版。一方面由于他的"历史反革命"的政治身份;另一方面则是因为他所翻译的是现代主义文学作品,不符合当时的文学翻译选择规范。参见查明建:〈意识形态、诗学与文学翻译选择规范——20世纪50—80年代中国的(后)现代主义文学翻译研究〉(岭南大学未出版博士论文,2003),页64。

⑤ 金人:〈论翻译工作的思想性〉,页9-10。

⑥ 人民文艺组:〈用严肃的态度对待翻译工作〉,《人民日报》,1950年3月26日,版5。

需要配合当时政治外交上的"一边倒"。

茅盾在当时就认为像《译文》这样的刊物"很需要","(国家)正缺少这样一种刊物"①。因此,配合建国初政治形势的发展,在《文艺报》、《人民文学》等"文协"、"文联"的机关刊物创刊之后,再在翻译文学的领域内出版一份"体制"内译介外国文学的期刊已是题中应有之义。这份期刊可以在共产党的集中领导之下,有组织、有计划地安排文学翻译工作,包括在主流意识形态的规范之下规定译介择取的对向;同时集中当时一批可以让共产党"放心"的优秀翻译家以保证译文在技术层面与政治层面的双重质量。

就这样,"大约在一九五〇年,中央主管文艺工作的领导人提出重新出版《译文》杂志,打算从上海时代出版社吸收一些人参加筹备工作……一九五三年时代出版社改组,一部分人员调到人民文学出版社,然后再从中抽出些人参加筹办新的《译文》。"②1953 年 7 月,《译文》正式创刊。

我们来观察一下《译文》创办之初时的一些基本情况。编辑者为"中华全国文学工作者协会译文编辑委员会"(1956 年 1 月号起改为"中国作家协会译文编辑委员会"),主编茅盾,出版者是人民文学出版社。

首先,《译文》是一份由"文协"("作协",以下统称"作协")直接领导下的期刊③。《译文》编辑委员会的编制也在"作协"之内。它的创办人员经过了"作协"的精心挑选。后来担任《世界文学》主编的李文俊曾回忆过当时"作协"对《译文》办公室的人员所作的安排:"我记得是一九五三年的四月,作家协会领导把我从《人民文学》编辑部调到那里……当时作协地方不够,借了人民文学出版社设在草厂胡同的'鲁迅著译编辑室'的前院……充当《译文》的办公室。我记得当时的工作人员有:陈冰夷、萧乾、朱海观、庄寿慈、方土人、张孟恢、杨仲德、鲍群、凌山、梅韬、何如、陈九仁,另外还有一位管行政事务的同志。董秋斯编制也在这里,但不上班。"④其中董秋斯(1899—1969)、陈冰夷(1916—2008)、萧乾(1910—1999)在《译文》创刊后不久的 1953 年 10 月份召开的"中国文学艺术工作者第二次代表大会"上,成为全国"文协"的选举代表⑤。而那时的董秋斯、陈冰夷已经开始担任

---

① 陈冰夷:〈忆《世界文学》创办经过〉,《世界文学》1993 年第 3 期,页 15。

② 孙经武:〈仍然是一些零碎的回忆〉,《世界文学》2003 年第 4 期(2003 年 8 月),页 7。关于《译文》创刊的具体经过可参考陈冰夷的回忆:〈忆《世界文学》创办经过〉,页 12-21。

③ 1953 年 2 月 24 日,全国文协常务委员会召开第六次扩大会议,决定"在常委会下设立刊物委员会……筹办《译文》杂志。"见第四次文代会筹备组起草组和文化部文学艺术研究院理论政策研究室(编印):《六十年文艺大事记(1919—1979)》(中国:出版者不详,1979),页 144。

④ 李文俊:〈五十周年琐忆〉,《世界文学》2003 年第 4 期(2003 年 8 月),页 21。

⑤ 丁景唐(编):《中国新文学大系(1949—1976)·史料·索引卷一》(上海:上海文艺出版社,1997),页 733。

《译文》的副主编。

正如前文所述,当时国家对作家(包括翻译家)的组织化管理主要是通过"中国作家协会"展开。虽然,中国"作协"的章程标明它是"中国作家自愿结合的群众团体"①,但从其创办的过程、方针、目的及官方背景,我们已可以明显体会到这一团体所带有的鲜明的政治色彩。"作协"在对作家(翻译家)的创作活动、艺术交流、正当权益起到协调保障作用的同时,更注重它对作家(翻译家)文学活动进行政治性的领导和控制、提出应循的思想艺术路线,以保证文学规范的实施。作为"作协"权力核心的党组,在发起、推动了一系列文学运动和批判斗争,并常以"决议"的方式做出政治裁决性质的结论过程中,更是受到中共中央的领导和支持、乃至毛泽东的直接介入②,从而保障、加强了其在作家(翻译家)中政治权威的"合法性"和"威慑力"。期刊作为加强文学规范这种理念的物化形式,必然受到"作协"的相当重视。

其次,我们再来观察一下《译文》当时的编校过程。庄嘉宁(1953—)回忆说:"'文革'前我刊是编校分开的,发稿做到'齐、清、定'就交给当时的人民文学出版社。一、二校由也是人才济济的出版社校对科负责校对,三校才退回编辑部由责编通读,然后负责发稿的主任编委签字付印。"③我们现在无法准确地给出"齐、清、定"具体指称什么,但从庄嘉宁下文对"文革"后《世界文学》复刊后编校工作的描述中,我们可以大概了解到"齐、清、定"的工作范围或职责所在:"复刊后不同了,校对这一块出版社不管,全由编辑部从头到尾,成了编校合一。责编不仅要选材、通过选材、原文校订、达到发稿要求、发稿,还有一大块校对工作在后面……"④从这段文字中,我们看到选择译作并通过审查使其达到出版的要求是当时《译文》编辑部的主要职责所在,也就是说,在每一期《译文》出版前,对政治方向的把握、保证每一篇译文符合主流意识形态的规范,首先是由编辑部来掌控的。那么,需要我们思考的是:为什么"文革"前的《译文》要采取编校分开制?为什么要将一、二校交给人民文学出版社?仅仅是因为他们"人才济济"吗?对人民文学出版社而言,当时的"校对"是否仅仅是一项纯技术性的工作?

理解这些问题,首先需要从人民文学出版社的创立及其出版方针谈起。

---

① 魏承思:《中国知识分子的浮沉》,页23。
② 这方面的内容可以毛泽东对1954年《红楼梦》研究批判运动"的介入为例,参考孙玉明:《红学:1954》,页66-86。
③ 庄嘉宁:〈良师与挚友——回忆水宁尼先生〉,《世界文学》2005年第3期(2005年6月),页146。
④ 同上。

1951 年,人民文学出版社成立①。建社时,由周恩来亲自选定社长人选为冯雪峰(1903—1976)②。从建国初期的出版体系来看,人民文学出版社是一个规模较大的国营专业出版社,作为当时唯一一个国家级文学出版社,在文学界有着举足轻重的地位。当时政府正在对私营出版业作调整和改造,私营出版社实行公私合营,纳入新的出版体制。国家出版社很有限,实行专业分工,各自有规定的出版任务,不是每家出版社都可以出文学作品③。1952 年,出版总署在对中央一级各出版社进行专业分工时,规定人民文学出版社的任务是:(1)编辑出版现代中国的文学作品;(2)编译出版文艺理论和文学史;(3)编选出版"五四"以来的重要文学作品;(4)编选出版优秀的通俗文学读物和民间文学作品;(5)校勘整理、翻印古典的文学名著;(6)翻译出版苏联、新民主主义国家的重要文学作品;(7)介绍资本主义国家的进步文学作品;(8)译校出版外国的古典文学名著;(9)出版文学期刊④。很明显,人民文学出版社对《译文》的出版至少在这 7 项任务中占据了第 6 条、第 7 条、第 8 条和第 9 条。《译文》的出版势必成为人民文学出版社工作的重心,这也就决定了人民文学出版社不可能把《译文》的出版任务简单化——他们必须要对自己出版的刊物所产生的社会效果、政治影响力负责——这对出版者而言无疑是一项政治任务。而作为当时中华人民共和国唯一一份公开发行的译介外国文学的期刊,人民文学出版社对其出版更是要慎之又慎。因此,我们可以论定出版者的校对工作不会仅仅局限在语句通顺、错别字等纯技术层面,对每篇译作进行政治层面的把关,以达到国家对人民文学出版社的出版要求、所出版刊物可以符合主流意识形态的需要,也必是"校对"的工作重点。

茅盾在 1953 年 7 月号的〈发刊词〉中就提到《译文》的创办是一项"光荣"的"任务",也肩负着"重大"的"责任",因为"今天我们不但迫切地需要加强学习苏联及人民民主国家的社会主义现实主义的优秀文学作品,也需要多方面的'借鉴',以提高我们的业务水平,因而也就需要熟悉外国的古典文学和今天各资本主义国家的以及殖民地的革命的进步的文学"⑤。茅盾短短的几句话里就涉及了"社会主义"、"资本主义"、"殖民地"、"革命"、"进步"等诸多带有鲜明意识形态色彩

① 人民文学出版社还先后使用作家出版社(1953—1958、1960—1969)、艺术出版社(1953—1956)、文学古籍刊行社(1954—1957、1987—1989)、中国戏剧出版社(1954—1979)、外国文学出版社(1979 年至今)等副牌出版中外各类文学图书。陈早春:〈人民文学出版社四十年〉,《中国出版》1991 年第 3 期,页 17。

② 舒芜(口述)、许福芦(撰写):《舒芜口述自传》(北京:中国社会科学出版社,2002),页 248、271。及胡愈之:〈我所知道的冯雪峰〉,《新文学史料》1985 年第 4 期,页 7。

③ 陈伟军:〈冯雪峰与人民文学出版社〉,《文学理论与批评》2007 年第 5 期,页 63。

④ 〈出版总署关于中央一级各出版社的专业分工及其领导关系的规定(草案)〉(1952 年 7 月 15 日),收中国出版科学研究所、中央档案馆编:《中华人民共和国出版史料》(1952 年卷)(北京:中国书籍出版社,1998),页 96-97。

⑤ 茅盾:〈发刊词〉,载《译文》1953 年 7 月号,页 2。

的字眼。把这样一份肩负政治任务的《译文》交给人民文学出版社出版,无疑可以让"作协"、出版总署、文化部及其领导者们放心。《译文》这份并非纯文学的刊物在文学以及政治上的重要性,使得在实行编校分离后可以得到《译文》编辑部及人民文学出版社在政治方向上的双层把关。值得提及的是,1950年代以后,中共中央并没有像三四十年代国民党统治的民国政府设立专门书报检查机构、开列禁书名单,50年代的文学作品的发展、出版均没有要求"送检"的明确规定。但诚如上文所言,当代中国作家发表作品、书报、出版社发行作品等都需要遵循一定的社会"规范",包括政治意识形态的、伦理道德的、民族关系的等方面。这种社会"规范"的存在,就造成了"追加检查"、"事后算账"等措施实行的可能。尤其是涉及与主流意识形态相抵触的情形,出版社如果出版了有严重政治或艺术错误的作品,不仅作家本人应承担责任,出版社也必定难辞其咎①。

值得注意的是,在翻译工作被组织化之后,对翻译工作的领导者而言,像人民文学出版社与《译文》编辑部形成的这种统一领导下的校订方式,并不是一种简单意义上的带动或推动翻译质量提高的方式,而是一种具有根本性意义的解决方式。正如董秋斯之言,只要"成立翻译工作者自己的组织;编制全国性的翻译计划;建立翻译工作的统一领导""一切提高翻译水准"的问题"都可以迎刃而解了"②。在翻译质量的问题不再属于"私人的事情"之后,翻译工作的组织化成为翻译质量——包括技术层面和政治层面的保证。

由此足见,《译文》作为当时中国唯一一份公开译介外国文学的期刊,在近乎成为中国读者了解外国文学及其动态的最主要的"窗口"的同时,也意味着它必然在文学与政治的"体制"内扮演重要角色。从时任国家文化部部长的茅盾担任首任主编的安排来看,这份期刊重要的政治地位就可见一斑。由此我们更可看出,"胡风事件"所引发的《译文》对翻译界"胡风分子"的批判并非偶然。在当时的政治文化语境下,《译文》所具备的政治身份决定了它不仅要紧跟政治形势的发展,配合已经上升为"反革命"、政治性的"胡风事件"的批判,更需要采取相关措施,调

---

① 当然,除了政治因素以外,翻译的质量也是当时文艺界领导人所考虑的另一个重要因素。从沈志远到茅盾等人都曾表示过建国初译作的质量不高,"乱译"的现象非常严重。作为国家级刊物的《译文》(《世界文学》)必然要在这方向做出表率。我们观察当时为《译文》(《世界文学》)提供译稿的翻译家名单,确实集中了当时较有名望的一批资深翻译家;而称人民出版社"人才济济"亦非虚言。《译文》创办初期,紧随着政治上的"一边倒",对苏俄文学的译介也几乎呈现"一边倒"的现象。因此,为保证翻译和出版的质量,在校对中需要大批通晓俄文的专家是必备条件。人民文学出版社自成立之始,俄苏文学的翻译出版就被列为工作重点,为此从各地调集了已有相当成就的翻译家和编辑,如孙绳武、刘辽逸、蒋路、许磊然、伍孟昌、金人、张铁弦等,随后陆续增加了大批高素质的俄文人才,形成了一支出版面涵盖诗歌、小说、戏剧、散文、论著、文学史等方面的强大的俄文编辑队伍。人民文学出版社的校对,也最大程度地保证了这些译作在翻译质量上的高水准。

② 董秋斯:〈本刊半年工作回顾〉,《翻译通报》1950年第1卷第6期,页4。

整办刊方针,以求"自保"。

五、问题的解决(之二)
——翻译文学与国家话语的建构

通过上述分析我们可以看到,在当时文学被要求做到直接全面地为政治形势发展的需要而服务的宗旨下,中国的文艺界直接受到了政治和主流意识形态的干预。而在"向苏联学习"的浪潮中,苏联"作协"的管理模式、"日丹诺夫主义"的观念及其对待文艺活动的方式,无疑与当时中国文坛、政界在处理文艺与政治的关系时,形成共鸣;乃至将其视作可供依循的参照,甚至标准。这在《译文》对外国文学的择取、评价,以及处理文学现象和政治事件的关系等方面都得以充分体现。

这也就不难理解日丹诺夫所言的:"表现苏联人民这些新的崇高的品质;表现我们的人民,但不只是他们的今天,也要展望他们的明天;像探照灯一样帮助照亮前进的道路,——这是每个真诚的苏联作家的任务。作家不能作事件的尾巴,他应当在人民的先进队伍中行进,给人民指出他们发展的道路。以社会主义现实主义方法为指针,真诚地和仔细地研究我们的现实,力图更深地透入我们发展过程的本质,作家就一定会教育人民,在思想上武装人民。表扬苏联人民美好的情感和品质,向他们展示他们的明天,我们同时还应当给我们的人民指出他们不应当成为什么,还应当鞭挞昨天的残余,鞭挞那些阻碍苏联人们前进的残余。苏联作家应当帮助人民、国家、党把我们的青年教育成生气勃勃、相信自己的力量、不怕任何困难的人。"①这些批评和要求,对于中国正在进行的思想整顿与推行塑造正面的新时代的英雄人物作为文学创作的中心任务,都是非常及时与贴切的。如果说,学习苏联的理论和政策是一种"立"的方式的话,那么批判运动则是为"立"而针对知识分子和文艺家思想的"破"的方式。可以说,对胡风等人批判都是为了实现这一"立"的目标而服务,这导致了中国对苏联文艺政策的择取全面向政治性倾斜。

以上文提及的该阶段《译文》上刊载的反映革命战争和国家建设的这两大类主要题材为例,这些译作可以说是紧密地贴近了当时中国社会政治、经济发展的需要。首先,在50年代初期,对于刚刚从反法西斯战争、国共内战走出来的中国共产党而言,通过一批描写革命战争、塑造革命英雄形象的文学作品,可以告诉人们"新中国是无数革命先烈用鲜血和生命换来的",没有中国共产党的领导就没有

---

① 日丹诺夫(著)、曹葆华(译):〈关于《星》和《列宁格勒》两杂志的报告〉,页42-43。

革命战争的胜利、就没有"新中国"的诞生①。虽然《译文》当时刊载的这类军事题材的作品,主要反映的是苏联及其他社会主义国家反法西斯战争的背景,但在通过这些作品来树立共产党人英勇、高大的光辉形象、远见卓识的领导能力和建功立业的丰功伟绩这一点上,可以说是"中外相通"。因而,也就不妨碍这些译作传递给读者如下的信息:党的利益和国家的根本利益是统一的,人们应该坚信共产党是人民当家做主的真正代表,也是建立新国家、新社会的政治保障。诚如周扬在第一次"文代会"上如此呼吁中国作家:"假如说,在全国战争正在剧烈进行的时候,有资格记录这个伟大战争场面的作者,今天也许还在火线上战斗,他还顾不上写,那末,现在正是时候了,全中国人民迫切地希望看到描写这个战争的第一部、第二部以至许多部的伟大作品!它们将要不但写出指战员的勇敢,而且还要写出他们的智慧、他们的战术思想,要写出毛主席的军事思想如何在人民军队中贯彻,这将成为中国人民解放斗争历史的最有价值的艺术的记载。"②新生的政权提出了文学为政治服务的要求,用中国共产党的历史观点,通过描写战争来"建构"中国现代战争史、革命史和中共党史,以形成一套新的国家文学话语体系。因此,当50年代初,一批公开发表的描写革命战争的中国当代文学作品不断涌现的时候,一批同样属于革命题材的外国文学作品一道加入了这种主流意识形态宣传的革命史观和党史观的建构之中。中外革命题材作品在人物形象的塑造、主题思想的反映上的"同质性"(homogeneity),为这种共同建构提供了可能。正如沈志远(1902—1965)在《翻译通报》的〈发刊词〉中所说:"翻译工作在今天,比过去任何时候都重要了。其所以特别重要的缘故,乃因为现在我们的国家独立了,我们的人民解放了;伟大毛泽东的党领导人民革命的胜利,使半殖民地半封建的旧中国,来了一次'脱胎换骨',变成了一个新民主主义的人民的新中国。我们从此有了新的政治,新的经济,同时,我们就必须为建立那作为此种新政治新经济之反映并且为它们服务的新文化而奋斗。但是这一种新文化的建立和发展,离开了翻译工作是难以想象的。"③在50年代初,中国大陆一切百废待兴,当"唯一与新的生活紧密相连的历史,就是已经被实践证明了的昨天的战争"④的时候,这种"新文化"理所当然地就包括了对"伟大毛泽东的党领导人民革命的胜利"这种历史史观和新国家话语的建构。而翻译文学也就无可避免地成为为政治服务的工具。

　　另一方面,1953年中共中央颁布的"过渡时期的总路线",及随着中国正式步

---

① 据笔者父辈回忆及笔者这一代人少年时的亲身经历,"新中国是无数革命先烈用鲜血和生命换来的"等宣传口号经常出现在教科书、讲演报告中,以对青少年进行意识形态的教育。

② 周扬:〈新的人民的文艺〉,页529。

③ 沈志远:〈发刊词〉,页2。

④ 陈思和(编):《中国当代文学史教程》(上海:复旦大学出版社,1999),页55。

入社会主义建设时期,直接"诱导"了中国文艺界"为创造更多的优秀的文学艺术作品而奋斗":"现在我们的国家已进入大规模的、有计划的经济建设时期,正坚定而稳步地进行着社会主义工业化和社会主义改造的伟大事业。劳动人民做了国家的主人;随着他们的物质生活状况的改善,他们需要新的精神生活。为满足群众的日益增长的文化需要,创造优秀的、真实的文学艺术作品,用爱国主义和社会主义的崇高思想教育人民,鼓舞人民向着社会主义社会前进,这就是文学艺术工作方面的庄严的任务。"①与军事题材的作品对革命史观、历史观的建构一样,反映国家建设的作品则是建构现实叙事范式,寄予民族国家建设新社会、迈向现代化的现代性重构愿望。比如《译文》上刊载的一类反映苏联集体农庄建设的作品,像〈达莎〉(1954 年 2 月号)、〈运粮人〉(1955 年 1 月号)、〈自然之王〉(1955 年 2 月号)等译作,反映了社会主义思想如何战胜资产阶级思想、集体所有制相对于个体所有制的优越性。这类作品的译介意图很明显,就是要通过对包括改造农村在内的社会主义建设的叙述,对应以国家意志为主导的现代性重构的历史诉求。1955年 8 月号的《译文》,专门刊载了译自苏联的论文〈当前的重大问题〉,单独突出"集体农庄主题"在文学创作中的重要性,并且归结:"农村生活中的这些伟大变化,照例都是来自工人阶级及其政党的。工人阶级及其政党领导了集体化。今天,当问题是推动社会主义农业前进和高涨的时候②,他们也掌握舵盘。"③国家意志在民族、国家现代化进程中的主导性得以突显。

由此,我们可以观察到,50 年代上半期的中国文艺界,始终围绕着为政治服务这根主线。而且,以"胡风事件"为标志,随着政治对文艺干预的幅度越来越大、程度越来越深,这根主线处于越来越稳固的发展过程之中。这一趋势从《译文》对满涛问题的态度和处理方式,以及由此直接带来的对《译文》办刊方针的重大调整中就已经显现出来。与此同时,1953 年 3 月斯大林去世。其后的几个月内,苏联政坛上就接连出现了趋于摆脱斯大林治国模式的改革尝试,包括局部大赦、平反若干重大冤案、开始否定个人崇拜,并推动修改苏联对外政策④。受此影响,苏联文坛上也开始出现一系列重大变化(最主要的变化就是"解冻文学"的出现)。但是,

---

① 周扬:〈为创造更多的优秀的文学艺术作品而奋斗〉,收《周扬文集》(二)(北京:人民文学出版社,1985),页 234。

② 中国当时也正在全国推行"农业合作化"运动。毛泽东于 1955 年 7 月 31 日在中共中央召集的省委、市委、自治区党委书记会议上所作的报告"关于农业合作化问题"中说道:"目前农村中合作化的社会改革的高潮,有些地方已经到来,全国也即将到来。这是五亿多农村人口的大规模的社会主义的革命运动,带有极其伟大的世界意义。"参见:毛泽东:〈关于农业合作化问题(一九五五年七月三十一日)〉,收《建国以来毛泽东文稿》(北京:中央文献出版社,1991),第 5 册,页 234。

③ 沙莫达:〈论艺术形象的若干特点和艺术性的概念〉,页 192。

④ 时殷弘:〈权力欲望与改革尝试:贝利亚在 1953 年〉,《历史研究》1999 年第 5 期,页 104。

由于斯大林的逝世而导致的苏联文坛的重大变革,对于被稳定的政治形势牢牢把握住发展方向的中国文艺界而言根本不可能发生。"政治第一、文艺第二"仍然是此时中国文坛发展的主导方针。因此,我们也就可以清楚地理解当刚刚从"二战"、国共内战中走出来的"新中国",面临着与当年的苏联相类似的国情——战争带来城镇的毁灭、人民生活贫困的时候,为何要在文学作品中突显社会主义建设与歌颂英雄人物的主题——宣扬"无冲突论",建立一个中国文学界的"波将金村"方是配合中国共产党建政的当务之急。也正因为此,当"日丹诺夫主义"正在苏联文坛遭到反对的时候,由于它的观念契合了当时中国政治、文化形势发展的需要,而仍能在中国文坛大行其道。

值得一提的是,"日丹诺夫主义"对中国文坛的影响并非绝对或可以无限夸大的。即便没有"日丹诺夫主义"在当时中国文坛的广泛传播,我们从1940年代以后中国左翼/无产阶级/社会主义文学发展的线索来观察,以政治宣判、组织手段解决学术与思想问题,自有其历史渊源①。"胡风事件"实质上正是中国社会文化语境中,文学与政治自身发展过程中的一个结果。而"日丹诺夫主义"正好与当时中国文坛在处理文学与政治的关系时,立足于民族国家发展的需要,以建立新的国家文学话语体系相互契合。

六、问题的引申
——"解冻文学"与"日丹诺夫主义"

对"日丹诺夫主义"进行解读,"解冻文学"是一个无法回避的话题。结合上述分析,我们可以进一步分析另一现象和问题:虽然这一时期内,中国文坛仍然受"日丹诺夫主义"及其"无冲突论"广泛而深刻的影响,苏联的"解冻文学"有没有对中国文坛和翻译界产生影响?如果这种影响存在的话,其与"日丹诺夫主义"的文学作品共同被译介入中国文坛又具有怎样的意义?

在1953年9月号至1956年3月号间发行的《译文》中,有几部作品格外引人注意。因为,这些作品所表达的内容和意义,又显得与当时的《译文》所刊载的多数"日丹诺夫主义"及"无冲突论"式的作品如此"格格不入"。

第一篇是刊载在1953年12月号的爱伦堡的论文〈谈谈作家的工作〉。文中爱伦堡重提文学的功能在于帮助人们"更充分地认识人的内心世界"②,因此文学

---

① 戴晴就将"王实味事件"视作"运用组织手段解决学术与思想问题的开始"。参见戴晴:《储安平　王实味　梁漱溟》(南京:江苏文艺出版社,1989),页75。
② 爱伦堡(著)、叶湘文(译):〈谈谈作家的工作〉,《译文》1953年12月号,页149。

就应当写"活生生的人"①,写日常生活事件,"揭示隐藏在人的心灵深处的光明和黑暗的斗争"②。此文不仅为即将问世的〈解冻〉的人道主义内涵预先作了理论上的宣扬,更具有呼唤人道主义传统在文学全面复归的意义。

第二篇是发表在 1954 年 5 月号的奥维奇金(Valentin Vladimirovich Ovechkin, 1904—1968)的特写〈区里的日常生活〉。紧接此文之后是一篇彼得罗相的评论文章〈从生活出发——评奥维奇金的特写"区里的日常生活"〉。这篇评论中提到"作者及时地和尖锐地在我们的刊物上提出了一连串迫切的农村经济问题……作者不是以经济的计算或者政治的论题,而是以描写活人的行为,以揭露他们的心理,来阐明这些问题重大的意义"。而就文章的表现手法来讲,"在这两种多么不同的典型人物[指'作风很坏的农村工作者'和'真正的共产党人、先进的工作者']中间的冲突和矛盾里,在他们内心的体验和激动的心情里,在他们的思想和行为里,揭露出来作者要告诉我们的那些重大问题的本质。""读者之所以能敏锐地领会这个艺术典型,主要是因为反对形式主义和守旧心理的斗争在苏维埃社会里有着巨大的意义。"③事实上,〈区里的日常生活〉在大型文学刊物《新世界》上问世后,就在苏联文坛产生了巨大的社会反响:在苏联战后初期粉饰现实,尤其是粉饰农村生活的文学作品充斥苏联文坛之时,这部作品冲破了战后初期"无冲突论"的思想束缚,是揭露农村阴暗面和农业管理体制弊端的第一部作品④。它以真实反映现实和大胆揭露矛盾开辟了苏联文学的新阶段,因而被誉为当代苏联文学的"第一只春燕"⑤。

然后则是迦林娜·尼古拉耶娃(Galina Nikolaeva, 1911—1963)的小说〈拖拉机站站长和总农艺师〉,刊载在 1955 年 8 月号上。尽管这部小说的译者草婴在"后记"中从主题思想的高度谈到,"通过拖拉机站的几个青年,作者生动地写出:在社会主义社会里,青年的性格是怎样形成的,共产主义的劳动态度是怎样建立的,苏联人的道德品质又是怎样培养起来的",以此突出其在政治方面的正确性;但草婴(1923—)仍然锐敏地指出,"作者并没有把书中的正面人物写成'超人'。她也描写娜斯嘉的眼泪和恐惧的目光,指出她不善于保卫自己。"并且总结说,"苏联文学里的正面人物,不是超然于人民群众之外,而是在群众中生长,和群众水乳交融的。他身上一切美好和英雄的东西,也就是苏联人民所具有的那种美

---

① 爱伦堡(著)、叶湘文(译):〈谈谈作家的工作〉,《译文》1953 年 12 月号,页 175。

② 同上,页 190。

③ 彼得罗相(著)、冰夷(译):〈从生活出发——评奥维奇金的特写"区里的日常生活"〉,《译文》1954 年 5 月号,页 39-40。

④ Andrew Baruch Wachtel & Ilya Vinitsky, *Russian Literauture*, p. 526.

⑤ 谭得伶:《谭得伶自选集》(上海:上海人民出版社,2007),页 198。

好和英雄特征的反映。"①译者显然把握住了这部作品在"积极干预生活、塑造真实的人物形象"②的"解冻"氛围里所体现出来的价值。

那么,在"日丹诺夫主义"及"无冲突论"式的文学作品占据《译文》译作主流的同时,为何这些为数不多的苏联"解冻文学"能够同时出现在《译文》上?

首先,我们要注意到虽然《译文》立足于本民族国家政治、经济发展的需要对外国文学的择取作出选择,但是,在中苏关系全面交流合作的"蜜月期",及伴随着中国"向苏联学习"的浪潮中,中苏文学界仍然保持着紧密的联系。尤其是中国文坛,一直在密切关注着苏联文学界的发展情况。1952年4月,苏联《真理报》刊载题为〈克服戏剧创作的落后现象〉的社论,对"无冲突论"进行了批判。随即,5月份的《文艺报》转载了这篇社论和苏联作协领导人苏尔科夫批评"无冲突论"的论文,同期还开辟了"关于创造新英雄人物问题的讨论"和发表了诸如〈帮助作家正确地描写斗争〉、〈不应该忽视生活中的矛盾〉等文章。编者指出,《真理报》的社论"对于我们所进行的讨论,也有可以作为借鉴的价值"③。同月,《人民日报》也发表了关于文艺问题的社论,明确表示要反对"文艺创作上的公式化和概念化的倾向"④。1954年底,苏联召开了第二次作家代表大会,这次会议的主要基调就是清算长期统治苏联文坛的教条主义理论。周扬率领中国作家代表团出席了这次会议。苏联作家的新观念、苏联文坛的新气息被中国作家带回国内——第二次全苏作家代表大会报告、发言集随即于1955年5月出版⑤。而同时,像"奥维奇金流派"重要成员的田德里亚科夫(V. F. Tendryakov, 1923—1984)等作家也来到中国,与中国作家就文学创作中的典型问题,及针对其真实反映农村生活的代表作〈不称心的女婿〉进行了广泛的交流。

但是,虽然"解冻文学"的思潮和部分作品被译介入中国文坛,可以肯定的是,当时这种思潮及其作品对中国文坛的影响还是相当有限。在1953年9月召开的第二次"文代会"上,虽然受到苏联"解冻"思潮的影响,周扬在其报告中肯定了作家在选择题材、表现形式和个人风格上的完全自由,茅盾批评了建国初文学创作中的公式化、概念化倾向,但强调文艺对资产阶级意识形态的批判仍然是这次会议的主要基调。即使我们以现在的眼光来评判当时出现的一批相对"优秀"的文学作品,如曹禺(1910—1996)的〈明朗的天〉、夏衍(1900—1995)的〈考验〉、赵树

① 〈后记〉,《译文》1955年8月号,页248-250。

② 陈建华:《二十世纪中俄文学关系》,页173。

③ 〈编辑部的话〉,《文艺报》1952年第9号,页9。

④ 〈继续为毛泽东同志所提出的文艺方向而斗争——纪念毛泽东同志的"在延安文艺座谈会上的讲话"发表十周年〉,《人民日报》,1952年5月23日,版1。

⑤ 人民文学出版社编辑部(撰):《苏联人民的文学(第二次全苏作家代表大会报告、发言集)》(北京:人民文学出版社,1955)。

理(1906—1970)的〈三里湾〉、孙犁(1913—2002)的〈风云初记〉、李季(1892—1967)的〈玉门诗抄〉等,也仍然难以见到直接干预生活和深刻地揭示社会矛盾的作品①。反映在翻译文学上,我们也可以明显地看到,该阶段《译文》依然是"日丹诺夫主义"及其"无冲突论"的文学作品和文学理论"一统天下",除了寥寥三四篇文学作品或理论外,苏联"解冻文学"中的绝大多数代表作都没有译介进来。究其原因,还是与当时中国国内的政治形势有关。

虽然当时的中国文学界也身处"全面学习苏联"的潮流中,但是至少从对"日丹诺夫主义"的介绍及它仍对中国文坛产生影响来看,中国文学界对苏联文学及其理论的译介还是有选择性的。这种选择性,是首先立足于当时本民族国家政治、经济形势发展的需要而做出的择取。正因为这种基于民族国家意识的立足点,才使得同时期苏联文坛的一些重大变革并没有在"全盘苏化"的潮流中被完全彻底地、大规模地引进中国文坛。这也正体现了巩固革命胜利成果和维护"新中国"国家利益的这种民族国家意识的考虑,才是"一边倒"产生的根源所在:在"冷战"的大背景之下,毛泽东等中共领导人,首先要保障的是新中国的独立、自由和领土完整②。一方面清除帝国主义在中国的敌对势力,不再受外国新的干涉和侵略的威胁,同时尽力避免新中国在国际关系中陷于孤立境地;另一方面,则要稳定国内政治,恢复与发展经济,争取必要的国际援助。这些都是巩固革命成果必须具备的条件,以及"新中国"的国家利益所在。同时,政府奉行的意识形态及由此确定的新中国的政治发展方向,又进一步明确了向苏联"一边倒"的方针和政策。中苏两党在意识形态总体方向上的一致性,使"一边倒"不仅成为外交上的抉择,也是政府在政治思想领域里的一个公开宣言和表态。它表明新中国要以苏联为榜样,继续坚持马克思主义,走社会主义道路;同时表明在意识形态和社会制度方面,新中国要与苏联站在一起。由此足见,毛泽东提出"一边倒"的政策,是在维护民族国家利益的基础上,以其奉行的马列主义意识形态分析国际形势,对美、苏等国与本国的关系做出判断后才决定的外交政策③。民族国家意识与政治意识形态处于一种和谐、统一的状态。而我们从《译文》对革命战争和国家建设两大题材的

---

① 当然,这里有个问题需要厘清,文学指导方针并不完全与作品的实际创作呈现出同步发展的态势。斯大林逝世后,作为继任者的赫鲁晓夫决定迅速消除斯大林强加于国家的恐怖气氛,以及对他的个人崇拜(cult of personality)。但是当时苏联的作家、艺术家及电影制作人最初采取的是一种先"试探水的深浅"的谨慎反应,以观察斯大林时代审查制度的高压程度会不会减轻。参见 Andrew Baruch Wachtel & Ilya Vinitsky, *Russian Literauture*, p. 235。这一点很像后来"双百"方针实施之初,中国知识分子的态度。

② 孙其明:《中苏关系始末》(上海:上海人民出版社,2002),页123。

③ 对"一边倒"形成的原因,研究者多是泛泛而谈。在新近出版的论著中,戴晴的《在如来佛掌中——张东苏和他的时代》(香港:香港中文大学,2009)一书结合具体的史料对"一边倒"的形成进行了深入细致的个案分析。参考此书页52-73。

重点译介上已经观察到,通过文学翻译对建构以本民族国家意识为主导的历史观、党史观及现代化的现代性,对于一个新生的且急需巩固的政权来讲具有非凡的意义。但是,由于当时社会主义意识形态话语的巨大影响力,为部分"解冻文学"进入中国文坛提供了可能。无论是对"日丹诺夫主义"一类文学作品和文学理论的译介,以及对资本主义文学的排斥,还是少量"解冻文学"的引入,很大程度上是出于与苏联在社会主义意识形态及其阶级观念上的同一性。在中苏同盟"老大哥—小兄弟"的关系模式中,苏联的文学视阈极大程度上影响了当时的中国文坛。翻译苏联的文学作品(无论是过去的还是当下的)都不会改变政治大方向的"正确性",具备相当高的"安全系数"。我们需要注意到,伴随着斯大林的逝世,虽然官方正统的社会主义现实主义文学创作方法名声大降,甚至出现了其他文学创作手法试图挑战或取而代之的现象,但是支撑社会主义现实主义存在的社会结构(social structures)依旧"十分稳固",因此社会主义现实主义根本不可能"撤离战场"[1]。事实上,当1954年,爱伦堡的〈解冻〉出现的时候,这部作品虽然触及了以往的禁忌话题,及对"集体主义的价值观不应该凌驾于个人幸福之上"的暗示,却仍在很多方面遵循着社会主义现实主义的创作原则。即便如此,这部作品一问世,就受到包括萧洛霍夫(M. A. Sholokhov, 1905—1984)和西蒙诺夫(Konstantin Mikhailovich Simonov, 1915—1979)在内的许多重要的苏联"正统作家"(orthodox Soviet writers)的批评[2]。由此可见,苏联政坛的变化,及其带来的文坛改革,包括"解冻文学"思潮,并没有让苏联放弃社会主义的意识形态,也没有改变"冷战"形势下,东西方两大阵营在意识形态上的对立;更没有改变中国通过一系列的政治运动,加强对文艺活动在意识形态上的操控,而是坚定地站在以苏联为首的社会主义阵营一边,对资本主义及其资产阶级文学采取敌视的态度。因此,中国文坛在从民族国家意识出发,译介相关文学作品时,最终的目的还是要通过对党性原则、阶级立场的宣扬,建构起1949年以后中国大陆的社会主义意识形态。对于"新生"的,且处于"社会主义过渡时期"的中华人民共和国而言,这种"建构"过程中突显出的对政治意识形态的依附显得尤为必要。循此,我们也就不难理解,周扬在提倡作家选材、表现形式和个人风格的完全自由时,仍然强调这些自由需遵循社会主义现实主义的创作原则;草婴在肯定嘉斯娜非"超人"式的形象之后,仍然要突显这部作品在共产主义社会下作家所显现出的"高度的思想水平"[3]。

因此,我们可以发现,无论周扬、草婴在文学理论和文学创作的评判也好;无论是"日丹诺夫主义"和"无冲突论"文学,与"解冻文学"在《译文》上的共存也好,

---

① Victor Terras, "The Twentieth Century: the Era of Socialist Realism, 1925-1953", p.521.

② Andrew Baruch Wachtel & Ilya Vinitsky, *Russian Literauture*, p.235.

③ 〈后记〉,《译文》1955年8月号,页248-256。

正反映了当时中国文学在发展过程中所面临的矛盾:文学的政治性(包括党性、人民性)原则在这个阶段必须要加强,但一直未能解决的创作公式化、概念化问题也是一个不可回避的事实。这种矛盾实质是与当时正处于在摸索中发展的中国政治形势分不开的。我们可以看到整个五六十年代中文学与政治的角力过程,实质上也正是这种文学矛盾外化的表现。

另外,值得我们注意的现象是,苏联"解冻文学"思潮的出现,一个直接的导火线即是斯大林的逝世及随后产生的苏共政坛对斯大林个人权威的质疑。因此,"解冻文学"的核心理念——"干预生活"、"反映真实",就直接与斯大林个人权威体制下所产生的"粉饰生活"(歌颂高、大、全的英雄人物和天才的领袖人物)及"无冲突论"针锋相对。这与40年代以后,官方体制内所建立的毛泽东个人威权体制及对领袖的极度崇拜的政治环境,明显格格不入①。而1955年前后发生的"胡风事件",更是这种权威政治对文艺思想进行统一和规训的集中表现——即便是像胡风这样,在社会主义文学的框架之下,产生与"毛泽东文艺思想"相左的观念都是不允许的。所以,当时的政治环境也直接决定了中国文坛不可能对苏联的"解冻文学"思潮敞开大门。正因为如此,在中国本土的文学创作中,从刘宾雁(1925—2005)深受奥维奇金特写手法的影响创作的〈在桥梁工地上〉,到王蒙(1934—)的〈组织部新来的年青人〉等一批反映本国"官僚体制"、揭露社会"阴暗面"的文学特写,要一直等到1956年中期,政治环境带动下的文艺界出现"百花齐放、百家争鸣"的局面和包括文学家在内的知识分子迎来"早春天气"②之后,才能大张旗鼓地出现在中国当时最权威的综合性文学期刊《人民文学》上。因此,一个非常耐人寻味的现象就是:探寻这种反映社会不良官僚体制及其阴暗面的文学作品在中国政治环境下生存的可能性,最先是以翻译文学的形式进行探索的。虽然当时的《文艺报》等其他期刊也有部分关于苏联"解冻文学"的介绍,但显然,对本国读者更能产生直接冲击和影响的,往往是那些通过人物塑造和情节安排,能直观反映社会问题的文学作品。

我们从1956年中期"双百"方针正式实施之后出现的一批揭露本国社会阴暗面的作品,及围绕他们产生的激烈讨论中,可以很明显地判断:虽然中华人民共和国建立之后,官方在意识形态上实施批判胡风式的"一元性"的权威政治,但是包括文学家在内的知识分子不可能完全被"一元化",也不可能就此丧失对社会种种不良现象的自我判断。"双百"过程中知识分子的言论,被毛泽东发现"事情正在

---

① 关于毛泽东个人威权体制的建立过程可参考高华:《红太阳是怎样升起的——延安整风运动的来龙去脉》(香港:香港中文大学,2000)。

② 费孝通在1957年3月24日的《人民日报》上发表了题为〈知识分子的早春天气〉一文。

起变化"①,而随即展开大规模的"整风"与"反右"运动,就是知识分子的这种判断、观察以及怨言被过度压抑后的反弹。因此,在 50 年代上半期,通过文学翻译的形式来表现知识分子的这种观察与不满,无疑成为一种远比作家直接著书创作要来得安全的策略②。而且这种策略的实施,正是建立在对苏联文学的译介基础之上。这在当时正处于中苏"蜜月期",几乎中国的一切都要"以俄为师"③的情况下,这样的表现形式无疑是安全的。正是基于这方面的理解,我们在将《译文》定性为一份背负着政治使命、国家体制内的期刊的同时,也不能排除一些翻译家、《译文》编辑的主体性因素。事实也证明了,〈拖拉机站站长和总农艺师〉的翻译家草婴在"反苏"、"反修"运动中,因为坚持肯定苏联"解冻文学"作品的内在价值而遭到批判;而陈冰夷作为〈区里的日常生活〉的译者,同时又担任着主持日常工作的《译文》副主编,他在 1959 年开始主持黄皮书《世界文学参考资料专辑》时,所启用的作者仍是诸多"右派"分子。从这一角度分析,进一步印证了中国人学习苏联,并不是一个完全盲目与被动的过程。在这个学习的过程中,译者、编者,当然也包括读者都具有一定的自主性和选择性。由此进一步引申出政治与翻译文学的相互关系:在当时的社会环境中,虽然政治无时无刻不在操纵着翻译文学的过程,使翻译文学在一方面与政治环境发生互动,帮助建构主流的政治意识形态。但由于那些主体意识的存在,使得翻译文学同样可以表现出与主流意识形态相对抗的表现形式。当然这种表现形式,因为采取了一定的策略而往往是隐形的或不易察觉的。

如果说 1956 年底以前,《译文》刊载的"解冻文学"作品具备抵抗主流意识形态的表现外,那么 1956 年 1 月所开始的"我们时代的特写"系列,就具有很强的"铺垫"意味了。这一系列的几位作家都是奥维奇金的好友④。像 1 月号上刊载的

---

① 毛泽东于 1957 年 5 月 15 日写了〈事情正在起变化〉一文,收《毛泽东选集》(北京:人民出版社 1977),第 5 卷,页 423-429。

② 这不禁令人想起 1990 年代名噪一时的《第三只眼看中国》(太原:山西人民出版社,1993)。此书名义上是德国人洛伊宁格尔的译作,实则是"译者"王山自己所著的一部针砭中国时政的作品。中共"老革命"、"刘志丹案"的主要受牵连者之一的何家栋晚年在反思共产党建政的历史时就坦言:"可惜我们现在看到的事情,似乎还没有向良性方面发展而是向恶性方面发展,不是在进步而是在倒退,对舆论工具的管制比战时还严密,禁忌还多。改革开放 20 多年,越改言路越窄,越改神经越脆弱,越怕听见不同的声音。竟改出一个文化恐怖主义……"(2002 年 11 月)。李建彤:《反党小说〈刘志丹〉案实录》(香港:星克尔出版(香港)有限公司,2007),页 257。

③ 中华人民共和国宣告成立的第五天,"中苏友好协会"即宣告成立。总会长刘少奇致辞道:"中国革命在过去就是学苏联,以俄为师;今后建国,同样是要以俄为师。"(〈中苏友好协会成立大会上 刘少奇会长报告全文〉,《人民日报》,1949 年 10 月 8 日,版 1。)

④ Rudolf G. Wagner, *Inside a Service Trade: Studies in Contemporary Chinese Prose* (Cambridge: Council on East Asian Studies, Harvard University, 1992), p.268.

3篇作品就直接反映了一些"老顽固、保守分子、新事物的死对头的人"①的心理状态,表现了他们"追究安逸的生活"、"官僚主义"以及"觉悟不高"等保守主义的本性②。值得注意的是,虽然"百花齐放,百家争鸣"的方针是从1956年5月份正式提出的,事实上在这之前的几个月内,毛泽东就已经开始酝酿从各个领域内开展"百家争鸣"了③。作为由文化部部长茅盾任主编,中国"作协"主管的全国唯一一份翻译文学期刊,不可能不及时掌握这一动态。但是,由于当时"双百"方针并没有正式展开并向全国宣传和推广,《译文》此时择取部分苏联"解冻文学"中最具"干预生活"和"反映真实"的文学体裁特写,明显具有了为可能出现的文艺界重大变化而进行铺垫的功能。一旦时机成熟——1956年5月,"双百"方针经陆定一(1906—1996)正式宣传推广;《人民文学》也于同月开始刊登由主编秦兆阳(1916—)极力推荐的刘宾雁的特写〈在桥梁工地上〉,《译文》便也开始配合轰轰烈烈的"双百"运动了。

对"解冻文学"的全面介绍,及其真正对中国文坛产生较大影响,就是从1956年中期开始的,中国文坛"日丹诺夫主义"式的表现也由此逐步消退,而《译文》亦由此进入了其发展的第二阶段。同样,新的文学现象的发生、发展,仍然与政治环境的变化紧密相连。翻译文学与政治之间的"纠结"又呈现出一番新的景象。

---

① 丹尼尔·格拉宁(著)、刘季星(译):〈不安于现状的人们〉,《译文》1956年1月号,页19。
② 同上。
③ 毛泽东提出"百花齐放,百家争鸣"方针的过程,可参考罗平汉:《当代历史问题札记二集》(桂林:广西师范大学出版社,2006),页124-163。

外国翻译史论文选译

越南的"训读"和日本的"训读"

——"汉文文化圈"的多样性[*]

岩月纯一^{**} 著

刘桂芳 译

前言

由于"汉文训读"长期以来被视为日本固有的现象,对于其过程的检讨,一般认为只要能以日本的事例为自明的前提说明便足够。但是,近年学界开始注意到这种现象并不限于日本,在整个汉字文化圈中也是广泛并行的现象,特别是朝鲜半岛与"训读"的影响关系,实证的研究正在进行中。朝鲜半岛的"口诀"和日本的"训点"拥有类似性,而"训点"中四声点等加点法,其渊源能更广泛地追溯至中国。加上小林芳规的角笔文献研究,发现一直被忽略的角笔符号,原来不单在日本,在朝鲜、中国的文献中也有出现,开拓了划时代的研究分野^①。

但是目前研究成果止步于与朝鲜半岛为主的比较,比较研究工作仍然未达整个汉字文化圈^②。特别是对位于南方边境的越南的"训读",先行研究寥寥可

---

* 本论文是日本学术振兴会科学研究费补助金(基盘研究(B))"从身份意识政治的观点看语言政策的比较研究"(研究课题号码19330103)的研究成果的一部分。本文的执笔以及有关资料的搜集,得到清水政明先生(大阪大学研究院准教授)莫大的指点和帮助。未发表的稿件通过清水先生曾获Nguyen Thi Oanh先生(越南社会科学院汉文/字喃研究所研究员)过目,特此致谢。本文文责全归笔者。

** 岩月纯一,工作单位:东京大学大学综合文化研究科,电邮地址:jun@boz. c. u-tokyo. ac. jp。

① 小林芳规:《角筆文献研究導論 上卷・東アジア篇》(《角笔文献研究导论 上卷・东亚篇》)(東京:汲古書院,2004)。笔者并未对越南的角笔使用进行调查,没有准备对此论述。

② 唯一的例外,是庄垣内正弘对古代维吾尔语佛典的研究。例如庄垣内正弘:《ウイグル語・ウイグル語文献の研究 I》(《维吾尔语・维吾尔语文献的研究 I》)(神戸市:神戸市外国語大学外国学研究所,1982)、庄垣内正弘:〈文献研究と言語学——ウイグル語における漢字音の再構と漢文訓読の可能性——〉(〈文献研究与语言学——维吾尔语中汉字音的重新构成与汉文训读的可能性——〉),《言語研究》第124号(2003年),页1-36。还有把穿越朝鲜半岛,分布于东北亚整体的汉文训读以及变体汉文及其意义宏观检视的金文京(〈漢字文化圏の訓読現象〉[〈汉字文化圈的训读现象〉],收和汉比较文学会(编):《和漢比較文学叢書 第八卷 和漢比較文学研究の諸問題》[《和汉比较文学丛书 第八卷 和汉比较文学研究的诸问题》][東京:汲古書院,1988],页175-204),指出训读及被视为变体汉文的现象在"汉文""中文"内部也可以看到,其先导性的研究业绩动摇了把"中国"的"汉文"与"周边"的"训读"作对立关系的看法,但是按笔者管见,并没有发展此论点的研究。

数①。理由是朝鲜语和日文的文法构造比较类似,两者共有同样的"训读"过程形象,容易设定对照轴;反观越南语的文法构造与日文大相径庭,与中文以及汉文本身的亲和性较高,因此难以设定比较轴;加上资料不易得见,同时有兴趣的研究者也不多。研究工作的缺乏,导致"训读应该曾经存在"的见解②和"不曾存在"的见解③同时并立。

笔者认为,两种不同见解同时并存,原因在于不同的论者对"训读"的定义、尤其是其外延定义不同所致④。因此,本稿将通过比较越南汉文读解的过程和日本的"训读",尝试重新检讨"训读"概念。笔者将简单描述越南自国语言和汉文的关系的发展,然后以数种数据为本,分析汉文读解的过程,最后对照日本的"训读"概念,希望能释明"阅读汉文"这种行为的多样性的片鳞只爪。

---

① 石冢晴通:〈中國周邊諸民族に於ける漢文の訓讀〉(〈中国周边诸民族的汉文训读〉),《訓点語と訓点資料》(《训点语及训点资料》)第 90 辑(1993 年 1 月),页 1-7 中,关于越南"汉文训读"的先行研究,举出波兰的 Romuald Huszcza 和日本的川本邦卫两位的名字,但根据 Huszcza 的著作目录,http://www. filg. uj. edu. pl/ifo/japonistyka/huszcza. htm(2007 年 8 月 24 日)所见,他主要的关心点是现代各"国语"的语汇构造的记述(例如 Romuald Huszcza:〈言語構造の問題としての東アジア諸言語に於ける多体系性と共体系性———一般言語学の視点から見た漢語借用要素の問題——〉(〈作为语言构造问题的东亚诸语言中的多体系性和共体系性——从一般语言学的观点看汉语借用要素的问题——〉),《日本語学》(《日文学》)第 5 卷 11 号(1986 年 11 月)页 42-49。Romuald Huszcza, "Kambun Tetrads in Japanese and Other East Asian Languages", *Rocznik Orientalistyczny*, Vol. LIII, No. 1(2000), pp. 137-149,未能确认对越南"汉文训读"的专论。关于川本的研究容后再述。

② 吉田金彦、筑島裕、石冢晴通、月本雅幸(編):《訓点語辞典》(《训点语辞典》)(東京:东京堂出版,2001),页 2。

③ 川本邦卫:〈ヴェトナムの漢文〉(〈越南的汉文〉),《中国》第 53 号(1968 年 4 月),页 21-22。藤堂明保:《漢字とその文化圏》(《汉字与其文化圈》),收藤堂明保、香坂順一(監修):《中国語研究学習双書 三》(《中文研究学习双书 三》)(東京:光生馆,1971)(1979 年订正三版),页 243。

④ 本稿暂把"汉文训读"的定义限为"在日本一般理解的范围"。在中国对"训读"的理解似乎也包括注疏和训诂,(例如郑阿财:〈敦煌文献によって展開された六朝隋唐注釈学——『毛詩音隱』を中心に〉(〈通过敦煌文献展开的六朝隋唐注释学——以《毛诗音隐》为中心〉),收石冢晴通教授退职记念会(編):《日本学・敦煌学・漢文訓読の新展開》(《日本学、敦煌学、汉文训读的新展开》)(東京:汲古書院,2005),页 1110(45)-1096(59)。但是《汉语大词典》(2001 年第二版)"训读"一条中只有"训蒙教读"和"日本的训读法"两点说明)。此外,当代韩国和"训(读)"并列、"释(读)"一词据说也很常用(朴盛锺:〈韓国漢字の表音字と表意字〉(〈韩国汉字的表音字和表意字〉),《日本学、敦煌学、汉文训读的新展开》,页 634[521]-631[524]),但是笔者不会介入此点。

一、越南"汉文"与"自国语言"的交错关系

关于前近代越南的语言状况,已经有众多的概说①,这里不再多赘。与汉文的关系方面,应该一提的重点概括如下。

越南语拥有类似中文的复杂音节构造。绝大部分的音节是独自拥有意义的一形态素,音节的种类也很多。而越南独有的字音(越南汉字音)的音节体系并不能涵盖越南语所有音节。因此,要使用汉字表记越南语,即使利用汉字作表音文字(假借字),也不能把所有的音节正确地表记出来。越南语的表记法的发展,并非像日本的假名般,以减少同音汉字笔画、改变字型的方法凸显与汉字的差异的表音文字化,而是像日本自制汉字一样,利用汉字(特别是形声法)的造字原理,用偏旁自己组合出"仿真汉字"。只需以发音类似的"旁"为音符,与自己的"偏"组合,造出"汉字"中没有的字,这些字就能被区别出来,成为不同于"汉字"的"越南语"文字②。如此按存在的词汇而大量造出的就是"字喃"。

字喃是形态"似汉字而非"的字,因此没有日本"汉字"与"假名"的对立关系般,在同一文本的平面上凸显出与"汉字"的差异的机能。字喃是"字书中没有的汉字",一篇汉字和字喃交杂的文章,外表看起来和一般汉文非常类似,只是汉字间点缀着"字书中没有的汉字"(参照图二)。这样的文字,本来就不太适合像"训点"那样,用来添加在汉文文本旁边作为帮助理解的符号。

加上中文/汉文和越南语两者均是孤立语,文法构造也有很多相似点。与现代中文(普通话)相比,最大的不同之处只是越南语的修饰语放在被修饰语的后面。由于文法构造相似,即使以越南语法阅读汉文,也不会如日文和朝鲜语那样困难。这可能降低了日本式"训点"符号的必要性。

此外应该注意的是,由于字喃并非公式文字,"不载于字书",因此从未经权力规范化。字喃中有很多由于方言的差别和个人的书写习惯而出现的异体字,哪一个是"正字"根本没有定论,同一字体被用作表记复数的不同词汇的情况也很常见。因此,不懂汉字的话,要直接学习字喃非常困难。尽管字喃是为了书写"越南

---

① 藤堂明保:《汉字与其文化圈》,页229-253。川本邦卫:〈越南人の決断〉(〈越南人的决断〉),收桥本万太郎、铃木孝夫、山田尚勇(编):《漢字民族の決断——漢字の未来へ向けて——》(《汉字民族的决断——面对汉字的未来——》)(東京:大修館書店,1987),页469-481。今井昭夫:〈ベトナムにおける漢字と文字ナショナリズム〉(〈越南的汉字和文字民族主义〉),《ことばと社会》(《语言与社会》)第5号(2001),页126-143。清水政明:〈字喃の創出からローマ字の選択へ〉(〈从字喃的创出到罗马字的选择〉),《言語》第36卷第10号(2007年10月),页64-71。

② 例如"典"这个汉字,除了字音điển的表记外,也作为表达đến(来)这个非汉字语的假借字,这个字加上"至"为扁的字,就能区别出这不是điển而是đến的表记。

语"而造出的文字,但是它不能直接通过对照口头语学习,必须首先学会汉字,理解其造字原理之后,方能读写字喃。把这样的文字作为帮助理解汉字的符号使用是很困难的。

二、汉文读解的过程

那么,实际上自古以来越南人是怎样"阅读"汉文文本的呢?

由于对当地人来说是自明的事,就笔者管见,未能确认越南人做出的自我分析①。日文文献中,对读解过程作出最详细的客体化描写的,是认为"训读不曾存在"的川本邦卫的论文。川本的描述只限于图二所示 18 世纪(黎朝中兴期)的越南知识分子如何读解同时代的汉文文本。他推测,"喜爱阅读这种小说的读书人,由于没有日本那样的汉文训读法,因此在文本是中文的理解前提下,以中文阅读",但是,"像昔日相比,和中国人一样通晓中文的越南人应是越来越少;考虑到18 世纪黎朝士大夫阶层的文化状况,姑且不论实际上是否发音,但应该是以越南汉字音或越南汉字音浮现在意识层面的状态中,可能在稍微一知半解的情况下阅读中文文章"②。此外,在较近期的研究中,补充说明了"使用中文阅读"的过程与"使用越南汉字音阅读"的过程之间的不同,在此文本可见的音注是抄写中国韵书的,字音不一定符合越南汉字音,也没有编纂过越南汉字音独自韵书的迹象,因此认为"有时读者会在知道中国古音之余,一边想着越南字音,一边享受阅读汉文之乐。以字音阅读的音读,不一定是发声朗读,也可以是想起字音以理解字义的意思;首先,拥有汉字汉文学养的读者用眼睛'音读'文字,难字则依靠音注,以由中文古音联想的越南汉字音来阅读"③。也就是说在越南,"体裁和中国人完全一样的书本,只需以稍微不同的发音阅读便可"④。

但是,把以上的现象简单地与日本"直读"和"训读"的对立构图重叠,以越南

---

① Nguyen Thi Oanh:〈ベトナムの"漢文訓読"について:《嶺南摭怪》を中心に〉(〈关于越南的"汉文训读":以《岭南摭怪》为中心〉)(国际工作室〈典籍交流(训读)与汉字情报〉北海道大学,2006 年 8 月 22日发表原稿,未刊行),几乎是越南研究者对"汉文训读"问题的唯一研究,主要分析越南汉文中可见的越南语法构造的干涉,并没有言及"训读"整体的具体过程。

② 川本邦卫:〈黎朝言語資料の解音について——字喃の転写に関する覚書(『傳奇漫録』研究ノート五)〉(〈关于黎朝言语资料的解音——关于字喃的转写备忘录(《传奇漫录》研究笔记 五)〉),《慶應義塾大学言語文化研究所紀要》(《庆应义塾大学言语文化研究所纪要》)第 20 号(1988),页 33-73。

③ 川本邦卫:〈傳奇漫録刊本攷〉(《传奇漫录刊本考》)(東京:庆应义塾大学言语文化研究所,1998),页80-82。至少对这个时期,川本并没有想到笔者后述通过每字的"训"来理解的可能性。

④ 川本邦卫:〈越南的汉文〉,页 22。目前越南的书店中,为了阅读中国古典的汉字学习课本,并没有和学习现代中文的课本(当然也包括学习汉字)区别开,一起陈列在"外国语"的书架上。也就是说,在日本清楚分开的"汉文"和"中文"的界线是暧昧的。

的汉文读解只有越南汉字音或"中文音"为线索,而排除所有通过"训读"的理解,似乎言之尚早。仔细分析越南汉文文本,其实是有蛛丝马迹可寻的。

三、汉文文本的各种样态

参看现今在越南出版的汉籍的形式(参照图一),汉文原文使用汉字,顺便呈示其罗马字音后,再原原本本地翻译成现代的(罗马字)越南语,当中并没有像"书き下し文"般,机械性地对应原来文本的文体,也的确没有像"训点"那样的符号。

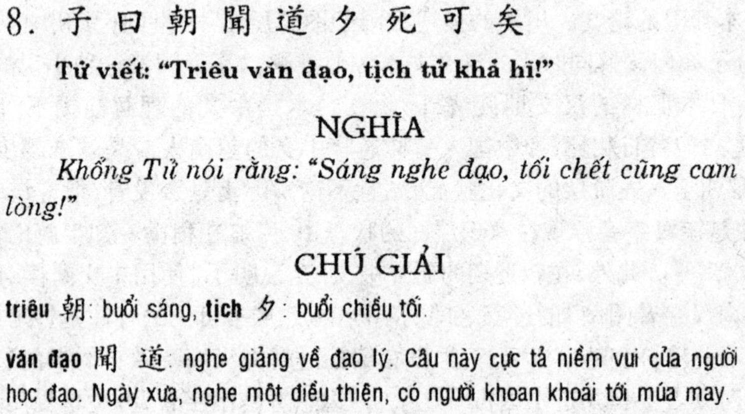

8. 子曰朝聞道夕死可矣

Tử viết: "Triêu văn đạo, tịch tử khả hĩ!"

NGHĨA

Khổng Tử nói rằng: "Sáng nghe đạo, tối chết cũng cam lòng!"

CHÚ GIẢI

triêu 朝: buổi sáng, **tịch** 夕: buổi chiều tối.

văn đạo 聞道: nghe giảng về đạo lý. Câu này cực tả niềm vui của người học đạo. Ngày xưa, nghe một điều thiện, có người khoan khoái tới múa may.

图一 现今越南汉文文本呈示的形式(《四书集注》,河内:文化通信出版社,1998年)的上段是使用汉字的文本,然后是越南语译,顺带附上语句的注释。诗词则多为把越南语译分为直译和韵文译显示。在前北越及南北统一后的越南,几乎所有的汉文刊本都完全没有汉字文本(以完全的越南译本出版),就算有也只呈示字音的罗马字表记,但1990年代以后,呈示汉字的书籍增加了。

此外,这样的形态与罗马字越南语普及前的汉字/字喃时代的文献是有连续性的。图二、图三是前近代越南刊行的汉籍刊本,两者均在夹注部分插入了使用字喃的翻译,可说是相当于上文提及的现今汉文读解中的"现代的(罗马字)越南语"文字。

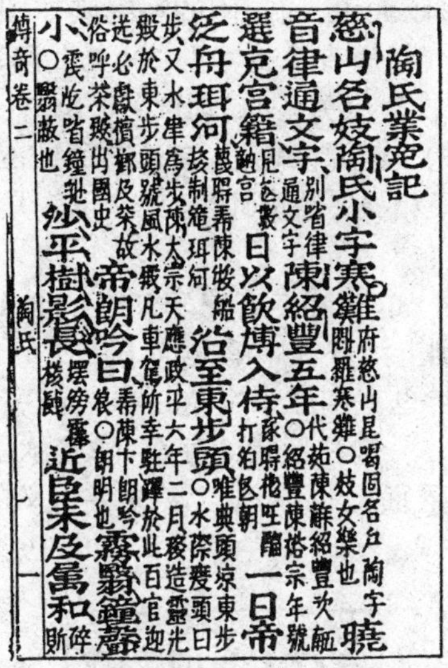
陶氏業寃記
慈山名妓陶氏小字寒雞
音律通文字 陳紹豐五年 一日帝
選克宮籍 日以飲博入侍
泛舟珥河 沿至東步頭
帝朗吟曰 霧鎖鐘聲
水平樹影長 近臣未及屬和

图二　18世纪的汉文、字喃文本的示例(《新编传奇漫录增补解音集注》,1714年,川本邦卫《传奇漫录刊本考》所收图版)的夹注中,〇符号前是使用字喃的译文,后面附上使用汉文的音注和释注。

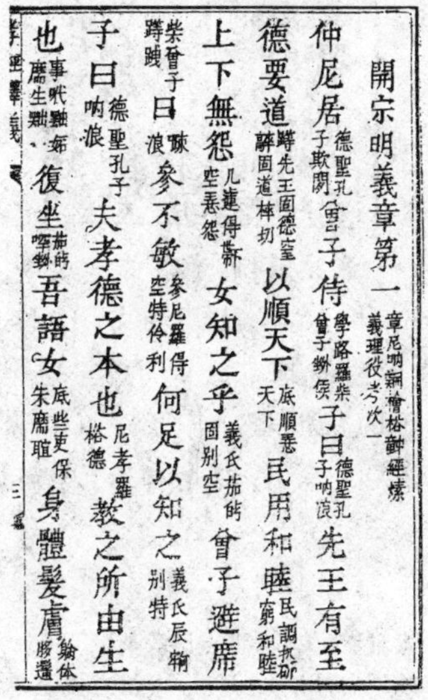
開宗明義章第一
仲尼居 曾子侍 子曰 先王有至
德要道 以順天下 民用和睦
上下無怨 女知之乎 曾子避席
曰 參不敏 何足以知之
子曰 夫孝德之本也 教之所由生
也 復坐 吾語女 身體髮膚

图三　20世纪的汉文、字喃文本的示例(《孝经绎义》,1918年)的所有夹注均是使用字喃的译文,没有使用汉文的注。此外川本(《传奇漫录刊本考》,页76)认为图二的形式是特异的,图三的形式较普遍的。

以夹注形式插入的训注在日本古代汉文中也可见到,特别是图二中字喃文和汉文的释注放在同一平面上,形式上也有相似之处。不过,日本的训注一般是为了把单一词语的训明确显示而设,而越南的字喃则如图三所示,是对每个句子插入的越南语“译文”。因此,并没有像日本的“汉文训读”般,借着使用“训点”,产生拥有与汉文文本的机械性对应关系的“训读”文本(书き下し文)的余地,不符合日本国语学上“保留汉文构文的原来表记,在依靠原文的情况下,利用自身语言理解其内容,在此点上与翻译相异”[①]的训读定义。也就是说,不能把这种字喃注当作“汉文训读”[②]。

但是,除了夹注形式外,也有刊本在原来文本的每个汉字旁加上小字的字喃注释。在这种情况中,原则上汉字和字喃是词语层次的对应,汉字的“字义”由字喃显示。在图四的示例中,也有和原来文本一样的汉字被标注的例子,虽然不一定所有的汉字都注上“字义”,这种形式的存在,除暗示了越南的汉文读解并非只有越南汉字音外,在意识层面上也浮现与该汉字字义的某种非汉字语(也就是“训”)而进行的过程[③]。

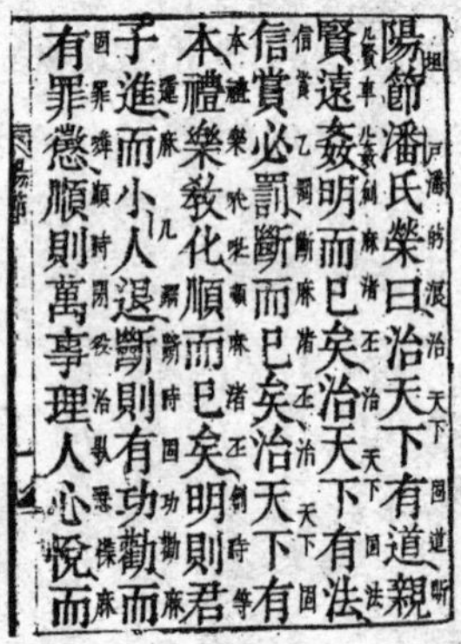
陽節潘氏槃曰治天下有道親
賢遠姦明而巳矣治天下有法
信賞必罰斷而巳矣治天下有
本禮樂教化順而巳矣明則君
子進而小人退斷則有功勸而
有罪懲順則萬事理人心悅而

图四 每字附上字喃注的文本示例(《阳节演义》,1890 年)“而”旁边的“麻”表示非汉字语 mà(接续词“是 ~”)。“阳节”二字旁边的“坦”表示非汉字语 đất(“土地”的意思),表示这是地名。除了像“罚”“礼”“乐”“顺”等以汉字原状标注的例子外,第二行的“贤”配上“几贤”(“几”是非汉字语 kẻ(“者”的意思),“几贤”是“贤者”之意)二字,由此看来,可知这并非机械性的“训读”,而是根据文脉对每字的释注。

---

① 吉田金彦、筑岛裕、石冢晴通、月本雅幸(编):《训点语辞典》,页 2。

② 但是,关于图二所示的数据中字喃译文,川本的评语是“很难说是单纯的‘翻译’,尽管对本文汉文的一字一句均没有轻忽,是逐字翻译的直译文,但同时也是雅文调或雅俗混淆的越南语,可说有令人联想日本人的汉文‘书き下し文’的韵味”,其定位有重新考虑的余地。川本邦卫:《传奇漫录刊本考》,页 82。

③ 此外,推定为 18 世纪初的刊本的《仏説大報父母恩重経》(《佛说大报父母恩重经》)(パリアジア協会所蔵[巴黎亚洲协会藏])中,每一句的字喃译并非夹注,而是平行刻在原来文本旁边,拥有上文二例的中间形态。关于《佛说大报父母恩重经》,参照清水政明:〈漢文 = 字喃文対訳《佛説大報父母恩重經》に見る字喃について〉(〈关于从汉文 = 字喃文对译《佛说大报父母恩重经》所见字喃〉),《人间、环境学》第 5 号(1996 年 12 月),页 83-104。

　　这种"每字加上的字喃注",很可能是为了对应学习汉字课本。图五是 18 世纪末越南编纂的汉字入门课本《三千字》(20 世纪初刊本)。学习者背诵时,一边看着字形,一边把其字音和"训"连续发音。例如开头的"天地举存,子孙六三"的句子,学习者是通过多次诵读"Thiên **trời** Địa **đất**, Cử **cát** Tồn **còn**, Tử con Tôn **cháu**, Lục **sáu** Tam **ba**"(字音后的底线粗体字部分是"训")直至牢牢记在脑里。因此,汉文文本中出现的字,不单是通过字音,而也是通过与字音成为一组的"训"而被理解的。

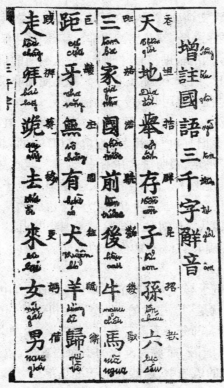

　　图五　汉字学习用的课本示例(《三千字解释国语》,1909 年)每个汉字右边的小字是使用字喃的意译,下面并排的两行罗马字,上段是对应字音、下段是对应字喃的越南语单词。

　　通过诵读字音和"训"成对的汉字学习方式,相当于日本广为人知的"文选诵读";而被认为没有单字"训读"的前近代朝鲜半岛文献、古典维吾尔语文献中,也存在这种学习法的例子①,从这一点看来,可以推测这并不限于日本,而在汉字文化圈周边也有一定的普遍性。

四、"训读"的内涵和外延

从上文举出的越南示例重新检讨"训读"概念,可见其中包括几个不同的侧面。

我们平常意想中"汉文训读",是指在读解汉文文本之际,配合与汉文相异的母语的句子结构颠倒词序之余,某些字配以非汉字语的过程(也就是句子层次的"训读"),以及为此而使用的辅助符号("训点");从越南的例子看来,对某些字配以非汉字语的事例中,其实必须区别为:(一)实际上使用非汉字语"发音"的情况;(二)只在脑中理解的过程中引用非汉字语的情况。

在上文的两种情况中,(一)的确只在日本高度发展,在越南几乎没有例子。而(二)的例子,假如按照旧有对"训读"的理解,以日本的"训读"为前提,只在留下的文本中加上"训点"的话,很明显这并不是"训读",且在越南也实际存在,也留下了证明这点的文本。因此,把"训读"的定义狭隘地限定于(一)的例子,把(二)的情况视作等闲,等于只把日本的"训点"视为"已达成的顶点",有可能会把"训读"现象多种多样的延伸从检讨对象中排除。考虑到"训读""以'自国语言'解释汉文"的目的,应该在明确其与(一)的例子的不同后,把(二)的例子也包含在考察的对象中。

再说,上文(一)的例子与汉文以外的文本(例如日文)中,使用汉字作为非汉字语表记的"训读"(也就是词语层次的"训读")在机能性上的关系极为接近。这一点与"汉文文化圈"的大部分书面语言是以"分拆"汉文文本发展而来的历史性经过照应②。目前作为"国语"而被规范化的书面语言中,以这种形式确立的"训读"只有日文,但是越南的语喃中,虽然只限于一小部分,单取汉字字义的字形是

---

① 在这一点中,与越南和朝鲜半岛(《训蒙字会》的例)的并行性已经由桥本万太郎、冈田英弘、川本邦卫、新田春夫、松元昭《世界の中の日本文字——その優れたシステムとはたらき》(《世界中的日本文字——其优秀的系统和功能》)(東京:弘文堂,1980)页152-157中指出。不过,根据川本的解说,把汉字与字喃逐字对应的学习书,是受了阮朝成泰年间(1889—1906)出版的嗣德帝勅撰《嗣德圣制字学解义歌》的影响,是比较新的形式。另一方面,庄垣内正弘上文〈文献研究与语言学〉,页28-31,古典维吾尔语版文本的《千字文》中,已存在和"文选诵读"一样,采用同样的音训复述形式,还有保留汉文词序列出维吾尔语单词的文本为根据,指出维吾尔语中"汉文训读"的可能性。

② 关于这一点,请参照岩月纯一:〈「漢字」と「訓読」の関係をめぐって——子安宣邦《漢字論——不可避の他者》を手がかりに〉(〈关于"汉字"和"训读"的关系——以子安宣邦《汉字论——不可避之他者》为线索〉),《言语社会》第 1 号(2007 年 3 月),页 145-158。

存在的①。"汉文训读"和"训读",由于概念和称呼相似,加上历史上也有连续性,因此往往会被混淆,应该明确地区别,并且在分析之际把两者的连续性放进视野之内。

结语

如上所述,对把(二)的示例包含在"训读"概念中的重新定义,会否流于胡乱"扩大"概念,令焦点模糊不清? 还有,没有在文本上出现的脑内过程要以什么论据才能说明? 这样的疑问的确存在。但是,解释汉字这种音声并非单独对应的文字时,无论在何处,某种形式的"训读"的介入都是不能避免的。同样是汉字,在阅读时分作"文言音"和"白话音"的情况,在部分中文方言中可见,即使在"中文"内部,汉字的解释也是纠缠着二重性的。要一边留心这些现象各自的差异,放进分析的对象中,就必须重新把"训读"视为"汉文文化圈"整体的现象,同时把每个事例平等地作平面的比较,重新定位。特别是"训读"不一定与"直读"对立,也是有时会互相渗透的关系,这一点明显可见于越南汉文读解的过程中。"训读"现象的再验证,并非只是把"日本独有的训读"作为基准去验证其他例子,而是应以普遍的、开放的概念设定为前提进行。

---

① 在字喃文本中,"为"或是其简体"ㄗ",除了用在汉字语汇的表记,字音读为 vi 之外,也有用作非汉字语 làm(做)表记的情况。虽然这样的例子很少,因为多用的话难以与汉文文本区别开来。

对李树廷译《新约马可传福音书谚解》的文体之考察[*]

——以汉字表记和汉语翻译为中心

金成恩[**] 著

刘桂芳 译

一、前言

1. 关于李树廷

朝鲜的圣经翻译工作是在与中国和日本之间的紧密关系中进行的。新教传教士进入朝鲜前,在满洲和横滨已经译出了朝鲜语圣经。最早的朝鲜语圣经,是1882 年由传教士 John Ross[①]（National Bible Society of Scotland）在满洲获得朝鲜人的帮助下译成的路可福音和约翰福音。此外旅居日本的李树廷,于 1884 年在横滨出版了附上音读口诀记号[②]的汉译四福音和使徒行传,1885 年出版了汉字韩字交杂文体翻译的马可福音。

此外,当时的驻日传教士、美国圣经公会干部 Henry Loomis[③]（1839—1920）,看准了朝鲜与美国缔结修好条约的 1882 年,要求美国教会向朝鲜派遣传教士。

---

* 引用中的汉字全部改为日文的常用字体。此外,与现代韩字表记相异,而且 MS WORD 不能输入的韩字也改为现代用法。

** 金成恩,工作单位:高丽大学日本研究中心,电邮地址:kujp0402@ korea. ac. kr。

① 汉名为罗约翰(1842—1915),于苏格兰 Ross-shire 出生。1872 年到达芝罘[编注:烟台的旧称]后,于山东传道,后以苏格兰长老教会传教士身份到满洲牛庄。于满洲开拓传教事业期间,最大的业绩是让中国人王静明入教并成为传道人。及后,碰上义州出身的李应赞,与他一起向朝鲜人传道,并学习朝鲜语,出版路可福音及约翰福音朝鲜语版。1887 年更以朝鲜语翻译新约全书为《Jesus 圣教全书》,此书一直被认为是 Ross 的翻译。他在翻译的同时,与 John McIntyre 一起向朝鲜人传教,令改信基督教的人散布于朝鲜各地,他们全被视为朝鲜新教(protestant)的先驱。可参考,日本基督教团(编):《キリスト教人名事典》(《基督教人名事典》)(東京:日本基督教団出版局,1986)。

② 口诀又叫"吐",是为了理解汉文于正文右旁加上注解的文法要素。"吐"使用汉字音读,其用法和用词和吏读和乡歌虽有共通之处,以墨书作悬吐(附上"吐"之意)时,特征是使用略体字而不用正体字。在本文右旁以略体字书写是本来的形式,但刊本中有时在本文中的该当部分以双行加入正体字的口诀,有时在上栏外只记上略字的口诀,形态各别。口诀也用在汉文书籍中,范围横跨佛书、经书、史书、小说等。参考藤本幸夫:〈古代朝鲜的语言和文字文化〉,收岸俊男(编):《日本の古代 第14 巻 ことばと文字》(《日本の古代 第 14 巻 语言和文字》)(東京:中央公论社,1988),页 175-240。

③ 生于纽约州伯灵顿。1872 以美国长老教会传教士的身份到日本,曾与 Hepburn 一起教授英文,并设立横滨第一长老公会(即今横滨指路教会),是活跃于横滨 42 号居留地美国圣经公会的主干。他在 1882 年决定把朝鲜纳入美国圣经公会的管辖地域,包括李树廷译本圣经的朝鲜语圣经,直至 1923 年关东大地震毁坏印刷厂为止,几乎全部由他的福音印刷公司出版。在满洲翻译出版的 Ross 译本则是例外。参考:日本基督教团(编):《基督教人名事典》。

当时李树廷在 *The Missionary Review of the World* 中发表了"Condition of Korea"，强调在朝鲜传播基督教的必要性。

就是这样，新教传教士于 1885 年正式进入朝鲜。当时的传教士是美国北长老派的 Horace Grant Underwood①(1859—1916)。Underwood 在 1885 年抵达日本后，便寄居在 James Curtis Hepburn 家，进行进入朝鲜的准备工作之际，认识了李树廷并向他学习朝鲜语。如前所述，当时李树廷的朝鲜语版圣经已经由横滨的美国圣经公会出版了，因此 1885 年 4 月 Underwood 进入朝鲜时，带去的便是李树廷翻译的圣经译本。

李树廷作为翻译圣经为朝鲜语的首位朝鲜人，同时在朝鲜基督教传教初期，在驻朝鲜和驻日的传教士的交流史上也有深厚的关联，可说是朝鲜语圣经翻译史研究上不能少的人物。尽管如此，可能由于他只旅居日本短短四年，加上回到朝鲜后不久就去世，因此有关资料较少，一直不受注目。

再者，为数不多的研究中，主要是把焦点放在关于李树廷的活动轨迹上的历史方面，对于圣经翻译只作为他的一项活动稍作提及而已②。但是，李树廷开始受到注目是在圣经翻译史，本来就应该着手研究他的翻译文本。

2. 李树廷译《新约马可传福音书谚解》的先行研究

李树廷在 1884 年以在汉译圣经加上音读口诀记号形式翻译的《懸吐漢韓新約全書》(《悬吐汉韩新约全书》)中，收录了《新約聖書馬太伝》(《新约圣书马太传》)、《新約聖書馬可伝》(《新约圣书马可传》)、《新約聖書路可伝》(《新约圣书路可传》)、《新約聖書約翰伝》(《新约圣书约翰传》)、《新約聖書使徒行伝》(《新约圣书使徒行传》)。李树廷也在 1885 年以汉字韩字交杂文翻译了《신약마가젼복음셔언해》(《新约马可传福音书谚解》，下文将省略韩字书名，略记为《谚解》)。

李树廷译本圣经的先行研究，很多是把《悬吐汉韩新约全书》和汉译圣经以及

① 美国北长老派朝鲜传教士，朝鲜名为元杜尤。1885 年 4 月 5 日到朝鲜，是第一位福音传教士。为了修改和完成韩字圣经的翻译，设立圣经翻译委员会，在传道文书的执笔和翻译上扮演了先驱者的角色。另一方面，率先帮助美国监理教传教士 Henry Gerhard Appenzeller(1858—1902) 的活动，也曾帮助南长老派、加拿大长老派的朝鲜传教活动。此外，于 1915 年设立了由儆新学校大学部分出的延禧专门学校(现在的延世大学)。他和驻朝鲜传教士 Lillias Horton Underwood 婚后，生有一子。其子孙后来继续在朝鲜进行传教活动。参考：日本基督教团(编)：《基督教人名事典》。

② 对李树廷的轨迹的代表性研究，有整理李树廷留日期间的主要报章以及基督教报纸上的有关报道的吴允台：《韓国基督教史Ⅳ—改新教伝来史—先驱者李樹廷編》(《韩国基督教史Ⅳ——改新教传来史——先驱者李树廷编》)(首尔：惠宣文化社,1983)，以及介绍驻日传教士 Loomis 送给美国圣经公会的报告书的部分内容，补足李树廷之前的轨迹的李德周：〈初期ハングル聖書翻訳についての研究〉(〈初期韩字圣经翻译的研究〉)，《ハングル聖書と民族文化》(《韩字圣经和民族文化》)(基督教文社,1985)，页 409-505。

日文译本圣经比较,尝试阐明其影响关系①。李万烈的研究对《谚解》也略有提及,指出比较固有名词表记,李树廷译本比 Ross 译本更接近原来语言(希腊语)②。

关于《谚解》翻译唯一较完整的研究,有朴喜淑的论文③。朴喜淑着眼于从悬吐译本《新约圣书马可传》(以下省略为《悬吐译》)的口诀记号到《谚解》语尾的变化,论述 19 世纪朝鲜的口诀文和谚解文的影响关系。根据朴喜淑的研究,《谚解》不单把《悬吐译》中以体言结束的文章用言化,并且大量采用韩字固有语进行意译,尽量靠近口语。朴喜淑指出,《谚解》的谚解文乃是从汉字韩字交杂文向韩字专用文转移的过渡性表记。

本稿将以上述的先行研究为根据,通过检讨李树廷译《悬吐译》和《谚解》之间的异同,特别是汉字表记的效果和汉语的翻译类型,希望能阐明翻译者的意图和文体意识。李树廷译《谚解》的汉字韩字夹杂文,这种文体是 19 世纪后半期朝鲜知识分子们视为理想的近代语文体;作为当时的翻译语文体,可说是充满深意。今后日韩比较文学研究的线索,可以此为切入点。

二、汉字表记的造语力和视觉效果

《谚解》在翻译之际,译者参考的到底是什么汉译圣经和日译圣经,研究进展不多④。但是正如前文所述,李树廷翻译的马可传共有两种,可以推测,1885 年的《谚解》在翻译之际,参考过 1884 年《悬吐译》。

---

① 例如李万烈:〈李樹廷の改宗と活動〉(〈李树廷的改宗和活动〉),《韓国キリスト教受容史研究》(《韩国基督教接受史研究》)(Doorae 时代,1998),页 95-141,(初出)《光と塩》(《光和盐》)1988 年 4、5 月号;韩美镜:〈初期韓国聖書と中国聖書の人名の比較研究〉(〈初期韩国圣经和中国圣经的人名的比较研究〉),《書誌学研究》(《书志学研究》)(1999),页 315-345;呉ミョン:〈韓国の懸吐漢文聖書と日本の訓点漢文聖書についての比較研究〉(〈韩国的悬吐汉文圣经和日本的训点汉文圣经的比较研究〉),《日語日文学研究》(《日语日文学研究》)第 51 辑(2004),页 77-96 等。
② 李万烈:〈李树廷的改宗和活动〉,页 124。
③ 朴喜淑:〈懸吐新约圣书马可伝の口诀とその諺解について〉(〈关于悬吐新约圣经马可传的口诀及其谚解〉),《青荷成耆兆先生華甲記念論文集》(《青荷成耆兆先生华甲记念论文集》)(Shinwon 文化社,1993),页 1150-1178。此外,还有以朝鲜近代语成立期的特征的观点分析《新约马可传福音书谚解》语素的丁吉男:〈李樹廷訳(馬可福音)の国語学の考察〉(〈李树廷译《马可福音》的国语学考察〉),《韓国学論集》(《韩国学论集》)(汉阳大学韩国学研究所,1984),页 155-187,以及介绍《新约马可传福音书谚解》作为资料的崔泰荣:〈資料解題　李樹廷訳《新約馬可伝福音書諺解》〉(〈资料解题 李树廷译《新约马可传福音书谚解》〉),《崇實語文》(《崇实语文》)(崇实语文学会,1985),页 239-292。
④ 李万烈以 Loomis 的书信(1884 年 8 月 15 日)为根据,论述李树廷曾参考日文《馬可伝》(《马可传》)、Ross 译《イエス聖教路可福音全書》(《耶稣圣教路可福音全书》)、《イエス聖教ヨハネ福音全書》(《耶稣圣教约翰福音全书》)、《イエス聖教弟子行跡》(《耶稣圣教弟子行迹》)以及《韓佛字典》(《韩法字典》)。李万烈:〈李树廷的改宗和活动〉,页 118。

　　例如,对比《悬吐译》和《谚解》,书中的人名和地名的译法几乎完全一致。下面举出其中一例①,引用文的阴影和日文翻译由引用者加上。请注意日文翻译乃是直译,即使是变成日文后不大自然的汉语,也保留原文进行逐字翻译。原文参照"图版1"悬吐译《新约圣书马可传》和"图版2"《신약마가젼복음셔언해》(新约马可传福音书谚解)。

　　　　悬吐译:十九　又以色加畧犹大と即売耶穌者ロアハ(第三章)
　　　　谚解:十九
　　　　또以色加略(이시가리오트)의猶大(이우다쓰)니굣耶穌(예수쓰)를売(매)한者(자)ㅣ라(翻译:又,以色加畧之犹大,即卖耶穌者也。)

　　这是马可传第三章中耶穌任命十二门徒,列举他们的名字的场面。正如引用文所示,《谚解》中的人名和地名的翻译是借用《悬吐译》的汉语以汉字表记,再以韩字旁注加上发音。正如李万烈指出②,其发音并非光是汉语的音读,"耶穌"写成接近原音(Jesūs)的"예수쓰"(yesusu)。

　　借用汉语翻译不熟悉的固有名词的《悬吐译》,也可说是《谚解》的汉字表记的首要特征③。

　　第二个特征是使用汉字表记圣经用语。对照 Ross 译本,让我们看看以下例文④。

　　　　悬吐译:一　神之子耶穌基督之福音ロ其始也ロヒ(第一章)
　　　　谚解:一
　　　　神(신)의子(자)耶穌(예슈쓰)基督(크리슈도스)의福音(복음)

---

① 李树廷译本圣经的文本,来自笔者从纽约 The American Bible Society 取得的 CD-ROM 资料,包括《懸吐漢韓新約全書》(《悬吐汉韩新约全书》)《新約聖書馬太伝》(《新约圣书马太传》)、《新約聖書馬可伝》(《新约圣书马可传》)、《新約聖書路可伝》(《新约圣书路可传》)、《新約聖書約翰伝》(《新约圣书约翰传》)、《新約聖書使徒行伝》(《新约圣书使徒行传》))和《新約馬可伝福音書諺解》(《新约马可传福音书谚解》)的 PDF 檔。以下的引用均以此为依据。此外,笔者也确认过韩国的大韩圣书公会藏本和日本东京女子大学藏本。引用时汉字全部改为日文常用字体。与现今韩字表记相异、或 MS WORD 不能输入的韩字,都改为现代语法。
② 李万烈:〈李树廷的改宗和活动〉,页124。
③ 在此,笔者要指出《谚解》从第三章十五节到第五章二六节,以及从第六章五十节到第七章九节,是例外的汉文调的文体和汉语音读显眼的部分。举例如下。
　　　悬吐译:十五 且有医病逐鬼之権ノヒ(第三章)
　　　谚解:十五
　　　또病(병)을醫(의)하며鬼(귀)를逐(축)하는権(권)이잇게하시니(且有医病逐鬼之权。)
　　　其理由不明,可能译者是李树廷以外的合作者。
④ Ross 译本的引用根据《イエス聖教聖書マルコ福音》(《耶穌圣教圣书马可福音》)(沈阳文光书院,1884)(丁吉男[编]:《開化期国語資料集成——聖書文献篇》[《开化期国语资料集成——圣书文献篇》][首尔,博而精,1995])。

이니그처음이라(神之子,耶稣基督之福音。其始也。)

Ross 译：—

하나님의아달예수키리스토복음의처음이라(Hananim 之子 Yesu Kirisuto 福音之始也。)

在此引用的是马可传第一章一节开头,宣告耶稣是神之子的部分。"神"、"基督"、"福音"都是基督教思想的重要概念用语,《谚解》把"神"和"福音"均以韩字音读"신"(shin)、"복음"(pogum)加上旁注,而对"耶稣"和"基督"则意识到接近希腊语的发音,加上"예슈쓰"(yesusu)、"크리슈도스"(kurisutosu)的旁注。还有,尽管"子"(자,cha)是一般名词,但在引用文的文脉中主题是耶稣乃"神之子",所以使用汉字表记加以强调。

对当时首次接触基督教的朝鲜人来说,可以想象只靠 Ross 译本中"하나님"(hananim)、"예수"(yesu)、"키리스토"(kirisuto)、"복음"(pogum)等韩字表记,很难顺利理解接受"神"、"耶稣"、"基督"、"福音"等概念。要让新的概念被接纳,必须把译文以逐个单词为单位理解。这一点纯韩字文体很难做到,但是汉字韩字夹杂文中的汉字则能扮演这个角色。换句话说,对当时的朝鲜传教活动来说,汉字韩字交杂文比纯韩字文更为有效。

此外,汉字这种表意性文字体系拥有优秀的造语力和视觉效果,可以说比韩字更适合用来表达基督教的新概念。

《谚解》的汉字表记的第三个特征,是为了强调文脉上的重要单语,以汉字表记可视化。

悬吐译：三　若有人□问尔何为ᄉ커则曰主□需之ᄉᄀ彼必遗之来曰ᄉ(第十一章)

谚解：三

만일사람이너다려엇지그리하믈뭇는니잇거든즉시가로되 主(주), 求(구)하신다하면그사람이반다시보내여가져오게하리라하시니(若有人问尔何故为此者,则曰,主求之,彼必遗之来。)

Ross 译：三

만약사람이너희엇지하여이를하나냐물으면갈아되쥬의쓸거시라하라더즉시(若有人问尔何故如此行事,曰主需用。彼即遗之。)

这里引用的是耶稣进入耶路撒冷前,命令两个门徒从对面村庄把小驴牵来的场面。文中只有"主"和"求"以汉字表记,两个都以韩字"주"(chu)和"구"(ku)音读汉语。通过以汉字表记,强调了作为圣经用语的"主"的意思,有防止音读韩字表记伴随的误读的效果。

还有,引用的第十一章第三节的主要讯息是"主需要"。译者把这个重要讯息以汉字表记可视化,使之更容易吸引读者注意。

第四,也有借用汉文的典型机能语以汉字表记的例子。

悬吐译:十三　遥见无花果树有叶　则就之　或于其上　有可得否　既就　见惟有叶而已　盖果期未至也(第十一章)

谚解:十三

멀니 無花果(무화과) 남긔입피잇스믈보시고나아가사　或(혹) 그우희可(가)히 어들거시잇슬가하엿더니나아가셔보시매다만입사귀만잇스니대개열매익을때가되지아니하엿스니(遥见無花果之树有叶,则就之,于其上或有可得,近見则徒有葉。蓋果实熟期未至也。)

Ross 译:十三

멀니수무화과남우닙피이사물보고나아가혹그우에무으슬어들가하여나아간즉오직닙뿐이요어들바업사문과실때닐으지못하미라(遥见無花果之树有叶而进,其上或有可得。徒叶也。无得物者,果实之时未至之故也。)

"或"(혹、hok)和"可"(가、ka)是汉文中经常使用的机能语,在朝鲜语的文脉中也已经变得自然,翻译成朝鲜语时使用汉字表记反而易懂。还有,"无花果"(무화과、mufagua)使用汉字可视化,可以说更容易理解到"无花的果实"的意思。汉字表记更容易理解,只要与纯韩字文的 Ross 译本相比就更一目了然了。

从以上的例子可见,译者先把《悬吐译》以朝鲜语文脉解释后,按需要以汉字表记。可以看到译者尝试借着汉字的造语力和视觉效果,解读固有名词和圣经,以求更有效地传达圣经的讯息。这个尝试的结果就是汉字韩字夹杂文。

三、驻日传教士 Loomis 书简中所见李树廷的翻译观

那么,对《谚解》这种翻译态度,李树廷的说法到底是怎样的呢? 尽管没有找到李树廷本人直接阐述自己的翻译观的数据,但委托他进行圣经翻译的驻日传教士 Loomis 寄往美国圣经协会的书简中频繁地提到李树廷。本节中将主要通过检讨 Loomis 的书简尝试论述李树廷的文体意识①。

首先,关于委托李树廷在日本翻译朝鲜语版圣经的经过,Loomis 在 1883 年 5 月 30 日的书简中有如下的记述。

---

① 以下引用的 Loomis 书简,原则上根据笔者直接在纽约美国圣经协会阅览过的书简原文。韩国把美国圣经协会所藏的 Loomis 书简中有关朝鲜传教活动的资料结集成书,出版李万烈、玉圣得(编译):《大韓聖書公会社資料集第 1 卷——ロス書信とルーミス書信》(上·下)(《大韩圣书公会社数据集第 1 卷——Ross 书信和 Loomis 书信》[上下])(大韩圣书公会,2004 年)。笔者会直接引用今次数据调查新发现的书简,以及在韩国数据集中的原文书简;韩国资料集已收原文而在调查中未能确认的书简,则从资料集引用,各部分均会在附记中指出资料集书目。

Loomis 致 Gilman

1883 年 5 月 30 日

　　Gilman 先生

　　(前文略)李树廷最大的心愿就是把圣经带给自己的民族。他害怕没有神的话语的罗马天主教传教士来到朝鲜,像以前一样让朝鲜民族继续腐败下去。当他听说美国圣经公会和到其他国家传教一样,正在准备朝鲜的基督教传教工作,难掩喜悦之情。对于我建议让他马上开始翻译汉韩圣经,顺便着手其韩字译本,他欣然接受。他热心地着手翻译工作。汉文是朝鲜王室的语言,也是学者的语言。这个译本恐怕比日本的训点版更为有用吧。(在大学教授朝鲜语的)他的朋友也答应帮助这项工作。他建议若作成日韩对译韩版,那么朝鲜人和日本人都可以用来作教材了。

　　当我让李树廷看 Ross 译本,他非常失望,单刀直入地说这个译本不能用。最糟糕的是 Ross 牧师在没有优秀助手帮助之下,也没有懂的朝鲜语的人帮忙校对,出版的译本中有很多错误。因此,韩字圣经的翻译可说是完全未经开拓的领域。我建议他帮助 Knox 牧师完成优秀的翻译。(下文省略)①(笔者译,下同)

　　这里省略了这封书简的前半部,其中提到 Loomis 提说朝鲜知识分子李树廷在日本受洗的消息,认为这是在朝鲜传教的好机会,因此委托李树廷把圣经翻译成朝鲜语。

　　同时代的中国东北部(即所谓满洲),苏格兰圣经协会的 Ross 传教士正在进行圣经的朝鲜语翻译,1882 年已经完成了路可福音和约翰福音的纯韩字文翻译,因此 Loomis 让负责翻译朝鲜语版圣经的李树廷看了 Ross 译本。

---

① Letter, H. Loomis to E. W. Gilman, May 30, 1883.

　　Dear Dr. Gilman:

　　[...] Rijutei's great desire is to give the Bible to his people. He fears the coming of more Roman Catholic missionaries without the word of God, leaving the people as degraded as before. He could hardly express his joy when he learned what the American Bible Society had done for other lands, and was also ready to do for Corea. He gladly accepted my proposal to begin at once a Chino-Corean version, and then to take up the work of translating. He has entered upon this work with great zeal. The Chinese language is the language of the court and scholars in Corea, and this edition will probably be even more valuable than the Kunten edition in Japan. His intimate friend(who teaches Corean in the university) has promised to assist him in this work. He proposed that a Japanese and Corean translation in parallel columns should be prepared, and it could be used as a textbook by both Coreans and Japanese.

　　On being shown the work done by Rev. Mr. Ross he seemed greatly disappointed and said most decidedly it would be of no value. In the first place Mr. Ross did not have a competent assistant, and then it was published without a proof reader who understood the language and there were many errors in the type. So the field seems wholly open and Rev. Mr. Knox has offered to assist in the work of making a suitable translation. [...]

笔者注意的是李树廷对 Ross 译本的评语。看到 Ross 译本的朝鲜语的谬误，李树廷认为有必要让拥有朝鲜语文章学养的朝鲜人进行翻译，力图修订、补足 Ross 译本的问题点。例如对固有名词的翻译，在 1883 年 9 月 7 日的书简中 Loomis 报告如下。下文中的□表示不能判读的部分。

Loomis 致 Gilman
1883 年 9 月 7 日

> （前文省略）能把圣经不但带给日本人，也带给朝鲜人，我非常高兴，也很热爱这项工作。李树廷和 Kitaumi 二人是虔诚的教徒，也是优秀的人才。我期待明天能完成新约全书中所有的韩字名的修正□目录。Kitaumi 和另外两位朝鲜人参与了所有的传教活动，对翻译工作也很关心。下面是 Ross 对固有名词的翻译方法的一览表。可见需要改善之处甚多。

> 我还不能流畅地阅读朝鲜的□□。待津田仙本月从朝鲜归来，应该可以得到必要的数据。

	Ross 译	李树廷译
Theophilis	Te o pi su	Te o pi los
Elizabeth	Eni sa pak	E li sa bet
Gabriel	Ga pal yal	Ga bri el
Galilee	Ga ni na	Ga li lai a
Nazareth	Na sal zel	Na za ret
David	Ta pil	Da bid
Joshep	Ya sep	Yo seph
Abraham	Ap ra ham	A bra ham[①]

如以上引用文所示，《谚解》对固有名词的翻译是一边对照 Ross 译本，一边进行修正，比 Ross 译本更接近希腊语发音。对传教士 Loomis 来说，接近原文发音的韩字旁注表记，是李树廷译本明显比 Ross 译本优秀的长处吧。

---

① Letter, H. Loomis to E. W. Gilman, Sept. 7, 1883.

   [...] I am very glad to be thus enabled to give the Scripture to the Coreans as well as to the Japanese. I like the work very much, and find both Rijutei and Kitaumi to be men of excellent abilities as well as thoroughly concentrated to the Lord. We expect to complete tomorrow the revision of a [ ] list in Corean of all names in the New Testaments. Both Kitaumi and two other Coreans have been present at all our missions and taken a deep interest in the work. You will find in the below the scheme of the Ross's rendering of proper names, and you can see that there is great room for improvement.

   I am not able to learn yet what are the facilities for the reading the [ ] [ ] of Corea. Mr. Jsuda is expected back during this month and he will be able to give the information desired.

但是,正如本稿之前所述,李树廷在修正 Ross 译本的固有名词之际,其实是否把着眼点放在汉字表记和汉语的借用上,而非接近希腊语发音?

如前所述,由于李树廷翻译固有名词之际,是借用汉译圣经的汉语以汉字表记的,因此与纯韩字文体的 Ross 译本相比更容易理解。李树廷除了旁注接近希腊语原文的发音外,对不熟悉的固有名词看作圣经用语,活用汉字的造语力和可视化效果翻译。

李树廷对 Ross 译本的批评,对其改订版更加严厉。请看 1884 年 8 月 15 日的书简。

Loomis 致 Gilman

1884 年 8 月 15 日

（前文省略）汉韩新约全书进展顺利。我没有催促马可福音的翻译,其实是因为想尽快完成新约全书的工作,同时也想确认 Ross 译本圣经的成果到底如何。我以为参考 Ross 译本能帮助李树廷的工作,让翻译更完善,因为我觉得固有名词的互相调和是很重要的。

但是,我把 Ross 译本的改订版路可传和使徒行传交给李树廷,让他评价一下其价值,经过充分检讨后,他断言这个翻译不适合出版。他指出翻译和朝鲜语文体相差□甚远,如此错漏百出的翻译怎么能出版。他认为 Ross 使用了不完整的汉译版和法韩字典,因此无视朝鲜语的文法和文体。李树廷说完成新约全书的所有翻译是他的计划（或心愿）。我鼓励他这么做,完成的话一定会很[高兴]。（中略）马可福音在印刷工人手上,我已经指示他们尽快出版。Maclay 牧师从朝鲜旅行归来,一定已经仔细调查过当地的情况。据说,朝鲜人说 Ross 译本错漏百出,几乎完全派不上用场。（后略）①

---

① Letter, H. Loomis to E. W. Gilman, Aug. 15, 1884.

[…] The Chinese-Corean New Testament is progressing steadily. I have not urged forward the version of Mark Gospel, as I wished to complete the N. T. fast; and also to ascertain what was the result of Mr. Ross version of his own work. I thought it might possibly aid Rijutei in making his work more perfect, and as to proper names it would probably be best to have them harmonize.

But I have received the revised version of Luke and Acts by Mr. Ross and submitted these to Rijutei for his judgment in regard to their value. After proper examination he declares emphatically that the work is almost improper for publication. He does not know how to account for such as production, as it is widely at [ ] with the Corean style, and full of errors. He thinks the author has taken the Chinese version not the unjust book and the French Corean Dictionary and confided the book regardless of Corean grammar, or style. Rejutei says that it is his plan (or desire) to complete a translation of the whole New Testament. I have encouraged him to do it and will be [ ] if it is done. […]

The Gospel of Mark is in the printer's hand and I have directed them to hasten on the publication.

Rev. Dr. Maclay has returned from a trip to Corea and has evidently studied the condition of things very carefully. He says that the Coreans pronounce Mr. Ross's version very bad and almost worthless. […]

为何李树廷批评 Ross 译本与朝鲜语文体相差甚远,翻译错漏百出? 还有,"无视朝鲜语的文法和文体"具体是什么意思呢? 笔者尝试从驻朝鲜传教士 Homer Bezaleel Hulbert(1863—1949)给 Loomis 的书简中找寻线索。引用同样根据美国圣经协会确认过的原文。

Hulbert 致 Loomis
1890 年 7 月 19 日
朝鲜,首尔
敬启者

(前文省略)他们提出了为何不把工作交给支部的问题。对此我想引起如下几点明确事实的注意,作为我的回答。首先,朝鲜语和其他二国的语言完全不同。朝鲜需要两种圣经:纯韩字文的圣经和汉字韩字夹杂文的圣经。尽管能阅读汉文圣经的只限于少数上流阶层的人士,所有中上阶层的朝鲜人都习惯阅读汉字韩字夹杂文。而下层人民和妇女则只能看懂纯韩字文。

由于朝鲜语和毗邻的中文和日文完全不同,在外国出版圣经是不如在本地进行顺利的。其中一个例子是 John Ross 牧师在中国沈阳出版的圣经。尽管他是精通朝鲜语的学者,他的翻译除了少数上流阶层人士以外,其他人并不能理解。理由是他使用了过多的汉文调。在朝鲜出版的话,优秀的朝鲜人学者是必需的。他应该在当地改正翻译上的错误,并且检视其形式是否符合朝鲜人的爱好。(后略)①

驻朝鲜传教士们在 1890 年向美国圣经协会要求设计朝鲜支部,举出了在朝鲜翻译及出版朝鲜语圣经的必要性为理由。笔者注意的是,尽管 Ross 译本是纯韩

---

① Letter, H. B. Hulburt to H. Loomis, June 19, 1890.

    Dear Sir:

    [...] Why not leave this work to those agencies? In answer to this I would call upon attention to a few salient facts bearing upon the matter. In the first place, the language of Korea is entirely distinct from that of either of those countries. In Korea two kinds are necessary: the Scriptures in the pure Korean character and the Scriptures in the Chinese character but adapted to the Korean usage, a sort of Chinese-Korean. While the pure Chinese is read by a few of the high class, the whole upper class is conversant with the adopted Chinese. On the other hand, the lower classes and all women can read only the Korean character.

    The Korean language being thus differentiated so thoroughly from that of both its neighbors it appears that the publication of the Scriptures cannot be accomplished from outside sources so well as it could be carried out on the spot. As an illustration so the Bible as put into Korean by Rev. John Ross of Mukden, China. Although a student of Korean himself his translation is hardly intelligible to any but the very highest of the Koreans because of the extensive use of Chinese derivations. To publish works in Korea the presence of a thorough Korean scholar is necessary. He must be on the spot to oversee the work to correct errors and to see that the thing is done in a form that will be pleasing to the Korean taste. [...]

字文,Hulbert 评之为由于过度使用汉文调,只有少数上流阶层人士能够理解。如前引用文所示,只使用韩字表记固有名词和圣经用语、用韩字音读汉语的 Ross 译本采用的方法,反而加强了汉文调的印象。只使用韩字表记汉语,反而让读者感觉艰深,是因为读者必须一边看着韩字表记,一边在脑海中记起汉字,再把韩字表记放回其文脉中。而李树廷译本中,汉语以汉语应有的汉字表记,朝鲜固有语则用韩字表记以固有语应有的形式翻译。

此外,"所有中上阶层的朝鲜人都习惯阅读汉字韩字夹杂文"的报告,与李树廷译本的方法有共通之处。如前所述,李树廷译本借用汉语翻译固有名词和圣经用语,除了丰富了造语力外,还将汉字表记可视化,帮助读者理解。其他的翻译上也各自按照汉语和固有语的本色运用汉语和朝鲜固有语。正是这种文体意识的良好平衡,才让朝鲜的"所有中上阶层"都对李树廷译本感到亲近吧。正如 Hulbert 指出,这是身为朝鲜学者的李树廷负责翻译方能做到的。

四、汉语的翻译——变换为朝鲜通用汉语的过程

根据以上所述,我们加深了对《谚解》中汉字表记特征的理解,接着笔者将论述汉语的翻译。为了分析《谚解》中汉语翻译的特征,笔者将分为(1)汉字表记汉语;(2)韩字表记汉语;(3)韩字表记固有语等三个类型进行思考。

(1)汉字表记汉语可以再细分为以下三种:把《悬吐译》的汉语①借用、②由一字变为二字汉语、③改变为不同的汉语。

首先,①借用的意思是把《悬吐译》的汉语以同样的汉译翻译。借用绝大多数见于固有名词和被视为圣经用语的翻译上,而且使用频率甚高。被确定为圣经用语的词汇,即使在不同的文脉中也极少换成韩字表记或固有语。从圣经用语这一点来看,改变汉译汉语的②和③的语群中,几乎不包含重要的概念。此外,文脉上迫不得已的情况下,难以解读为固有语的词汇,即使是一般语也有保留《悬吐译》的汉语的,但是整体来说这是较为罕见的。

由于笔者已经引用过固有名词和圣经用语的译例,所以例文就省略了。

接着是②由一字变为二字汉语,由于例子甚多,显示了《谚解》翻译上的一个特色,所以尽管可以包含在③改变为不同的汉语中,笔者也特别分出一类,并举出其中一句例文。

悬吐译:十九 尔识诸诫么夕毋淫丶丶个毋杀丶丶个毋窃丶丶个毋妄证丶丶个毋以不义又取人丶丶口敬尔父母丶丶人(第十章)

谚解:十九

네모든誡(계)를아는다淫乱(음난)치말며杀害(살해)치말며盗贼(도적)

질말며헷盟誓(맹세)ㅣ말며不义(불의)로써사람의게取(취)치말며네父母(부모)를恭敬(공경)하라하엿나니라(爾识诸誡。毋淫乱、毋杀害、毋盗贼、毋妄为盟誓、勿以不义取人、恭敬尔父母。)

Ross 译:十九

너모단경계에살인말며음난말며도적질말며망녕된간증말며쇠기지말며너의부모를공경하라물알지니라하니(尔识诸警戒,毋杀人、毋淫乱、毋盗贼、毋为妄灵之干证、毋骗、恭敬尔父母。)

《悬吐译》中的“淫”、“杀”、“窃”、“敬”等字,《谚解》中被翻译为“淫乱”、“杀害”、“盗贼”、“恭敬”等二字汉语。当时的朝鲜语辞典中只有1880年第一本由天主教传教士在横滨出版的《韩法字典》,其中不见“淫”、“窃”、“敬”,但有“淫乱”、“杀害”、“盗贼”、“恭敬”等条目,可见当时的朝鲜已经接纳了这些二字汉语。可说《谚解》不但把汉语以汉语本色的汉字表记,更是把这些汉语改变翻译成当时朝鲜通用的二字汉语。这一点不但可见于以上例文,也是《谚解》整体经常见到的特征。

最后,③改变为不同的汉语,是把作为朝鲜语不通的汉语,转换成作为朝鲜语也通用的汉语。《谚解》不会流为汉文直译体而是练达的朝鲜语,其原因正是这种选择词汇的眼光。

悬吐译:十八 夫约翰门徒卜与 喇 人阝禁食▯ 亽 或▯就耶稣丷ㄱ谓之又 大曰约翰门徒卜及 喇 人阝禁食▯ 亽乙 惟尔门徒阝不禁食丷ㄴ何也五十九 耶稣▯谓之曰丷ㄱ新娶者▯ 在▯ㄴ贺新娶者▯安能禁食乎ㄌ有新娶者▯ 同在时厂阝彼不能禁食▯ 五(第二章)

谚解:十八 무릇約翰(요한네스)의弟子(제자)는 喇

(바리새오스)사람과갓치絶谷(절곡)하더니或(혹)이耶穌(예수쓰)긔나아가엿자오되約翰(요한네스)의弟子(제차)와밋喇(바리새오스)사람은絶谷(절곡)하거늘오즉너의弟子(제자)는絶谷(절곡)을아니하니엇지하미뇨十九 耶穌(예수쓰)ㅣ이르사왈새로장가드는者(자)ㅣ잇스니장가가믈到賀(치하)하는者(자)ㅣ엇지능히먹지아니하리요새로장가드는者(자)ㅣ잇셔갓치잇슬때의는제能(능)이飮食(음식)을禁(금)치못할거시요

(十八 约翰之弟子如法利赛人絶谷。某人进言耶稣曰,约翰之弟子及法利赛人絶谷,唯有尔之弟子不絶谷,何故。十九 耶稣曰,有新娶者,到贺者何能不食哉。有新娶者同在时,彼岂能禁饮食。)

在此引用的,是对人们质问耶稣的门徒为何不禁食,耶稣回答的场面。《悬吐译》中“禁食”这个汉语,在《谚解》中按照各自的文脉转换成“絶谷(절곡)”、

"먹지아니하리요"(不食哉)、"饮食(음식)을禁(금)치 못할거시요"(岂能禁饮食)。

首先,"絶谷(절곡)"是③转换成不同的汉语的例子。翻查《韩法字典》,尽管有"절곡, TJYEL-KOK,-I. 絶谷. Manque d'appétit. Suppression de nourriture;défaut de céréales. 절곡하다 Tjyel-kok-hă-ta, *N'avoir plus de riz à manger.*"(译文:欠缺食欲。食物的抑制、谷类的缺乏。不再进食。)和"絶谷(절곡)"的说明,却并没有"禁食"的条目。

"饮食(음식)을禁(금)치 못할거시요"(岂能禁饮食)以宾语和动词说明"禁食"的意思,并且使用"饮食"这个二字汉语,并且以汉字表记"禁"这个重要意思,把语意可视化。

相对于此,"먹지아니하리요"(不食哉)使用朝鲜固有语的动词和否定语以韩字表记,是(3)韩字表记固有语的例子。

在此笔者注目的是《悬吐译》中"禁食"这个汉语以"금식"(kumsik)韩字表记一点。②和③那样把变换为其他汉语的音读以韩字表记的例子却不见。也就是说,没有(2)韩字表记汉语的例子。这不只是上面引用文,也是《谚解》整体可见的特征。

当时,首次以朝鲜语翻译汉译圣经之际,译者最容易犯的错误应该是勉强把汉语音读加入本文中的方法了。即使译者不懂汉译圣经的汉语的意思,也可以沿用。但是,李树廷避免这种轻易的音译,(1)汉字表记汉语的①借用,也只限用于固有名词和圣经用语上,旁注接近原语(希腊语)发音的韩字,补足汉语意味。还有,②由一字变为二字汉语和③改变为不同的汉语,显示了他如何选择使用当时朝鲜通用的汉语。

其他情况则把汉语读解成固有语后(3)以韩字表记。汉语以汉字表记,朝鲜固有语以韩字表记,各自以汉语和固有语的本色翻译。

对此,由于 Ross 译本是纯韩字文,因此没有(1)以汉字表记汉语的例子。全部为(2)以韩字表记汉语或(3)以韩字表记固有语的例子。特别把(2)以韩字表记汉语的例子与李树廷译本比较下,可以再分为汉语的①借用、②由一字变为二字汉语、③改变为不同的汉语三类。例如,前述第十章十九节的 Ross 译本中的"살인"(杀人)、"음난"(淫乱)、"도적"(盗贼)、"공경"(恭敬),是②改变为当时朝鲜通用的二字汉语或③改变为不同的汉语的例子。

从此例可见,在选用当时朝鲜通用的汉语这一点上,Ross 译本和李树廷译本是共通的。不过在表记方面,Ross 译本把汉语以韩字音读,而李树廷译本则把汉语以汉语本色的汉字表记,对比很是鲜明。

还有,Ross 译本在翻译圣经用语之际,如上述第一章一节的"복음"(福音,pogum)般,尽管在①借用汉语这一点上与李树廷译本相通,但是 Ross 译本纯以韩

字表记,反而比使用汉字表记的李树廷译本更感艰深。前文已经指出,加上"하나님"(hananim)、"예수"(yesu)、"키리스토"(kirisuto)等固有名词和部分圣经用语也以韩字表记朝鲜固有语以及希腊语,因此被看待为新的概念语,更难以被接纳了。

如上所示,尽管李树廷译《谚解》和 Ross 译本一样,都是以汉译圣经为底本的翻译,并且着意采用了当时朝鲜可行的译法,其翻译的出发点可说是共通的,变换为当时朝鲜使用的汉字的翻译作业也一样,但是由于采用汉字还是韩字表记的差异,令两者的翻译方法产生分歧。特别是在固有名词和圣经用语的翻译上,李树廷译本充分利用了汉语的造语力和汉字表记的视觉效果,可说是更有效地把圣经的讯息传达给读者。

五、结语——在朝鲜传教活动中汉字韩字交杂文体的有效性

李树廷译《谚解》和经书的谚解一样,其口语化语尾和多用固有语的特征一直受人注目,被视为从汉字韩字交杂文体演变为纯韩字文的过渡性文体。但是,经过本稿讨论的结果,李树廷批评使用纯韩字文的 Ross 译本是不顾朝鲜语的文法和文体的翻译后,认为以汉字韩字交杂文翻译圣经较好。

这种从纯韩字文向汉字韩字交杂文的转移,乍一看可能会被归纳为只不过是逆行当时朝鲜语文体潮流的个别例子。但是正如在先行研究中已经指出的①,李树廷译《谚解》的文体后来对朝鲜知识分子的圣经翻译影响重大。加上自从 1910年进入殖民地时代后,在日本的影响下,朝鲜的知识分子偏好以汉字韩字交杂文用来启蒙民众,李树廷圣经译本的影响力也和这种时代状况联动。因此,李树廷早在 1885 年已经采用汉字韩字交杂文翻译圣经,是具有先驱性的,应予以评价。

此外,身为传教士的 Ross,大概是着眼于朝鲜的低下阶层民众和妇孺只懂读纯韩字文,因而判断这是容易理解的文体。而拥有汉文学养的知识分子李树廷,则力图创出朝鲜语的近代文体,这种立场上的差异,可以说是二人作出不同判断的背景。

---

① 吴允台:《韩国基督教史Ⅳ——改新教传来史——先驱者李树廷编》,页 72-78。

馬可傳福音書

第一章
一 神之子耶穌基督之福音、其始也如在預言所錄云、視哉我
遣我使者於爾前以備爾道、二 野有人聲呼云備主道直其徑、約翰
在野施洗禮傳悔改之洗體俾得罪赦、舉猶太地與耶路撒冷人俱
出就之悉在約但河受洗禮於約翰各認己罪、夫約翰衣駝毛腰束
皮帶食則蝗蟲野蜜、宜日有一後我而來者勝於我也、卽屈而解其
履帶我亦不逮、我以水施洗禮於爾惟彼將以聖神施洗禮於爾矣、
○當時耶穌自加利利之拿撒勒來、在約但受洗禮於約翰、
水而上見天開有聖靈如鴿降於其上、又有聲自天來云、
爾乃我愛子我所喜悅者也、○聖靈遂導之適野、
撒但與野獸同在天使服事之、○約翰見囚之後耶穌至加利利傳
神國之福音、云期已屆矣神國邇矣爾宜悔改信福音、○耶穌行

마가젼복음셔

마가의
젼호는
복음셔언히
복음이니그처음이라二預言쟈의
긔록혼바의일느스되보라니의便者를네압회보니여래네道를갓쵸
게호리라호얏말과又云三드을에스람의쇼릭잇셔셰쳐이르되主의道를
뒤옷쳐곳처는洗禮를傳호야호곰罪의赦홍물엇호니三온獄에셔洗禮를베푸러
각즈못예路撒冷스람이다와셔約但河의셔約翰의게洗禮를밧고各
자긔罪를自服호더라四約翰의옷은駝駱의털을입고各힘의가쥭씌를
씌고먹는것은蝗蟲과野蜜이러라五로되니에뒤셔한스람
이오되나보다나혼지라곳굽퍼그스람의신들매푸는所任도너가堪當은
처못혈거시며六나는洗禮룰물노써너의게쥬거니와오직이사람은

마가젼복음셔

알

翻译:对法西斯主义的威胁

克里斯托弗·朗德尔* 著

吴慧敏** 译

我在研究意大利法西斯时期的翻译过程中①,一直注意到一个特点,值得仔细思考。这个特点有别于我们对独裁及极权体制下翻译和译者问题的惯常看法②,那就是法西斯政权所关心的并不是有没有个别文本避过了审查网,又或是政治立场不可靠的译者可产生的煽动效应,而是翻译作为一个整体现象所产生的象征意义及其政治价值。我将在这篇论文里描述法西斯政权发展过程中的两个重要阶段,怎样直接影响他们对翻译的理解。在第一个阶段里,当作为文化交流的翻译跟法西斯帝国主义的野心产生矛盾时,人们对政权所宣称的文化霸权以及其向外扩张能力产生质疑。在第二个阶段,由于种族主义立法的推行,翻译被看成是一种文化融合的形式,如果不加控制任其发展的话,将会威胁民族文化的纯洁性。在这两种情况下,法西斯政权关注的焦点,都在于翻译的象征和宣传作用。他们并不担心译者和出版商,因为当局已经能够完全掌控这些人;他们也并不把翻译本身视为敌对行为,只要这种文化交流能够符合法西斯主义文化复兴的修辞策略。相反,一旦当局认为翻译显现了政权的文化衰退和文化事业失败时,就会坚决抵制。这正是我要讨论法西斯政权干预翻译的真正原因。

一、法西斯帝国主义与翻译

1935 年 10 月,意大利入侵埃塞俄比亚,并于 1936 年 5 月正式将其吞并,成为

* 克里斯托弗·朗德尔(Chris Rundle),工作单位:博洛尼亚大学(University of Bologna, Italy),电邮地址:c. rundle@ unibo. it。

** 吴慧敏,工作单位:复旦大学中文系。

① Christopher Rundle, "Publishing Translations in Mussolini's Italy: A Case Study of Arnoldo Mondadori", *Textus*, Vol. XII No. 2. (1999), pp. 427-442. Christopher Rundle, "The Censorship of Translation in Fascist Italy", *The Translator*, Volume 6 Number 1 (2000), pp. 67-86. Christopher Rundle, "Resisting Foreign Penetration: the Anti-translation Campaign in Italy in the Wake of the Ethiopian War", in Flavia Brizio-Skov (ed.), *Reconstructing Societies in the Aftermath of War: Memory, Identity and Reconciliation* (Boca Raton (USA): Bordighera Press, 2004), pp. 292-307. Christopher Rundle, *Publishing Translations in Fascist Italy* (Oxford: Peter Lang, 2010).

② 这篇文章原先发表在 Asimakoulas, Dimitris & Margeret Rogers, eds., *Translation and Opposition* (Clevedon: Multilingual Matters, 2010)。我要感谢编辑和出版社允许我发表中文译文。

意属东非帝国(l'Africa Orientale Italiana)。落实帝国征服计划,是墨索里尼政府经过长时间准备后才做出的决定。他觉得,要改造意大利本土国民,必须借助战争及海外征战的历练来完成。而且,他还想让世界看到一个崭新的、充满活力而又强大的意大利民族,并且让意大利占据世界列强应有的地位①。

殖民大业给意大利的文化气候带来了深刻的变化。以英国为首的国际联盟(League of Nations)对意大利发起的制裁,在意大利人民中引起了激烈的反响。民族自尊和仇外情绪高涨,令官方制定了自给自足的经济政策,且一直维持到制裁结束后仍然执行。这种抵制外来影响和反抗外国干预的气氛,很快就鼓动了那些本来就不赞同翻译的人,尤其是以未来派诗人 F·T·马里内蒂(F. T. Marinetti, 1876—1944)为首的作家协会(Authors and Writers Union)。他们早就认为新兴通俗小说的翻译市场破坏了意大利读者的品味,人们越来越喜爱阅读这些廉价的低级文学作品。事实是,他们认为自己纯文艺、精英的园地,正受这些大量进口并且十分畅销的低俗文学所侵蚀②。

当时的统计数据显示,意大利出版的翻译作品比世界上其他国家都要多,这个数据被赋予了相当的政治意义。意大利广泛接受外来影响这一事实,早已令人感到不满,然而更叫人烦恼的是,给翻译成其他语言的意大利作品却很少。这样的翻译逆差削弱了意大利成功向外输出文化的信心③。很明显,翻译已成为国家文化是否健康的指标,而在马里内蒂这类作家眼中,出版商带来的腐败恶果已经出现,但对于一些推动法西斯文化发展的人来说,翻译又成为刺激文化发展的根源。他们拿德国和意大利作比较,德国也出版了大量的翻译作品,但是由于大量本国的书籍翻译到国外,因而在翻译数量有所超支(尽管德国人自己对于文化扩张没有丝毫信心)④。若以军事来做比况,意大利文学作品对外翻译,理应可以像一柄短刀,长驱直入,让充满法西斯主义的文学强势地入侵其他文化。反过来说,外国作品通过翻译在意大利大行其道,则意味着意大利处于弱势,表明他们距离

① 墨索里尼在追求世界影响的欲望的驱使下,还派兵到西班牙协同佛朗哥作战,这一行动使许多法西斯政党的左派感到沮丧,他们不能理解墨索里尼为什么要与反对共和革命的教会势力结盟。

② 关于意大利法西斯在 20 世纪 30 年代的翻译史的详细记录,参见 Christopher Rundle, *Publishing Translations in Fascist Italy*。关于埃塞俄比亚战争之后翻译的详细情况,参见 Christopher Rundle, "Resisting Foreign Penetration: the Anti-translation Campaign in Italy in the Wake of the Ethiopian War"。关于不同法西斯政权体制(意大利、德国、西班牙和葡萄牙)下的翻译的比较研究,参见 Christopher Rundle and Kate Sturge, eds., *Translation Under Fascism* (Basingstoke: Palgrave Macmillan, 2010)。

③ Christopher Rundle, *Publishing Translations in Fascist Italy*, Chapter 2.

④ 德国纳粹不满于翻译到国外的德国作品很多都是犹太人或者政治犯创作的,这些人将扭曲的德国人形象传播到了国外。Kate Sturge, "*The Alien Within*": *Translation into German during the Nazi Regime* (Munich: Iudicium, 2004), Chapter 3, especially pages 92 & 99.

实现强大的民族文化和法西斯文化的目标还很远①。

墨索里尼发起在经济上自给自足的运动,为马里内蒂和作家协会提供了干预翻译的机会。他们在公开的会议和媒体上提出,文化界也应该实施自给自足政策,翻译应该接受某种质量审查,并且需要符合对等的原则,即从某种语言翻译过来的作品数量,应该与本国作品的译成该种语言的数量成正比。他们还呼吁成立一个官方的机构来为译者注册,以及成立一个部长级的翻译委员会(Translations Commission)来监控形势。这两个建议都旨在削弱出版商的独立性,他们指责这些出版商不爱国,把私人利益凌驾于国家利益之上。对于这样的恶意指责,出版商提出强烈抗议。

虽然当局没有提出任何具体抵制外国文学措施来响应这场运动,但是在埃塞俄比亚战争之后,便见到更多对翻译的关注,随着帝国权力上升,控制国家文学的决心也日渐加强。从1936年帝国建立到通过种族主义立法的1938年后期,政府格外关注翻译问题,施加的压力也越来越大。第一个重要举措就是要求出版商和印刷商在准备出版一部翻译作品之前必须上报国家的审查机构——大众文化部(Ministero della Cultura Popolare)。据我所知,这是第一个专门针对翻译的官方指令,这跟以前一些广泛管理所有文学的措施不同②。随后,他们又发起了一轮详细调查,针对第一次世界大战以来的出版物,以及即将出版的所有翻译作品。在普查进行仅仅两个月后的1938年3月,意大利政府又颁布一个新指令,规定出版商在发行翻译作品之前,必须先从大众文化部获得预先授权③。

我们如何理解这些措施的意义?一方面,这些新规定并没有严重改变翻译出版的程序。理论上所有的出版物在发行之前本来就要是获得(警方)预先授权。但是这些措施既能明确地保证了大众文化部能够知道翻译作品出版的最新信息,同样也让出版商明白文化部会越来越重视翻译的问题。政府对翻译的关注,并不

---

① 参见 S. Santoro, "The cultural penetration of Fascist Italy abroad and in eastern Europe", *Journal of Modern Italian Studies* 8∶1 (2003), pp. 36-66 关于法西斯主义试图向国外尤其是东欧实行文化渗透的论述。

② 在这之前已经通过了一些针对日报上连载的翻译小说的限制措施,这也符合期刊出版物的严格审查制度,而书籍的情况则不然。Giorgio Fabre, "Fascism, Censorship and Translation", in Francesca Billiani (ed.), *Modes of Censorship and Translation* (Manchester∶St Jerome, 2007), p. 28.

③ Christopher Rundle, *Publishing Translations in Fascist Italy*, pp. 143-152. 关于法西斯主义审查翻译的制度,可参考 Guido Bonsaver, *Censorship and Literature in Fascist Italy* (Toronto∶University of Toronto Press, 2007), pp. 221-236; Giorgio Fabre, *L'Elenco. Censura fascista, editoria e autori ebrei* (Torino∶Silvano Zamorani editore, 1998); Giorgio Fabre, "Fascism, Censorship and Translation", pp. 27-59; Jane Dunnett, "Foreign Literature in Fascist Italy∶Circulation and Censorship", *TTR∶traduction, terminologie, rédaction* Volume 15 No. 2 (2002) (Censure et traduction dans le monde occidental), pp. 97-123; Christopher Rundle, "Publishing Translations in Mussolini's Italy∶A Case Study of Arnoldo Mondadori"; Christopher Rundle, "The Censorship of Translation in Fascist Italy"; Christopher Rundle, *Publishing Translations in Fascist Italy*.

是考虑到作者的艺术和商业利益,而是文化政策为迎合帝国对外扩展的意识形态含义而逐步调整的自然结果。这里有两个含义,第一,像意大利拥有如此地位的国家,在文化上应该和政治一样,占有统治者的地位。第二,随着意大利与被统治的新种族接触越来越密切,在他们面前越来越显示出自己天然的优越时,意大利文化也就更需要在全世界表现出天然的优越。显然,从翻译的数据反映出来的事实是,意大利产生的文化影响十分有限,而且广泛地接受外来文化的影响,这一事实与理想的目标相去甚远。于是我们就看到意大利政府开始根据当时的形势采取行动。由于翻译与当下的形势背道而驰,因此成为纠正的焦点。政府之所以没有采取更激进的行动,可以归因于以下两点:首先,尽管出版商联盟遭到马里内蒂和作家协会的谴责,但他们其实对于政府是颇为忠心的,且与大众文化部尤其是负责书籍的部门,保持着密切的合作关系。作为审查人,文化部很可能不愿意在其权限之内,颁布限制翻译的严厉措施来打击出版商,至少在这个阶段是这样。其次,由于通俗文化本身并不是反法西斯主义,现阶段仍能容忍逐渐壮大的通俗文化市场。相反,运用新的生产和发行手段,并以大规模生产出来的廉价的通俗小说,能够协助摧毁知识分子的象牙塔,正好符合法西斯主义的反资产阶级和反个人主义的精神。

二、法西斯种族主义与翻译

我们在上文已经看过,意大利法西斯政权怎样从没有明确针对翻译的政策发展到通过种族主义立法,当中他们对翻译的关注以至潜在敌意越来越强。这转变的过程是帝国征战计划带来的其中一个结果。1935—1938 年间,法西斯政权是在文化征服和文化贸易战主宰的语境中去讨论翻译,而明显的种族主义和反犹太主义的内容,在这时候还未正式成为议题。不过,当法西斯政权意识到它正在被文化渗透的时候,就已经种下了消除外来影响的种子,只是还没有变成公开要求肃清民族文化中所有的外来成分。

1938 年通过种族主义立法,对法西斯政权的文化生态产生了巨大的影响,同时也间接地对于翻译产业产生影响。我们暂且搁下 1938 年 3 月意大利大众文化部要求所有新的翻译作品必须获得预先授权一事。同年秋天,教育部部长朱塞佩·博塔伊(Giuseppe Bottai, 1895—1959),由于预见到种族法很快便会实施,在学年即将开始的时候,通知学校,所有由犹太人撰写的课文都必须立即撤换。这就给学校以及提供课本的出版商造成很大的麻烦,其中一个问题就是不知怎样去区分谁是新法例中所指的犹太作者。最终还是出版商联盟的合作精神帮助解决了问题,他们草拟了一份犹太作者的名单,以便删除这些人的课文①。

这件事很重要,因为它标志着出版商与政府关系的分水岭:政府第一次以它的政治特权强迫出版商就范,并且丝毫没有让出版商讨价还价,或斟酌商业利益的余地。而出版商所能做出的反应是要把损害减到最低,确保没有非犹太作者意外列入被禁名单。不过,这样做实际上是在帮助政府进一步勒紧被套在他们脖子上的绳索。从此,出版商会发现自己一直处于被动状态,因为他们仅有的独立和自由,将被一系列限制措施逐渐吞噬。

正当出版商不得不应付教育部部长的新规定的时候,他们又要面对来自大众文化部的另一新规例,一个名为"书籍净化委员会"(*Comissione per la bonifica libraria*)的审查机制。这个委员会有两个主要目标:推行新的种族政策(1938 年 11 月法例生效)和处理翻译事务。用教育部部长迪诺·阿尔菲里(Dino Alfieri)的话说:

> 委员会的任务是制定正确的标准,找到最快捷恰当的方法,全面审查意大利书籍以及翻译成意大利文的外国书籍。我们必须推行审查,以落实前面提到的种族政策。②

然而,委员会开始运行后,它的首要任务却是实施种族净化政策,翻译的问题反而次之,在现存的文件里,几乎没有提及外国书籍,不论原文还是译文都没有提及。出版商可以参加委员会的会议,但对于哪些文本会被清除,却无置喙之地。将出版商排除在选择过程之外的做法,与教育部部长委托出版商清除犹太人写的教科书的做法(实际上那是由出版商做自我审查),形成了强烈对比。委员会的这种做法,除意味着他们认同作家协会的疑虑外,更表达了对于文化部部长的敌意和不信任③。面对这种情况,出版商联盟感到冒犯,为了取回主动权,自行收回市面上那些预期将会受禁的教科书,令委员会即将作出的决定落空。

我们应该花些时间来思考双方不信任的源头。虽然总的来说,当局信赖出版商不会发行煽动性或有违道德的文学作品,但是文化部显然并不认为出版商在面对有利可图的翻译市场上能有效地自我审查和自我约束。在帝国主义的意大利的新氛围下,翻译变成政治上非常敏感的问题。但是严格说来,这不是有关审查

---

① 参见 Giorgio Fabre, *L'Elenco. Censura fascista, editoria e autori ebrei*, p. 114, p. 121 和 Christopher Rundle, *Publishing Translations in Fascist Italy*, pp. 167-168。

② 来自 1938 年 9 月 12 日委员会第一次会议前一天,阿尔菲里写给墨索里尼的短信。原文保存在中央国家档案馆(罗马),大众文化部, b. 56 "Produzione libraria italiana e straniera tradotta in italiano. Revisione totale"。

③ 比较参考 Giorgio Fabre, *L'Elenco. Censura fascista, editoria e autori ebrei*, p. 74 关于阿尔菲里反对出版者的论述。

制度的问题,而是涉及国家形象,关乎什么作品得到认可的问题。它有赖于正确认识意大利的政治地位,不能老是在盘算出版商因诸种限制遭受损失而与他们妥协。作家协会领导的"文化自足"运动已经清楚凸显了翻译的不正常现象。大量出版翻译作品,如今就等同在政治上背负沉重的负值资产。这个问题自1934—1936年出版商成为政治运动针对的目标以来,就一直困扰着他们,现在终于可以落实执行了。

1939年2月,大约是书籍净化委员会第一次会议之后的六个月,他们在一次全体会议上通过了早已准备好的查禁作品清单。出版商联盟的主席也出席了会议,并且宣布出版商为了协助推行委员会的工作,已经主动地取消了900本书的发行,让部长感到满意①。出版商顺从地接受了对他们可靠性的各种考验,目的很可能是希望在翻译的问题上获得厚待开恩。

另一个可以看出出版商毫不犹豫作出让步的事件是1938年11月在波隆那召开的儿童文学的会议。在儿童文学这个问题上,无论反犹太人还是净化翻译作品运动,二者都同样认定:外来文化的影响是危险的,必须完全消除。出版商联盟的代表们出席了会议,会议由他们的老对手马里内蒂主持。会议最终投票通过的决议,其中两个涉及儿童文学的目标:一是拒绝所有舶来品,二是坚持所有出版品都要体现法西斯主义精神②。这是第二个重要的分水岭。这一次,出版商公开支持禁止所有外国作品或受外国影响的作品,而在这以前他们一直反对这种做法。这反映了有关意大利年轻人的种族清净问题迫在眉睫,从政治上看,出版商不可能表示反对。

到1940年4月,委员会的工作差不多完成了:他们查禁了1 400多部作品在市面流通。新上任的文化部长亚历山德罗·帕沃利尼(Alessandro Pavolini,1903—1945)对于查禁犹太文学的效果非常满意,便逐渐将注意力放在了翻译上。虽然翻译并不是政治上十分敏感的问题,但是在他看来,却是跟维护意大利文化地位及种族净化有着紧密的关系。帕沃利尼明确反对1930年代意大利所出现翻译作品入侵本国文学的情况,他认为法西斯意大利"永恒的任务"是向外"发光发热",而不是只管接受③。在他看来,意大利文化如果随意受到外来文化影响,从种族角度来说是不恰当的。他认为翻译就是输入各种杂乱且有害的观念,这些"与

① 关于这次会议以及阿尔菲里的回应,见 *Giornale della libreria*, L11-6,1939年2月11日,页42。
② Christopher Rundle, *Publishing Translations in Fascist Italy*, pp. 179-181. 有关这次会议的报导见 *Giornale della libreria*, L1-47,1938年11月19日,页325-327。
③ 帕沃利尼强调法西斯文化扩张的重要性的这个事实,还可以从他担任国家对外文化关系研究院(Istituto nazionale per le relazioni culturalicon l'estero, IRCE)主席这件事上得到证实。研究院成立于1938年,任务是"促进意大利与外国在科学、艺术和社会方面的关系,以传播意大利文化"。S. Santoro, "The cultural penetration of Fascist Italy abroad and in eastern Europe", p. 55.

我们种族的风格和特征完全不同的艺术与生活"①,已经模糊了"伟大而纯洁的意大利传统"的界限。在这位部长的种族主义的意识形态和修辞中,翻译成了一种文化污染物,也是法西斯主义文化扩张失败的征兆。

虽然帕沃利尼可以用比他的前任部长阿尔菲里更大的决心来处理翻译的问题,可是他很可能更加同情出版商和他们的利益,因而采取了一种协商和劝服的方式,而不是一味地强迫。他决定取消委员会,因为后者实际上是一个强加给出版商的同行陪审团制度②。无论如何,在接下来的两年里,他开始慢慢地对翻译市场施加压力。

1940 年 10 月,帕沃利尼不顾反对,通知出版商,他正计划将翻译的配额降为 10%,尽管这个做法并没有马上实施,还是让出版商很沮丧。接着在 1941 年 3 月,文化部规定所有以杂志形式出售的小说也必须预先取得授权,这样就堵住了一个许多出版商借以出版廉价通俗翻译小说的漏洞。不久之后,1941 年 7 月,文化部又禁止所有连载在杂志出版的犯罪小说。透过这项措施,廉价小说版本被清除,只允许发行得到授权的昂贵的精装本,目的是要缩小这种文学(主要来自翻译)的市场。实际上仅仅一年之后,帕沃利尼的继任者就禁止了所有的犯罪小说。帕沃利尼在任期内抵制翻译的最后一项举措是 1942 年 1 月提出的 25% 的限额,他要求出版商的翻译作品不能超过所有出版作品的 25%。经过协商,出版商最终接受了这样一个不算过于苛刻的限额③。由于战争期间纸张短缺,加上其他影响出版的困难因素,我们很难估计这项措施产生的实际效果,但是它还是具有重要的象征意义的。它标志着对于翻译(我指的是书籍形式)实行的长久的逐步封锁的过程终于完成。这个限令的重要性不在于其强制性,而在于其出现得竟如此晚。

三、结论

以上我们看到了法西斯政权对于翻译的态度,受到了两件重要的政治事件的影响,即帝国的建立和种族主义立法的施行。帝国的建立营造出的政治氛围,使那些觉得受到翻译威胁的文化机构的成员认为有权去抵制翻译。虽然政府并没有采取任何直接的措施,然而有确凿的证据表明它对于翻译的态度越来越敌视。这种态度主要源于翻译的整体现象,而非针对具体的个别翻译作品。种族主义立

① 这句话引自帕沃利尼在意—德联盟年度就职典礼上的演说,没有具体日期。中央国家档案馆(罗马),大众文化部,b. 103 "Discorsi ed articoli del Ministro Pavolini"。
② Guido Bonsaver, *Censorship and Literature in Fascist Italy*, Chapter 8 称之为"衰弱的自给自足"。
③ Christopher Rundle, *Publishing Translations in Fascist Italy*, pp. 194-196.

法的施行则带来许多直接干预国家文化生活的激进政策，导致政府和出版商之间的关系发生了不可逆转的改变。出版商站在防御的一方，尽管他们还一直试图争取更有利于他们的条件，然而他们已经无法改变稳固的意识形态。在这种意识形态下，政府不再容忍自由的翻译行为，而是视其为文化污染的一部分，国家必须抵御这些污染。翻译必须是双方都认为有益的文化交流，或是意大利文化统治的表现形式，才可能得到法西斯主义者的承认；相反，如果翻译成为一种文化杂糅的形式，一种对异国文化的过度迷恋，并且不加限制地吸收异域文化中最颓废的部分，那么，在法西斯主义者看来，它就是一种充满危险的现象。

稿　　约

《翻译史研究》由香港中文大学中国文化研究所翻译研究中心主办,上海复旦大学出版社出版及发行,每年出版一辑,刊登有关中国翻译史研究的学术论文,并接受有关外国翻译史的译介文章,园地公开,所有原创学术论文均实行匿名审稿,欢迎海内外学者赐稿。稿约开列如下:

一、发表论文以中文为主,一般以 3 万字为限,特殊情况另行处理。

二、来稿必须未经公开发表,如属会议论文,以未收论文集为限;如有抄袭或侵权行为,概由投稿者负责。

三、所有学术论文先由编辑委员会作初步遴选,获通过的论文会送请专家学者作匿名评审。文中请勿出现足以辨识作者身份的信息。

四、来稿请另页标明中、英文篇名,投稿人发表用的中、英文姓名,并附中、英文摘要(各以 200 字为限)及中、英文关键词(以 5 个为限)。

五、来稿格式请遵照后附撰稿体例,并请以 Microsoft Word 兼容的文稿电子文件投稿。

六、来稿请附个人简介及真实姓名,并附通讯地址、电话、传真或电子邮件等联络数据。

七、来稿一经刊登,即送作者当期刊物两册,并致稿酬。

八、来稿经本刊发表后,除作者本人将其著作结集外,凡任何形式的翻印、转载、翻译等均须预先征得本刊同意。

九、来稿请以附件电邮至:translationhistory@cuhk.edu.hk。

十、《翻译史研究》主编及编委员保留发表最后决定权,并可对来稿文字作调动删改。不愿删改者请于来稿上说明。

联系人:吕汇思小姐/(852) 2609 7385/translationhistory@cuhk.edu.hk
　　　香港新界沙田香港中文大学中国文化研究所翻译研究中心

《翻译史研究》撰稿体例

1. 来稿请用正体字,横式书写。
2. 论文如分小节,以一、1.等序表示。
3. 书刊名及篇名:
   A. 中文书名、期刊名以《》标示,论文篇名采用〈〉。
   B. 西文书名采用斜体,篇名采用" "。
4. 引文:
   A. 短引文可用引号" "直接引入正文。
   B. 长引文作独立引文,每行起首缩入三格,行末缩入两格,无须加入引号。
   C. 引文中有节略,必须以删节号……表示。
   D. 如作者在引文内表述自己的意见,以方括号[ ]表示。
5. 注释:
   A. 采同页脚注(页下注),注释号码用阿拉伯数字,置在引号后,标点符号前。
   B. 注码以全篇统一计算,使用同一顺序。
   C. 每一脚注单独成行。
   D. 格式如下:
   (1) 专著:作者:《书名》(出版地:出版者,年份),页码。
       陈平原:《中国大学十讲》(北京:北京大学出版社,2002),页43。
   (2) 论文集:作者:〈篇名〉,收编者(编):《书名》(出版地:出版者,年份),页码。
       钱理群:〈试论五四时期"人的觉醒"〉,收王晓明(编):《二十世纪中国文学史论》(上海:东方出版中心,1997),页318。
   (3) 期刊论文:作者:〈篇名〉,《刊物名》卷期(年月),页码。
       陈学霖:〈明宦官与郑和下西洋的关系〉,《中国文化研究所学报》第48期(2008),页168-169。
   (4) 译作:作者(著)、译者(译):《书名》(出版地:出版者,年份),页码。
       刘禾(著)、宋伟杰等(译):《跨语际实践:文学、民族文化与被译介的现代性》(北京:三联书店,2002),页143。
   (5) 未出版学位论文:作者:〈论文名〉(大学,未出版博/硕士论文,学校名,年份),页码。

游博清:〈小斯当东:19 世纪的英国茶商、使者与中国通〉(国立清华大学历史研究所未出版硕士论文,2004),页 78。

(6) 英文专著:Author, *Book* (Place:Publisher, Year), page number.

Paul A. Van Dyke, *The Canton Trade:Life and Enterprise on the China Coast, 1700—1845* (Hong Kong:Hong Kong University Press, 2005), pp. 35-39.

(7) 英文论文集:Author, "Article", in Editor (ed.), *Book* (Place:Publisher, Year), page number.

Lawrence Wang-chi Wong, "Translators and Interpreters During the Opium War Between Britain and China (1839—1842)", in Myriam Salama-Carr (ed.), *Translating and Interpreting Conflict* (Amsterdam & New York:Rodopi, 2007), pp. 56-57.

(8) 英文期刊论文:Author, "Article", *Journal* Issue No. (Year), page number.

Patrick Hanan, "The Missionary Novels of Nineteenth-Century China", *Harvard Journal of Asiatic Studies* 60:2 (2000), p. 417.

(9) 未出版英文学位论文:Author, "Dissertation" (Unpublished PhD/MA Dissertation, University, Year), page number.

Yen-lu Tang, "The Crumbling of Tradition:Ma Chien-chung and China's Entrance into the Family of Nations" (Unpublished PhD dissertation, New York University, 1987), pp. 32-35.

(10) 报纸:作者:〈标题〉,《报纸名》,年月日,版次。

禹钟〔沈禹钟〕:〈甲寅杂志说林之反响(1)〉,《申报》,1926 年 1 月 25 日,版 3。

(11) 电子数据:作者:〈篇名〉,网址(上网日期)。

横田理博:<ウェーバーの中国论への余英时の批判についての検讨 >, http://www. lib. uec. ac. jp/limedio/dlam/M352037/9. pdf (2007 年 12 月 31 日)。

(12) 再次出现:作者:〈篇名〉或《书名》,页码。

(13) 同出处连续出现:同上,页码。

6. 文内数字主要采用阿拉伯数字,如公元年、月、日,及部、册、卷、期数等;中国年号、古籍卷、页数用中文数字。

7. 论文内重要人物首次出现时,须以括号注明生卒之公元纪年。

8. 论文内外国人名及特别专有名词首次出现时,须以括号附注原文。

9. 帝王年号首次出现时,须加公元纪年。

图书在版编目(CIP)数据

翻译史研究 第一辑(2011) / 王宏志主编.—上海:
复旦大学出版社,2011.6
ISBN 978- 7- 309- 07882- 4

Ⅰ.翻… Ⅱ.王… Ⅲ.翻译 – 语言学史 – 研究 Ⅳ.H059 – 09

中国版本图书馆 CIP 数据核字 (2011) 第 012167 号

翻译史研究 第一辑(2011)
王宏志 主编
责任编辑/陈 军 余璐瑶

复旦大学出版社有限公司出版发行
上海市国权路 579 号 邮编:200433
网址:fupnet@ fudanpress.com http://www.fudanpress.com
门市零售:86-21-65642857 团体订购:86-21-65118853
外埠邮购:86-21-65109143
江苏省句容市排印厂

开本 787×960 1/16 印张 21 字数 379 千
2011 年 6 月第 1 版第 1 次印刷

ISBN 978- 7- 309- 07882- 4/H · 1621
定价:40.00 元